ビギナーズ・クラシックス 日本の古典

吾妻鏡

角川文庫
22843

◆はじめに◆

『吾妻鏡』は鎌倉幕府の歴史を日記風に記した歴史書です。鎌倉時代の後期に、鎌倉幕府の関係者によって、将軍単位の年代記として編纂されたと考えられています。『吾妻鏡』には、初代の将軍となる源頼朝のもとに、平家の追討を命じる以仁王の令旨（命令書）が届き、頼朝が挙兵した治承四年（一一八〇）から、六代目の将軍である宗尊親王が鎌倉から京都に送還された文永三年（一二六六）までのできごとが、途中に十年分ほどの記事の欠落を含みながら、記されています。『平家物語』に比べると、一般にはあまりなじみのない書物かもしれませんが、鎌倉幕府や鎌倉時代の歴史を考える上では必要不可欠な史料となっています。

江戸幕府を開いた徳川家康は『吾妻鏡』を愛読しており、それまでは筆写した本しか存在しなかった『吾妻鏡』を活字版で刊行し、これをきっかけに『吾妻鏡』は多くの人々に読まれるようになりました。

太宰治の「右大臣実朝」は、鎌倉幕府の三代目の将軍である源実朝の半生を、実朝の側近に仕えた一人の武士の語りを通して描いた小説ですが、随所に引用された、出来事をそのまま淡々と書き綴る『吾妻鏡』の文体が、本文の武士の語りの文体と好対照をなしており、作品全体にメリハリを与えているように感じられます。『吾妻鏡』には、鎌倉幕府の成立、幕府に結集した武士たちの活動、幕府で行われた政治や行事、朝廷とのやり取り、鎌倉やその周辺で起こったさまざまな出来事が記されており、簡潔な文体ともあいまって、とても興味深く、魅力的な書物となっています。

この本では、『吾妻鏡』から、鎌倉時代の歴史をたどるうえで重要な事件や、鎌倉時代の社会を考えるうえで重要な出来事を中心に、各年から一つ以上の記事を選んで採録しました。また、『吾妻鏡』の本文が欠落している年については、その年の主要な出来事を書き記しておきました。この本を読めば、『吾妻鏡』に描かれた鎌倉幕府の歴史の大きな流れが把握できるはずです。

『吾妻鏡』の原文は、変体漢文と呼ばれる、日本で変化した独特の漢文で記されていますが、この本では現代語訳・振り仮名付きの書き下し文・語注・解説・返り点付きの原文をセットとして、初めて『吾妻鏡』を読もうとする人にも分かりやすくなるように、また、変体漢文で記された史料の読解の練習にも利用できるようにしてみました。文書の引用された記事を選んだことには、そうした意図も含まれています。しかし、まずは『吾妻鏡』そのものを楽しんでもらえればと思っています。

それでは「いざ、鎌倉」。

◆目次◆

頼嗣将軍記　587

凡例

○底本には、北条（ほうじょう）本を底本とした吉川弘文館の新訂増補国史大系『吾妻鏡』を用い、適宜、吉川（きっかわ）本・島津（しまづ）本などで校訂した。ただし、特に『吾妻鏡』脱漏の部分については多くを吉川本に拠（よ）った。また、まれに前後の用例や文意によって文字を改めた。なお字体は原則として現在通用の字体とした。

○地名や人名については、書き下し文と原文とでは底本の表記を用いたが、現代語訳では適宜、現在通用の表記を用いた。

○書き下し文の本文は旧仮名遣いとしたが、ルビは現代仮名遣いとした。

○書き下し文では原文における闕字（けつじ）（敬意を表現するため、天皇などに関する語句の上に置かれた一字分の空白）は省略した。

○書き下し文は、変体漢文の文章の内容を、歴史学の史料として読解することに重点を置いて作成したものであり、必ずしも当時の訓（よ）みを国語学・言語学的に正確に反映したものではない。この点については田中草大「変体漢文、どう読むか・なぜ読むか」（『いずみ通信』四四、二〇一八年）を参照されたい。ただし、接続・活用などについては、文語文法に従っている。

○原文の割注は〔 〕内に記した。

○現代語訳での編者による注記は（ ）内に記した。

○現代語訳での人名表記については、原文に姓または名のいずれかが記されている場合は、原則として姓名表記とし、原文が官職名・通称のみである場合は「武衛（源頼朝）」のように記した。ただし、「武衛（源頼朝）」のような表記は、原則として当該記事の初出部分のみとした。

○解説において年月日のみが記載されている事項は、原則として『吾妻鏡』の同日条に拠っている。また、必要に応じて『鏡』元暦元年十月二十四日条のように記した。

○解説で言及した鎌倉幕府法は、原則として池内義資・佐藤進一編『中世法制史料集第一巻　鎌倉幕府法』（岩波書店、十五刷、二〇〇一年、初出は一九五五年）に拠り、追加法一〜六のように記した。

○解説で言及した鎌倉時代の文書は、原則として竹内理三編『鎌倉遺文』（東京堂出版、初出は一九七一〜一九九五年）により、『鎌』三六四号のように記した。

○本書の作成にあたっては、右に記した書籍のほか、特に以下の書籍の恩恵を蒙（こうむ）っている。

阿部隆一解題『振り假名つき吾妻鏡　寛永版影印』（汲古書院、一九八六年、初出は一九七六年）

高橋秀樹編『新訂　吾妻鏡』一〜四（未完）（和泉書院、二〇一五〜二〇二〇年）

龍粛訳註『吾妻鏡』一〜五（未完）（岩波書店、一九九七年、初出は一九三九〜一九四四年）

永原慶二監修・貴志正造訳注『新版　全譯吾妻鏡』全五巻・別巻（新人物往来社、二〇一一年、初出は一九七六〜一九七九年）
五味文彦ほか編『現代語訳　吾妻鏡』全十六巻・別巻（吉川弘文館、二〇〇七〜二〇一六年）
御家人制研究会編『吾妻鏡人名索引』（吉川弘文館、一九七一年）
安田元久編『吾妻鏡人名総覧』（吉川弘文館、一九九八年）
このほか、各種の索引・辞書類。
東京大学史料編纂所編『大日本史料』第四編（完結）・第五編（未完）（東京大学出版会）
五味文彦『増補　吾妻鏡の方法〈新装版〉』（吉川弘文館、二〇一八年、初版は一九九〇年）
五味文彦代表『『明月記』『吾妻鏡』の写本研究と古典学の方法』（科学研究費研究成果報告書、二〇〇三年）
高橋秀樹代表『島津家本吾妻鏡の基礎的研究』（東京大学史料編纂所研究成果報告書二〇一七―一、二〇一八年）
石井進『鎌倉幕府』（中央公論社、一九七四年、初出は一九六五年、新装版は二〇〇四

年）
大山喬平『鎌倉幕府』（小学館、一九七四年）
網野善彦『蒙古襲来』上（小学館、一九九二年、初出は一九七四年）
五味文彦『鎌倉と京』（小学館、一九八八年、現在は講談社学術文庫版もある）
川合康『源平の内乱と公武政権』（吉川弘文館、二〇〇九年）
　このほか、各種の通史類。
人物叢書（吉川弘文館）・ミネルヴァ日本評伝選（ミネルヴァ書房）・日本史リブレット人（山川出版社）やそのほかの伝記類。

　このほかにも多くの書籍・論文を参照しているが、全てを列挙することは紙幅の都合もあり行っていない。関係各位のご了解をお願いしたい。なお、特に必要と考えたものについては、本文中に記した。

頼朝将軍記　一　挙兵

◆以仁王の令旨　治承四年（一一八〇）四月九日条（巻第一）

九日。辛卯。源頼政は平清盛を討ち滅ぼそうと、このところ考えていた。しかし私的な計略ではとてもその念願を果たし難いため、今日、夜になって子息の源仲綱らを連れて、密かに一院（後白河院）の第二宮（以仁王）の三条高倉の御所に参り、源頼朝以下の源氏らを動員して平氏一族を討ち、天下（の政務）をお執りになるよう、申し入れた。そこで（以仁王は）藤原宗信に命じて令旨を下された。そうしたところ、源義盛（源為義の末子）がちょうど在京していたため、この令旨を携えて東国に向かい、まず頼朝に伝えた後、その他の源氏らに伝えるよう、よくよく命じられた。（これに際し）義盛は八条院（暲子内親王）の蔵人〔名を行家と改めた〕に任じられた。

❖九日。辛卯。入道源三位頼政卿、平相国禅門〔清盛〕を討ち滅ぼす可きの由、日者、用意の事有り。然而、私の計略を以ては、太だ宿意を遂げ難きに依り、今日、夜に入り、子息伊豆守仲綱等を相具し、潜かに一院の第二宮の三条高倉の御所に参り、前右兵衛佐頼朝以下の源氏等を催し、彼の氏族を討ち、天下を執ら令め給ふ可きの由、之を申し行ふ。仍て散位宗信に仰せて令旨を下さる。而るに陸奥十郎義盛〔廷尉為義の末子〕、折節在京するの間、此の令旨を帯び東国に向かひ、先づ前右兵衛佐に相触るるの後、其の外の源氏等に伝ふ可きの趣、仰せ含め被るる所なり。義盛、八条院の蔵人〔名字を行家と改む〕に補す。

○相国　大臣の唐名（日本の官職を中国の官職に当てはめた呼称）。ここでは前太政大臣の平清盛を指す。清盛は仁安二年（一一六七）に太政大臣に任じられた。
○禅門　禅定門の略。仏門に入り僧形となりながら在俗の生活を送っている者。
○廷尉　検非違使を兼ねる衛門尉の唐名。検非違使は左右の衛門府の官人の中から任命された。

＊『吾妻鏡』（以下、『鏡』とする）の冒頭の記事である。平治の乱後も京都政界にあった源頼政が、後白河院の第二皇子であった以仁王に、諸国の源氏に平家追討を命じる令旨を発するよう勧めた。令旨は皇太子・皇后・親王・内親王などの命令、またそれを記した文書で、執筆した藤原宗信は延慶本『平家物語』によれば、以仁王の乳母子という。なお、散位は位階は有するが、官職についていない者のことである。また八条院は鳥羽天皇の娘で以仁王を猶子として庇護していた。
前年の平家のクーデターにより、後白河院は政務から退けられて幽閉されており、平清盛の孫に当たる安徳天皇が即位したことにより、以仁王は皇位継承の可能性を絶たれていた。この以仁王と頼政による平家追討の企てが、その後の内乱と平家の滅亡、鎌倉幕府の成立へとつながってゆく。『鏡』の編纂者たちにとって、この令旨こそが鎌倉幕府成立の起点と認識されていたのである。なお、この時、頼政は七十五歳、源

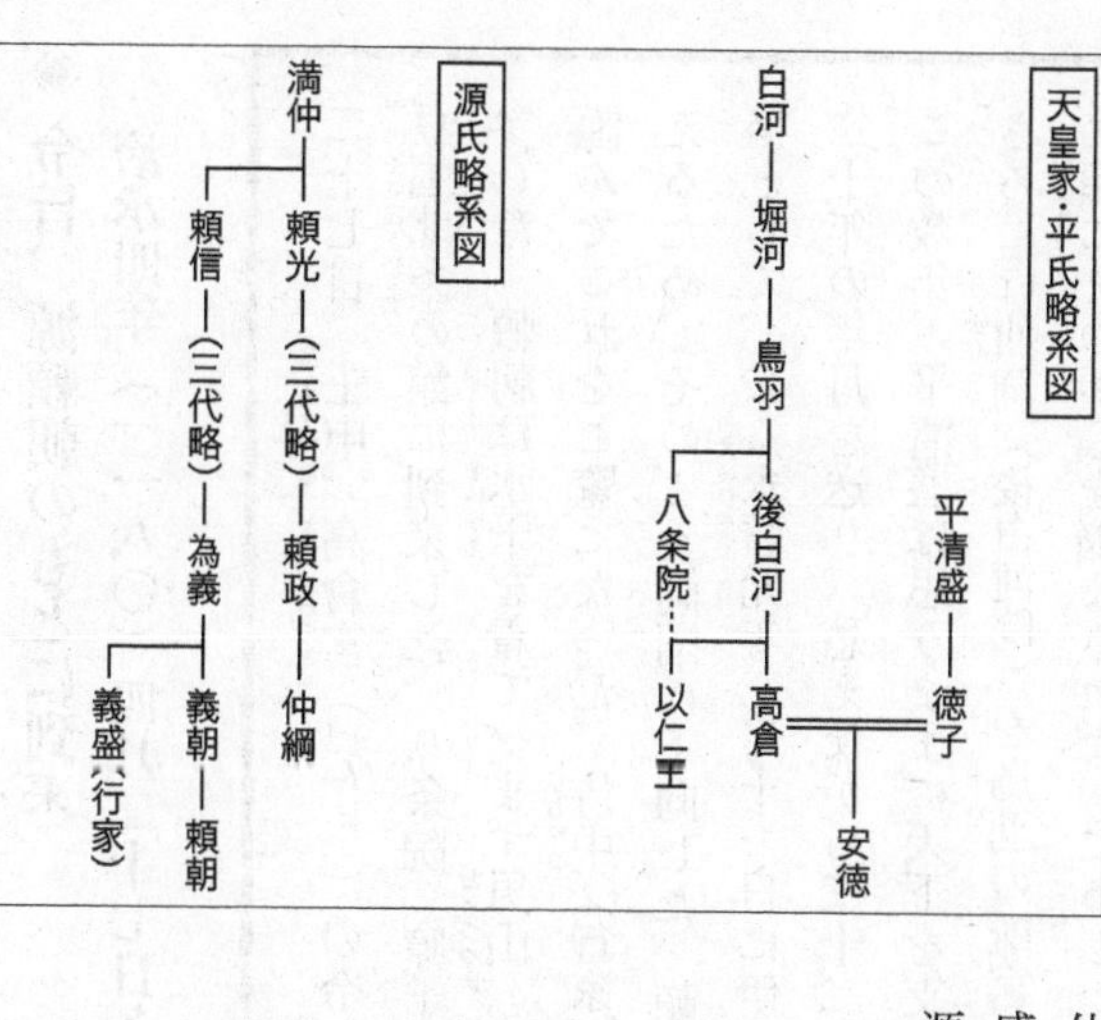

仲綱は五十五歳、以仁王は三十歳、清盛は六十三歳、後白河院は五十四歳、源頼朝は三十四歳であった。

九日。辛卯。入道源三位頼政卿、可レ討二滅平相国禅門（清盛）一由、日者、有二用意事一。然而、以二私計略一、太依レ難レ遂二宿意一、今日、入レ夜、相二具子息伊豆守仲綱等一、潜参二于一院第二宮之三条高倉御所一、催二前右兵衛佐頼朝以下源氏等一、討二彼氏族一、可下令レ執二天下一給上之由、申二行之一。仍仰二散位宗信一被レ下二令旨一。而陸奥十郎義盛（廷尉為義末子）、折節在京之間、帯二此令旨一向二東国一、先相二触前右兵衛佐一之後、可レ伝二其外源氏等一之趣、所レ被二仰含一也。義盛、補二八条院蔵人一（名字改二行家一）。

◆令旨、源頼朝のもとに到来

治承四年（一一八〇）四月二十七日条（巻第一）

二十七日。壬申。高倉宮（以仁王）の令旨が今日、前武衛（源頼朝）の伊豆国北条の館に到来した。八条院（暲子内親王）の蔵人である源行家が持参した。頼朝は水干を着て、まず男山（石清水八幡宮）の方を遥拝した後、謹んでこれをご覧になった。侍中（行家）は甲斐・信濃両国の源氏らに伝えるため、そのまま両国に下向した。頼朝は藤原信頼の（平治の乱の）縁坐として、去る永暦元年三月十一日に伊豆国に配流された後、歎きながら二十年の年月を送り、愁えながら三十二歳余りの年齢を重ねた。ところがこの数年、平清盛は思うままに天下を支配し、（後白河院の）近臣を処罰し、さらには仙洞（後白河院）を鳥羽の離宮にお移しした。後白河院は御鬱憤に頻にそのお心を悩まされた。こうした時に令旨が到来した。そこで義兵を挙げようとした。まことにこれは「天の与えるものを取り、時が至って行う」ということであろう。ここに平直方の五代の子孫である北条時政は伊豆国の豪傑であった。頼朝を聟とし、専ら無二の忠節を尽くしていた。このため（頼朝は）最前に時政を招いて令旨をご覧になった。

❖廿七日。壬申。高倉宮の令旨、今日、前武衛の伊豆国北条の館に到着す。八条院の蔵人行家、持ち来る所なり。武衛、水干を装束き、先づ男山の方を遥拝し奉るの後、謹みて之を披閲せ令め給ふ。侍中は甲斐・信濃両国の源氏等に相触れんが為、則ち彼の国に下向す。武衛、前右衛門督信頼の縁坐と為て、去んぬる永暦元年三月十一日、当国に配せ被るるの後、歎きて二十年の春秋を送り、愁へて四八余の星霜を積むなり。而るに頃年の間、平相国禅閤、恣に天下を管領し、近臣を刑罰し、剰へ仙洞を鳥羽の離宮に遷し奉る。上皇の御憤り、頻に叡慮を悩ませ御ふ。此の時に当たり、令旨、到来す。仍て義兵を挙げんと欲す。寔に惟れ天の与ふるを取り、時、至りて行ふの謂か。爰に上総介平直方朝臣の五代の孫、北条四郎時政主は、当国の豪傑なり。武衛を以て聟君と為し、専ら無二の忠節を顕す。茲に因り、最前に彼の主を招き、令旨を披か令め給ふ。

○武衛　兵衛府の唐名。ここでは前右兵衛権佐の源頼朝を指す。
○水干　装束の一種。盤領・闕腋の衣服で、裾は袴の下に着籠める。前身の首上を内側に折り込み、首元を広く開けて着用することも多かった。下級官人や庶民の衣服であったが、武士が好んで着用し、鎌倉時代には武家の礼装としても用いられるようになった。下図参照。
○侍中　蔵人の唐名。ここでは八条院の蔵人となった源行家を指す。
○禅閤　禅定太閤の略。本来は摂政・関白を経て、出家しながら、在俗の生活を送っている者。
○主　殿や君などと同様、人名などに付けられる敬称。

水干

✻以仁王の令旨が源頼朝のもとに届き、頼朝は北条時政とともに令旨を見たという。

頼朝は三十四歳、時政は四十三歳であった。原文はこの後に令旨の全文を引用するがここでは省略した。令旨は源頼政の息子である仲綱が奉者となったものであるが、実際に作成されたのは、頼政らが園城寺に入った五月二十一日夜以降であった。令旨が頼朝のもとに届けられたのも四月二十七日ではありえない。ただし、『鏡』に引用されたような令旨が源行家によって各地の源氏に届けられたことは、他の史料からも事実と考えられる。なお二十七日の干支（かんし）は壬申ではなく己酉（つちのととり）が正しい。干支の間違いは『鏡』において散見される。

廿七日。壬申。高倉宮令旨、今日、到㆓着于前武衛伊豆国北条館㆒。八条院蔵人行家、所㆓持来㆒也。武衛、装㆓束水干㆒、先奉㆑遥㆓拝男山方㆒之後、謹令㆑披㆓閲之㆒給。侍中者為㆑相㆓触甲斐・信濃両国源氏等㆒、則下㆓向彼国㆒。武衛、為㆓前右衛門督信頼縁坐㆒、去永暦元年三月十一日、配㆓当国㆒之後、歎而送㆓二十年春秋㆒、愁而積㆓四八余星霜㆒也。而頃年之間、平相国禅閤、恣管㆓領天下㆒、刑㆓罰近臣㆒、剰奉㆑遷㆓仙洞於鳥羽之離宮㆒。上皇御憤、頻悩㆓叡慮㆒御。当㆓于此時㆒、令旨、到来。仍欲㆑挙㆓義兵㆒。寔惟天与取、時、至行誚歟。爰上総介平直方朝臣五代孫、北条四郎時政主者、当国豪傑也。以㆓武衛㆒為㆓聟君㆒、専顕㆓無二忠節㆒。因㆑茲、最前招㆓彼主㆒、令㆑披㆓令旨㆒給。

◆以仁王ら、敗死　治承四年（一一八〇）五月二十六日条（巻第一）

二十六日。丁丑。快晴。卯の刻（午前六時前後）に、宮（以仁王）は奈良に向かわれた。三井寺が無勢であったため、奈良の衆徒を頼られたためである。三位入道（源頼政）の一族ならびに三井寺の衆徒らがお供した。そこで平知盛・平維盛以下の入道相国（平清盛）の子や孫が二万騎の官兵を率いて追いかけ、宇治の辺りで合戦となった。頼政・同子息（仲綱・兼綱・仲家）及び足利義房らが梟首された（三品禅門（頼政）の首は、その顔が異なるとの評判であったという）。以仁王もまた、光明山の鳥居の前で死去された（御年は三十歳という）。

❖廿六日。丁丑。快霽。卯の剋、宮、南都に赴か令め御ふ。三井寺、無勢の間、奈良の衆徒を恃ま令め御ふに依るなり。三位入道一族幷びに寺の衆徒等、御共に候ず。仍て左衛門督知盛朝臣・権亮少将維盛朝臣已下入道相国の子孫、二万騎の官兵を率ゐて追ひ競ひ、宇治の辺りに於いて合戦す。三位入道・同子息〔仲綱・兼綱・仲家〕及び足利判官代義房等、梟首せらる〔三品禅門の首、彼の面に非ざるの由、謳歌すと云々〕。宮、又、光明山の鳥居の前に於いて御事有り〔御年、三十と云々〕。

○三品　品位は親王に授けられるもので一品から四品まであったが、臣下に授けられる位階を表現する際にも用いられた。ここでは頼政の従三位を指す。

✽平家追討の企てが発覚した以仁王は近江国の三井寺（園城寺）に逃れ、源頼政らもこれに合流した。しかし、三井寺の兵力は少なく、興福寺の勢力を頼って奈良に向かった。平家はこれを追撃し、宇治川を挟んで合戦となった。頼政らは敗死し、以仁王も光明山寺の付近で討たれた。

廿六日。丁丑。快霽。卯剋、宮、令レ赴二南都一御。三井寺、無勢之間、依下令レ恃二奈良衆徒一御上也。三位入道一族幷寺衆徒等、候二御共一。仍左衛門督知盛朝臣・権亮少将維盛朝臣已下入道相国子孫、率二二万騎官兵一追競、於二宇治辺一合戦。三位入道・同子息（仲綱・兼綱・仲家）及足利判官代義房等、梟首（三品禅門首、非二彼面一之由、謳歌云々）。宮、又、於二光明山鳥居前一有二御事一（御年、三十云々）。

◆三善康信、京都の情勢を伝える

治承四年（一一八〇）六月十九日条（巻第一）

十九日。庚子（かのえね）。三善康信（みよしのやすのぶ）の使者が北条に参着した。武衛（源頼朝）は人のいない所で対面された。使者が申した。「先月二十六日に高倉宮（以仁王）が死去された後、その令旨を受けた源氏らは、全て追討されると決定がありました。あなた様は（源氏の）嫡流です。特に注意されるべきでしょう。早く陸奥国（むつのくに）の方へ逃れられるべきであると存じます」。この康信の母は頼朝の乳母（めのと）の妹であった。その親交により、その心はまったく源氏に寄せられており、山川を乗り越えて、毎月三度〔十日毎に一度〕使者を送って、京都の様子を伝えていた。ところが今、〔朝廷が〕源氏を追討されるということは特に重大事であるため、弟の三善康清〔病気であると言って〔朝廷への〕出仕を止めた〕と相談して、〔康清を〕遣わしたのだという。

❖十九日。庚子。散位康信の使者、北条に参着するなり。武衛、閑所に於いて対面し給ふ。使者、申して云はく、去んぬる月廿六日、高倉宮の御事有るの後、彼の令旨を請くるの源氏等、皆以て追討せ被る可きの旨、其の沙汰有り。君は正統なり。殊に怖畏有る可きか。早く奥州の方へ遁れ給ふ可きの由、存ずる所なり、者り。此の康信の母は武衛の乳母の妹なり。彼の好に依り、其の志、偏に源家に有り、山川を凌ぎ、毎月三ケ度〔一旬に各一度〕使者を進らし、洛中の子細を申す。而るに今、源氏を追討せ被る可きの由の事、殊に重事為るに依り、弟康清〔所労と称し、出仕を止む〕を相語らひ、差し進らする所なりと云々。

○奥州　陸奥国の唐名。

✻後に問注所（もんちゅうじょ）の執事となって鎌倉幕府を支えた三善康信が、弟の康清を使者として、以仁王らの敗死後の京都の情勢を源頼朝に伝えた。この時、康信は四十歳または四十一歳である。康信は朝廷に仕える下級の官人であったが、その母が頼朝の乳母の妹であったため源氏に心を寄せており、十日に一度、京都の情勢を頼朝に伝えていたという。頼朝の行動の背景には、このような京都からの情報があったのである。

十九日。庚子。散位康信使者、参二着于北条一也。武衛、於二閑所一対面給。使者、申云、去月廿六日、高倉宮有二御事一之後、請二彼令旨一之源氏等、皆以可レ被二追討一之旨、有二其沙汰一。君者正統也。殊可レ有二怖畏一歟。早可下遁二奥州方一給上之由、所レ存也、者。此康信之母者武衛乳母妹也。依二彼好一、其志、偏有二源家一、凌二山川一、毎月進二三ケ度〔一旬各一度〕使者一、申二洛中子細一。而今、可レ被レ追二討源氏一之由事、依レ為二殊重事一、相二語弟康清〔称二所労一、止二出仕一〕一、所二差進一也云々。

◆源頼朝、家人らに書状を送る

治承四年（一一八〇）六月二十四日条（巻第一）

二十四日。乙巳。源頼政が敗北した後、諸国の源氏を追討されるということについては、三善康信の申状を根拠のない言葉とすることはできないため、先手を打って平氏追討の策略を廻らそうとした。そこで（源頼朝は）御書状を遣わし、累代の御家人らを招かれた。安達盛長が御使者であった。また、中原光家を（盛長に）副えられたという。

❖廿四日。乙巳。入道源三品敗北の後、国々の源氏を追討せ被る可きの条、康信の申状、浮言に処せ被る可からざるの間、遮つて平氏追討の籌策を廻らさんと欲す。仍て御書を遣はし、累代の御家人等を招かる。藤九郎盛長、御使為り。又、小中太光家を相副へ被ると云々。

＊三善康信からの情報を踏まえ、源頼朝は対応策を練るため、源氏の家人たちを招集することとした。使者となった安達盛長は、頼朝の乳母であった比企尼の娘を妻とし、頼朝にその流人時代から仕えていた。この時、盛長は四十七歳である。相模国では招集に応じる者が多くいたというが、波多野義常や山内首藤経俊のように応じない者もあり「累代の御家人」の対応はさまざまであった。

廿四日。乙巳。入道源三品敗北之後、可レ被レ追二討国々源氏一之条、康信申状、不レ可レ被レ処二浮言一之間、遮欲レ廻二平氏追討籌策一。仍遣二御書一、被レ招二累代御家人等一。藤九郎盛長、為二御使一。又、被レ相二副小中太光家一云々。

◆三浦義澄・千葉胤頼、参上

治承四年（一一八〇）六月二十七日条（巻第一）

二十七日。戊申。三浦義澄〔三浦義明の二男〕・千葉胤頼〔千葉常胤の六

男」が北条に参上した。このところ京都（で朝廷）に祗候していた。「先月中旬の頃、（関東に）下向しようとした時、宇治での合戦などの事により、官軍の兵士として（京都に）留め置かれたため、（下向が）今まで遅れました。この数カ月の恐れや不安を晴らすために参入しました」と申した。このところ京都大番役によって在京していたのである。武衛（源頼朝）はその両人に対面され、御閑談は長時間に及んだ。他人はその内容を聞いていない。

❖廿七日。戊申。三浦次郎義澄〔義明の二男〕・千葉六郎大夫胤頼〔常胤の六男〕等、北条に参向す。日来、京都に祗候す。去んぬる月中旬の比、下向せんと欲するの刻、宇懸の合戦等の事に依り、官兵と為て抑留せ被るるの間、今に遅引す。数月の恐鬱を散ぜんが為、参入するの由、之を申す。日来、番役に依り在京する所なり。武衛、件の両人に対面し給ひ、御閑談、刻を移す。他人、之を聞かず。

○大夫　五位の位階を有する者のこと。
○祗候　貴人などの側近くに控え、仕えること。

＊相模国の有力武士である三浦義明の次男の義澄（五十四歳）と、下総国（しもうさのくに）の有力武士である千葉常胤の六男の胤頼（三十歳前後）が、伊豆国北条に源頼朝を訪れた。二人は内裏を警固する京都大番役のため在京しており、五月中旬には京都から下向する予定であったが、以仁王らの蜂起（ほうき）に対応するため朝廷軍として留め置かれていた。二人は京都の情勢を頼朝に伝え、今後の対応を協議したのである。

廿七日。戊申。三浦次郎義澄〈義明二男〉・千葉六郎大夫胤頼〈常胤六男〉等、参二向北条一。日来、祗二候京都一。去月中旬之比、欲二下向一之刻、依二宇懸合戦等事一、為二官兵一被二抑留一之間、于レ今遅引。為レ散二数月恐鬱一、参入之由、申レ之。日来、依二番役一所二在京一也。武衛、対二面件両人一給、御閑談、移レ刻。他人、不レ聞レ之。

◆大庭景親ら、相模国に下向

治承四年（一一八〇）八月二日条（巻第一）

二日。壬午。相模国の住人である大庭景親以下、去る五月の合戦のために在京していた関東の武士らが多く帰国したという。

❖二日。壬午。相模国の住人大庭三郎景親以下、去んぬる五月の合戦の事に依り在京せ令むるの東士等、多く以て下着すと云々。

✲石橋山の戦いで源頼朝を追い込むことになる大庭景親をはじめとする東国の武士が京都から帰国した。彼らも三浦義澄や千葉胤頼らと同じく、大番役として在京していて、以仁王の蜂起への対応に動員されていたのであろう。九条兼実の日記『玉葉』治承四年（一一八〇）九月十一日条によれば、景親は伊豆国の知行国主であった源頼政の目代として伊豆国にいた頼政の孫の有綱を追討するため、平清盛が私的に派遣したものという。以仁王の蜂起の関係者の追討を命じられた景親の帰国は、頼朝の周囲の緊張を否応なく高めたと考えられる。

こうした状況をうけ、頼朝は山木兼隆を討ち、蜂起することを決心する。兼隆も頼朝と同じく伊豆国に流された流人であったが、現地の堤信遠と結んで勢力をもつようになり、伊豆国の知行国主が源頼政から平時忠（清盛の妻時子の弟）に交替すると、その目代として伊豆国を支配することとなった。頼朝の蜂起の背景には、頼朝を擁する北条氏と兼隆を擁する堤氏との競合関係もあったのである。

二日。壬午。相模国住人大庭三郎景親以下、依二去五月合戦事一令二在京一之東士等、多以下着云々。

◈山木夜討　一　佐々木兄弟、到着

治承四年（一一八〇）八月十七日条（巻第一）

十七日。丁酉。快晴。三島社の神事であった。安達盛長が奉幣の御使者として三島社に参り、程無く帰参した〔神事が行われる以前であった〕。未の刻（午後二時前後）に、佐々木定綱・経高・盛綱・高綱の兄弟四人が参着した。定綱・経高は疲れた馬に乗り、盛綱・高綱は徒歩であった。武衛

（源頼朝）は（彼らを）召してその様子をご覧になり、御感涙を頻に流された。「お前たちの遅参により、今朝の合戦を行うことができず、非常に残念である」と仰った。洪水のため心ならずも遅くなったと、定綱らは謝ったという。

❖十七日。丁酉。快晴。三島社の神事なり。藤九郎盛長、奉幣の御使と為て社参し、程無く帰参す〔神事以前なり〕。未の剋、佐々木太郎定綱・同次郎経高・同三郎盛綱・同四郎高綱、兄弟四人、参着す。定綱・経高、疲馬に駕し、盛綱・高綱、歩行なり。武衛、其の躰を召し覧じ、御感涙、頻に顔面に浮かべ給ふ。汝等の遅参に依り、今暁の合戦を遂げず、遺恨万端の由、仰せ被る。洪水の間、意ならず遅留するの旨、定綱等、之を謝し申すと云々。

✲佐々木定綱らは平家によって近江国の所領を追われ、父秀義とともに相模国の渋谷重国のもとに身を寄せていた。この時、盛綱は三十歳であり、兄弟は三十代半ばから二十代後半ということになろう。十七日を蜂起の日と定めた源頼朝は、秀義から大庭景親の動向を知らされ、定綱らには十六日に到着するよう命じていた。ところが十五日から降り続いた雨により洪水が発生し、定綱らの到着は十七日の昼過ぎにずれ込んでしまったのである。

十七日。丁酉。快晴。三島社神事也。藤九郎盛長、為二奉幣御使一社参、無レ程帰参〔神事以前也〕。未剋、佐々木太郎定綱・同次郎経高・同三郎盛綱・同四郎高綱、兄弟四人、参着。定綱・経高、駕二疲馬一、盛綱・高綱、歩行也。武衛、召二覧其躰一、御感涙、頻浮二顔面一給。依二汝等遅参一、不レ遂二今暁合戦一、遺恨万端之由、被レ仰。洪水之間、不レ意遅留之旨、定綱等、謝二申之一云々。

◆山木夜討　二　夜討を決断

治承四年（一一八〇）八月十七日条（巻第一）

戌（いぬ）の刻（午後八時前後）に、安達盛長に仕える僮僕（どうぼく）が釜殿（かなえどの）で、山木兼隆の雑色(ぞうしき)の男を生け捕りにした。ただし（源頼朝の）御命令によるものである。この男はこのところ殿中の下女を嫁としており、夜な夜な通っていた。ところが今夜は、武士らが殿中に群集している様子がこれまでの状況と異なっている。きっと（事情を）推測するであろうと（頼朝は）お考えになり、このようにしたという。そこで（頼朝は）「明日を待つべきではない。それぞれ早く山木に向かい、勝負を決するように。今度の合戦によって生涯の吉凶を判断せよ」と仰った。また「合戦の際には、まず火を放つように。特にその煙を見ようと思う」と仰った。武士たちは既に競うように奮い立った。北条時政が申された。「今日は三島社の神事です。（三島社に）群れ集まった者たちが戻って来るため、きっと道はいっぱいでしょう。そのため牛鍬大路(うしくわおおじ)を回ったなら、往来する者たちに見咎(みとが)められるでしょうから、蛭島通り(ひるがしまどお)りを行くべきではないでしょうか」。武衛（頼朝）は答えて仰った。「（私も）思うところはそのとおりである。ただし、事を始めるにあたって人目を避ける道は用い難い。それに蛭島通りは騎馬で行くことができない。

ただ大道とせよ」。また佐伯昌長〔腹巻を着けた〕を武士に副えられた。これは御祈禱を行うためである。佐々木盛綱・加藤景廉は、夜の番を行うよう命じられ、（頼朝の）お側に留まった。

❖戌の剋、藤九郎盛長の僮僕、釜殿に於いて、兼隆の雑色男を生け虜る。但し、仰せに依るなり。此の男、日来、殿内の下女に嫁するの間、夜々参入す。而るに今夜、勇士等殿中に群集するの儀、先々の形勢に相似ず。定めて推量を加へんかの由、御思慮有るに依り此くの如しと云々。然る間、明日を期す可きに非ず。各、早く山木に向かひ、雌雄を決す可し。今度の合戦を以て、生涯の吉凶を量る可きの由、仰せ被る。亦、合戦の際、先づ火を放つ可し。故に其の煙を覧ぜんと欲すと云々。士卒、已に競ひ起こる。北条殿、申されて云はく、今日、三島の神事なり。群参の輩、下向の間、定めて衢に満ちたらんか。仍て牛鍬大路を廻らば、往反の者の為、咎め被る可きの間、蛭島融を行く可きか、者り。武衛、報へ仰せ被れて曰く、思ふ所、然なり。但し、事の草創と為て、閑路を用ゐ難し。将又、蛭島通に於いては、騎馬の儀、叶ふ可からず。只、大道為る可し、者り。又、住吉小大夫昌長〔腹巻を着す〕を軍士に副へ被る。是、御祈禱を致すに依るなり。盛綱・景廉は宿直に候ず可きの由を承り、御座右に留まる。

○僮僕　少年の従者。

○釜殿　湯や食事を用意するための釜を設置した建物。

○雑色　諸官司や諸家に仕えて雑用を務めた下級の者。

○腹巻　甲冑の一種。腰から大腿部を防御する草摺を八間とし、胴を右脇で重ね合わせる鎧。本来は兜や袖はなく、肩には杏葉という防具を付けた。主に徒歩の従者が着用したが、南北朝期ころには上級の武士も用いるようになった。なお、後には胴丸と呼ばれるようになった。下図参照。

腹巻

✲　戌の刻（午後八時前後）になって、源頼朝の館の下女の所に、山木兼隆に仕える雑色の男が通ってきたため、頼朝はこれを捕えさせ、夜明けを待たず挙兵することを決断した。北条時政は三島社の祭礼から戻って来る人々と行き当たることを危惧したが、頼朝は表通りで騎馬で通行できる牛鍬大路を進軍路とするよう命じた。

戌剋、藤九郎盛長僮僕、於二釜殿一、生二虜兼隆雑色男一。但、依レ仰也。此男、日来、嫁二殿内下女一之間、夜々参入。而今夜、勇士等群二集殿中一之儀、不レ相二似先々之形勢一。定加二推量一歟之由、依レ有二御思慮一如レ此云々。然間、非レ可レ期二明日一。各、早向二山木一、可レ決二雌雄一。以二今度合戦一、可レ量二生涯之吉凶一之由、被レ仰。亦、合戦之際、先可レ放レ火。故欲レ覧二其煙一云々。士卒、已競起。北条殿、被レ申云、今日、三島神事也。群参之輩、下向之間、定満レ衢歟。仍廻二牛鍬大路一者、為二往反者一、可レ被レ咎之間、可レ行二蛭島融一歟、者。武衛、被二報仰一曰、所レ思、然也。但、為二事之草創一、難レ用二閑路一。将又、於二蛭島通一者、騎馬之儀、不レ可レ叶。只、可レ為二大道一者。又、被レ副二住吉小大夫昌長〔着二腹巻一〕於軍士一。是、依レ致二御祈禱一也。盛綱・景廉者承下可レ候二宿直一之由上、留二御座右一。

◆山木夜討　三　佐々木兄弟、堤信遠を討つ

治承四年（一一八〇）八月十七日条（巻第一）

その後、（時政らは）蕀木を北に向かい、肥田原に至った。北条時政は馬を止め、佐々木定綱に対して言った。「山木兼隆の後見人である堤信遠が山木の北方にいる。（信遠は）優れた勇士である。兼隆と同時に討ち取らなければ、面倒な事となろう。おのおの兄弟は信遠を襲うのがよい。案内の者を付けよう」。定綱らは承知したという。子の刻（午前零時前後）に、牛鍬を東に行き、定綱兄弟は信遠の邸宅の前田の辺りに留まった。定綱・高綱は、案内の者（時政の雑色。通称は源藤太）を連れて信遠の邸宅の後ろに回った。経高は、（信遠の邸宅の）前庭に進み、まず矢を放った。これが、源氏が平氏を倒す最初の一矢であった。ちょうどその時、明るい月が中天にさしかかっており、ほとんど昼間のようであった。信遠の従者たちは経高が先を争ってやってくるのを見て、これを射た。信遠もまた太刀を手に取り、南西の方角に向かって（経高に）向き合った。経高は弓を棄てて太刀を手に取り、北東に向かって戦ったところ、両者の武勇は際立っていた。（そのうちに）経高が矢にあたった。その時、定綱・高綱が後方からやって来て（戦いに）加わり、信遠を討ち取った。

❖然る後、蕀木を北向し、肥田原に到る。北条殿、駕を扣へ、定綱に対して云はく、兼隆の後見堤権守信遠、山木の北方に在り。勝れたる勇士なり。兼隆と同時に誅戮せずんば、事の煩ひ有る可きか。各兄弟は信遠を襲ふ可し。案内者を付け令む可しと云々。定綱等、領状を申すと云々。子の剋、牛鍬を東行し、定綱兄弟、信遠の宅の前田の頭に留まり訖んぬ。定綱・高綱は案内者〔北条殿の雑色。字、源藤太〕を相具し、信遠の宅の後ろに廻る。経高は前庭に進み、先づ矢を発つ。是、源家、平氏を征する最前の一箭なり。時に明月、午に及び、殆白昼に異ならず。信遠の郎従等、経高の競ひ到るを見、之を射る。信遠、亦、太刀を取り、坤の方に向かひ之に立ち逢ふ。経高、弓を棄てて太刀を取り、艮に向かひ相戦ふの間、両方の武勇、掲焉なり。経高、矢に中たる。其の刻、定綱・高綱、後面自り来り加はり、信遠を討ち取り畢んぬ。

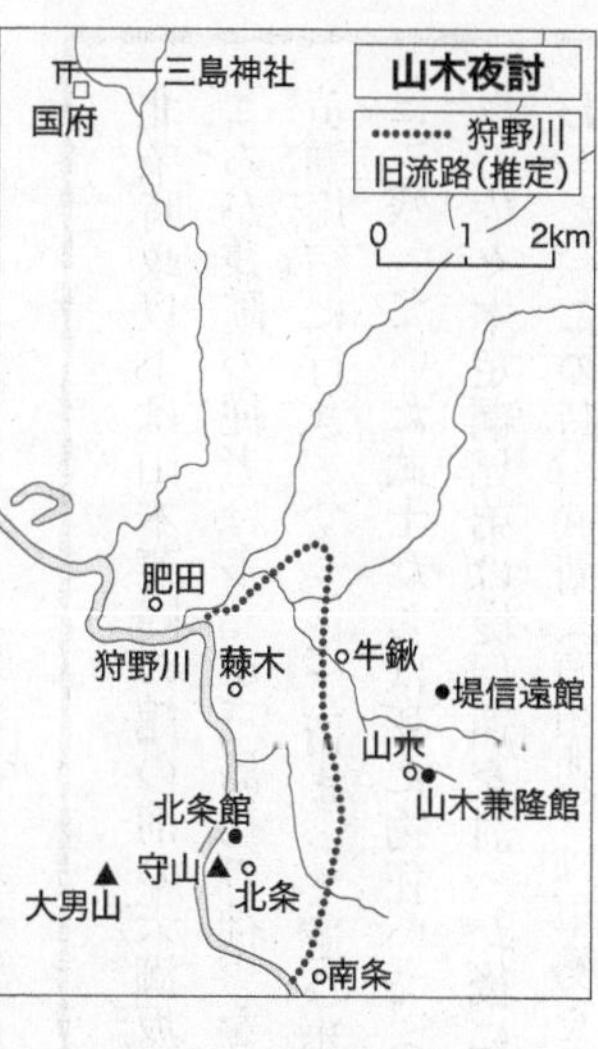

✻ 源頼朝の館を出た北条時政らは、当時は北条と山木の間の平野部を流れていた狩野川（かのがわ）の左岸を肥田原まで北上し、肥田原から牛鍬を経て山木に至る道（これが牛鍬大路か）を南下したと考えられる。時政は山木兼隆の後見人であった堤信遠を同時に討ち果たすことを提案し、佐々木兄弟は牛鍬から東へ分かれて信遠の館に向かった。佐々木兄弟は信遠の館を前後両面から襲撃し、信遠を討ち取った。この時、佐々木経高が最初に放った矢が、頼朝らの平家に対する戦いの最初の一矢であったという。

然後、蕀木北向、到㆓于肥田原㆒。北条殿、扣㆑駕、対㆓定綱㆒云、兼隆後見堤権守信遠、在㆓山木北方㆒。勝勇士也。与㆓兼隆㆒同時不㆓誅戮㆒者、可㆑有㆓事煩㆒歟。各兄弟者可㆑襲㆓信遠㆒。可㆑令㆑付㆓案内者㆒云々。定綱等、申㆓領状㆒云々。子剋、牛鍬東行、定綱兄弟、留㆓于信遠宅前田頭㆒訖。

定綱・高綱者相ニ具案内者〔北条殿雑色。字、源藤太〕一、廻ニ信遠宅後一。経高者進ニ於前庭一、先発レ矢。是、源家、征ニ平氏一最前一箭也。于レ時明月、及レ午、殆不レ異ニ白昼一。信遠郎従等、見ニ経高之競到一、射レ之。信遠、亦、取ニ太刀一、向ニ坤方一立ニ逢之一。経高、棄レ弓取ニ太刀一、向レ艮相戦之間、両方武勇、掲焉也。経高、中レ矢。其刻、定綱・高綱、自ニ後面一来加、討ニ取信遠一畢。

◆山木夜討　四　北条時政ら、山木兼隆を討つ

治承四年（一一八〇）八月十七日条（巻第一）

北条時政以下は山木兼隆の館の前の天満坂の辺りに進み、矢を放った。ところが兼隆の従者は多くが三島社の神事を拝見するために参詣し、その後、黄瀬川宿に行き、（そこに）留まって遊び歩いていた。それでも（兼隆の館に）残っていた武士たちは死に物狂いで（時政らに）挑み戦った。この間に、佐々木定綱兄弟は堤信遠を討った後に、（兼隆の館での合戦に）馳せ加わった。この時、武衛（源頼朝）は軍勢を出発させた後、縁に出られ、合

戦の事を思われた。また、放火の煙を確認させるため、御厩舎人の江太新平次を木の上に登らせたが、しばらくたっても煙が見えなかったため、夜の番として留め置かれていた加藤景廉・佐々木盛綱・堀親家らを呼び、「速やかに山木に向かい、合戦を行うように」と仰った。（頼朝は）自身で長刀を手に取って景廉に与えられ、「兼隆の首を討って持参せよ」と、よくよく命じられたという。そこで、それぞれ蛭島通りの堤に走り向かった。三人は皆、騎馬ではなかった。盛綱・景廉は御命令どおり、兼隆の館に入り、その首を取った。（兼隆の）従者らも同じく殺された。火を館に放ち、全て焼き払った。既に夜明けとなっていた。（頼朝の館に）戻ってきた武士たちは庭に集まっていた。頼朝は縁から兼隆主従の首をご覧になったという。

❖北条殿以下、兼隆の館の前、天満坂の辺りに進み、矢石を発つ。而るに兼隆の郎従、多く以て三島社の神事を拝せんが為、参詣し、其の後、黄瀬川宿に到り留まり逍遥す。然而、残り留まる所の壮士等、死を争ひて挑み戦ふ。此の間、定綱兄弟、信遠を討つの後、之に馳せ加はる。爰に武衛、軍兵を発するの後、縁に出御し、合戦の事を想は令め給ふ。又、放火の煙を見令めんが為、御厩舎人江太新平次を以て、樹の上に昇ら令むと雖も、良久しく煙を見ること能はざるの間、宿直と為て留め置かるる所の加藤次景廉・佐々木三郎盛綱・堀藤次親家等を召し、仰せ被れて云はく、速やかに山木に赴き、合戦を遂ぐ可しと云々。手自ら長刀を取りて景廉に賜ひ、兼隆の首を討ち、持参す可きの旨、仰せ含め被ると云々。仍て各、蛭島通の堤に奔り向かふ。三輩、皆、騎馬に及ばず。盛綱・景廉、厳命に任せて、彼の館に入り、兼隆の首を獲。郎従等、同じく誅戮を免れず。火を室屋に放ち、悉く以て焼き失ふ。既に暁天たり。帰参の士卒等、庭上に群居す。武衛、縁に於いて兼隆主従の頸を覧ずと云々。

✽佐々木兄弟と別れた北条時政らは、山木兼隆の館を襲った。兼隆の従者は多くが三島社の祭礼に出かけて不在であったが、残っていた従者らは奮戦し、なかなか火の手は上がらなかった。頼朝は自身の警固のために留(とど)めていた武士をも派遣し、ついに兼隆を討ち取った。

北条殿以下、進二於兼隆館前、天満坂之辺一、発二矢石一。而兼隆郎従、多以為レ拝二三島社神事一、参詣、其後、到二留黄瀬川宿一逍遥。然而、所二残留一之壮士等、争レ死挑戦。此間、定綱兄弟、討二信遠一之後、馳二加之一。爰武衛、発二軍兵一之後、出二御縁一、令レ想二合戦事一給。又、為レ令レ見二放火之煙一、以二御厩舎人江太新平次一、雖レ令レ昇二于樹之上一、良久不レ能レ見レ煙之間、召下為二宿直一所レ被二留置一之加藤次景廉・佐々木三郎盛綱・堀藤次親家等上、被レ仰云、速赴二山木一、可レ遂二合戦一云々。手自取二長刀一賜二景廉一、討二兼隆之首一、可二持参一之旨、被二仰含一云々。仍各、奔二向於蛭島通之堤一。三輩、皆、不レ及二騎馬一。盛綱・景廉、任二厳命一、入二彼館一、獲二兼隆首一。郎従等、同不レ免二誅戮一。放二火於室屋一、悉以焼失。既暁天。帰参士卒等、群二居庭上一。武衛、於レ縁覧二兼隆主従之頸一云々。

◆中原知親の蒲屋御厨支配を停止

治承四年（一一八〇）八月十九日条（巻第一）

十九日。己亥。山木兼隆の親戚である中原知親が伊豆国の蒲屋御厨にいた。常日頃、非法を行い、住民を悩ませていたため、それを止めるよう、武衛（源頼朝）が命じられた。藤原邦通が（頼朝の命令を）奉行した。これが関東での施政の最初であった。その文書は次の通り。

（命令を）下す　蒲屋御厨の住民らの所に

速やかに止めるべき、中原知親の支配の事

右、東国については諸国一同に荘園・公領とも皆、（頼朝の）御支配とすると、親王の宣旨に明白である、ということなので、住民らはその旨を承知し、安堵するように。そこで御命令になったところを、特に（命令を）下す。

治承四年八月十九日

❖十九日。己亥。兼隆の親戚史大夫知親、当国蒲屋御厨に在り。日者、非法を張行し、土民を悩乱せ令むるの間、其の儀を停止す可きの趣、武衛、下知を加へ令め給ふ。邦通、奉行為り。是、関東の事、施行の始めなり。

其の状に云はく、

　下す　蒲屋御厨の住民等の所

　早く停止す可き、史大夫知親の奉行の事

右、東国に至りては、諸国一同に庄公皆、御沙汰為る可きの旨、親王宣旨の状、明鏡なり、者れば、住民等、其の旨を存じ、安堵す可き者なり。仍て仰する所、

　故に以て下す。

　　治承四年八月十九日

○史大夫　正六位相当の官職である太政官弁官局の大史の務めを果たし、五位の位階を授け

られた者。

〇奉行　上位者の命令を「奉(うけたまわ)」って、それを実「行」すること。また、その人。

〇宣旨　太政官の弁官局または外記(げき)局から天皇の命令を伝えるために発給される文書。一七六頁以下参照。

✲源頼朝は山木兼隆の親戚(しんせき)であった中原知親の蒲屋御厨の支配を停止した。知親は太政官弁官局の右大史(うだいし)の官職を経て五位の位階を得た人物である。知親も知行国主の源頼政から平時忠への交替にともなって、新たに蒲屋御厨を支配するようになり、従来の領主や現地住人との間に対立を抱えていたものと考えられる。頼朝はこのような現地での対立・矛盾の中で自らの勢力を拡大してゆくこととなる。

　ここに引用されているように「下す」という文言を冒頭に記す文書を下文(くだしぶみ)と言い、上意下達のための文書として広く用いられた。なお、ここに引用された下文では、以仁王の令旨を「親王宣旨」と表現している。また、末尾の「仰する所、故に以て下す」は本来「仰する所、件(くだん)の如し。故に以て下す」であったと考えられる。

十九日。己亥。兼隆親戚史大夫知親、在二当国蒲屋御厨一。日者、張二行非法一、令レ悩二乱土民一之間、可レ停二止其儀一之趣、武衛、令レ加二下知一給。邦通、為二奉行一。是、関東事、施行之始也。

其状云、

　下　蒲屋御厨住民等所

　　可二早停止一、史大夫知親奉行事

右、至二于東国一者、諸国一同庄公皆、可レ為二御沙汰一之旨、親王宣旨状、明鏡也、者、住民等、存二其旨一、可二安堵一者也。仍所レ仰、故以下。

　　治承四年八月十九日

◆石橋山の戦い　一　両軍、石橋山に対峙

治承四年（一一八〇）八月二十三日条（巻第一）

二十三日。癸卯。曇り。夜になって激しい雨が降った。今日、寅の刻（午前四時前後）に、武衛（源頼朝）は北条時政父子・安達盛長・狩野茂光・土肥実平以下の三百騎を率いて、相模国石橋山に陣を敷かれた。この時、例の（以仁王の）令旨を御旗の横上に付けられた。中原惟重がこれを持っ

た。また、永江頼隆は白幣を上矢に付けて（頼朝の）後ろに付き従った。この時、同国の住人大庭景親は、俣野景久・河村義秀・渋谷重国・糟屋盛久・海老名季貞・曽我祐信・山内首藤経俊・毛利景行・長尾為宗（為景とも）・同定景・原景房（宗房とも）・同義行（行能とも）ならびに熊谷直実以下、平家の家人の者たち三千余騎の精兵を率いて、同じく石橋の辺りにいた。両陣の間は一つの谷で隔てられていた。

❖廿三日。癸卯。陰る。夜に入り、甚雨沃るが如し。今日、寅の剋、武衛、北条殿父子・盛長・茂光・実平以下三百騎を相率ゐ、相模国石橋山に陣し給ふ。此の間、件の令旨を以て、御旗の横上に付け被る。中四郎惟重、之を持つ。又、頼隆、白幣を上箭に付け、御後に候ず。爰に同国の住人大庭三郎景親、俣野五郎景久・河村三郎義秀・渋谷庄司重国・糟屋権守盛久・海老名源三季貞・曽我太郎助信・滝口三郎経俊・毛利太郎景行・長尾新五為宗・同新六定景・原宗三郎景房・同四郎義行并びに熊谷次郎直実以下、平家被官の輩、三千余騎の精兵を率ゐ、同じく石橋の辺りに在り。両陣の際、一谷を隔つるなり。

○横上　長い旗の上端に付けた横木。下右図参照。

○上箭　中差と呼ばれる通常の矢の上に差し添えた矢。上差の矢。合戦の際には、征矢二十四本に鏑矢一本を添えた。下左図参照。

✻山木兼隆を討ち取った源頼朝軍は、山木夜討に間に合わなかった相模国の三浦一族と合流するため、まず、相模国の土肥郷に向かい、さらに北上して石橋山に陣を敷いた。ここで大庭景親の率いる平家方と合戦となったのである。

廿三日。癸卯。陰。入レ夜、甚雨如レ沃。今日、寅剋、武衛、相ニ率北条殿父子・盛長・茂光・実平以下三百騎一、陣ニ于相模国石橋山一給。此間、以ニ件令旨一、被レ付ニ御旗横上一。中四郎惟重、持レ之。又、頼隆、付ニ白幣於上箭一、候ニ御後一。爰同国住人大庭三郎景親、俣野五郎景久・河村三郎義秀・渋谷庄司重国・糟屋権守盛久・海老名源三季貞・曽

横上

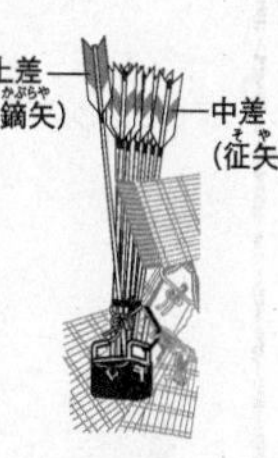

上箭

我太郎助信・滝口三郎経俊・毛利太郎景行・長尾新五為宗・同新六定景・原宗三郎景房・同四郎義行并熊谷次郎直実以下、平家被官之輩、率二三千余騎精兵一、同在二石橋辺一。両陣之際、隔二一谷一也。

◆石橋山の戦い 一 大庭景親、攻撃を開始

治承四年（一一八〇）八月二十三日条（巻第一）

大庭景親の軍勢の中で、飯田家義は心を武衛（源頼朝）に寄せていたため、（頼朝方に）馳せ参じようとしたが、景親の軍が道路に続いていたため、心ならずも景親の陣にいた。また、伊東祐親は三百余騎を率いて、頼朝の陣の後ろの山に宿営し、頼朝を襲おうとした。三浦の者たちは、夜になったため、丸子川の辺りに宿営し、従者らを遣わして、景親の一党の家屋を焼き払った。その煙は空の半ばまで立ち昇った。景親らは遥かにこれを見て、三浦の者たちの仕業であることを知った。（そこで）相談し、「今日は

既に黄昏（午後八時前後）になろうとしているが、合戦を行おう。明日を待っては、三浦の者たちが馳せ加わり、きっと打ち破りにくいであろう」と相談がまとまり、数千の強兵が頼朝の陣を襲い攻めた。ところが源氏方の兵士は、数の上では景親の大軍とは比較にならなかったが、皆、以前からの好誼を重んじていたため、ひたすら死に物狂いとなっ（て戦っ）た。そのため、佐那田義忠と武藤三郎、及び郎従の豊原家康らが命を落とした。景親はますます勢い付いた。明け方になって、頼朝は椙山の中に逃れられた。ちょうど疾風が心を悩ませ、暴雨が体を苦しめる中でのことであった。景親が（頼朝を）追い駆けて、矢を放っていたところ、家義は景親の陣中にありながら、頼朝を逃すため、自らの軍勢六騎を分けて、景親と戦わせた。この隙に（頼朝は）椙山に入られたという。

❖景親の士卒の中、飯田五郎家義、志を武衛に通はせ奉るに依り、馳せ参らんと擬すと雖も、景親の従軍、道路に列なるの間、意ならず彼の陣に在り。亦、伊東二郎祐親法師、三百余騎を率ゐ、武衛の陣の後ろの山に宿し、之を襲ひ奉らんと欲す。三浦の輩は、晩天に及ぶに依り、丸子河の辺りに宿し、郎従等を遣はして、景親の党類の家屋を焼き失ふ。其の煙、半天に聳ゆ。景親等、遥かに之を見、三浦の輩の所為の由を知り訖んぬ。相議して云はく、今日、已に黄昏に臨むと雖も、合戦を遂ぐ可し。明日を期せば、三浦の衆、馳せ加はり、定めて喪敗し難からんかの由、群議、事訖り、数千の強兵、武衛の陣を襲ひ攻む。而るに源家の従兵を計ふるに、彼の大軍に比し難しと雖も、皆、旧好を重んずるに依り、只、死を効さんことを乞ふ。然る間、佐那田余一義忠幷びに武藤三郎及び郎従豊三家康等、命を殞す。景親、弥勝つに乗る。暁天に至り、武衛、椙山の中に逃れ令め給ふ。時に疾風、心を悩まし、暴雨、身を労す。景親、之を追ひ奉り、矢石を発つの処、家義、景親の陣中に相交はり乍ら、武衛を遁し奉らんが為、我が衆六騎を引き分け、景親に戦はしむ。此の隙を以て椙山に入ら令め給ふと云々。

＊源頼朝軍との合流を目指して移動していた三浦一族は、途中で大庭景親方の家屋

を焼き払ったため、その居場所を景親らに知られてしまう。景親らは三浦一族の到着前に勝負を決するために攻撃を開始し、頼朝らは椙山へと追い込まれていった。

景親士卒之中、飯田五郎家義、依レ奉レ通二志於武衛一、雖レ擬二馳参一、景親従軍、列二道路一之間、不レ意在二彼陣一。亦、伊東二郎祐親法師、率二三百余騎一、宿二于武衛陣之後山一兮、欲レ奉レ襲レ之。三浦輩者、依レ及二晩天一、宿二丸子河辺一、遣二郎従等一、焼二失景親之党類家屋一。其煙、聳二半天一。景親等、遥見レ之、知二三浦輩所為之由一訖。相議云、今日、已雖レ臨二黄昏一、可レ遂二合戦一。期二明日一者、三浦衆、馳加、定難二喪敗一歟之由、群議、事訖、数千強兵、襲二攻武衛之陣一。而計二源家従兵一、雖レ難レ比二彼大軍一、皆、依レ重二旧好一、只、乞レ効レ死。然間、佐那田余一義忠幷武藤三郎及郎従豊三家康等、殞レ命。景親、弥乗レ勝。至二暁天一、武衛、令レ逃二于椙山之中一給。于レ時疾風、悩レ心、暴雨、労レ身。景親、奉レ追レ之、発二矢石一之処、家義、乍レ相二交景親陣中一、為レ奉レ遁二武衛一、引二分我衆六騎一、戦二于景親一。以二此隙一令レ入二椙山一給云々。

◆石橋山の戦い　三　大庭景親、源頼朝を山中に追う

治承四年（一一八〇）八月二十四日条（巻第一）

二十四日。甲辰。武衛（源頼朝）は椙山の内の堀口の辺りに陣を敷かれた。大庭景親は三千余騎を率いて再び（先を）競って追撃した。頼朝は後ろの峯に逃れられた。この時、加藤景廉・大見実政は将（頼朝）の後ろに留まって景親（の軍勢）を防禦した。ところが景廉の父加藤景員・実政の兄大見政光はそれぞれ子を思い、弟を憐れんだため、前に進まず、馬を止めて矢を放った。このほか、加藤光員・佐々木高綱・天野遠景・同光家・堀親家・同助政が同じく馬を並べて戦った。景員以下の乗馬は多くが矢にあたって死んだ。頼朝もまた馬を廻らして、百発百中の技を振るい、何度も戦われた。その矢は必ず深く刺さり、多くの者を射殺した。矢が既に尽きたため、景廉が（頼朝の）御馬の轡を取って深山に引いて行ったところ、景

親の軍勢が四、五段のところまで近づいて来た。そこで高綱・遠景・景廉らが、数度、引き返して矢を放った。北条時政父子三人（時政・宗時・義時）もまた景親らと戦われたため、体が次第に疲れ、山の峯を登ることができなかったため、頼朝に付き従わなかった。この時、景員・光員・景廉・宇佐美祐茂・親家・実政らが、（時政らの）お供をすると言った。時政は「決してそのようなことはするな。速やかに武衛（頼朝）をお探し申し上げよ」と命じられたため、それぞれ走って数町の険しい山を攀じ登ったところ、頼朝は倒木の上に立たれ、実平がその側にいた。頼朝はこの者たちの到着を喜ばれた。

❖廿四日。甲辰。武衛、椙山の内、堀口の辺りに陣し給ふ。大庭三郎景親、三千余騎を相率ゐ、重ねて競ひ走る。武衛、後ろの峯に逃れ令め給ふ。此の間、加藤次景廉・大見平次実政、将の御後に留まり、景親を防禦す。而るに景廉の父加藤五景員・実政の兄大見平太政光、各、子を思ひ弟を憐れむに依り、前路に進まず、駕を扣へて矢を発つ。此の外、加藤太光員・佐々木四郎高綱・天野藤内遠景・同平内光家・堀藤次親家・同平四郎助政、同じく轡を並べて攻め戦ふ。景員以下の乗馬、多く矢に中たり斃れ死す。武衛、又、駕を廻らし、百発百中の芸を振るひ、相戦はるること度々に及ぶ。其の矢、必ず飲羽せざること莫く、射殺す所の者、之多し。箭、既に窮まるの間、景廉、御駕の轡を取り、深山に引き奉るの処、景親の群兵、四五段の際に近づき来る。仍て高綱・遠景・景廉等、数反還し合はせて矢を発つ。北条殿父子三人、亦、景親等と攻め戦は令め給ふに依り、筋力、漸く疲れ、峯嶺を登ること能はざるの間、武衛に従ひ奉らず。爰に景員・光員・景廉・祐茂・親家・実政等、御共に候ず可きの由を申す。北条殿、敢へて以て然る可からず。早々に武衛を尋ね奉る可きの旨、命ぜ被るるの間、各、走りて数町の険阻を攀じ登るの処、武衛は臥木の上に立た令め給ひ、実平、其の傍に候ず。武衛、此の輩の参着を待ち悦ば令め給ふ。

✽ 源頼朝は四、五段（一段は約一一メートル）のところまで敵兵に迫られたが、味方の奮戦により、数町（一町は約一一〇メートル）ほど逃げ延びることができた。

廿四日。甲辰。武衛、陣二于椙山内、堀口辺一給。大庭三郎景親、相二率三千余騎一、重競走。武衛、令レ逃二後峯一給。此間、加藤次景廉・大見平次実政、留二于将之御後一、防二禦景親一。而景廉父加藤五景員・実政兄大見平太政光、各、依二思レ子憐一レ弟、不レ進二前路一、扣レ駕発レ矢。此外、加藤太光員・佐々木四郎高綱・天野藤内遠景・同平内光家・堀藤次親家・同平四郎助政、同並レ轡攻戦。景員以下乗馬、多中レ矢斃死。武衛、又、廻レ駕、振二百発百中之芸一、被二相戦一及二度々一。其矢、莫三必不二飲羽一、所二射殺一之者、多レ之。箭、既窮之間、景廉、取二御駕之轡一、奉レ引二深山一之処、景親群兵、近二来于四五段際一。仍高綱・遠景・々（景）廉等、数反還合発レ矢。北条殿父子三人、亦、与二景親等一依下令二攻戦一給上、筋力、漸疲兮、不レ能レ登二峯嶺一之間、不レ奉レ従二武衛一。爰景員・光員・景廉・祐茂・親家・実政等、申下可レ候二御共一之由上。北条殿、敢以不レ可レ然。早々可レ奉レ尋二武衛一之旨、被レ命之間、各、走攀二登数町険阻一之処、武衛者令レ立二臥木之上一給、実平、候二其傍一。武衛、令レ待二悦此輩之参着一給。

◆石橋山の戦い 四 土肥実平、分散を提案
治承四年（一一八〇）八月二十四日条（巻第一）

土肥実平が言った。「それぞれ無事に参上したことは喜ぶべきことだが、（頼朝が）多くの人数を率いられては、この山に隠れ通されることは、きっと難しいであろう。お一人であれば、たとえ十日・一月(ひとつき)でも、実平が計略を廻らして、お隠し申す」。ところがこの者たち（加藤景員以下）は皆、（頼朝に）お供したいと申した。また（頼朝もそれを）お許しになろうとする様子であった。実平が重ねて言った。「今の別離は後の大幸である。主従が命を全うして、ほかで計略を廻らせば、どうして敗戦の雪辱を果たせないことがあろうか」。これによって皆、分散した。悲しみの涙が視界を遮り、歩くのに道が見えないほどであったという。

❖実平、云はく、各、無為の参上、之を喜ぶ可しと雖も、人数を率ゐ令め給はば、此の山に御隠居、定めて遂げ難からんか。御一身に於いては、縦ひ旬月に渉るとも、実平、計略を加へ、隠し奉る可しと云々。而るに此の輩、皆、御共に候ず可きの由を申す。又、御許容の気有り。実平、重ねて申して云はく、今の別離は後の大幸なり。公私、命を全うし、計を外に廻らさば、盍ぞ会稽の恥を雪がざらんやと云々。之に依り、皆、分散す。悲涙、眼を遮り、行歩、道を失ふと云々。

○会稽の恥を雪ぐ　敗戦の屈辱を晴らすこと。中国の春秋時代に、会稽山で呉王の夫差に敗れた越王の勾践が、後に呉を滅ぼした故事による。

✤多人数では隠れきれないが、源頼朝一人であれば隠し通すことができるという土肥実平の言葉により、一同は再起を期して分散して逃れることとなった。近隣の土肥郷を本拠地として現地に通じた実平の言葉に従ったのである。

実平、云、各、無為参上、雖レ可レ喜レ之、令レ率二人数一給者、御二隠-居于此山一、定難レ遂歟。

於二御一身一者、縦渉二旬月一、実平、加二計略一、可レ奉レ隠云々。而此輩、皆、申下可レ候二御共一之由上。又、有二御許容之気一。実平、重申云、今別離者後大幸也。公私、全レ命、廻二計於外一者、盍レ雪二会稽之恥一哉云々。依レ之、皆、分散。悲涙、遮レ眼、行歩、失レ道云々。

◆石橋山の戦い 五 梶原景時、源頼朝を逃がす

治承四年（一一八〇）八月二十四日条（巻第一）

また、北条時政・同義時は箱根の湯坂を経て、甲斐国に行こうとした。同宗時は土肥の山から桑原に降り、平井郷を経由していたところ、早河の辺りで、伊東祐親の軍勢に囲まれ、小平井の名主である平井久重のために射殺された。狩野茂光は歩けなくなって自殺したという。将（源頼朝）の陣と彼らの戦場とは山・谷を隔てていたため、（頼朝は太宗のように）傷を吸って（いたわって）やることもできず、悲しみは深かったという。大庭景親は武衛（頼朝）の後を追い、峯や谷を捜し求めた。その時、梶原景時と

いう者がいた。間違いなく（頼朝の）御居所を知っていたが、心ある配慮をし、この山には人の痕跡はないと言って、景親の手を引いて近くの（別の）峯に登った。この時、頼朝は御髻の中の正観音像を取り出し、ある岩窟に安置された。土肥実平がその理由をお尋ねした。（頼朝は）「首が景親らに渡った時、この像を見て、源氏の大将軍のすることではないと、人々がきっと後々まで非難するであろう」と仰った。その像は、頼朝が三歳の昔、乳母が清水寺に参籠し、熱心に十四日間を経て、霊夢のお告げを蒙り、忽然として二寸（約六センチメートル）の銀の正観音の像を得て、信仰されていたものという。

❖又、北条殿・同四郎主等は筥根の湯坂を経、甲斐国に赴かんと欲す。同三郎は土肥の山自り桑原に降り、平井郷を経るの処、早河の辺りに於いて、祐親法師の軍兵に囲まれ、小平井の名主紀六久重の為、射取られ訖んぬ。茂光は行歩進退せざるに依り自殺すと云々。将の陣と彼等の戦場と、山・谷を隔つるの間、疵を吮ふに拠るところ無く、哀慟千万と云々。景親、武衛の跡を追ひ、嶺・渓を捜し求む。時に梶原平三景時といふ者有り。慥かに御在所を知ると雖も、有情の慮を存じ、此の山、人跡無しと称し、景親の手を曳きて傍らの峯に登る。此の間、武衛、御髻の中の正観音の像を取り、或る巌窟に安んじ奉らる。実平、其の御素意を問ひ奉る。仰せて云はく、首を景親等に伝ふるの日、此の本尊を見、源氏の大将軍の所為に非ざるの由、人、定めて誹りを貽す可しと云々。件の尊像は、武衛三歳の昔、乳母、清水寺に参籠せ令め、嬰児の将来を祈り、懇篤に二七箇日を歴、霊夢の告げを蒙り、忽然として二寸の銀の正観音の像を得、帰敬し奉る所なりと云々。

○疵を吮ふ　傷ついた兵士をいたわること。『白氏文集』巻三「七徳舞」にある、唐の太宗が「血を含み、瘡を吮ひて戦士を撫」したという文章による。これと同様の表現は『陸奥話記』『平治物語』にも見える。

✽分散して逃れる中で、北条時政の息子で義時の兄にあたる宗時は、北条に戻ろうとして、途中で討たれた。この時、義時は十九歳であり、宗時は二十代であろう（政子は二十四歳）。また狩野茂光は歩けなくなって自殺した。一方、源頼朝は梶原景時の計らいにより、窮地を脱するが、死を覚悟し、髻（もとどり）の中に入れて身に着けていた仏像を岩窟に安置した。

又、北条殿・同四郎主等者経㆓筥根湯坂㆒、欲㆑赴㆓甲斐国㆒。同三郎者自㆓土肥山㆒降㆓桑原㆒、経㆓平井郷㆒之処、於㆓早河辺㆒、被㆑囲㆓于祐親法師軍兵㆒、為㆓小平井名主紀六久重㆒、被㆓射取㆒訖。茂光者依㆔行歩不㆓進退㆒自殺云々。将之陣与㆓彼等之戦場㆒、隔㆓山・谷㆒之間、無㆑抛㆓于吮㆒㆑疵、哀慟千万云々。景親、追㆓武衛之跡㆒、捜㆓求嶺・渓㆒。于㆑時有㆓梶原平三景時者㆒。慥雖㆑知㆓御在所㆒、存㆓有情之慮㆒、此山、称㆑無㆓人跡㆒、曳㆓景親之手㆒登㆓傍峯㆒。此間、武衛、取㆓御髻中正観音像㆒、被㆑奉㆑安㆓于或巌窟㆒。実平、奉㆑問㆓其御素意㆒。仰云、伝㆓首於景親等㆒之日、見㆓此本尊㆒、非㆓源氏大将軍所為㆒之由、人、定可㆑貽㆑誹云々。件尊像者、武衛三歳之昔、乳母、令㆑参㆓籠清水寺㆒、祈㆓嬰児之将来㆒、懇篤歴㆓二七箇日㆒、蒙㆓霊夢之告㆒、忽然而得㆓二寸銀正観音像㆒、所㆑奉㆓帰敬㆒也云々。

◆石橋山の戦い　六　源頼朝、箱根山に逃れる

治承四年（一一八〇）八月二十四日条（巻第一）

夜になって、北条時政が椙山の陣に参られた。この時、箱根山の別当行実は、弟の永実に食糧を持たせ、武衛（源頼朝）を探させていた。ところが（永実は）まず時政に出会い、頼朝の事を尋ねた。時政は「将（頼朝）は大庭景親の包囲を逃れられませんでした」と言った。永実は「あなたはもしかして、愚僧の浅はかさを試そうとされているのか。将（頼朝）が亡くなられたならば、あなたは生き延びていられるような人ではない」と言った。その時、時政はたいそう笑い、永実を連れて頼朝の御前に参られた。永実は例の食糧を差し上げた。主従とも餓えていた時であった。その価値は千金に相当したという。土肥実平は「世の中が鎮まったら、永実を箱根山の別当職に任命されるのがよいでしょう」と言った。頼朝もまたそれを承諾

された。その後、永実を案内人として、密かに箱根山に到着された。行実の宿坊は、参詣の道俗の人々が集まっているため、隠し事には不適当であると言って、永実の宅に（頼朝を）お入れした。

❖晩に及び、北条殿、椙山の陣に参着し給ふ。爰に筥根山の別当行実、弟の僧永実を差し、御駄餉を持た令め、武衛を尋ね奉る。而るに先づ北条殿に遇ひ奉り、武衛の御事を問ふ。北条殿、曰く、将は景親の囲みを遁れ給はず、者り。永実、云はく、客は若しくは羊僧の短慮を試みんと為給ふか。将、亡び令め給はば、客は存ふ可からざるの人なり、者り。時に北条殿、頗る咲ひて之を相具し、将の御前に参り給ふ。永実、件の駄餉を献ず。公私、餓ゑに臨むの時なり。直、已に千金と云々。実平、云はく、世上、無為に属さば、永実、宜しく筥根山の別当職に撰び補せ被るべし、者り。武衛、亦、之を諾し給ふ。其の後、永実を以て仕承と為し、密々に筥根山に到り給ふ。行実の宿坊は、参詣の緇素、群集するの間、隠密の事、其の便無しと称し、永実の宅に入れ奉る。

＊夜になって、北条時政は椙山の陣で源頼朝らと合流した。この時、兄で箱根山の別当（官司や寺院などの組織の長）であった行実の指示により、頼朝を探していた永実から食糧の提供を受け、頼朝らは箱根山の永実の宅に逃れることができた。行実は父である良尋（りょうじん）の頃から、源為義（ためよし）（頼朝の祖父）・義朝（よしとも）（頼朝の父）と縁故があり、頼朝が北条にいた頃から、頼朝のために祈禱を行っていたという。

及レ晩、北条殿、参二着于椙山陣一給。爰筥根山別当行実、差二弟僧永実一、令レ持二御駄餉一、奉レ尋二武衛一。而先奉レ遇二北条殿一。問二武衛御事一。北条殿、曰、将者不下遁二景親之囲一給上、者。永実、云、客者若為レ試二羊僧之短慮一給歟。将、令レ亡給者、客者不レ可レ存之人也、者。于レ時北条殿、頗咲而相二具之一、参二将之御前一給。永実、献二件駄餉一。公私、臨レ餓之時也。直、已千金云々。実平、云、世上、属二無為一者、永実、宜レ被レ撰二補筥根山別当職一、者。武衛、亦、諾レ之給。其後、以二永実一為二仕承一、密々到二筥根山一給。行実之宿坊者、参詣緇素、群集之間、隠密事、称レ無二其便一、奉レ入二永実之宅一。

◆衣笠山の戦い　治承四年（一一八〇）八月二十六日条（巻第二）

二十六日。丙午。武蔵国の畠山重忠は、一つには平氏の重恩に報いるため、一つには由比浦での敗戦の雪辱を果たすため、三浦の者たちを襲おうとした。そこで、武蔵国の党々（の武士）を率いて合流するよう、河越重頼に伝えた。これは、重頼は秩父一族の家では次男の系統であるが、家督を継承して、党（の武士）らを従えていたため、このようにしたという。江戸重長も同じくこれに味方した。今日、卯の刻（午前六時前後）に、この事が三浦方に伝わったため、三浦一族は皆、三浦の衣笠の城に引き籠もり、それぞれ陣を敷いた。東の木戸口〔大手〕は三浦義澄・三浦義連、西の木戸は和田義盛・金田頼次、中の陣は長江義景・大多和義久であった。辰の刻（午前八時前後）になって、河越重頼・中山重実・江戸重長、金子党・村山党の者たち以下、数千騎が攻め寄せた。義澄らは戦ったが、昨日〔由比浦での戦い」・今日の両日の合戦に、力は疲れ矢は尽き、夜半になって城を捨てて逃れ去った。三浦義明を連れて行こうとしたところ、義明は言った。「わしは源氏代々の家人として、幸いにその高貴な血筋が再興する時に逢えたのだ。どうしてこれを喜ばないことがあろうか。齢は既に八十余りである。残りの寿命を数えても幾らもない。今、老いた命を武衛（源頼朝）のために擲ち、子孫の勲功としたいと思う。お前たちは急いで退去し、その安否をお尋ねせよ。わしは一人で城に残り、大軍のように装って、重頼に見せてやろう」。義澄以下は泣いて取り乱したが、命令に従い、やむなく、離れ離れになった。

❖廿六日。丙午。武蔵国の畠山次郎重忠、且つうは平氏の重恩に報いんが為、且つうは由比浦の会稽を雪がんが為、三浦の輩を襲はんと欲す。仍て当国の党々を相具し来会す可きの由、河越太郎重頼に触れ遣はす。是、重頼、秩父の家に於いて、次男の流れ為りと雖も、家督を相継ぎ、彼の党等を従ふるに依り、此の儀に及ぶと云々。江戸太郎重長、同じく之に与す。今日、卯の剋、此の事、三浦に風聞するの間、一族、悉く以て当所衣笠の城に引き籠もり、各、陣を張る。東の木戸口〔大手〕、次郎義澄・十郎義連、西の木戸、和田太郎義盛・金田大夫頼次、中の陣、長江太郎義景・大多和三郎義久等なり。辰の剋に及び、河越太郎重頼・中山次郎重実・江戸太郎重長、金子・村山の輩已下、数千騎、攻め来る。義澄等、相戦ふと雖も、昨〔由比の戦〕今両日の合戦、力疲れ矢尽き、半更に臨み城を捨て逃れ去る。義明を相具せんと欲するに、義明、云はく、吾、源家累代の家人と為て、幸ひに其の貴種再興の秋に逢ふなり。盍ぞ之を喜ばざらんや。保つ所、已に八旬有余なり。余算を計ふるに幾ばくならず。今、老命を武衛に投じ、子孫の勲功に募らんと欲す。汝等、急ぎ退去し、彼の存亡を尋ね奉る可し。吾、独り城郭に残り留まり、多軍の勢を摸して、重頼に見令めんと云々。義澄以下、涕泣、度を失ふと雖も、命に任せ慭じひに以て離散し訖んぬ。

✲石橋山の合戦に間に合わず、源頼朝方の敗北を知った三浦一族は三浦に引き返す

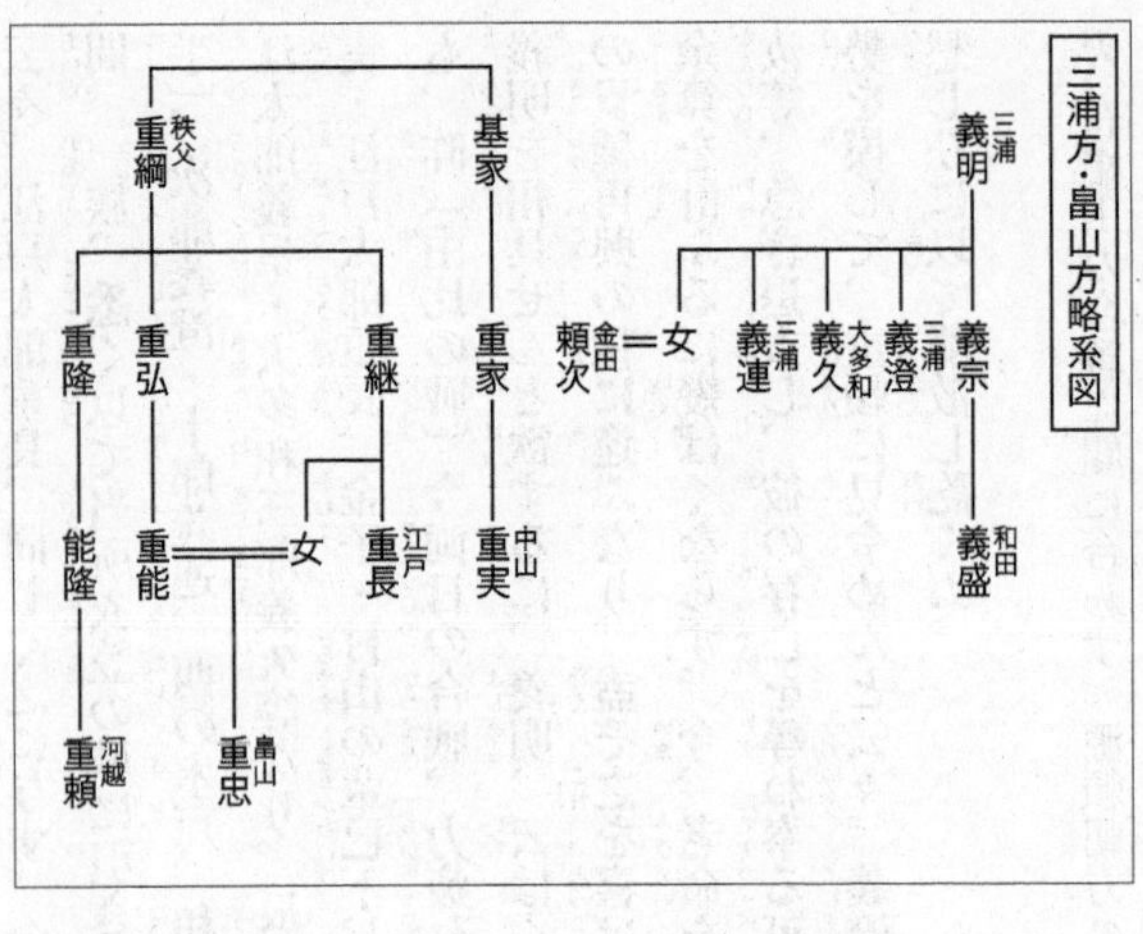

途中、父重能に代わって大庭景親方として参戦していた畠山重忠と由比ヶ浜で合戦となり、重忠方は五十人余りが討たれた。このため、重忠は一族に呼びかけ、三浦に攻め寄せたのである。重忠は十七歳であった。八十九歳になっていた三浦義明の発言は、源氏と御家人の関係を示すものとしてよく知られているが、三浦氏が頼朝に味方した背景には相模国の有力な在庁官人としての、大庭景親との競合関係があった。義明の年齢については延慶本『平家物語』は七十九歳としており、『鏡』からは義明の弟の岡崎義実が六十八歳、子の義澄が五十四歳となり、七十九歳の方が適当かと思われる。義連は葦名系

図からは五十五歳となるが、兄義澄の年齢とは食い違いが生じる。義盛は三十四歳である。また、三浦方についた長江義景は大庭景親と同じく鎌倉党の武士であるが、名前に「義」の字を持つことから、三浦氏と関係が深かったと考えられる。金田頼次は、上総広常の弟で、義明の娘婿である。

一方、畠山方の河越重頼・中山重実（重真）は秩父平氏の一族である。また、武蔵国には党と呼ばれる小武士団が存在し、村山党の村山頼家の子である家範は金子を名字とし、家範の子である家忠・近範は衣笠山合戦に参加したことが系図に記されている。なお、畠山重忠を三浦義明の外孫とする系図も存在する。

廿六日。丙午。武蔵国畠山次郎重忠、且為レ報二平氏重恩一、且為レ雪二由比浦会稽一、欲レ襲二三浦之輩一。仍相二具当国党々一可二来会一之由、触二遣河越太郎重頼一。是、重頼、於二秩父家一、雖レ為二次男流一、相二継家督一、依レ従二彼党等一、及二此儀一云々。江戸太郎重長、同与レ之。今日、卯剋、此事、風二聞于三浦一之間、一族、悉以引二籠于当所衣笠城一、各、張レ陣。東木戸口（大手）、次郎義澄・十郎義連、西木戸、和田太郎義盛・金田大夫頼次、中陣、長江太郎義景・大多和三郎義久等也。及二辰剋一、河越太郎重頼・中山次郎重実・江戸太郎重長、金子・村山輩已下、数千騎、攻来。義澄等、雖二相戦一、昨（由比戦）今両日合戦、力疲矢尽、臨二半更一捨レ城逃去。

欲レ相ニ具義明一、々々（義明）、云、吾、為ニ源家累代家人一、幸逢ニ于其貴種再興之秋一也。盍レ喜レ之哉。所レ保、已八旬有余也。計ニ余算一不レ幾。今、投ニ老命於武衛一、欲レ募ニ子孫之勲功一。汝等、急退去兮、可レ奉レ尋ニ彼存亡一。吾、独残ニ留于城郭一、摸ニ多軍之勢一、令レ見ニ重頼一云々。義澄以下、涕泣、雖レ失レ度、任レ命慭以離散訖。

◆源頼朝、安房国に渡る

治承四年（一一八〇）八月二十八日条（巻第一）

二十八日。戊申。（中略）。武衛（源頼朝）は土肥の真名鶴崎から船に乗り、安房国の方へ行かれた。土肥実平が土肥の住人である貞恒に命じて、小舟を準備したという。この場所から、土肥遠平を御使者として、御台所（北条政子）のもとへ遣わされ、別離以来の歎きについて申されたという。

❖廿八日。戊申。（中略）。武衛、土肥の真名鶴崎自り船に乗り、安房国の方に赴き給ふ。実平、土肥の住人貞恒に仰せて、小舟を粧ふと云々。此の所自り、土肥弥太郎遠平を以て御使と為し、御台所の御方に進らせ被れ、別離以後の愁緒を申さると云々。

✲箱根山の永実の宅に入った源頼朝らであったが、行実・永実の弟で山木兼隆の祈禱師であった良暹による襲撃の動きを察知して、土肥郷に向かい、土肥実平と共に真鶴から船で安房国に渡った。この時、実平の子の遠平を使者として、伊豆走湯山の覚淵の坊に身を寄せていた北条政子のもとに派遣した。頼朝らは翌日には安房国に上陸し、衣笠城から逃れた三浦一族、別途、土肥郷から安房国に渡っていた北条時政・義時、岡崎義実・近藤国平らに迎えられた。ここから頼朝の逆転劇が始まってゆくこととなる。なお、時政は実際は石橋山から直接、甲斐国に赴いたとする見方もある。

廿八日。戊申。（中略）。武衛、自二土肥真名鶴崎一乗レ船、赴二安房国方一給。実平、仰二土肥住人貞恒一、粧二小舟一云々。自二此所一、以二土肥弥太郎遠平一為二御使一、被レ進二御台所御方一、被レ申二別離以後愁緒一云々。

◆安西景益、源頼朝に従う
治承四年（一一八〇）九月四日条（巻第一）

四日。癸丑。安西景益が（源頼朝から）御書状をいただいたことにより、一族と在庁官人二、三人を連れて（頼朝の）御宿所に参上した。景益が申した。「むやみに上総広常の所にお入りになるのはよろしくありません。長狭常伴のような企みは、まだ道中に多くありましょう。まず御使者を遣わし、お迎えのために参上するよう、命じられるべきです」。そこで途中から改めて御馬の向きを変えられ、景益の宅に行かれ、和田義盛を広常の所へ遣わされ、安達盛長を千葉常胤の所へ遣わした。それぞれ参上するようにとのことである。

❖四日。癸丑。安西三郎景益、御書を給はるに依り、一族并びに在庁両三輩を相具し、御旅亭に参上す。景益、申して云はく、左右無く広常の許に入御有るの条、然る可からず。長狭六郎の如きの謀は、猶、衢に満ちたらんか。先づ御使を遣はし、御迎への為、参上す可きの由、仰せ被る可しと云々。仍て路次自り、更に御駕を廻らされ、景益の宅に渡御し、和田小太郎義盛を広常の許に遣はされ、藤九郎盛長を以て、千葉介常胤の許に遣はす。各、参上す可きの趣なり。

✻ 安房国に上陸した源頼朝らは、翌九月一日（八月は小の月で二十九日まで）には、かつて頼朝の父義朝の庇護者であった上総国の上総広常の所へ向かうこととした。また頼朝は、幼少の頃から親しくしていた安房国の安西景益に、以仁王の令旨を根拠として、国内の京都関係者を捕らえ、在庁官人（現地に赴任しなくなった国司に代わり、現地で業務を行った国府の役人）を引き連れて参上するよう、書状を遣わした。三日には、各地の武士に参向を呼びかけると共に、広常の所へ移動を開始した。その夜、長狭常伴が頼朝を襲撃しようとするが、事情に通じていた三浦義澄がこれを察知し、打ち破った。三浦氏の活動圏が三浦半島の対岸である房総半島にも及んでいたことを示す挿話でもある。

四日。癸丑。安西三郎景益、依レ給二御書一、相二具一族并在庁両三輩一、参二上于御旅亭一。景益、申云、無二左右一有レ入二御于広常許一之条、不レ可レ然。如二長狭六郎一之謀者、猶、満レ衢歟。先遣二御使一、為二御迎一、可二参上一之由、可レ被レ仰云々。仍自二路次一、更被レ廻二御駕一、渡二御于景益之宅一、被レ遣二和田小太郎義盛於広常之許一、以二藤九郎盛長一、遣二千葉介常胤之許一。各、可二参上一之趣也。

◆木曽義仲、挙兵　治承四年（一一八〇）九月七日条（巻第一）

七日。丙辰。源氏の木曽義仲は源義賢の二男である。義賢は去る久寿二年八月、武蔵国の大蔵の館で、鎌倉の源義平によって討たれた。その時、義仲は三歳の嬰児であった。乳母夫の中原兼遠が抱いて信濃国木曽に逃れ、養育した。成人した今、（義仲は）武略の資質を受け継ぎ、平氏を討って家を興したいとの思いがあった。そうしたところ、前武衛（源頼朝）が石橋山で既に合戦を始められたと、遠くに聞き、すぐに（合戦に）加わってかねての思いを明らかにしようとした。この時、平家方に笠原頼直という者がいた。今日、軍勢を率いて、義仲を襲おうとした。木曽方の村山義直と栗田寺の別当の範覚らがこの事を聞き、信濃国市原で対峙し勝負となった。両方の合戦の途中で、日が既に暮れた。ところが義直は矢が無くなって、たいそう劣勢となり、急使を義仲の陣に遣わして、事情を知らせた。そこで義仲は大軍を率い、先を争ってやってきたところ、頼直はその威勢に怖れて逃亡した。（頼直は）城長茂（の軍）に加わるため越後国に赴いたという。

❖七日。丙辰。源氏の木曽冠者義仲主は帯刀先生義賢の二男なり。義賢、去んぬる久寿二年八月、武蔵国大倉の館に於いて、鎌倉の悪源太義平主の為に討ち亡ぼさる。時に義仲、三歳の嬰児為り。乳母夫中三権守兼遠、之を懐き、信濃国木曽に遁れ、之を養育せ令む。成人の今、武略、性を稟け、平氏を征し家を興す可きの由、存念有り。而るに前武衛、石橋に於いて已に合戦を始め被るるの由、遠聞に達し、忽ち相加はりて素意を顕さんと欲す。爰に平家の方人、笠原平五頼直といふ者有り。今日、軍士を相具し、木曽を襲はんと擬す。木曽の方人、村山七郎義直并びに栗田寺別当大法師範覚等、此の事を聞き、当国市原に相逢ひ、勝負を決す。両方合戦半ばにして、日、已に暮る。然るに義直、箭、窮まり、頗る雌伏し、飛脚を木曽の陣に遣はし、事の由を告ぐ。仍て木曽、大軍を率ゐ来り、競ひ到るの処、頼直、其の威勢を怖れ逃亡す。城四郎長茂に加はらんが為、越後国に赴くと云々。

○冠者　元服して冠をつけた若者。

✻信濃国で、平家方の笠原頼直が源氏の木曽義仲（二十七歳）を攻撃しようとして、木曽方の村山義直・栗田寺別当範覚（村上為国の子の寛覚と同一人物と考えられている）らと合戦となった。義直らは劣勢に追い込まれるが、義仲の加勢により、頼直は越後国の城長茂のもとへ逃走した。『鏡』は義仲が頼朝に加わるために挙兵したとするが、独自の勢力と考えるべきである。笠原・村山・栗田は長野盆地にあり、市原も同地域の市村郷内と考えられている。また延慶本『平家物語』では、義仲は麻績・会

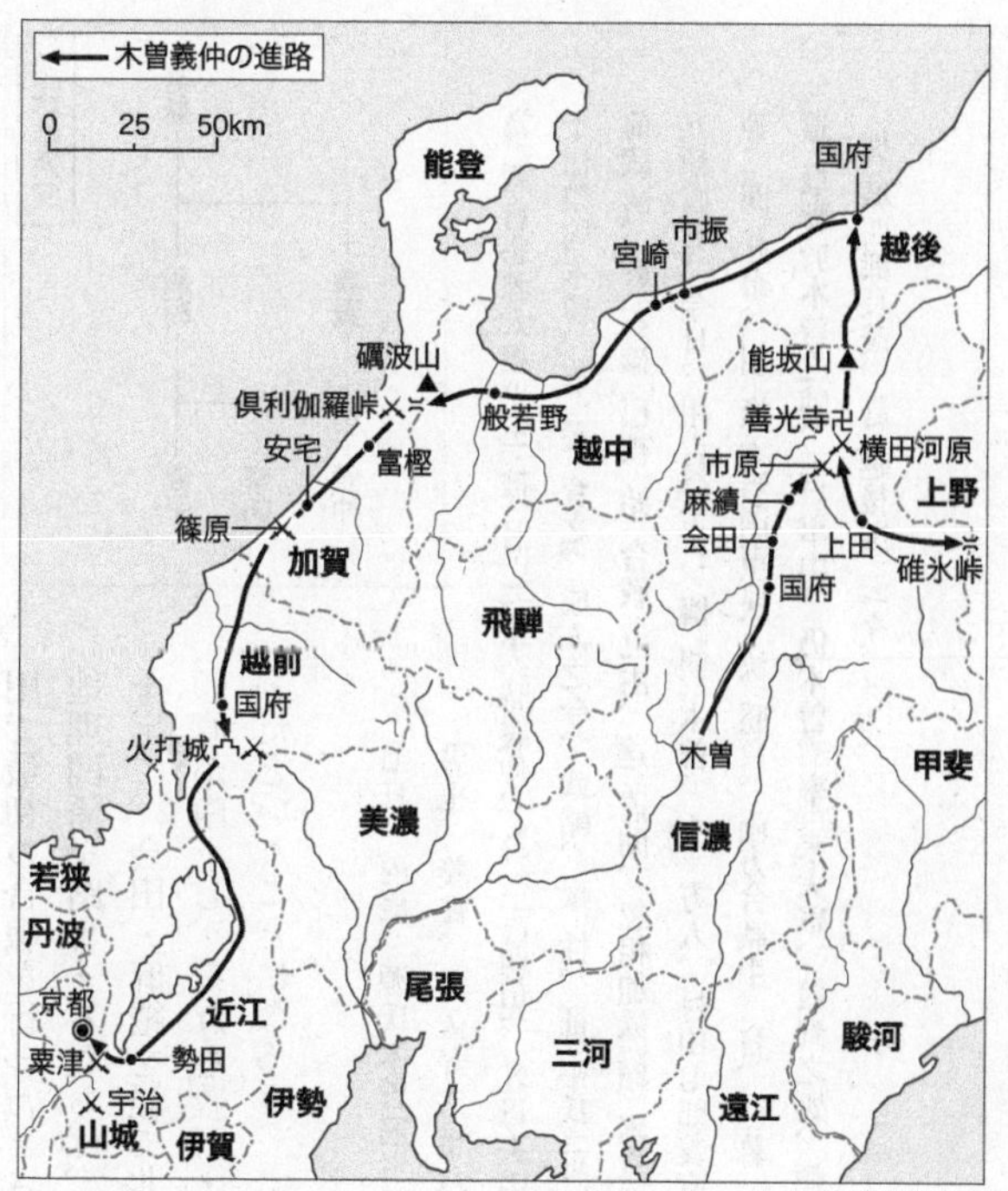
木曽義仲の進路
0
25
50km
能登
国府
越後
市振
宮崎
礪波山
能坂山
倶利伽羅峠
般若野
善光寺
横田河原
安宅
富樫
越中
市原
上野
麻績
篠原
会田
上田
加賀
碓氷峠
国府
飛騨
越前
国府
火打城
木曽
甲斐
美濃
信濃
若狭
丹波
尾張
京都
近江
駿河
粟津
勢田
三河
宇治
伊勢
遠江
山城
伊賀

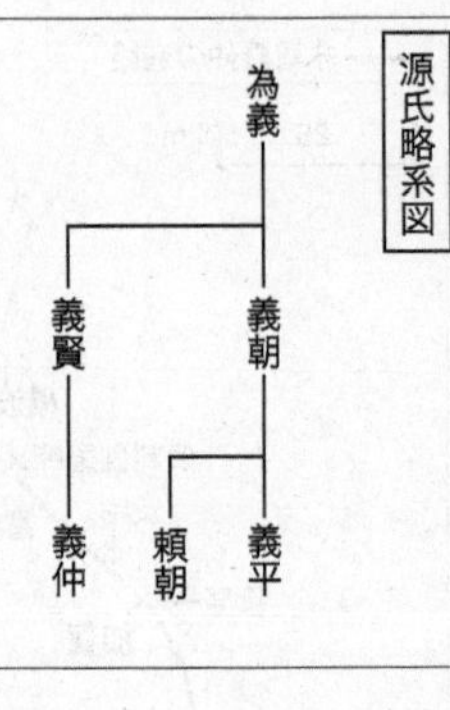

田で最初の合戦を行ったとされている。これらの地理関係を踏まえるならば、九月七日以前に木曽を出て、会田・麻績を経て北上する義仲に対し、頼直が南下し、それを義直・範覚が市原で迎え撃ったということになろう。

七日。丙辰。源氏木曽冠者義仲主者帯刀先生義賢二男也。義賢、去久寿二年八月、於二武蔵国大倉館一、為二鎌倉悪源太義平主一被二討亡一。于レ時義仲、為二三歳嬰児一。乳母夫中三権守兼遠、懐レ之、遁二于信濃国木曽一、令レ養二育之一。成人之今、武略、稟レ性、征二平氏一可レ興レ家之由、有二存念一。而前武衛、於二石橋一已被レ始二合戦一之由、達二遠聞一、忽相加欲レ顕二素意一。爰平家方人、有二笠原平五頼直者一。今日、相二具軍士一、擬レ襲二木曽一。々々(木曽)方人、村山七郎義直并栗田寺別当大法師範覚等、聞二此事一、相二逢于当国市原一、決二勝負一。両方合戦半、日、已暮。然義直、箭、窮、頗雌伏、遣二飛脚於木曽之陣一、告二事由一。仍木曽、率二来大軍一、競到之処、頼直、怖二其威勢一逃亡。為レ加二城四郎長茂一、赴二越後国一云々。

◆千葉常胤、源頼朝に従う

治承四年（一一八〇）九月九日条（巻第一）

九日。戊午。安達盛長が千葉から帰参して申した。「千葉常胤の（館の）門前に行き、（常胤への）取り次ぎを求めたところ、間もなく客亭に招き入れられました。常胤は前もってその座におり、子息の胤正・胤頼もその側にいました。常胤は詳しく盛長の述べる内容を聞いていましたが、しばらく言葉を発することなく、ただ眠っているかのようでした。そうしたところ、二人の子息が共に言いました。『武衛（源頼朝）が将軍の跡を再興し、世の乱れを鎮められるにあたり、事の最初に召集されたのです。応じるのにどうしてためらうことがありましょう。早く承諾のお返事を差し上げなさいませ』。常胤は言いました。『心中では承諾にまったく異議はない。源氏の中絶の跡を再興されるということで、感涙で目も曇り、言葉も出てこないのだ』。その後、酒が出されました。そして（常胤は）、『現在の御居所はこれといった要害の地でもなく、また、御先祖のおられた場所でもありません。速やかに相模国の鎌倉にお出で下さい。常胤は門客らを率いて、お迎えに参上しましょう』と申しました」。

❖九日。戊午。盛長、千葉自り帰参して申して云はく、常胤の門前に至り、案内するの処、幾程を経ず客亭に招請す。常胤、兼ねて以て彼の座に在り。子息胤正・胤頼等、座の傍に在り。常胤、具に盛長の述ぶる所を聞くと雖も、暫く言を発せず、只、眠るが如し。而るに件の両息、同音に云はく、武衛、虎牙の跡を興し、狼唳を鎮め給ひ、緯の最初に其の召し有り。服応、何ぞ猶予の儀に及ばんや。早く領状の奉を献ぜ被る可し、者り。常胤、云はく、心中の領状、更に異儀無し。源家中絶の跡を興さ令め給ふの条、感涙、眼を遮り、言語の覃ぶ所に非ざるなり、者り。其の後、盃酒有り。次いで、当時の御居所は指したる要害の地に非ず。又、御曩跡に非ず。速やかに相模国鎌倉に出で令め給ふ可し。常胤、門客等を相率ゐ、御迎への為、参向す可きの由、之を申す。

○虎牙　将軍のこと。『漢書』などに見える「虎牙将軍」を踏まえたもの。

＊源頼朝は四日に、和田義盛を上総広常に、安達盛長を千葉常胤に遣わし、合流を求めた。義盛は六日の晩に、常胤と相談したうえで参上するという広常の返答を持ち帰っており、この日、盛長も戻ってきたのである。常胤は、頼朝の現在の居場所が要害の地でも先祖の由緒の地でもないとして、鎌倉に入ることを勧めた。鎌倉は頼朝の先祖頼義が平直方から譲られたとされ、頼朝の父義朝も館を構えていた土地であった。

九日。戊午。盛長、自二千葉一帰参申云、至二常胤之門前一、案内之処、不レ経二幾程一招二請于客亭一。常胤、兼以在二彼座一。子息胤正・胤頼等、在二座傍一。常胤、具雖レ聞二盛長之所一レ述、暫不レ発レ言、只、如レ眠。而件両息、同音云、武衛、興二虎牙跡一、鎮二狼唳一給、縡最初有二其召一。服応、何及二猶予儀一哉。早可レ被レ献二領状之奉一者。常胤、云、心中領状、更無二異儀一。令レ興二源家中絶跡一給之条、感涙、遮レ眼、非二言語之所一レ覃也、者。其後、有二盃酒一。次、当時御居所非二指要害地一。又、非二御曩跡一。速可下令レ出二相模国鎌倉一給上。常胤、相二率門客等一、為二御迎一可二参向一之由、申レ之。

◆源頼朝、下総国に至る

治承四年（一一八〇）九月十七日条（巻第一）

十七日。丙寅。（源頼朝は）上総広常の参上を待たず、下総国に向かわれた。千葉常胤が子息の千葉胤正・相馬師常・武石胤盛・大須賀胤信・国分胤通・東胤頼・嫡孫の千葉成胤らを連れて下総の国府に参上した。（常胤らに）従う軍勢は三百余騎に及んだ。常胤はまず捕虜とした千田親政を（頼朝の）ご覧に入れた。次に食糧を献上した。武衛（源頼朝）は常胤を座右に招かれ、「必ずや司馬（常胤）を父として遇しよう」と仰ったという。

❖十七日。丙寅。広常の参入を待たず、下総国に向かはしめ給ふ。千葉介常胤、子息太郎胤正・次郎師常〔相馬と号す〕・三郎胤盛〔武石〕・四郎胤信〔大須賀〕・

五郎胤道〔国分〕・六郎大夫胤頼〔東〕・嫡孫小太郎成胤等を相具し、下総の国府に参会す。従軍、三百余騎に及ぶなり。常胤、先づ囚人千田判官代親政を召し覧ず。次いで、駄餉を献ず。武衛、常胤を座右に招か令め給ひ、須らく司馬を以て父と為すべきの由、仰せ被ると云々。

○司馬　国司の三等官である掾の唐名。常胤は二等官である介を名乗っているが、これが朝廷からの正式の任命によるものではないこと、あるいは権介であることから司馬としたものかと考えられる。なお、介の唐名は別駕。

✲安房国の丸御厨の巡検などを行っていた源頼朝は、十三日に三百騎余りを率いて上総国に向けて出発した。上総広常は軍勢を召集しているため、なお遅れるとの事で、頼朝は広常を待たず下総国へ向かったのである。この間、千葉常胤は平家方であった下総国の目代を討ち取り、平家の縁戚であった千田荘の千田親政を生け捕っていた。この常胤の行動の背景にも、下総国内における目代・親政との間での利害対立・競合状況が存在していた。この時、常胤は六十三歳、胤正は四十五歳、師常は四十二歳であり、以下の兄弟は三十歳代となろう。成胤は二十六歳であった。

十七日。丙寅。不レ待二広常参入一、令レ向二下総国一給。千葉介常胤、相二具子息太郎胤正・次郎師常〔号二相馬一〕・三郎胤盛〔武石〕・四郎胤信〔大須賀〕・五郎胤道〔国分〕・六郎大夫胤頼〔東〕・嫡孫小太郎成胤等一、参二会于下総国府一。従軍、及二三百余騎一也。常胤、先召二覧囚人千田判官代親政一。次、献二駄餉一。武衛、令レ招二常胤於座右一給、須下以二司馬一為上父之由、被レ仰云々。

◆上総広常、源頼朝に従う

治承四年（一一八〇）九月十九日条　（巻第一）

十九日。戊辰。上総広常が上総国の周東・周西・伊南・伊北・庁南・庁北の者たちを召し連れ、二万騎を率いて、隅田川の辺りに参上した。武衛（源頼朝）はたいそうその遅参に怒り、まったく許そうとする様子が無かった。広常は密かに「現在の状況は、全国皆、平相国禅閤（清盛）の支配でない所は無い。このような中で、武衛（頼朝）は流人の身で、すぐに挙兵されたのであり、その様子に気高いところが無ければ、直ちに討ち取って、「平家に献上しよう」と考えた。そこで心の内には逆心を懐いていたが、表面的には帰服したようにして参上した。そのため、（頼朝は）この数万の援軍を得て、感激し喜ばれるであろうと、（広常は）予想していたところ、（頼朝には）遅参をお咎めになる様子があった。これはまことに人の主君としてのあるべき姿である。これにより（広常は）たちまち害意を改めて、（頼朝に）従ったという。

❖十九日。戊辰。上総権介広常、当国周東・周西・伊南・伊北・庁南・庁北の輩等を催し具し、二万騎を率ゐて、隅田河の辺りに参上す。武衛、頗る彼の遅参を瞋り、敢へて以て許容の気無し。広常、潜かに以為へらく、当時の如くんば、率土、皆、平相国禅閤の管領に非ざるは無し。爰に武衛、流人と為て、輙ち義兵を挙げ被るるの間、其の形勢、高峻の相無くば、直ちに之を討ち取り、平家に献ず可し、者り。仍て内には二図の存念を挿むと雖も、外には帰伏の儀を備へて参る。然れば、此の数万の合力を得、感悦せ被る可きかの由、思ひ儲くるの処、遅参を咎め被るるの気有り。是、殆人主の躰に叶ふなり。之に依り、忽ち害心を変じ、和順し奉ると云々。

✲ 武蔵国に入る手前の隅田川の辺りで、上総広常が源頼朝軍に合流した。広常は、器量によっては頼朝を討つ心づもりでいたが、自らの遅参を咎める頼朝の姿勢に帰服したという。一方、『玉葉』には九月十一日条に広常が大庭景親を攻撃したとあることから、広常は当初から頼朝に従っており、『鏡』の記事には曲筆があるとする指摘も存在する（野口実「平家打倒に起ちあがった上総広常」「源頼朝の房総半島経略過程について」〈『増補改訂中世東国武士団の研究』戎光祥出版、二〇二一年、初出はそれぞれ一九八四・一九八五年〉）。安房国を三百余騎で出発し、千葉一族の三百余騎を合わせた六百騎の頼朝軍に対し、広常は二万騎を率いてきたという。数字には誇張があると考えられるが、ここで頼朝軍は一気にその数を増すこととなったのである。

十九日。戊辰。上総権介広常、催二具当国周東・周西・伊南・伊北・庁南・庁北輩等一、率二二万騎一、参二上隅田河辺一。武衛、頗瞋二彼遅参一、敢以無二許容之気一。広常、潜以為、如二当時一者、率土、皆、無レ非二平相国禅閤之管領一。爰武衛、為二流人一、輙被レ挙二義兵一之間、其形勢、無二高峻相一者、直討二取之一、可レ献二平家一者。仍内雖レ挿二図之存念一、外備二帰伏之儀一参。然者、得二此数万合力一、可レ被二感悦一歟之由、思儲之処、有下被レ咎二遅参一之気上。是、殆叶二人主之躰一也。依レ之、忽変二害心一、奉二和順一云々。

◆畠山重忠ら、源頼朝に従う

治承四年（一一八〇）十月四日条　（巻第一）

四日。癸未。畠山重忠が長井渡に参上した。河越重頼・江戸重長もまた、参上した。この者たちは三浦義明を討った者である。ところが三浦義澄以下の（義明の）子息や一族は多くが（源頼朝の）お供に加わり武功に励んでいた。（頼朝は）「重長らは源氏に矢を射たが、勢力のある者たちを優遇しなければ、事は成り難いであろう。忠義の心を持つのであれば、まったく憤りを残してはならない」と、あらかじめ三浦の一党によくよく言い聞かされた。彼らは（重忠らに対して）異心はないと申した。そこでそれぞれ互いに顔を合わせ、並んで座った。

❖四日。癸未。畠山次郎重忠、長井渡に参会す。河越太郎重頼・江戸太郎重長、又、参上す。此の輩、三浦介義明を討つ者なり。而るに義澄以下子息門葉、多く以て御共に候じ、武功に励む。重長等は源家を射奉ると雖も、有勢の輩を抽賞せ被れずんば、縡、成り難からんか。忠直を存ぜば、更に憤りを貽す可からざるの旨、兼ねて以て三浦一党に仰せ含め被る。彼等、異心無きの趣を申す。仍て各、相互に合眼列座する者なり。

✲源頼朝は九月二十八日に江戸重長に使者を送って合流を促したが、翌日には、同じ秩父平氏一族である葛西清重に重長の謀殺を命じていた。十月二日に頼朝らが太井川（現在の江戸川。『鏡』では大井川と表記）・隅田川（現在の荒川）を越えて武蔵国に入ると清重とその父である豊島清元が参上し、四日には、清重の工作によるものか、畠山重忠・河越重頼・江戸重長らの秩父平氏も長井渡（現在の三河島から王子にかけての地域に所在）で頼朝のもとに参上した。江戸重長は翌五日に武蔵国衙（こくが）の行政実務の統括を頼朝から命じられている。

四日。癸未。畠山次郎重忠、参二会長井渡一。河越太郎重頼・江戸太郎重長、又、参上。此輩、討二三浦介義明一者也。而義澄以下子息門葉、多以候二御共一、励二武功一。重長等者雖レ奉レ射二源家一、不レ被レ抽二賞有勢之輩一者、縡、難レ成歟。存二忠直一者、更不レ可レ貽レ憤之旨、兼以被レ仰二含于三浦一党一。彼等、申下無二異心一之趣上。仍各、相互合眼列座者也。

◆源頼朝、鎌倉に入る　治承四年（一一八〇）十月六日条（巻第一）

六日。乙酉（きのととり）。（源頼朝は）相模国に着かれた。畠山重忠が先陣となり、千葉常胤が（頼朝の）後ろに従った。総じて従った軍勢は何千・何万とも知れなかった。急なことであったため、まだ（御所の）造営は行われておらず、民家を御宿所に定められたという。

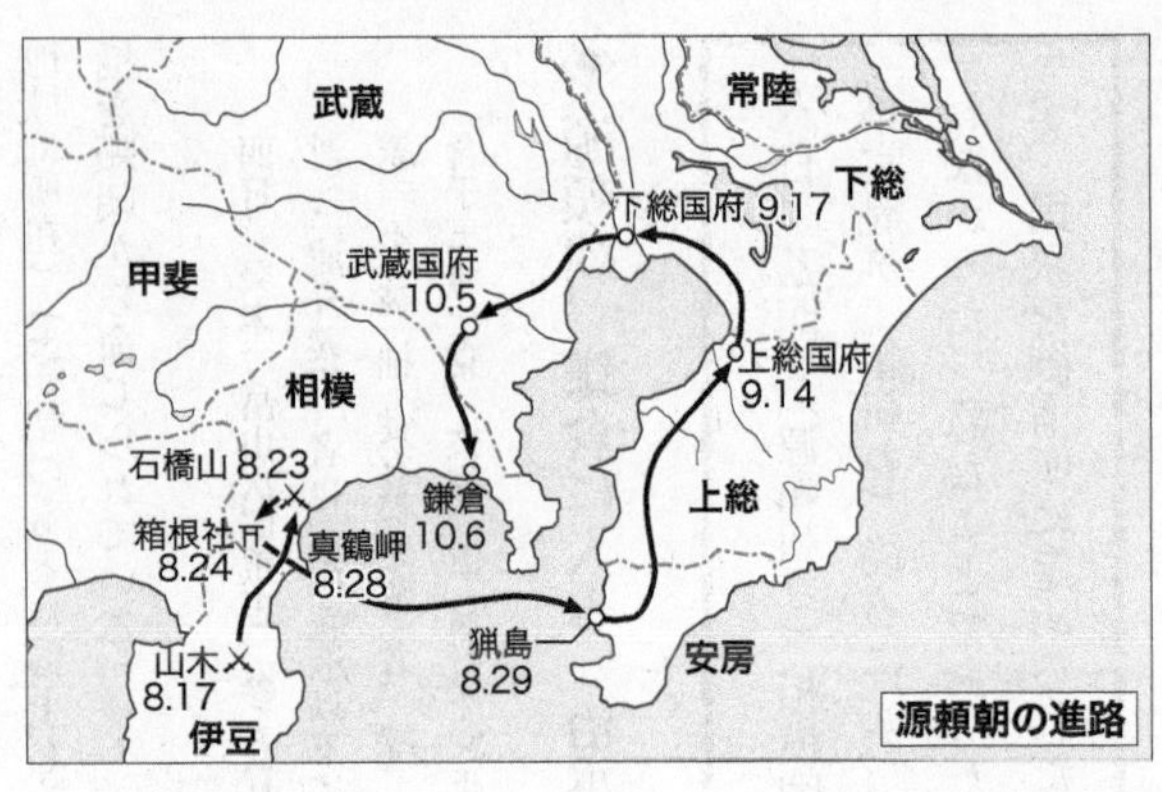

源頼朝の進路

❖六日。乙酉。相模国に着御す。畠山次郎重忠、先陣と為り、千葉介常胤、御後に候ず。凡そ扈従の軍士、幾千万なるを知らず。楚忽の間、未だ営作の沙汰に及ばず、民屋を以て御宿館に定め被ると云々。

✲源頼朝は遂に相模国に入った。翌七日にはまず当時は由比郷に所在した鶴岡八幡宮を遥拝した後、父義朝の館の故地である亀谷を訪れた。九日には仮御所として山内から建物が移築されることとなり、十一日には頼朝の妻政子が鎌倉に入った。仮御所の移築・修理は十五日には終わっており、同日、頼朝が仮御所に入った。十月二日に武蔵国に入った時点で頼朝軍は三万余騎とあり、その後、秩父平氏一族が合流し、十八日には二十万騎と記されている。この数字には誇張があると考えられるが、石橋山合戦の際に三百余騎であった頼朝軍は東京湾を一周する間に一気に膨れ上がったのである。

六日。乙酉。着御于相模国。畠山次郎重忠、為先陣、千葉介常胤、候御後。凡扈従軍士、不知幾千万。楚忽之間、未及営作沙汰、以民屋被定御宿館云々。

◆富士川の戦い　治承四年（一一八〇）十月二十日条（巻第一）

二十日。己亥。武衛（源頼朝）は駿河国賀島に到着された。また、平維盛・平忠度・平知度らは、富士川の西岸に陣を敷いた。ところが夜半になって、武田信義が兵略を廻らし、密かに平氏の陣の背後を襲ったところ、富士沼に集まっていた水鳥たちが群れをなして飛び立ち、その羽音がまったく軍勢のようであった。このため平氏は驚き騒いだ。この時、次将であった伊藤忠清らが相談して言った。「東国の武士は全て前武衛（頼朝）に従っています。我らは無理を押して京都を出発し、途中にあって既に（敵の）囲みを逃れ難い状況です。速やかに京都に戻り、策略を別に講じるべきです」。羽林（維盛）以下はその言葉に従い、夜明けを待たず、急いで京都に戻った。

❖廿日。己亥。武衛、駿河国賀島に到ら令め給ふ。又、左少将惟盛・薩摩守忠度・三河守知度等、富士河の西岸に陣す。而るに半更に及び、武田太郎信義、兵略を廻らし、潜かに件の陣の後面を襲ふの処、富士沼に集まる所の水鳥等、群れ立ち、其の羽音、偏に軍勢の粧ひを成す。之に依り平氏等、驚き騒ぐ。爰に次将上総介忠清等、相談じて云はく、東国の士卒、悉く前武衛に属す。吾等、憖じひに洛陽を出で、途中に於いて已に囲みを遁れ難し。速やかに帰洛せ令め、謀を外に構ふ可しと云々。羽林已下、其の詞に任せ、天曙を待たず、俄かに以て帰洛し畢んぬ。

○羽林　近衛府の唐名。ここでは左近衛少将の平維盛を指す。維盛は父重盛の邸宅にちなみ、小松羽林とも称された。

✱東国の兵乱に対し、平家は平清盛の嫡孫維盛を大将とする追討軍を派遣し、維盛は九月二十一日に福原を、同二十九日に京都を出発した（『玉葉』）。『鏡』によれば、維盛が十月十三日に駿河国手越駅に着いたとの報告を受けた源頼朝は、同十六日に鎌倉を出て、同十八日に駿河国黄瀬川に陣を敷き、二十四日を合戦の日と定めたという。また、この時、武田信義らの甲斐源氏が合流したと記している。二十日条では、頼朝が賀島（加島）まで陣を進め、その夜、富士川西岸の平家軍の陣を襲おうとした武田信義らの動きに驚いた水鳥の羽音により、平家軍が潰走したと記されている。

一方、京都の貴族らの日記によれば、維盛らの手越駅到着をうけて、平家方の駿河国目代は甲斐国に出陣し、十四日に武田信義らの甲斐源氏と鉢田で合戦したが大敗し、目代以下の首が伊堤に晒された。（『鏡』も参照）。十六日に駿河国高橋宿に到着した維盛のもとに、翌十七日、武田方の使者がやってきて、浮島原を合戦の場とすることを提案した。平家方は十八日、富士川西岸に陣を敷き、十九日の夜明けに攻撃を開始す

ることとしたが、数百騎が武田軍に投降したことをうけ、撤退を決定した。この撤退の途中、手越宿で失火騒ぎがあり、また宿周辺の池の水鳥の羽音による混乱も発生したという（『吉記』治承四年十一月三日条・『玉葉』同五日条・『山槐記』同六日条）。

なお、当時は、現在の富士川と潤井川の間の一帯が富士川河口の氾濫原となっていたと考えられ、浮島原も田子の浦の辺りから富士市岩本辺りまでを含んでいたと考えられる。

平家軍と反乱軍との戦闘は、十月十四日の甲斐源氏と駿河目代との鉢田での合戦で実質的に決着しており、十六日に高橋宿に入った維盛も、十八日に黄瀬川宿に入った頼朝も、そこに留まり、富士川河口部で対峙したのは、甲斐源氏と平家軍の前線部隊であり、実際の戦闘は行われないままに平家軍は退却したと考えられる。

この退却を受け、清盛は福原から京都への還都を余儀なくされることとなった。

廿日。己亥。武衛、令レ到二駿河国賀島一給。又、左少将惟盛・薩摩守忠度・三河守知度等、陣二于富士河西岸一。而及二半更一、武田太郎信義、廻二兵略一、潜襲二件陣後面一之処、所レ集二于富士沼一之水鳥等、群立、其羽音、偏成二軍勢之粧一。依レ之平氏等、驚騒。爰次将上総介忠清等、相談云、東国之士卒、悉属二前武衛一。吾等、憖出二洛陽一、於二途中一已難レ遁レ囲。速令二帰洛一、可レ構二謀於外一云々。羽林已下、任二其詞一、不レ待二天曙一、俄以帰洛畢。

◆御家人ら、源頼朝の上洛を止める

治承四年（一一八〇）十月二十一日条（巻第一）

二十一日。庚子。小松羽林（平維盛）を追撃するため、（源頼朝は）上洛するよう武士たちに命じられた。ところが千葉常胤・三浦義澄・上総広常らが（頼朝を）諫めて言った。「常陸国の佐竹義政・秀義らは、数百の軍勢を率いていながら、まだ従っておりません。特に、秀義の父である隆義は、現在、平家に従って在京しています。その他にも独自の地位を誇っている者が、なお領域内に多くいます。そこでまず東国を平定した後に、西国へと進むべきです」。これにより（頼朝は）黄瀬川に移って宿泊され、安田義定を守護として遠江国に派遣され、武田信義を（守護として）駿河国に置かれた。

❖廿一日。庚子。小松羽林を追ひ攻めんが為、上洛す可きの由を士卒等に命ぜ被る。而るに常胤・義澄・広常等、諫め申して云はく、常陸国の佐竹太郎義政幷びに同冠者秀義等、数百の軍兵を相率ゐ乍ら、未だ帰伏せず。就中、秀義の父四郎隆義、当時、平家に従ひ在京す。其の外、驕者、猶、境内に多し。然れば先づ東夷を平らぐるの後、関西に至る可しと云々。之に依り黄瀬河に遷り宿せ令め給ひ、安田三郎義定を以て守護と為し、遠江国に差し遣はされ、武田太郎信義を以て、駿河国に置かるる所なり。

✲源頼朝は、平維盛以下の平家軍の西走を追って上洛しようとするが、千葉常胤・三浦義澄・上総広常らは、常陸国の佐竹氏をはじめ、帰服していない武士も多いことから、関東の平定を優先するよう主張した。頼朝は彼らの主張を容れ、黄瀬川宿に引き返したというが、先述のとおり、頼朝は黄瀬川宿より西へは進軍していないと考えられる。この時期、佐竹氏のほか、常陸国の志太義広や上野国の新田義重、下野国の足利俊綱など北関東の武士たちは頼朝とは独立した勢力として存在していた。特に佐竹氏は千葉氏・上総氏にとって、霞ヶ浦・利根川などの内海水運をめぐって競合関係にあったことが指摘されている。彼らにとってはその本拠地の確保と、長年の競合関係の清算こそが平家追討に優先する課題であり、頼朝にとっても、清和源氏義光流に属する佐竹氏を屈服させ、北関東を掌握する必要があったとされる。こうして頼朝は、十月二十七日には佐竹氏攻撃のため鎌倉を出発し、十一月四日には常陸国府に到着して佐竹義政を討ち、さらに金砂城を攻略して佐竹秀義を陸奥国に逃亡させた。

また『鏡』は、頼朝が安田義定を遠江国の、武田信義を駿河国の守護としたとするが、実際には、富士川の戦いに至る甲斐源氏の活動の結果、彼らが独自に両国を掌握したものと考えられている。

廿一日。庚子。為レ追二攻小松羽林一、被レ命下可二上洛一之由於士卒等上。而常胤・義澄・広常等、諫申云、常陸国佐竹太郎義政并同冠者秀義等、乍レ相二率数百軍兵一、未二帰伏一。就中、秀義父四郎隆義、当時、従二平家一在京。其外、驕者、猶、多二境内一。然者先平二東夷一之後、可レ至二関西一云々。依レ之令レ還二宿黄瀬河一給、以二安田三郎義定一為二守護一、遠江国被二差遣一、以二武田太郎信義一、所レ被レ置二駿河国一也。

◈源頼朝、源義経と対面

治承四年（一一八〇）十月二十一日条（巻第一）

二十一日。庚子。（中略）。今日、若者一人が（源頼朝の）御宿所のすぐ側に佇んで、鎌倉殿に拝謁したいと言った。土肥実平・土屋宗遠・岡崎義実らは怪しく思い、（頼朝に）取り次ぐことができず、（そのまま）時間が過ぎたところ、武衛（源頼朝）は自然とこのことをお聞きになり、「年のころを思うに、陸奥国の九郎（源義経）ではなかろうか。すぐに対面しよう」と言った。そこで実平はその人を招いた。やはり義経であった。（義経は）すぐに（頼朝の）御前に進み、互いに昔のことを話し、懐旧の涙を流した。特に、白河院の御治世の永保三年九月に、曽祖父の源義家が陸奥国で、清原武衡・家衡らと合戦した。その時、（弟の）源義光は京都で（朝廷に）仕えていた。（義光は）このことを伝え聞き、朝廷を警備する現任の官職を辞任し、弦袋を解いて殿上に置き、密かに陸奥国に下向し、兄の軍陣に加わった後、すぐに（義家は）敵を滅ぼされた。今、（義経が）やってきたことは、まことにその吉例に適っていると、（頼朝は）お褒めになったという。

❖廿一日。庚子。（中略）。今日、弱冠一人、御旅館の砌に彳み、鎌倉殿に謁し奉る可きの由を称す。実平・宗遠・義実等、之を怪しみ、執啓すること能はず、剋を移すの処、武衛、自ら此の事を聞か令め給ひ、年齢の程を思ふに、奥州の九郎か。早く御対面有る可し、者り。仍て実平、彼の人を請ず。果たして義経主なり。

即ち御前に参り進み、互ひに往事を談じ、懐旧の涙を催す。就中、白河院の御宇、永保三年九月、曽祖陸奥守源朝臣〔義家〕、奥州に於いて、将軍三郎武衡・同四郎家衡等と合戦を遂ぐ。時に左兵衛尉義光、京都に候ず。此の事を伝へ聞き、朝廷警衛の当官を辞し、弦袋を殿上に解き置き、潜かに奥州に下向し、兄の軍陣に加はるの後、忽ち敵を亡ぼされ訖んぬ。今の来臨、尤も彼の佳例に協ふの由、感じ仰せ被ると云々。

＊源頼朝の異母弟で、奥州藤原氏のもとにあった源義経が、頼朝の挙兵を聞き、参陣した。時に頼朝は三十四歳、義経は二十二歳であった。頼朝はこれを、後三年合戦の際の源義家・義光兄弟の故事になぞらえ、涙を流してその参陣を喜んだという。兵衛府の官人は弦袋（弦巻）を太刀の足間に付けて標識としており、義光は左兵衛尉を辞任するにあたって、弦袋を外したのである。なお義経の参陣に先立つ十月一日には、義経の同母兄で、醍醐寺で僧侶となっていた全成が、武蔵国鷺沼にいた頼朝のもとに参陣しており、この時も頼朝は涙を流して喜んだという。

廿一日。庚子。（中略）。今日、弱冠一人、彳二御旅館之砌一、称下可レ奉レ謁二鎌倉殿一之由上。実平・宗遠・義実等、怪レ之、不レ能二執啓一、移レ剋之処、武衛、自令レ聞二此事一給、思二年齢之程一、奥州九郎歟。早可レ有二御対面一者。仍実平、請二彼人一。果而義経主也。即参二進御前一、互談二往事一、催二懐旧之涙一。就中、白河院御宇、永保三年九月、曽祖陸奥守源朝臣（義家）、於二奥州一、与二将軍三郎武衡・同四郎家衡等一遂二合戦一。于レ時左兵衛尉義光、候二京都一。伝二聞此事一、辞二朝廷警衛之当官一、解二置弦袋於殿上一、潜下二向奥州一、加二于兄軍陣一之後、忽被レ亡レ敵訖。今来臨、尤協二彼佳例一之由、被二感仰一云々。

◆相模国府での論功行賞

治承四年（一一八〇）十月二十三日条（巻第一）

二十三日。壬寅（みずのえとら）。（源頼朝は）相模の国府に着かれた。初めて勲功の賞を与えられた。北条時政及び武田信義・安田義定・千葉常胤・三浦義澄・上総広常・和田義盛・土肥実平・安達盛長・土屋宗遠・岡崎義実・狩野親光（ちかみつ）・佐々木定綱・佐々木経高・佐々木盛綱・佐々木高綱・工藤景光（かげみつ）・天野遠景・大庭景義・宇佐美祐茂・市川行房・加藤景員・大見実政・大見家秀・飯田家義以下、ある者は本領を安堵され、ある者は新恩を給与された。また、三浦義澄を三浦介とし、下河辺行平は元のとおり下河辺庄司となるよう命じられたという。大庭景親は遂に降参人となって、この場所に参上した。（景親は）そのまま上総広常に（身柄を）預けられた。長尾為宗を岡崎義実に預け、同定景は三浦義澄に預けられた。河村義秀は河村郷を没収され、大庭景義に預けられた。また、山内首藤経俊は山内荘を没収され、土肥実平に預けられた。このほか、石橋山の合戦の（敵方の）余党は多くいたが、処罰されたものは、僅かに十人に一人ではないかという。

❖廿三日。壬寅。相模の国府に着き給ふ。始めて勲功の賞を行はる。北条殿及び信義・義定・常胤・義澄・広常・義盛・実平・盛長・宗遠・義実・親光・定綱・経高・盛綱・高綱・景光・遠景・景義・祐茂・行房・景員入道・実政・家秀・家義以下、或いは本領を安堵し、或いは新恩に浴せ令む。亦、義澄を三浦介と為し、行平、元の如く下河辺庄司為る可きの由、仰せ被ると云々。大庭三郎景親、遂に以て降人と為り、此の所に参る。即ち上総権介広常に召し預け被る。長尾新五為宗を岡崎四郎義実に召し預け、同新六定景を義澄に召し預け被る。河村三郎義秀、河村郷を収公せ被れ、景義に預け被る。又、滝口三郎経俊、山内庄を召し放ち、実平に召し預け被る。此の外、石橋合戦の余党、数輩有りと雖も、刑法に及ぶの者、僅かに十の一かと云々。

✲平家軍の退却により、当面の状況の安定を得た源頼朝は、鎌倉への帰途、相模国府で、挙兵後、初めてとなる大規模な論功行賞を行った。この時、頼朝に従っていた武士は、もとからの所領の支配を保障され、また新たな所領を与えられた。新たな所領とは、この間、頼朝軍に敵対した武士から没収された所領である。頼朝は味方の所領を保護し、敵方の所領を没収して味方に配分することで、その勢力を拡大してゆくが、前者が本領安堵の地頭、後者が新恩給与の地頭へと展開してゆくこととなる。

廿三日。壬寅。着二于相模国府一給。始被レ行二勲功賞一。北条殿及信義・義定・常胤・義澄・広常・義盛・実平・盛長・宗遠・義実・親光・定綱・経高・盛綱・高綱・景光・遠景・景義・祐茂・行房・景員入道・実政・家秀・家義以下、或安二堵本領一、或令レ浴二新恩一。亦、義澄為二三浦介一、行平、如レ元可レ為二下河辺庄司一之由、被レ仰云々。大庭三郎景親、遂以為二降人一、参二此所一。即被レ召二預上総権介広常一。長尾新五為宗召二預岡崎四郎義実一、同新六定景被レ召二預義澄一。河村三郎義秀、被レ収二公河村郷一、被レ預二景義一。又、滝口三郎経俊、召二放山内庄一、被レ召二預実平一。此外、石橋合戦余党、雖レ有二数輩一、及二刑法一之者、僅十之一歟云々。

◈和田義盛、侍所別当となる

治承四年（一一八〇）十一月十七日条（巻第一）

十七日。乙丑（きのとうし）。（源頼朝は）鎌倉に戻られた。今日、曽我祐信が赦免された。また和田義盛を侍所（さむらいどころ）別当に任命した。これは去る八月、石橋山の合戦の後、（頼朝が）安房国に向かわれた時、（その後の頼朝の）御安否がまだ定まっていなかったところに、義盛がこの職（への任命）を望んだため、（頼朝は）認められた。そこで今日、立場が上の人たちを超えて、任命されたという。

❖十七日。乙丑。鎌倉に還着せ令め給ふ。今日、曽我太郎祐信、厚免を蒙る。又、和田小太郎義盛を侍所別当に補す。是、去んぬる八月、石橋合戦の後、安房国に赴か令め給ふの時、御安否、未だ定まらざるの処、義盛、此の職を望み申すの間、御許諾有り。仍て今日、上首を闍き、仰せ被ると云々。

✼鎌倉に戻った源頼朝は、和田義盛を侍所別当に任命した。侍所は貴族の家に設けられた家政機関で、家人らの管理や賞罰を行った。後に政所（当初は公文所）・問注所とならぶ幕府の中心的な統治機構となる侍所が、和田義盛を別当（長官）として誕生したのである。なお、この時点で義盛が任命されたのは、組織としての侍所の長官ではなく、かつて伊藤忠清が平清盛から任命された関東の「八ヶ国の侍の別当」に相当する「侍別当」であったとする見方もある（高橋秀樹「鎌倉殿侍別当和田義盛と和田合戦」『三浦一族の研究』吉川弘文館、二〇一六年）。ただし、いずれにしても、この時点で義盛が、侍所別当に相当する、御家人を統率する地位についたことは、他の史料からも間違いないと考えられる。

十七日。乙丑。令レ還二着鎌倉一給。今日、曽我太郎祐信、蒙二厚免一。又、和田小太郎義盛補二侍所別当一。是、去八月、石橋合戦之後、令レ赴二安房国一給之時、御安否、未レ定之処、義盛、望二申此職一之間、有二御許諾一。仍今日、閣二上首一、被レ仰云々。

◆源頼朝、新御所に入る

治承四年（一一八〇）十二月十二日条（巻第二）

十二日。庚寅（かのえとら）。晴れ。風は静かであった。亥（い）の刻（午後十時前後）に、前武衛（源頼朝）が新造の御邸宅への御引越の儀式を行われた。大庭景義が担当となって、去る十月に（造営の）事始（ことはじめ）があり、大倉郷（おおくら）に作られていた。（予定の）時刻に、上総広常の家から、新しい邸宅に入られた。（頼朝は）御水干（を着て）、馬（石和（いさわ）栗毛）に乗られた。和田義盛が（行列の）最前に付き従った。加々美長清が（頼朝の）御馬の左に付き従い、毛呂季光が同じく右にいた。北条時政・同義時・足利義兼・山名義範・千葉常胤・同胤正・同（東）胤頼・安達盛長・土肥実平・岡崎義実・工藤景光・宇佐美祐茂・土屋宗遠・佐々木定綱・同盛綱以下が供奉した。畠山重忠が最末に付き従った。（頼朝が）寝殿に入られた後、お供の者たちは侍所（十八カ間）に参り、二列に対座した。義盛がその中央に祗候し、参加者の確認を行ったという。総じて出仕した者は三百十一人という。また、御家人らも同じく館を構えた。それ以来、東国の者たちは皆、その（頼朝の有様が）道理にかなっているのを見て、推戴して鎌倉の主君とした。（鎌倉の）場所柄はもともと辺鄙で、漁師や田舎者のほかには、居住している者は少なかった。まさにこの時節に当たったため、町では道がまっすぐにされ、村里には名が付けられた。それはかりか、家屋が屋根を並べ、門扉は軒を接するようになったという。

❖十二日。庚寅。天晴る。風静かなり。亥の剋、前武衛、新造の御亭に御移徙の儀有り。景義の奉行と為て、去んぬる十月、事始有り、大倉郷に営作せ令むるなり。時剋、上総権介広常の宅自り、新亭に入御す。御水干、御騎馬〔石和栗毛〕。和田小太郎義盛、最前に候ず。加々美次郎長清、御駕の左に候じ、毛呂冠者季光、同右に在り。北条殿・同四郎主・足利冠者義兼・山名冠者義範・千葉介常胤・同太郎胤正・同六郎大夫胤頼・藤九郎盛長・土肥次郎実平・岡崎四郎義実・工藤庄司景光・宇佐美三郎助茂・土屋三郎宗遠・佐々木太郎定綱・同三郎盛綱以下、供奉す。畠山次郎重忠、最末に候ず。寝殿に入御の後、御共の輩、侍所〔十八ヶ間〕に参じ、二行に対座す。義盛、其の中央に候じ、着到すと云々。凡そ出仕の者、三百十一人と云々。又、御家人等、同じく宿館を構ふ。爾りし自り以降、東国、皆、其の道有るを見、推して鎌倉の主と為す。所、素より辺鄙にして海人・野叟の外、卜居の類、之少なし。正に此の時に当たるの間、閭巷、路を直にし、村里、号を授く。加之、家屋、甍を並べ、門扉、軒を輾ると云々。

○事始　造営などの物事を開始し、その無事・成功を祈る儀式。

✻十月九日の事始以来、大庭景義を担当者として造営が行われていた源頼朝の御所が完成し、頼朝がそこに移った。多くの御家人が付き従い、柱間（はしらま）十八間という長大な侍所に三百十一人の御家人が二列に居並んだという。『鏡』は、この日以来、頼朝が鎌倉の主君となったとし、この日に鎌倉に一つの権力体が誕生したとしている。なお『鏡』は、それまで辺鄙な片田舎であった鎌倉が、この時から発展したとするが、実際には頼朝の父・義朝もかつて館を構えており、古くは鎌倉郡の郡衙（ぐんが）も置かれた交通の要衝であったことが明らかになっている。

十二日。庚寅。天晴。風静。亥剋、前武衛、新造御亭有㆓御移徙之儀㆒。為㆓景義奉行㆒、去十月、有㆓事始㆒、令㆑営㆓作于大倉郷㆒也。時剋、自㆓上総権介広常之宅㆒、入㆓御新亭㆒。御水干、御騎馬〔石和栗毛〕。和田小太郎義盛、候㆓最前㆒。加々美次郎長清、候㆓御駕左㆒、毛呂冠者季光、在㆓同右㆒。北条殿・同四郎主・足利冠者義兼・山名冠者義範・千葉介常胤・同太郎胤正・同六郎大夫胤頼・藤九郎盛長・土肥次郎実平・岡崎四郎義実・工藤庄司景光・宇佐美三郎助茂・土屋三郎宗遠・佐々木太郎定綱・同三郎盛綱以下、供奉。畠山次郎重忠、候㆓最末㆒。入㆓御于寝殿㆒

之後、御共輩、参二侍所〔十八ヶ間〕一、二行対座。義盛、候二其中央一、着到云々。凡出仕之者、三百十一人云々。又、御家人等、同構二宿館一。自レ爾以降、東国、皆、見二其有一レ道、推而為二鎌倉主一。所、素辺鄙而海人・野叟之外、卜居之類、少レ之。正当二于此時一間、閭巷、直レ路、村里、授レ号。加之、家屋、並レ甍、門扉、輾レ軒云々。

頼朝将軍記 二 諸国平定

◆南都炎上 治承五年（一一八一）正月十八日条（巻第二）

十八日。乙丑。去年十二月二十八日に、奈良の東大寺・興福寺以下の堂塔坊舎が、全て平家の為に焼失した。僅かに勅封倉・寺封倉などが、この災難を免れた。火焔が大仏殿に及んだため、それにこらえきれず、狼狽して身を投げて焼け死んだ者が三人、二つの寺の内で、心ならずも焼け死んだ者が百余人であったとのことが、今日、関東に伝わった。これは相模国毛利荘の住人である僧印景の話である。印景は学問のため、この二、三年、奈良におり、その滅亡により帰国したという。

❖十八日。乙丑。去んぬる年十二月廿八日、南都東大寺・興福寺已下の堂塔坊舎、悉く以て平家の為、焼失す。僅かに勅封倉・寺封倉等、此の災を免る。火焰、大仏殿に及ぶの間、其れに堪へず、周章投身し焼死する者、三人、両寺の間、意ならず焼死する者、百余人の由、今日、関東に風聞す。是、相模国毛利庄の住人 僧印景の説なり。印景、学道の為、此の両三年、南都に在り、彼の滅亡に依り帰国すと云々。

✻以仁王が蜂起した際に頼りにした興福寺では、治承四年（一一八〇）十二月になると、源氏に呼応して平家に対抗する勢力が上洛の動きを見せ、平家方は平清盛の五男の重衡（二十四歳）を大将軍とする追討軍を派遣した。この際の兵火により、興福寺のみならず東大寺大仏殿を含む、多くの堂舎が灰燼に帰することとなった。なお、南都攻撃に先立ち、平家軍は十二月初頭に近江源氏や延暦寺・園城寺の拠る近江国を制圧している。こうした成果をうけ、治承五年正月には平宗盛が畿内五ヵ国および伊賀・伊勢・近江・丹波の計九ヵ国の惣官に、家人の平盛俊が丹波国諸荘園惣下司となり、総力的な軍事動員体制を構築した。

十八日。乙丑。去年十二月廿八日、南都東大寺・興福寺已下堂塔坊舎、悉以為二平家一焼失。僅勅封倉・寺封倉等、免二此災一。火焔、及二大仏殿一之間、不レ堪レ其、周章投身焼死者、三人、両寺之間、不レ意焼死者、百余人之由、今日、風二聞于関東一。是、相模国毛利庄住人僧印景之説也。印景、為二学道一、此両三年、在二南都一、依二彼滅亡一帰国云々。

◆平清盛、死去　治承五年（一一八一）閏二月四日条（巻第二）

四日。庚戌。戌の刻（午後八時前後）に、平清盛が死去した（（場所は）九条河原口の平盛国の家）。先月二十五日から病気であったという。遺言して、「三日後以降に葬儀を行うように。遺骨は播磨国山田の法華堂に納め、七日毎に作法どおりに仏事を行うように。毎日は行ってはならない。また、京都で追善を行ってはならない。子孫はひたすら東国を元どおりに帰服させる計略を行うように」と言ったという。

❖四日。庚戌。戌の剋、入道平相国、薨ず〔九条河原口の盛国の家〕。去んぬる月廿五日より病悩すと云々。遺言に云はく、三ケ日以後、葬りの儀有る可し。遺骨に於いては播磨国山田の法花堂に納め、毎七日、形の如く仏事を修す可し。毎日は之を修す可からず。亦、京都に於いて追善を成す可からず。子孫、偏に東国帰往の計らひを営む可し、者り。

✲治承五年（一一八一）閏二月四日の戌の刻（午後八時前後）、平清盛が病気のため死去した。六十四歳であった。九条兼実が清盛の発病を知ったのは二月二十七日であり（『玉葉』）、まさに急死であった。この頃、清盛の邸宅は九条大路の延長上の鴨川の東側にあり、平氏の有力家人であった平盛国の九条河原口の家も、その近辺にあったものと考えられる。清盛が納骨を希望した播磨国山田は、明石海峡を望む清盛の別荘があった土地である。

四日。庚戌。戌剋、入道平相国、薨〔九条河原口盛国家〕。自㆓去月廿五日㆒病悩云々。遺言云、三ヶ日以後、可㆑有㆓葬之儀㆒。於㆓遺骨㆒者納㆓播磨国山田法花堂㆒、毎七日、可㆑修㆓如㆑形仏事㆒。毎日不㆑可㆑修㆑之。亦、於㆓京都㆒不㆑可㆑成㆓追善㆒。子孫、偏可㆑営㆓東国帰往之計㆒者。

◆鶴岡八幡宮の参道を整備

養和二年（一一八二）三月十五日条（巻第二）

十五日。乙酉（きのととり）。鶴岡八幡宮の社頭から由比浦まで、曲がっていたのをまっすぐにして参詣（さんけい）道を造った。これは（源頼朝の）このところの御念願であったが、おのずから（そのまま）日を過ごしていた。ところが御台所（北条政子）の御懐妊の御祈願により、特にこの事を始められたのである。武衛（源頼朝）が手ずからこれを行われた。そこで北条時政以下、それぞれ土や石を運ばれたという。

❖十五日。乙酉。鶴岡の社頭自り、由比浦に至るまで、曲横を直くして詣往の道を造る。是、日来、御素願為りと雖も、自然、日を渉る。而るに御台所御懐孕の御祈りに依り、故に此の儀を始め被るるなり。武衛、手自ら之を沙汰せ令め給ふ。仍て北条殿已下、各、土石を運ばると云々。

✻源頼朝は治承四年（一一八〇）十月十二日に、先祖源頼義・義家ゆかりの、由比郷にあった八幡宮を小林郷の北山に遷し、治承五年（養和元年）には本格的な社殿を造営して、八月十五日に遷宮を行っていたが、養和二年（五月に寿永と改元）三月十五日、妻政子の安産祈願のため、その参詣道を整備した。なお、この時期の鶴岡八幡宮は現在地ではなく、その麓にあった。政子は八月十二日に嫡男頼家を出産する。

十五日。乙酉。自二鶴岡社頭一、至二由比浦一、直二曲横一而造二詣往道一。是、日来、雖レ為二御素願一、自然、渉レ日。而依二御台所御懐孕御祈一、故被レ始二此儀一也。武衛、手自令レ沙二汰之一給。仍北条殿已下、各、被レ運二土石一云々。

◆源頼家、誕生　寿永元年（一一八二）八月十二日条（巻第二）

十二日。庚戌。晴れ。酉の刻（午後六時前後）に、御台所（北条政子）が男子（後の源頼家）を無事出産された。御験者は良暹・観修。鳴弦役は師岡重経・大庭景義・多々良貞義であった。上総広常が引目役。戌の刻（午後八時前後）に、河越重頼の妻〔比企尼の娘〕が召されて参入し、御乳付の役を務めた。

❖十二日。庚戌。霽る。酉の剋、御台所、男子御平産なり。御験者、専光房阿闍梨良暹・大法師観修。鳴弦役、師岳兵衛尉重経・大庭平太景義・多々良権守貞義なり。上総権介広常、引目役。戌の剋、河越太郎重頼の妻〔比企尼の女〕、召しに依り参入し、御乳付に候ず。

✲源頼朝の妻・政子が嫡男を出産した。加持・祈禱を行う験者の良暹は伊豆山の僧侶で、頼朝と長年、師檀関係にあり、鶴岡八幡宮寺の別当でもあった。弓の弦を鳴らし、また引目（蟇目）の鏑矢を放って邪気を払う鳴弦役・引目役は御家人が務めた。新生児に初めて乳を与える乳付には、頼朝の乳母で流人時代にも頼朝を支えた比企尼の娘が選ばれて参上した。この時、生まれたのが万寿と名づけられた後の頼家であり、頼朝と政子にとって、大姫に続く二番目の子であった。

十二日。庚戌。霽。酉剋、御台所、男子御平産也。御験者、専光房阿闍梨良暹・大法師観修。鳴弦役、師岳兵衛尉重経・大庭平太景義・多々良権守貞義也。上総権介広常、引目役。戌剋、河越太郎重頼妻〔比企尼女〕、依レ召参入、候二御乳付一。

◆寿永二年（一一八三）の政治情勢

✲『鏡』には寿永二年（一一八三）の記事が欠けているが、この年は、鎌倉幕府成立に帰結する治承・寿永の内乱の中で、画期となる年であった。治承四年（一一八〇）

の異常気象に始まり、養和二年（一一八二・寿永元年）にかけて発生した養和の飢饉によって、膠着していた軍事情勢が大きく動き出したのである。

寿永二年四月に、平維盛を大将として北陸へ進発した平家軍は、木曽義仲との合戦に加賀・越中国境の倶利伽羅峠、加賀国の篠原で敗北して京都へ退いた。これをうけて平家は、七月、安徳天皇と三種の神器を奉じて、京都を捨て西国に落ちていった。平家の都落ちに同行しなかった後白河院は、新たに後鳥羽天皇を皇位につけ、二人の天皇が存在することとなった。

平家と入れ替わって京都に入った義仲は、さらに平家を追撃するため西国に向かったが、西国を勢力基盤とする平家に苦戦を強いられた。また後白河院と対立し、十月には、源頼朝に東海道・東山道諸国の支配を認める、いわゆる寿永二年十月宣旨が発給された。翌閏十月には、寿永二年十月宣旨に基づく政務の施行を名目とし、頼朝の弟である範頼・義経らが軍勢を率いて上洛の途につき、義仲との合戦は時間の問題となった。義経は同月中には伊勢国に到着している。

西国で平家追討にあたっていた義仲は帰京し、十一月十九日には後白河院の御所である法住寺殿を攻撃し、院を幽閉して政権を掌握するが、京都で孤立することとなった。

こうしたなか、九州の大宰府に入り、その後、大宰府を追われた平家は、閏十月一日には備中国水島で木曽義仲の、十一月二十九日には播磨国室山（室津付近）で源行家の軍勢を打ち破り、勢力を挽回していった。

一方、鎌倉では十二月に、有力御家人の一人であった上総広常が、謀叛の疑いにより殺された。広常は、朝廷との連携を進める頼朝に対し、関東での自立を主張しており、こうした路線対立が殺害の原因と考えられている。そして、これ以降、頼朝による御家人統制は次第に厳しさを加えてゆくこととなった。

◆木曽義仲、討たれる　寿永三年（一一八四）正月二十日条（巻第三）

二十日。庚戌。源範頼・源義経が、武衛（源頼朝）の御使者として、数万騎を率いて入洛した。これは木曽義仲を追討するためである。今日、範頼は勢多から参洛し、義経は宇治路から入洛した。義仲は、志太義広・今井兼平以下の武士らを派遣して、その両方の道で防戦させたが、皆、敗北した。範頼・義経は、河越重頼・同重房・佐々木高綱・畠山重忠・渋谷重国・梶原景季らをともなって六条殿に馳せ参じ、仙洞（後白河院）を警固した。この間、一条忠頼以下の武士は、諸方に競って走りまわり、遂に近江国粟津の辺りで、相模国の住人石田為久に義仲を討ち取らせた。そのほか、錦織義高（あるいは山本義弘か）らは逐電したという。

❖廿日。庚戌。蒲冠者範頼・源九郎義経等、武衛の御使と為て、数万騎を率ゐて入洛す。是、義仲を追罰せんが為なり。今日、範頼、勢多自り参洛し、義経、宇治路自り入る。木曽、三郎先生義広・今井四郎兼平已下の軍士等を以て、彼の両道に於いて防ぎ戦ふと雖も、皆以て敗北す。蒲冠者・源九郎、河越太郎重頼・同小太郎重房・佐々木四郎高綱・畠山次郎重忠・渋谷庄司重国・梶原源太景季等を相具して六条殿に馳せ参じ、仙洞を警衛し奉る。此の間、一条次郎忠頼已下の勇士、諸方に競ひ走り、遂に近江国粟津の辺りに於いて、相模国の住人石田次郎をして義仲を誅戮せ令む。其の外、錦織判官等は逐電すと云々。

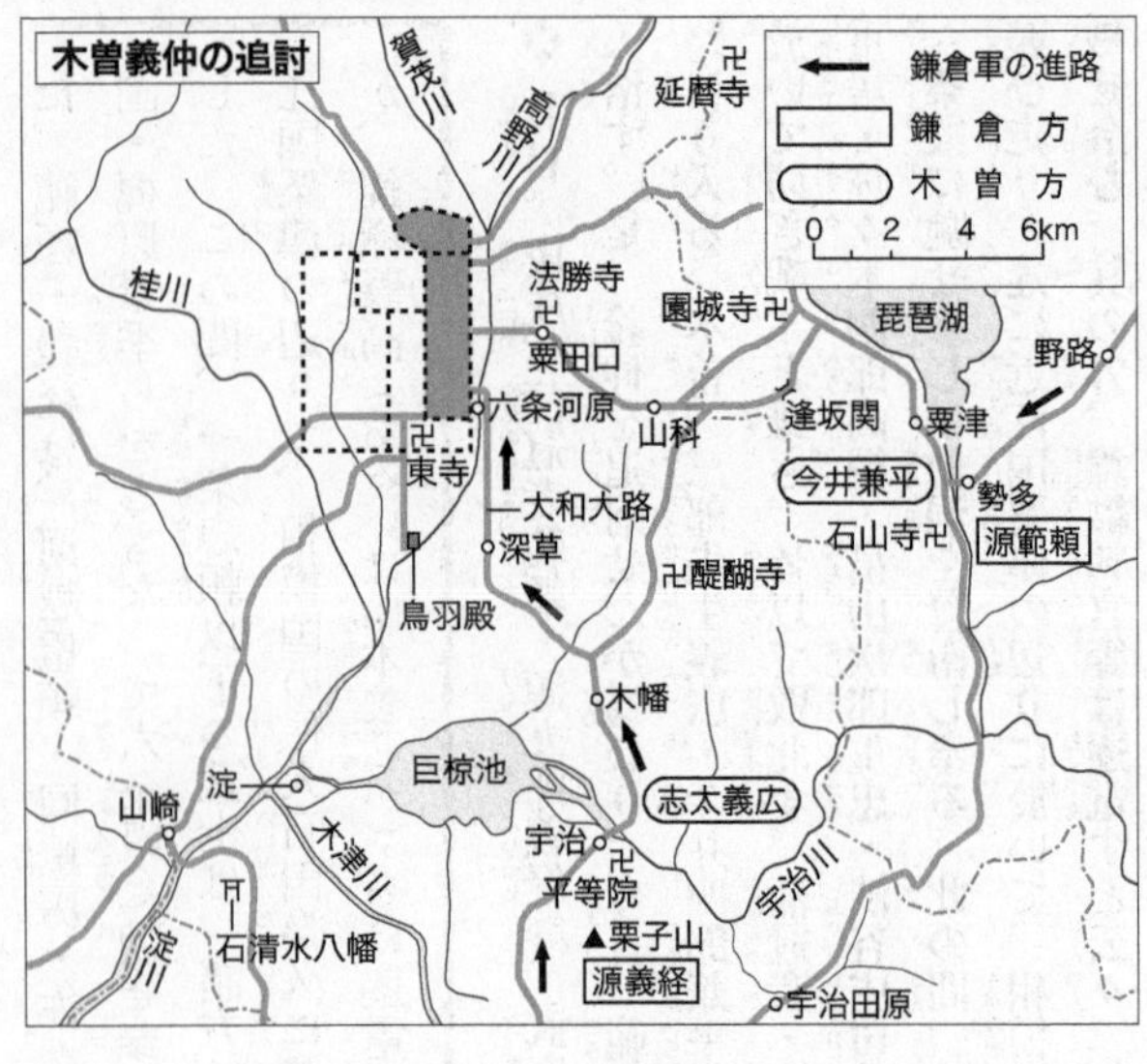

＊木曽義仲追討のため、鎌倉を出発した源範頼・義経は、尾張国で二手に分かれ、範頼は美濃国を経て近江国勢多（瀬田）へ進み、義経は伊勢・伊賀国を経て山城国宇治へと進んだ。義仲は今井兼平を勢多へ、志太義広を宇治に派遣し、また、義仲と対立した源行家のいた河内国長野へ樋口兼光を派遣した。『鏡』は範頼・義経が同時に入洛し、後白河院の御所に参上したように記すが、『玉葉』によれば、まず義経軍が宇治川を突破して大和大路から入洛している。義仲は六

条殿にいた後白河院の身柄を確保できず、六条河原（ろくじょうがわら）で戦った後、粟田口（あわたぐち）から山科（やましな）を経て勢多へ向かうが、粟津で追撃してきた義経軍の石田為久に討ち取られた。時に三十一歳。寿永二年（一一八三）七月に上洛してから、約半年後であった。

廿日。庚戌。蒲冠者範頼・源九郎義経等、為㆓武衛御使㆒、率㆓数万騎㆒入洛。是、為㆑追㆓罰義仲㆒也。今日、範頼、自㆓勢多㆒参洛、義経、入㆑自㆓宇治路㆒。木曽、以㆓三郎先生義広・今井四郎兼平已下軍士等㆒、於㆓彼両道㆒雖㆓防戦㆒、皆以敗北。蒲冠者・源九郎、相㆓具河越太郎重頼・同小太郎重房・佐々木四郎高綱・畠山次郎重忠・渋谷庄司重国・梶原源太景季等㆒馳㆓参六条殿㆒、奉㆑警㆓衛仙洞㆒。此間、一条次郎忠頼已下勇士、競㆓走于諸方㆒、遂於㆓近江国粟津辺㆒、令㆔相模国住人石田次郎誅㆓戮義仲㆒。其外、錦織判官等者逐電云々。

◆一の谷の戦い　一　熊谷直実・平山季重の先陣

寿永三年（一一八四）二月七日条（巻第三）

七日。丙寅。雪が降った。寅の刻（午前四時前後）に、源義経は、まず特に勇敢な武士七十余騎を（本隊から）分けて率い、一の谷の後ろの山〔鵯越といった〕に着いた。この時、武蔵国の住人熊谷直実・平山季重が、卯の刻（午前六時前後）に、密かに一の谷の前の道に廻って、海辺から（平家の）館の際を先を争って襲撃し、源氏の先陣であると大声で名のったため、伊藤景綱・平盛継・伊藤忠光・伊藤景清らが二十三騎を率い、木戸口を開いて、これと戦った。（直実の息子の）熊谷直家が疵を蒙り、季重の郎従が死亡した。その後、蒲冠者（源範頼）と足利・秩父・三浦・鎌倉の者たちが先を争ってやって来た。源氏・平氏の武士たちが互いに入り混じり、白旗・赤旗が交錯した。戦いの様子は、山を響かし、地を揺るがすようであった。総じて（平家軍は）、あの樊噲・張良であっても、簡単には打ち負かすことができない勢いであった。

❖七日。丙寅。雪降る。寅の剋、源九郎主、先づ殊なる勇士七十余騎を引き分け、一の谷の後ろの山〔鵯越と号す〕に着く。爰に武蔵国の住人熊谷次郎直実・平山武者所季重等、卯の剋、偸かに一の谷の前の路に廻り、海辺自り館の際を競ひ襲ひ、源氏の先陣為るの由、高声に名謁るの間、飛驒三郎左衛門尉景綱・越中次郎兵衛盛次・上総五郎兵衛尉忠光・悪七兵衛尉景清等、廿三騎を引き、木戸口を開き、之と相戦ふ。熊谷小次郎直家、疵を被り、季重の郎従、夭亡す。其の後、蒲冠者幷びに足利・秩父・三浦・鎌倉の輩等、競ひ来る。源平の軍士等、互ひに混じり乱れ、白旗・赤旗、色を交ふ。闘戦の躰為らく、山を響かし地を動かす。凡そ彼の樊噲・張良と雖も、輒く敗績し難きの勢ひなり。

○樊噲　漢の高祖劉邦の家臣。武勇で知られた。

○張良　漢の高祖劉邦の家臣。兵法で知られた。

✲寿永二年（一一八三）閏十月に備中国水島で木曽義仲の軍勢を、十一月には播磨国室山で源行家の軍勢を破った平家は、寿永三年正月には、かつて平家による遷都が行われた摂津国（せっつのくに）福原に入っていた。

これに対し木曽義仲を滅ぼした源範頼・義経は、引き続き平家追討に向かうこととなり、範頼が率いる大手軍は山陽道（さんようどう）を通って東から、義経が率いる搦手（からめて）軍は丹波路を経て西から福原を攻撃することとなった。源氏軍は正月二十九日・二月一日の二日間（正月は小の月で二十九日まで）にかけて京都を出発して福原へと向かい（『玉葉』）、この日の合戦となったのである。

七日。丙寅。雪降。寅剋、源九郎主、先引㆓分殊勇士七十余騎㆒、着㆓于一谷後山（号㆓鵯越㆒）㆒。爰武蔵国住人熊谷次郎直実・平山武者所季重等、卯剋、偸廻㆓于一谷之前路㆒、自㆓海辺㆒競㆓襲于館際㆒、為㆓源氏先陣㆒之由、高声名謁之間、飛騨三郎左衛門尉景綱・越中次郎兵衛盛次・上総五郎兵衛尉忠光・悪七兵衛尉景清等、引㆓廿三騎㆒、開㆓木戸口㆒、相㆓戦之㆒。熊谷小次郎直家、被㆑疵、季重郎従、夭亡。其後、蒲冠者幷足利・秩父・三浦・鎌倉之輩等、競来。源平軍士等、

互混乱、白旗・赤旗、交レ色。闘戦為レ躰、響レ山動レ地。凡雖二彼樊噲・張良一、輒難二敗績一之勢也。

◆一の谷の戦い　二　鴨越

寿永三年（一一八四）二月七日条　（巻第三）

そればかりか、（平家の）城郭（じょうかく）は、岩石が高く聳（そび）えて馬は通ることが難しく、谷は底知れず深くて人が往来した跡は無かった。九郎主（源義経）は三浦義連以下の武士を率いて、鴨越〔この山は猪・鹿・兎・狐のほかは通らない険しい場所である〕から攻撃されたため、（平家は）なすすべを失って敗走した。ある者は馬に乗って一の谷の館を出て行き、ある者は船に乗って四国に赴いた。この時、平重衡は明石浦で梶原景時・庄家国（いえくに）らによって生け捕られた。平通盛（みちもり）は湊川（みなとがわ）の辺りで佐々木俊綱（としつな）によって討ち取られた。そのほか、平忠度・平経俊（つねとし）・平知章（ともあきら）・平敦盛（あつもり）・平業盛（なりもり）・平盛俊（もりとし）の以上七人は、範頼・義経らの軍勢が討ち取った。平経正・平教経・平師盛は安田義定が討ち取ったという。

❖加之、城墎、石巖、高く聳えて駒の蹄通ひ難く、澗谷、深く幽かにして人跡已に絶ゆ。九郎主、三浦十郎義連已下の勇士を相具し、鵯越〔此の山、猪・鹿・兎・狐の外、通はざる険阻なり〕自り、攻め戦はるるの間、商量を失ひ敗走す。或いは馬に策ちて一の谷の館を出で、或いは船に棹さして四国の地に赴く。爰に本三位中将〔重衡〕、明石浦に於いて、景時・家国等の為に生け虜らる。越前三位〔通盛〕、湊河の辺りに到り、源三俊綱の為に誅戮せ被る。其の外、薩摩守忠度朝臣・若狭守経俊・武蔵守知章・大夫敦盛・業盛・越中前司盛俊、以上七人は、範頼・義経等の軍中に討ち取る所なり。但馬前司経正・能登守教経・備中守師盛は、遠江守義定、之を獲と云々。

✻『平家物語』で有名な「鵯越の逆落し」であるが、物語としての虚構であり、鵯越も一の谷の背後ではないことが明らかにされている。

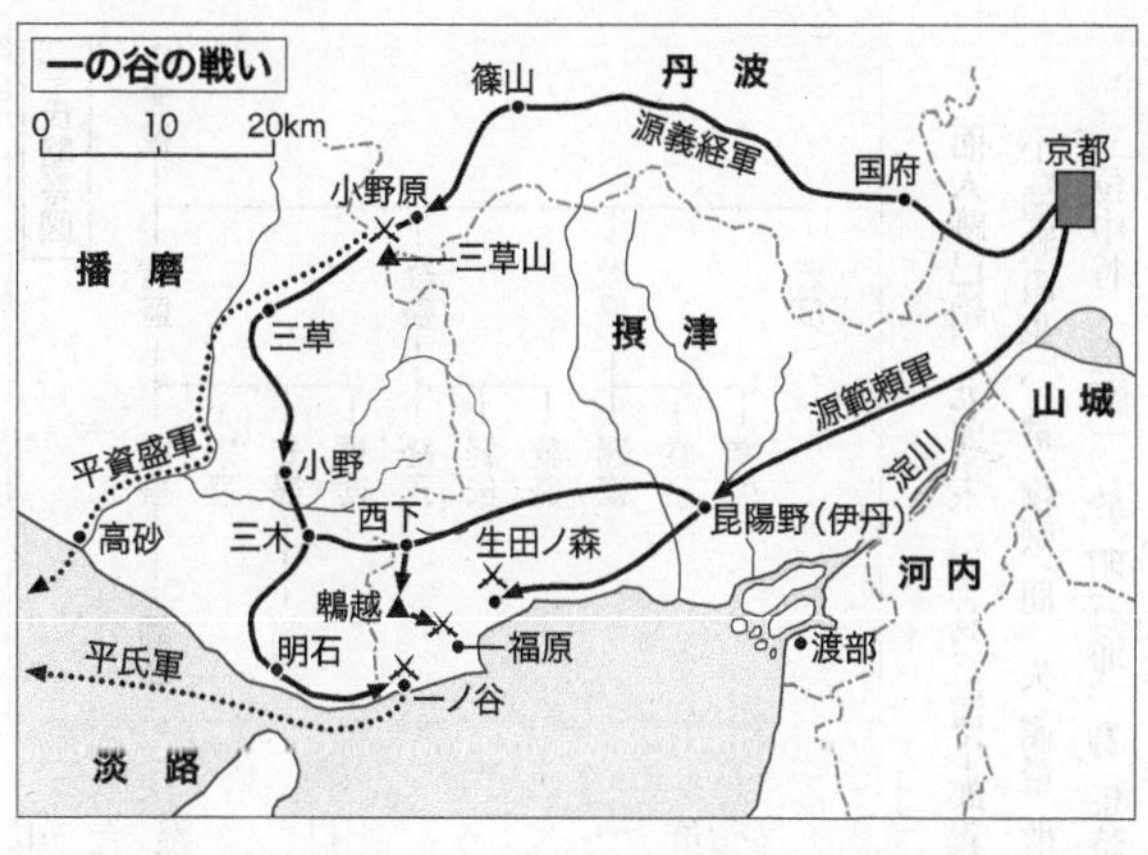

『玉葉』の記事を基本に、実際の地理的条件を踏まえて『平家物語』の記述を再構成すると、源氏による福原攻撃は、福原の東の生田の森、福原の南西の一の谷、福原の北西の鵯越の三方面から行われた。範頼の大手軍は山陽道を進み、摂津国昆陽野を経て、生田の森に至り、平知盛・重衡らの軍と戦い、義経の搦手軍は丹波路を進み、丹波・播磨国境付近の三草山で平資盛らの軍を破って、播磨国の社・小野・三木・印南野を経て西から一の谷に迫り、平忠度らの軍と戦った。そして、摂津国を本拠とする多田行綱が湯山街道の西下から藍那・鵯越を経て、福原の山側で、平通盛・教経らの

軍と戦い、真っ先に平家の福原防衛線を突破したのである。ただし、行綱の進軍路については、義経軍から分かれて西から進軍したとする見方と、範頼軍から分かれて東から進軍したとする見方とがある。

なお、平教経の首については偽物であるという説が『玉葉』寿永三年二月十九日条に記されており、教経は『平家物語』では壇ノ浦の合戦でも活躍している。また「武蔵七党系図」（『続群書類従』所収）は、平重衡を生け捕った人物を庄家国のいとこにあたる家長としている。

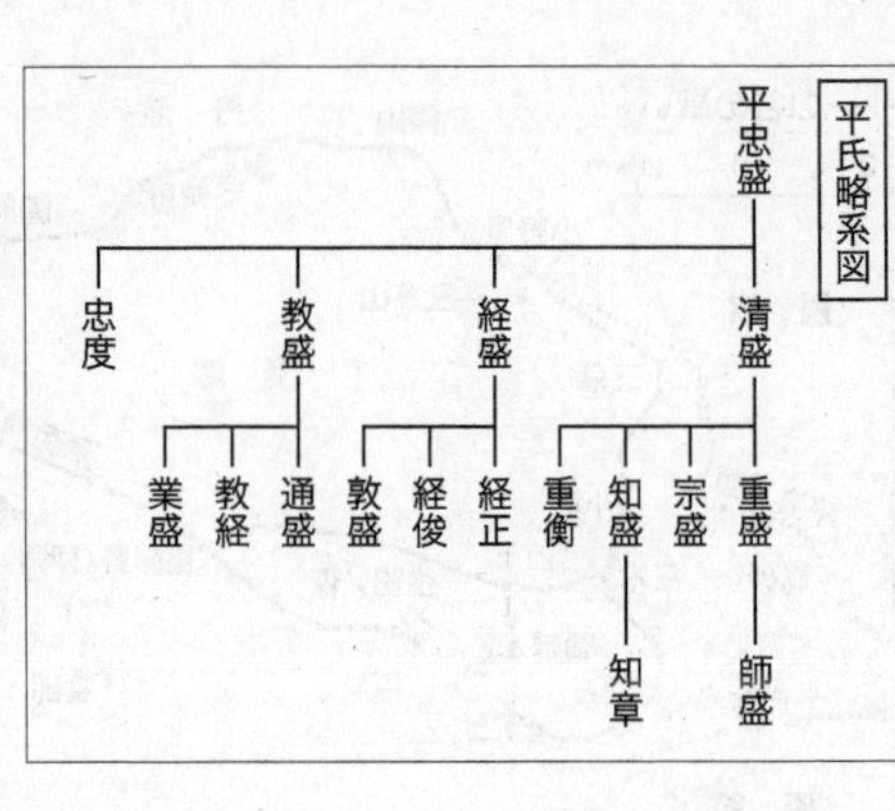

加之、城墎、石巖、高聳而駒蹄難レ通、澗谷、深幽而人跡已絶。九郎主、相二具三浦十郎義連已下勇士一、自二鵯越（此山、猪・鹿・兎・狐之外、不レ通険阻也）一、被二攻戦一間、失二商量一敗走。或策レ馬出二一谷之館一、或棹レ船赴二四国之地一。爰本三位中将（重衡）、於二明石浦一、為二景時・家国等一被二生虜一。越前三位（通盛）、到二湊河辺一、為二源三俊綱一被二誅戮一。其外、薩摩守忠度朝臣・若狭守経俊・武蔵守知章・大夫敦盛・業盛・越中前司盛俊、以上七人者、範頼・義経等之軍中所二討取一也。但馬前司経正・能登守教経・備中守師盛者、遠江守義定、獲レ之云々。

◆源義経、検非違使となる

元暦元年（一一八四）八月十七日条（巻第三）

十七日。癸酉（みずのととり）。源義経の使者が（鎌倉に）やって来て申した。「去る六日、左衛門少尉に就任し、検非違使の宣旨をいただきました。これは望んだものではありませんが、度々の勲功を見過ごし難いため、おのずからの朝廷の御恩であると、仰せ下さりましたので、固辞することができませんでした」という。この事は、たいそう武衛（源頼朝）の御気持ちに反した。源範頼・大内義信（おおうちよしのぶ）らの朝臣（あそん）が受領（ずりょう）となったことは、（頼朝の）御意向から起こり、（朝廷に）推薦されたのである。この方の事は内々に訳があり、すぐには（任官を）許されなかったところ、（義経は）先んじて望んだのであろうかと（頼朝は）疑われた。総じて（義経が頼朝の）御意向に背かれることは、今回に限らないようである。この事により、（義経が）平家追討使となることは、しばらく保留されたという。

❖十七日。癸酉。源九郎主の使者、参着し、申して云はく、去んぬる六日、左衛門少尉に任じ、使宣旨を蒙る。是、所望の限りに非ずと雖も、度々の勲功を黙止せ被れ難きに依り、自然の朝恩為るの由、仰せ下さるるの間、固辞すること能はずと云々。此の事、頗る武衛の御気色に違ふ。範頼・義信等の朝臣の受領の事は、御意自り起こり挙し申さるるなり。此の主の事に於いては、内々、儀有りて、左右無く聴されざるの処、遮って所望せ令むるかの由、御疑ひ有り。凡そ御意に背かるる事、今度に限らざるか。之に依り、平家追討使為る可き事、暫く御猶予有りと云々。

✲元暦元年（一一八四）八月六日、源義経は六位の位階を与えられて左衛門少尉に任じられ、さらに宣旨によって検非違使に任じられた。この後、九月三日には従五位下に進み、叙留された。左衛門尉は六位・七位相当の官職のため、五位に叙されるとその官職を離れるのが通例であるが、五位に叙されても左衛門尉・検非違使に留まることを特別に認められることを叙留といい、名誉なこととされた。十月十一日には、これに対するお礼を申し述べる畏申の儀式が行われ、その際、義経は内裏・院御所への昇殿を許されている。なお、日付は「大夫尉義経畏申記」（『群書類従』所収）に拠ったが、『鏡』元暦元年十月二十四日条・文治五年閏四月三十日条には異なる日付が記されている。

源頼朝は平家追討に関する恩賞は自分から申請することを朝廷に伝えており（『鏡』寿永三年三月二十五日条）、義経の任官に先立って、六月五日に源範頼（源頼朝の弟）が三河守に、源広綱（源頼政の子。兄仲綱の養子）が駿河守に、大内義信（源義光の孫）が武蔵守に任じられた（『鏡』元暦元年五月二十一日条・六月二十日条）。

この義経の任官は無断任官として頼朝の激怒を招いたとされるが、その前後の義経の活動から、これを否定的にとらえる見解も示されている（元木泰雄『源義経』吉川弘文館、二〇〇七年）。

十七日。癸酉。源九郎主使者、参着、申云、去六日、任㆓左衛門少尉㆒、蒙㆓使宣旨㆒。是、雖㆑非㆓所望之限㆒、依㆑難㆑被㆑黙㆓止度々勲功㆒、為㆓自然朝恩㆒之由、被㆓仰下㆒之間、不㆑能㆓固辞㆒云々。此事、頗違㆓武衛御気色㆒。範頼・義信等朝臣受領事者、起㆑自㆓御意㆒被㆓挙申㆒也。於㆓此主事㆒者、内々、有㆑儀、無㆓左右㆒不㆑被㆑聴之処、遮令㆓所望㆒歟之由、有㆓御疑㆒。凡被㆑背㆓御意㆒事、不㆑限㆓今度㆒歟。依㆑之、可㆑為㆓平家追討使㆒事、暫有㆓御猶予㆒云々。

◆公文所、吉書始　元暦元年（一一八四）十月六日条（巻第三）

六日。辛酉（かのととり）。昨夜から雨が降った。午（うま）の刻（正午前後）に晴れた。未（ひつじ）の刻（午後二時前後）に、新造された公文所（くもんじょ）の吉書始（きっしょはじめ）が行われた。中原広元（なかはらのひろもと）が別当として着座した。中原親能（ちかよし）・藤原行政（ゆきまさ）・足立遠元（あだちとおもと）・大中臣秋家（おおなかとみのあきいえ）・藤原邦通（くにみち）らが、（公文所の）職員として参上した。邦通がまず吉書を書き、広元が（源頼朝の）御前でこれを見た。次に、相模国中の神社の所領や仏寺の物などのことを、取り計らった。その後、垸飯（おうばん）が行われた。武衛（頼朝）

がお出ましになった。千葉常胤が用意し、主従共に引出物があった。頼朝へは御馬一疋、御家人にはそれぞれ野剣一柄という。

❖六日。辛酉。去んぬる夜自り雨降る。午の剋、霽れに属す。未の剋、新造の公文所の吉書始なり。安芸介中原広元、別当と為て着座す。斎院次官中原親能・主計允藤原行政・足立右馬允藤内遠元・甲斐四郎大中臣秋家・藤判官代邦通等、寄人と為て参上す。邦通、先づ吉書を書き、広元、御前に披覧す。次いで、相模国中の神領・仏物等の事、之を沙汰す。其の後、埦飯を行ふ。武衛、出御す。千葉介、経営し、公私、引出物有り。上分、御馬一疋、下、各 野剣一柄と云々。

✻八月二十四日に立柱・上棟が行われた公文所が完成し、この日、吉書始の儀式が行われた。吉書始は年頭や昇進などの節目に際し、儀礼的にめでたい内容の文書を発給する、政務開始の儀式である（埦飯については二五三頁以下を参照）。中原広元は大江維光の子であるが中原広季の養子となり、建保四年（一二一六）に中原姓から再び大江姓に復する。朝廷の下級官人であったが、源頼朝に仕え、公文所の別当（長官）に任じられた。この時、広元は三十七歳であった。広元の頼朝のもとでの活動のあり方からすると、この公文所の新造は、従来から存在した公文所の建て替えではなく、この時、組織としても建物としても新たに整備されたものと考えられる（上杉和彦『大江広元』吉川弘文館、二〇〇五年）。なお、中原親能は広元の養父広季の子、藤原行政は政所執事を世襲することとなる二階堂氏の祖である。

公文所は文書の発給・管理などを行う家政機関の一つで、後に頼朝が公卿となると政所に改称・整備され、将軍家の財政をはじめとする家政全般を取り仕切るとともに、鎌倉の行政や訴訟も扱う、幕府の重要な機関となった。

六日。辛酉。自㆓去夜㆒雨降。午剋、属㆑霽。未剋、新造公文所吉書始也。安芸介中原広元、為㆓別当㆒着座。斎院次官中原親能・主計允藤原行政・足立右馬允藤内遠元・甲斐四郎大中臣秋家・藤判官代邦通等、為㆓寄人㆒参上。邦通、先書㆓吉書㆒、広元、披㆓覧御前㆒。次、相模国中神領・仏物等事、沙㆓汰之㆒。其後、行㆓垸飯㆒。武衛、出御。千葉介、経営、公私、有㆓引出物㆒。上分、御馬一疋、下、各野剣一柄云々。

◈問注所、設置　元暦元年（一一八四）十月二十日条（巻第三）

二十日。乙亥。人々の訴訟の対決のことについて、藤原俊兼・平盛時らをともなって、ひとつにはこれを対決させ、ひとつにはその言葉を記して、取り計らうよう、善信（三善康信）に命じられたという。そこで御所の東面の廂の間二間分を充ててその場所とし、問注所と名付けて（問注所と記した）額を掛けたという。

❖廿日。乙亥。諸人の訴論の対決の事、俊兼・盛時等を相具し、且つうは之を召し決し、且つうは其の詞を注せ令め、申し沙汰す可きの由、大夫属入道善信に仰せ被ると云々。仍て御亭の東面の廂二ケ間を点じ其の所と為し、問注所と号し額を打つと云々。

○大夫属（さかん）　五位の位階を有しながら、職・坊・寮の三等官である属の職にある者のこと。三善康信は六位の右少史（うしょうし）であった時に、二条天皇の中宮藤原育子（いくし）の中宮職の少属となり、さらに従五位下に叙された。この時、右少史は退任したが中宮少属には留まり、大夫属と称されたのであろう。

✻公文所に続いて人々の訴訟を取り扱う問注所が設置され、朝廷の下級官人であった三善康信が執事（長官）となった。康信は四十四歳または四十五歳で、四月十四日に鎌倉に下向して来ていた。問注所では訴人（原告）・論人（被告）の対決（口頭弁論）を行ってその内容を記録し、判決原案としての問注所勘状（かんじょう）の作成も行った。ここに鎌倉幕府の重要政務機関である侍所・公文所（政所）・問注所の三つ全てが登場することとなった。

廿日。乙亥。諸人訴論対決事、相㆓具俊兼・盛時等㆒、且召㆓決之㆒、且令㆑注㆓其詞㆒、可㆓申沙汰㆒之由、被㆑仰㆓大夫属入道善信㆒云々。仍点㆓御亭東面廂二ケ間㆒為㆓其所㆒、号㆓問注所㆒打㆑額云々。

◆源範頼、長門国赤間関に至る

元暦二年（一一八五）正月十二日条（巻第四）

十二日。丙申。参州（源範頼）は周防国から（長門国の）赤間関へと到着し、平家を攻めるため、そこから（九州へ）渡海しようとしたが、兵糧が無くなり、船も無く、思いがけない滞在が数日に及んだ。東国の者たちはたいそう疲労し気力が衰えた様子で、多くが本国を恋しがった。和田義盛のような者でも、なお密かに鎌倉に戻ろうとした。まして、そのほかの者たちはなおさらである。そうしたところ、豊後国の住人である臼杵惟隆と弟の緒方惟栄は源氏に心を寄せているとのことが以前から伝わっていたため、船をその兄弟に提供させて豊後国に渡り、博多へ攻め込むべきであると決定した。そこで今日、範頼は周防国へ戻ったという。

❖十二日。丙申。参州、周防国自り赤間関に到り、平家を攻めんが為、其の所自り渡海せんと欲するの処、糧絶え、船無く、不慮の逗留、数日に及ぶ。東国の輩、頗る退屈の意有り、多く本国を恋ふ。和田小太郎義盛の如き、猶、潜かに鎌倉に帰参せんと擬す。何ぞ况んや其の外の族に於いてをや。而るに豊後国の住人臼杵二郎惟隆・同弟緒方三郎惟栄は、志、源家に在るの由、兼ねて以て風聞するの間、船を彼の兄弟に召し、豊後国に渡り、博多津に責め入る可きの旨、議定有り。仍て今日、参州、周防国に帰ると云々。

○参州　三河（参河）国の唐名。ここでは三河守の源範頼を指す。

✻前年（一一八四）二月の一の谷の戦いの後、源範頼は一旦、鎌倉に戻り、六月には源頼朝の推挙により三河守に任じられた。八月八日、再び平家追討のため鎌倉を出発した範頼は、同二十九日に京都で朝廷から追討使に任じられ、範頼軍は九月一日から二日にかけて西国に下向した（『鏡』元暦元年九月十二日条・同二年正月六日条）。讃岐国屋島と豊前国門司・長門国彦島を拠点として瀬戸内海を押さえる平家を東西両方から包囲するのが頼朝の戦略であったと考えられる。しかし、平家の勢力基盤である西国への遠征は、兵糧の不足と相まって困難を極め、範頼は十一月十四日に、兵糧の欠乏により武士たちの士気が揚がらず、統制が取れないと書状に記している。それでも範頼軍は元暦二年（一一八五）初め頃には関門海峡に臨む長門国赤間関に至るが、長門国は飢饉で兵糧が得られず、船も無かったため、数日間、逗留することとなった。結局、豊後国の臼杵惟隆・緒方惟栄（惟義）兄弟を頼り、周防国から豊後国に渡ることとし、この日、周防国へと引き返した。範頼軍は同二十六日、三浦義澄を周防国の警固のために残して、惟隆・惟栄兄弟らの船により豊後国に渡り、二月一日には筑前国葦屋浦で平家方の原田種直らの軍を破った。

十二日。丙申。参州、自二周防国一到二赤間関一、為レ攻二平家一、自二其所一欲二渡海一之処、糧絶、無レ船、不慮之逗留、及二数日一。東国之輩、頗有二退屈之意一、多恋二本国一。如二和田小太郎義盛一、猶潜擬レ帰二参鎌倉一。何況於二其外族一乎。而豊後国住人臼杵二郎惟隆・同弟緒方三郎惟栄者、志在二源家一之由、兼以風聞之間、召二船於彼兄弟一、渡二豊後国一、可レ責二入博多津一之旨、有二議定一。仍今日、参州、帰二周防国一云々。

◆屋島の戦い　元暦二年（一一八五）二月十九日条（巻第四）

十九日。癸酉。（中略）。また、源義経は昨日、終夜、阿波国と讃岐国との境の中山を越え、今日、辰の刻（午前八時前後）に、屋島の内裏の向かいの浦に到着し、牟礼・高松の民家を焼き払った。このため、先帝（安徳天皇）は内裏を出られ、前内府（平宗盛）はまた一族らを率いて海上に逃れた。義経〔赤地錦の直垂・紅下濃の鎧を着け、黒馬に乗っていた〕は、田代信綱・金子家忠・同近範・伊勢義盛らをともない、波打ち際へ馳せ向かった。平家はまた船を操り、（両軍は）互いに矢を放った。この間、佐藤継信・同忠信・後藤実基・同養子基清らは、内裏と宗盛の館以下の建物を焼き払った。黒煙が天に聳え、太陽は光を遮られた。この時、平盛継・伊藤忠光〔平氏の家人〕らが、船から降りて宮門の前に陣を取って合戦する間に、義経の家人の継信が射取られた。義経はたいそう悲しみ、一人の僧を招いて（継信を）千株松の根本に葬り、秘蔵の名馬〔大夫黒といった。元は院（後白河院）の御厩の御馬である。行幸に供奉した時、仙洞（後白河院）から頂いた。戦場に向かう度にこれに乗った〕をその僧に与えた。これは武士を慰撫するための計らいである。（この行為を）称賛しないものはなかったという。

❖十九日。癸酉。（中略）。又、廷尉〔義経〕、昨日、終夜、阿波国と讃岐との境の中山を越え、今日、辰の剋、屋島の内裏の向かひの浦に到り、牟礼・高松の民屋を焼き払ふ。之に依り、先帝、内裏を出で令め御ひ、前内府、又、一族等を相率ゐ、海上に浮かぶ。廷尉〔赤地錦の直垂・紅下濃の鎧を著け、黒馬に駕す〕、田代冠者信綱・金子十郎家忠・同余一近則・伊勢三郎能盛等を相具し、汀に馳せ向かふ。平家、又、船に棹さして、互ひに矢石を発つ。此の間、佐藤三郎兵衛尉継信・同四郎兵衛尉忠信・後藤兵衛尉実基・同養子新兵衛尉基清等、内裏幷びに内府の休幕以下の舎屋を焼き失ふ。黒煙、天に聳え、白日、光を蔽ふ。時に越中二郎兵衛尉盛継・上総五郎兵衛尉忠光〔平氏家人〕等、船自り下りて宮門の前に陣し、合戦するの間、廷尉家人継信、射取られ畢んぬ。廷尉、太だ悲歎し、一口の衲衣を屈して千株松の本に葬り、秘蔵の名馬〔大夫黒と号す。元、院の御厩の御馬なり。行幸供奉の時、仙洞自り之を給はる。戦場に向かふ毎に之に駕す〕を以て件の僧に賜ふ。是、戦士を撫するの計らひなり。美談とせざる莫しと云々。

○直垂　装束の一種。方領・闕腋の衣服で、裾は袴の下に着籠める。庶民の衣服であったが、武士が着用するようになって次第に体裁が整えられ、鎌倉時代には武士の通常の服装となった。ここでは鎧の下に着る、袖の狭い鎧直垂。赤地錦の鎧直垂は大将クラスの武士が着用した。下図参照。

○紅下濃　鎧の威毛の一種。兜の錣、鎧の胴・袖・草摺・栴檀の板を上段から下段にかけて次第に赤色が濃くなるように綴り合せたもの。次頁図参照。

○内府　内大臣の唐名。ここでは前内大臣の平宗盛を指す。

直垂

○行幸　天皇の外出。

○供奉　行幸などに随行すること。

＊源範頼の苦戦が続くなか、源義経は正月八日、後白河院に自らの出陣を申請し、源頼朝の判断を仰がないまま、十日には出京した（『吉記』。頼朝は追認）。二月十六日、摂津国渡辺津（わたなべのつ）にいた義経のもとを後白河院の使者が訪れ、京中警備のため帰京を要請する（『玉葉』）が、義経は十七日、四国へ向けて船出し、翌十八日には阿波国に着いた。同日、阿波国から讃岐国へ越え、十九日に屋島で合戦が行われた（『玉葉』元暦二年三月四日条は十六日に船出、十七日に阿波着、十八日に屋島の戦いとする）。屋島の戦いの後、平

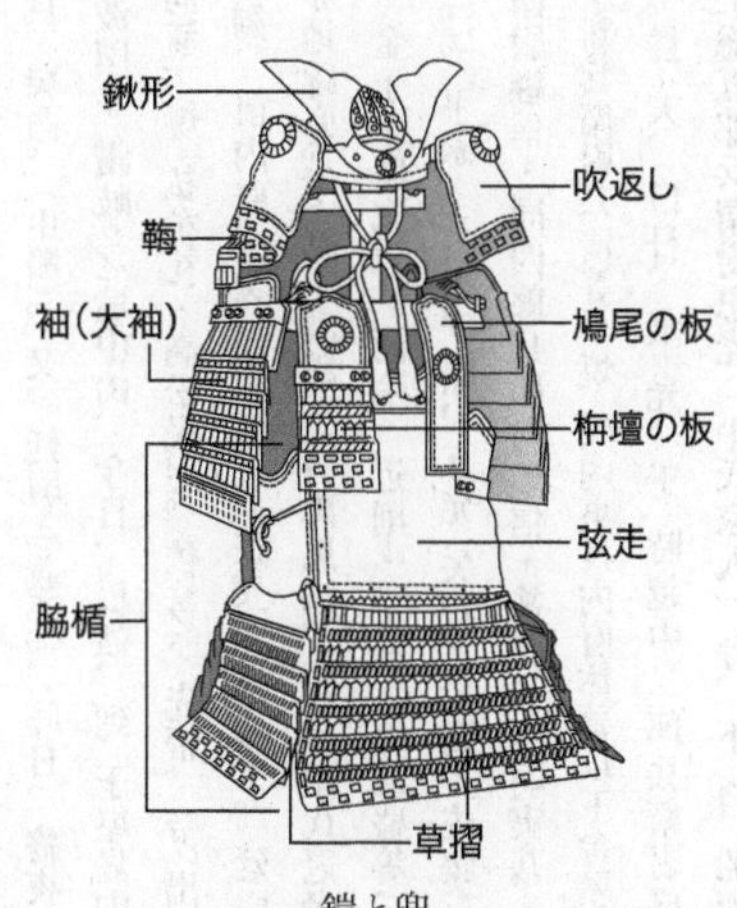

鎧と兜

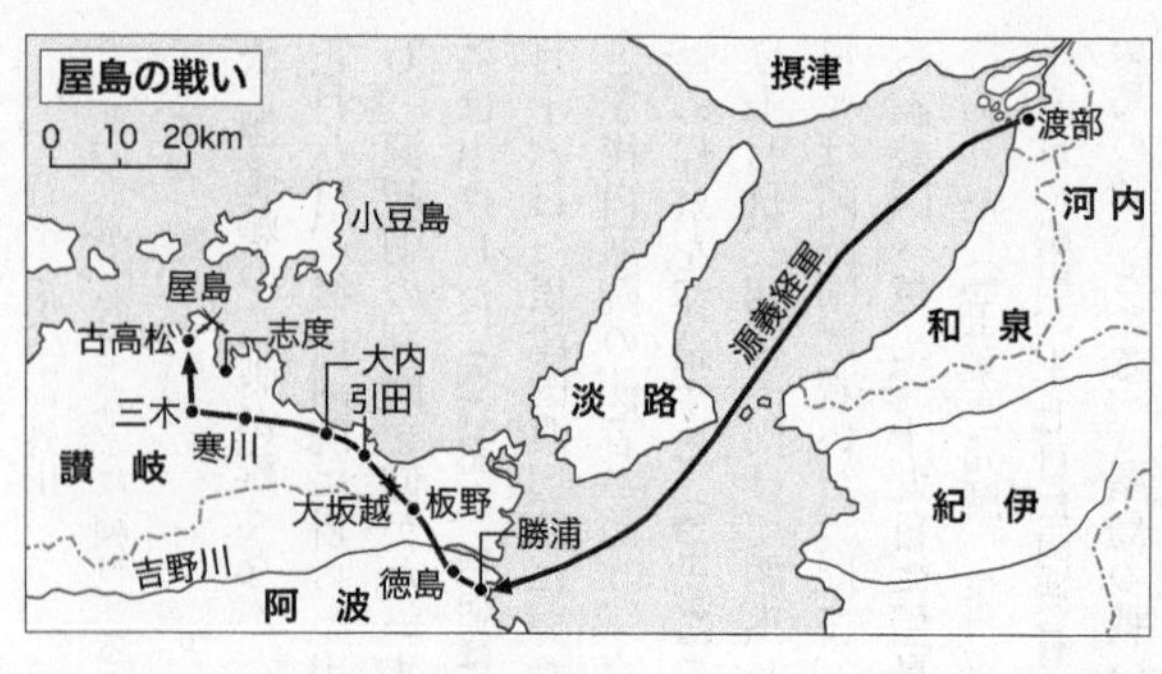

家は讃岐国の志度や塩飽島をも追われ、安芸国厳島へと退却した。

十九日。癸酉。（中略）。又、廷尉〔義経〕、昨日、終夜、越㆘阿波国与㆓讃岐㆒之境中山㆖、今日、辰剋、到㆓于屋島内裏之向浦㆒、焼㆓払牟礼・高松民屋㆒。依㆑之、先帝、令㆑出㆓内裏㆒御、前内府、又、相㆓率一族等㆒、浮㆓海上㆒。廷尉〔著㆓赤地錦直垂・紅下濃鎧㆒、駕㆓黒馬㆒〕、相㆓具田代冠者信綱・金子十郎家忠・同余一近則・伊勢三郎能盛等㆒、馳㆓向汀㆒。平家、又、棹㆑船、互発㆓矢石㆒。此間、佐藤三郎兵衛尉継信・同四郎兵衛尉忠信・後藤兵衛尉実基・同養子新兵衛尉基清等、焼㆓失内裏幷内府休幕以下舎屋㆒。黒煙、聳㆑天、白日、蔽㆑光。于㆑時越中二郎兵衛尉盛継・上総五郎兵衛尉忠光〔平氏家人〕等、下㆑自㆑船而陣㆓宮門前㆒、合戦之間、廷尉家人継信、被㆓射取㆒畢。廷尉、太悲歎、屈㆓一口衲衣㆒葬㆓千株松本㆒、以㆓秘蔵名馬

〔号二大夫黒一。元、院御厩御馬也。行幸供奉時、自二仙洞一給レ之。毎レ向二戦場一駕レ之〕一賜二件僧一。是、撫二戦士一之計也。莫レ不二美談一云々。

◆壇ノ浦の戦い　元暦二年（一一八五）三月二十四日条（巻第四）

二十四日。丁未。長門国赤間関の壇ノ浦の海上で源平両軍が対峙し、それぞれ三町（約三三〇メートル）を隔て、舟を漕ぎ向けた。平家は五百余艘を三手に分け、山鹿秀遠・松浦党らを大将軍として、源氏の軍勢に挑み戦った。午の刻（正午前後）になって、平氏は遂に敗北した。二品禅尼（平時子）は宝剣を持ち、按察局は先帝（安徳天皇）〔年は八歳〕をお抱き申し、共に海底に沈んだ。建礼門院（平徳子）〔藤重の御衣〕は、入水されたところ、渡部党の源五馬允（渡辺昵）が熊手でお救い申した。按察局も同じく存命した。ただし、安徳天皇は、ついに浮かび上がられなかった。若宮（後の後高倉院）〔今上（後鳥羽天皇）の兄〕は御存命という。平教盛〔門脇と称した〕は入水した。平経盛は戦場を出て陸地に上がり出家し、〔海上に〕戻り、また海底に沈んだ。平資盛・平有盛らも同じく水に沈んだ。平宗盛・平清宗は伊勢義盛によって生け捕られた。

❖廿四日。丁未。長門国赤間関壇浦の海上に於いて、源平、相逢ひ、各、三町を隔て、舟船を艚ぎ向く。平家、五百余艘を三手に分け、山峨兵藤次秀遠并びに松浦党等を以て大将軍と為し、源氏の将帥に挑み戦ふ。午の剋に及び、平氏、終に敗傾す。二品禅尼、宝剣を持し、按察局、先帝〔春秋、八歳〕を抱き奉り、共に以て海底に没す。建礼門院〔藤重の御衣〕、入水し御ふの処、渡部党源五馬允、熊手を以て之を取り奉る。按察局、同じく存命す。但し、先帝、終に浮かば令め御はず。若宮〔今上の兄〕は御存命と云々。前中納言〔教盛。門脇と号す〕、入水す。前参議〔経盛〕、戦場を出で陸地に至り出家し、立ち還り、又、波の底に沈む。新三位中将〔資盛〕・前少将有盛朝臣等、同じく水に没す。前内府〔宗盛〕・右衛門督〔清宗〕等は、伊勢三郎能盛の為に生け虜らる。

○二品　ここでは二位のこと。平清盛の妻であった時子は従二位であった。
○藤重　衣の表と裏の配色の一種。表を薄紫、裏を萌葱（薄緑）とする。
○門脇　教盛の邸宅が六波羅の総門の脇にあったことによる。

＊二月十九日の屋島の戦いの後、さらに西へと進んだ源義経は三月二十一日には周防国にいた。周防国の船所から船の提供を受け、紀伊国の熊野水軍や伊予国の河野水軍をも味方とした義経軍は、二十二日に船出し、源範頼の九州渡海の際、周防国の警備を命じられていた三浦義澄と周防大島で合流した。義澄は先陣として長門国奥津に進み、一方、平家は長門国彦島を出て豊前国田之浦へ進んだ。二十四日、源平両軍は壇ノ浦（当時の壇ノ浦は関門海峡を東に抜けた長府沖だった）の海上で合戦し、安徳天皇をはじめ一門の多くが入水し、平家は滅亡した。この時、三種の神器の一つである宝剣も二位尼時子とともに海底に沈んだ。持久戦を辞さず東西から平家を包囲して、安徳天皇の身柄と三種の神器の確保を目指した源頼朝の戦略は、短期決戦を急いだ義経により果たされないままに、平家滅亡という結末を迎えたのであった。
なお、壇ノ浦の合戦の経緯は義経から「一巻の記」として鎌倉に報告され、『鏡』

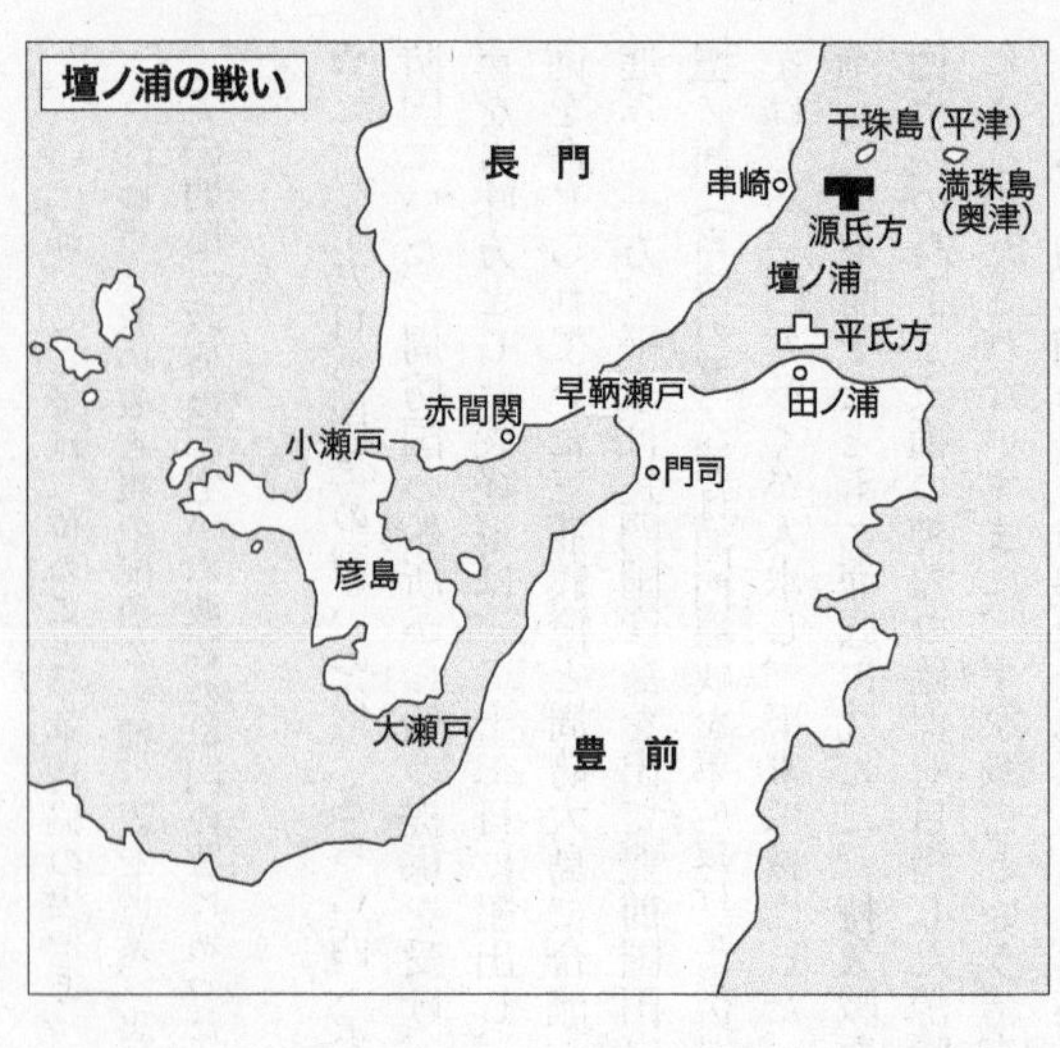

壇ノ浦の戦い

元暦二年四月十一日条にはこの合戦記が引用されていると考えられる。この三月二十四日条で、「若宮」（後の後高倉院）に「今上兄」＝後鳥羽天皇の兄と記されていることは、この日の条もこの合戦記を利用して作成されたことを示していよう。

> 廿四日。丁未。於㆓長門国赤間関壇浦海上㆒、源平、相逢、各、隔㆓三町㆒、艚㆓向舟船㆒。平家、五百余艘分㆓三手㆒、以㆓山峨兵藤次秀遠幷松浦党等㆒為㆓大将軍㆒、挑㆓戦于源氏之将帥㆒。及㆓午剋㆒、平氏、終敗傾。二品禅尼、持㆓宝剣㆒、按察局、奉㆑抱㆓先帝〔春

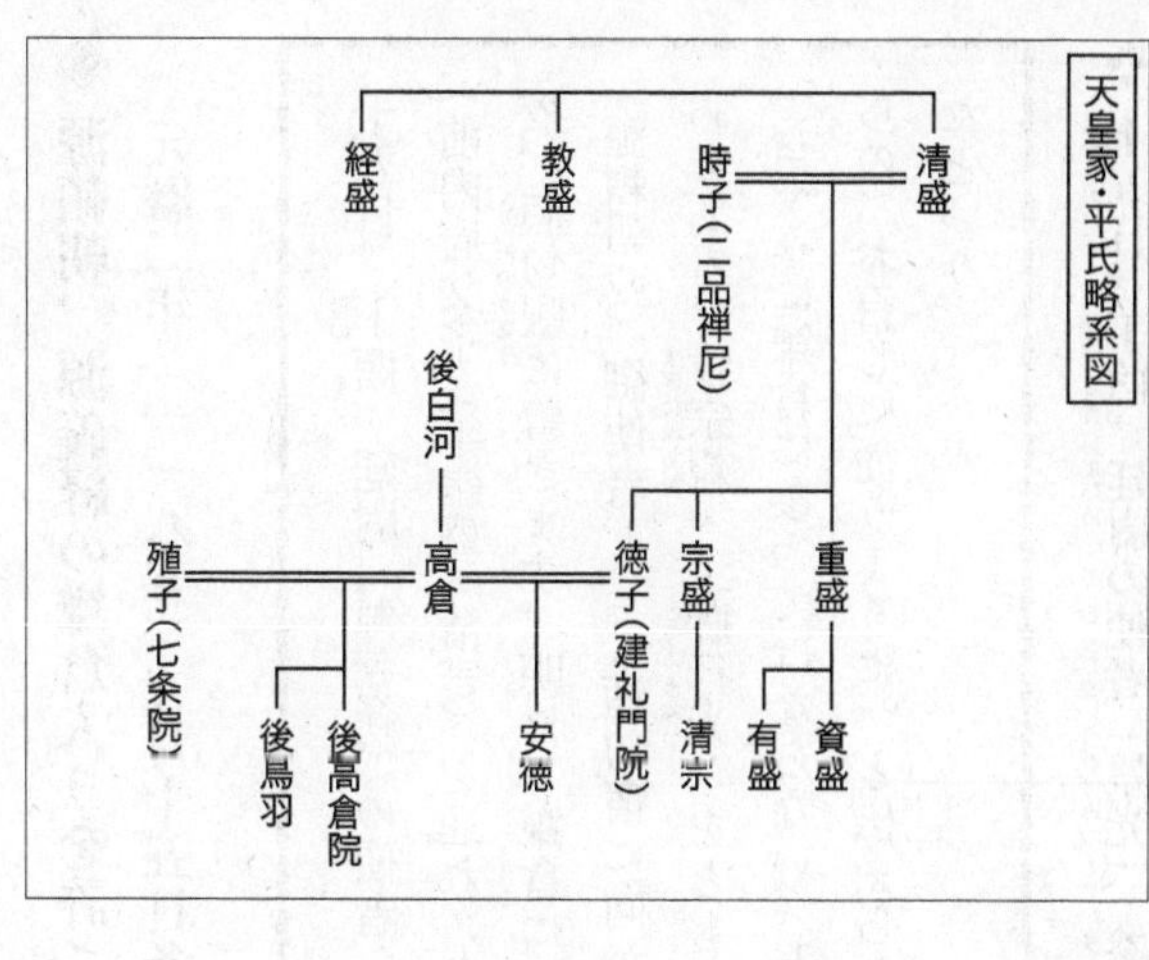

秋、八歳〕一、共以没二海底一。建礼門院〔藤重御衣〕、入水御之処、渡部党源五馬允、以二熊手一奉レ取レ之。按察局、同存命。但、先帝、終不二令レ浮御一。若宮〔今上兄〕者御存命云々。前中納言〔教盛。号二門脇一〕、入水。前参議〔経盛〕、出二戦場一至二陸地一出家、立還、又、沈二波底一。新三位中将〔資盛〕・前少将有盛朝臣等、同没レ水。前内府〔宗盛〕・右衛門督〔清宗〕等者、為二伊勢三郎能盛一被二生虜一。

◆源頼朝、源義経の鎌倉入りを許さず

元暦二年（一一八五）五月十五日条（巻第四）

十五日。丁酉。廷尉（源義経）の使者（堀景光）が、（鎌倉に）参着した。「前内府父子（平宗盛・清宗）を連れて参りました。去る七日に出京し、今夜、酒匂駅に着きます。明日、鎌倉に入ります」と申した。北条時政が、（源頼朝の）御使者として酒匂宿に向かわれた。これは宗盛を迎え取るためである。牧宗親・工藤行光らをともなわれたという。義経については、「むやみに鎌倉に参ってはならない。しばらくその辺りに逗留し、（鎌倉からの）お召しに従うように」と伝えられたという。小山朝光が使者であったという。

❖十五日。丁酉。廷尉の使者〔景光〕、参着す。前内府父子を相具し参向せ令む。

去んぬる七日、出京し、今夜、酒匂駅に着かんと欲す。明日、鎌倉に入る可きの由、之を申す。北条殿、御使と為て酒匂宿に向かは令め給ふ。是、前内府を迎へ取らんが為なり。武者所宗親・工藤小次郎行光等を相具せ被ると云々。廷尉に於いては、左右無く鎌倉に参る可からず。暫く其の辺りに逗留し、召しに随ふ可きの由、仰せ遣はさると云々。小山七郎朝光、使節為りと云々。

✲ 壇ノ浦の戦いで捕虜となった平宗盛・清宗父子をともない、源義経は鎌倉に向かった。義経一行が翌十六日に鎌倉に入る予定であることを伝えられた源頼朝は、宗盛らを引き取るために北条時政を派遣する一方、小山（結城）朝光を派遣して、勝手に鎌倉に入らないよう、義経に伝えさせた。義経は腰越に留まり、弁明の書状（いわゆる腰越状）を頼朝に送ったが、結局、鎌倉入りを許されず、六月九日、再び宗盛らをともなって上洛する。『鏡』元暦二年六月十三日条によれば、その際、義経は「関東に恨みのあるものは自分に従うように」と発言したという。

ただし、『愚管抄』や延慶本『平家物語』によれば、義経は鎌倉で頼朝と対面したようである。

十五日。丁酉。廷尉使者〔景光〕、参着。相二具前内府父子一令二参向一。去七日、出京、今夜、欲レ着二酒匂駅一。明日、可レ入二鎌倉一之由、申レ之。北条殿、為二御使一令レ向二酒匂宿一給。是、為レ迎二取前内府一也。被レ相二具武者所宗親・工藤小次郎行光等一云々。於二廷尉一者、無二左右一不レ可レ参二鎌倉一。暫逗二留其辺一、可レ随レ召之由、被レ仰二遣一云々。小山七郎朝光、為二使節一云々。

◆源義経、朝廷に源頼朝追討の官符を要求

文治元年（一一八五）十月十三日条（巻第五）

十三日。壬戌。去る十一日と今日、源義経が密かに院御所に参り、（後白河院に）奏聞した。「源行家が、関東に背き謀反を企てました。その理由は、その身を誅殺するよう、鎌倉の二位卿（源頼朝）が命じたことが、行家の耳に入ったため、何の咎を理由に罪の無い叔父を誅殺するということがあろうかと、不満を懐いたためです。義経は、頻に制止しましたが、全

く気に懸けません。ところが義経はまた、平氏の悪行を退け、世の中を鎮めました。これはどうして大きな功績でないことがありましょう。それなのに二品（頼朝）は、まったくそれに報いることを考えず、たまたま（義経に）与えた所領も全て取り上げ、さらにその上、誅殺するよう用意しているとのことです。その難を逃れるため、（義経も）すでに行家に同意しました。この上は頼朝追討を命じる官符をいただきたく存じます。もし勅許いただけないならば、二人とも自殺しようと思います」。（後白河院からは）「うまく行家の鬱憤を宥めるように」との勅答があったという。

❖十三日。壬戌。去んぬる十一日幷びに今日、伊予大夫判官義経、潜かに仙洞に参り、奏聞して云はく、前備前守行家、関東に向背し謀反を企つ。其の故は、其の身を誅す可きの趣、鎌倉の二位卿の命ずる所、行家の後聞に達するの間、何の過怠を以て罪無き叔父を誅す可けんやの由、鬱陶を含むに依るなり。義経、頻に制止を加ふと雖も、敢へて拘らず。而るに義経、亦、平氏の凶悪を退け、世を静謐に属せ令む。是、盍ぞ大功ならざらんや。然而、一品、曽て其の酬いを存ぜず、適計らひ充つる所の所領等、悉く以て改変し、剰へ誅滅す可きの由、結構の聞こえ有り。其の難を遁れんが為、已に行家に同意す。此の上は頼朝追討の官符を賜ふ可し。勅許無くば、両人共に自殺せんと欲すと云々。能く行家の鬱憤を宥む可きの旨、勅答有りと云々。

○大夫判官　大夫は五位の位階を有する者であり、判官は検非違使を兼ねる衛門尉の唐名。五位の位階を有しながら、検非違使の衛門尉の職にあることは名誉とされた。一四八頁以下を参照。

○官符　太政官符。太政官から発給される命令文書。朝廷から発給される公文書の中で、最も格式の高い文書。

✲源頼朝は上洛した源義経に追い打ちをかけるように、六月十三日には義経に与えていた平家の旧領二十四ヵ所全てを没収した。八月四日には源行家の追討を佐々木定綱に命じ、九月二日には梶原景季・義勝房成尋を京都に派遣し、行家追討を義経に命じるとともに、義経の様子を探らせている。景季は十月六日に鎌倉に戻って義経との対面の経緯を報告し、十月九日、頼朝は土佐房昌俊に義経追討を命じ、昌俊は鎌倉を出発した。

義経はこのような鎌倉方の動きを踏まえ、頼朝追討の官符の申請を決意したのである。

なお、義経はこれに先立つ八月十六日に検非違使の職はそのままに伊予守に任じられ、伊予大夫判官と称されていた。この伊予守任官は、四月十四日に源頼朝から高階泰経を通じて朝廷に申請済みであったため、変更には及ばなかったのだという（『鏡』文治元年八月二十九日条）。このことからすると、頼朝が義経に対して悪感情を懐くようになったのは、元暦元年（一一八四）の義経の左衛門尉・検非違使任官によるものではなく、この四月以降であったこととなる。

十三日。壬戌。去十一日幷今日、伊予大夫判官義経、潜参二仙洞一、奏聞云、前備前守行家、向二背関東一企二謀反一。其故者、可レ誅二其身一之趣、鎌倉二位卿所レ命、達二行家後聞一之間、以二何過怠一可レ誅二無レ罪叔父一哉之由、依レ含二鬱陶一也。義経、頻雖レ加二制止一、敢不レ拘。而義経、亦、退二平氏凶悪一、令レ属二世於静謐一。是、盍二大功一乎。然而、二品、曽不レ存二其酬一、適所二計充一之所領等、悉以改変、剰可二誅滅一之由、有二結構之聞一。為レ遁二其難一、已同二意行家一。此上者可レ賜二頼朝追討官符一。無二勅許一者、両人共欲二自殺一云々。能可レ宥二行家鬱憤一之旨、有二勅答一云々。

◆土佐房昌俊、源義経の邸宅を夜討

文治元年（一一八五）十月十七日条　（巻第五）

十七日。丙寅(ひのえとら)。昌俊は、先日、関東の厳命を受けたため、三尾谷(みおのや)十郎以下の六十騎余りの武士を率いて、源義経の六条室町(ろくじょうむろまち)の邸宅を襲った。その時、予州(よしゅう)（義経）方の武士らは西川(にしがわ)（桂川）の辺りを遊び歩いていたため、残り留まっていた家人は何人もいなかったが、（義経は）佐藤忠信らを率いて、自ら門を開き、駆け出して戦った。源行家はこのことを伝え聞いて（昌俊らの）後方から来て加わり、共に防戦した。そのため、しばらくして昌俊は退散した。義経の家人らは走り散って昌俊を追い求めた。義経はそのまま院御所に馳せ参じ、（後白河院に）無事を奏上したという。

❖十七日。丙寅。土佐房昌俊、先日、関東の厳命を含むに依り、水尾谷十郎已下六十余騎の軍士を相具し、伊予大夫判官義経の六条室町の亭を襲ふ。時に予州方の壮士等、西河の辺りを逍遥するの間、残り留まる所の家人、幾ばくならずと雖も、佐藤四郎兵衛尉忠信等を相具し、自ら門戸を開き、懸け出でて責め戦ふ。行家、此の事を伝へ聞き、後面自り来り加はり、相共に防ぎ戦ふ。仍て小時にして昌俊、退散す。予州の家人等、走り散じて之を求む。予州、則ち仙洞に馳せ参り、無為の由を奏すと云々。

○予州　伊予国の唐名。ここでは伊予守の源義経を指す。なお予州は与州と記されることもある。

✻十月九日に鎌倉を出発した土佐房昌俊が、この日、源義経の六条室町の邸宅を襲撃した。折悪しく義経の家人らは桂川の辺りに出かけており、邸宅は手薄であったが、義経の奮戦と源行家の加勢により、昌俊らは逃走した。昌俊は鞍馬山の奥で捕らえられ、二十六日に六条河原で斬首された。

十七日。丙寅。土佐房昌俊、先日、依レ含二関東厳命一、相二具水尾谷十郎已下六十余騎軍士一、襲二伊予大夫判官義経六条室町亭一。于レ時予州方壮士等、逍二遥西河辺一之間、所二残留一之家人、雖レ不レ幾、相二具佐藤四郎兵衛尉忠信等一、自開二門戸一、懸出責戦。行家、伝二聞此事一、自二後面一来加、相共防戦。仍小時昌俊、退散。予州家人等、走散求レ之。予州、則馳二参仙洞一、奏二無為之由一云々。

◆源頼朝追討の宣旨　文治元年（一一八五）十月十八日条（巻第五）

十八日。丁卯。源義経が言上している（源頼朝追討の）事について、勅許するべきかどうか、昨日、院御所で審議が行われた。ところが、「現在、義経のほかに（京都を）警衛する武士はおりません。勅許をいただけなければ、もし（義経らが）濫行を行った時、誰に命じて防御されるのでしょうか。今の災難を逃れるため、まず宣下され、追って事情を関東（の頼朝）に仰せられたなら、二品（頼朝）は、きっと憤ることもないでしょう」と決定した。そこで宣旨を下された。上卿は左大臣〔藤原経宗という〕。

文治元年十月十八日　宣旨

源頼朝は、ひたすら武威を顕示し、既に朝廷の法を忘れている。源行家・同義経に頼朝を追討させるように。

蔵人頭右大弁兼皇后宮亮藤原光雅〔が奉る〕

❖十八日。丁卯。義経言上の事、勅許有る可きや否や、昨日、仙洞に於いて議定有り。而るに、当時、義経の外、警衛の士無し。勅許を蒙らずんば、若し濫行に及ぶの時、何者に仰せて防禦せ被る可けんや。今の難を遁れんが為、先づ宣下せ被れ、追つて子細を関東に仰せ被れば、二品、定めて其の憤り無きかの由、治定す。仍て宣旨を下さる。上卿、左大臣〔経宗と云々〕。

文治元年十月十八日　宣旨

従二位源頼朝卿、偏に武威を耀かし、已に朝憲を忘る。宜しく前備前守源朝臣行家・左衛門少尉同朝臣義経等をして、彼の卿を追討せ令むべし。

蔵人頭右大弁兼皇后宮亮藤原光雅〔奉る〕

○上卿　朝廷で行われる政務や行事を、担当責任者として指揮する公卿。

✼鎌倉方の源義経襲撃をうけて、義経が申請していた源頼朝追討官符の発給の可否について、後白河院の御所で審議が行われた。頼朝・義経の武力衝突が顕在化するなか、義経に対抗しうる武力をもたない後白河院らは、とりあえず義経の申請を受け入れ、その上で頼朝に事情を説明して了解を得ることとしたが、これは大きな誤算となった。

引用されている文書は口宣と呼ばれるもので、天皇の命令を蔵人が奉じて伝達する際のメモである。院政を行う後白河院の意思であるが、形式としては後鳥羽天皇の命令として発せられた。ここでは蔵人頭藤原光雅から、宣旨発給の担当責任者に指名された左大臣藤原経宗に送付され、経宗は宣旨発給の手続きを進めることとなる。しかし、この時は、この口宣またはこれを経宗が決裁した口宣案（くぜんあん）が義経らに渡され、宣旨または官宣旨（かんせんじ）（弁官下文（べんかんくだしぶみ））の作成までは行われなかったのではないかと思われる。

頼朝追討の宣旨が発給されたとの情報は二十二日には鎌倉に届いた。また、宣旨をうけた義経は近国で軍勢催促を行い、十九日には守護として伊勢国にいた山内首藤経俊（やまのうちすどうつねとし）を攻撃し、経俊の使者が二十三日に鎌倉に到着してこのことを報じている。

これをうけて頼朝は、義経・行家を討つため、二十九日に鎌倉を出発して上洛の途についた。

十八日。丁卯。義経言上事、可レ有二勅許一否、昨日、於二仙洞一有二議定一。而、当時、義経外、無二警衛之士一。不レ蒙二勅許一者、若及二濫行一之時、仰二何者一可レ被二防禦一哉。為レ遁二今之難一、先被二宣下一、追被レ仰二子細於関東一、二品、定無二其憤一歟之由、治定。仍被レ下二宣旨一。上卿、左大臣〔経宗云々〕。

文治元年十月十八日　　宣旨

従二位源頼朝卿、偏耀二武威一、已忘二朝憲一。宜レ令三前備前守源朝臣行家・左衛門少尉同朝臣義経等、追二討彼卿一。

蔵人頭右大弁兼皇后宮亮藤原光雅〔奉〕

◆源義経・行家、都落ち

文治元年（一一八五）十一月三日条（巻第五）

三日。壬午。源行家〔桜威の鎧〕・源義経〔赤地錦の直垂。萌黄威の鎧〕らが、九州へと赴いた。まず使者を院御所に遣わし、（後白河院に）申した。「鎌倉（の源頼朝）からの処罰を逃れるため、九州に落ち延びます。最後に（院御所に）参上すべきではありますが、（甲冑姿で）装いが（あるべき姿と）異なりますので、（そのまま）既に出発しました」。平時実・藤原良成〔義経の同母弟。藤原長成の息子〕・源有綱・堀景光・佐藤忠信・伊勢義盛・片岡弘経〔弘綱とも〕・弁慶以下が従った。かれこれ軍勢は二百騎であろうかという。

❖三日。壬午。前備前守行家〔桜威の甲〕・伊予守義経〔赤地錦の直垂。萌黄威の甲〕等、西海に赴く。先づ使者を仙洞に進らせ、申して云はく、鎌倉の譴責を遁れんが為、鎮西に零落す。最後に参拝す可しと雖も、行粧異躰の間、已に以て首途すと云々。前中将時実・侍従良成〔義経の同母弟。一条大蔵卿長成の男〕・伊豆右衛門尉有綱・堀弥太郎景光・佐藤四郎兵衛尉忠信・伊勢三郎能盛・片岡八郎弘経・弁慶法師已下、相従ふ。彼れ此れの勢、二百騎かと云々。

○桜威　鎧の威毛の一種。兜の鞠、鎧の胴・袖・草摺・栴檀の板を桜模様の染革で綴り合せたもの。小桜威とも。

○萌黄威　鎧の威毛の一種。兜の鞠、鎧の胴・袖・草摺・栴檀の板を萌黄（萌葱）色の組紐で綴り合せたもの。

✻十月十八日に源頼朝追討の宣旨を得た源義経・行家は、翌十九日には伊勢国の守護所を攻撃するなど、軍事行動を開始したが、多くの武士はこれに従おうとせず、後白河院は二十五日には頼朝への弁明について九条兼実に意見を求めている（『玉葉』）。一方、頼朝は同じ二十五日に鎌倉から先発軍を出発させ、二十九日には自らも鎌倉を出発した。こうした状況から、十一月三日、義経・行家は西国へと都落ちすることとなったが、五日には神崎川河口で摂津国の武士たちの攻撃を受け、大物浦から船に乗ったものの、暴風により遭難し、分散して逃走することとなった。

三日。壬午。前備前守行家〈桜威甲〉・伊予守義経〈赤地錦直垂。萌黄威甲〉等、赴二西海一。先進二使者於 仙洞一、申云、為レ遁二鎌倉譴責一、零二落鎮西一。最後雖レ可二参拝一、行粧異躰之間、已以首途云々。前中将時実・侍従良成〈義経同母弟。一条大蔵卿長成男〉・伊豆右衛門尉有綱・堀弥太郎景光・佐藤四郎兵衛尉忠信・伊勢三郎能盛・片岡八郎弘経・弁慶法師已下、相従。彼此之勢、二百騎歟云々。

◆源義経・行家追捕の院宣

文治元年（一一八五）十一月十一日条（巻第五）

十一日。庚寅。源義経らの反逆の事について、（義経らの）申請のとおりに宣下された。ただし、後で関東（の源頼朝）を宥めようと、（後白河院の）お考えがあったところ、二品（源頼朝）の鬱憤が激しかったため、このところの対処の思惑が既に食い違ってしまった。この時、義経・源行家は反逆を企み、九州へ向かったところ、大物浜で海に沈んだとの風聞があったが、逃亡しているとの疑いがないわけではない。早く勢力のある者たちに命じて、山林を捜索し、その身柄を捕らえてさし出すよう、院宣を畿内・近国の国司らに下されたという。その内容は以下のとおり。

院宣を承ったところ、源義経・同行家は反逆を企み、九州に向かったところ、去る六日、大物浜ですぐに逆風に遭ったという。海に沈んだとの風聞があるが、逃亡しているとの疑いがないわけではない。早く武勇のある者たちに命じて、山林河沢の中を捜索し、すぐにその身柄を捕らえてさし出すように。当該国の中で、国領については（この院宣の）内容に従って執行し、荘園については本所に連絡して対処せよ。

このことは厳重である。決して怠ってはならない、ということであり、院宣はこのとおりである。このとおり実行せよ。謹んで伝達する。

十一月十一日　大宰権帥（吉田経房）

その国守殿

❖十一日。庚寅。義経等反逆の事、申し請ふに任せて宣下せ被れ畢んぬ。但し、追つて関東を誘へ被る可きの由、叡慮在るの処、一品の鬱憤興盛の間、日来沙汰の趣、已に相違し畢んぬ。爰に義経・行家、反逆を巧み、西海に赴くの間、大物浜に於いて漂没の由、風聞有りと雖も、亡命の条、疑ふ所無きに非ず。早く有勢の輩に仰せて、山林を尋ね捜し、其の身を召し進らす可きの由、院宣を畿内・近国の国司等に下さると云々。其の状に云はく、

院宣を被るに偁へらく、源義経・同行家、反逆を巧み、西海に赴くの間、去んぬる六日、大物浜に於いて忽ち逆風に逢ふと云々。漂没の由、風聞有りと雖も、亡命の条、狐疑無きに非ず。早く武勇有るの輩に仰せて、山林河沢の間を

尋ね捜し、不日、其の身を召し進らせ令む可し。当国の中、国領に至りては状に任せて遵行せ令め、庄薗に於いては本所に移して沙汰を致せ。事、是、厳密なり。曽て懈緩すること勿れ、者れば、院宣、此くの如し。之を悉せ。謹んで状す。

十一月十一日　大宰権帥

其の国守殿

○移　上下の関係にない、あるいはそれが不明確な役所や組織の間でやりとりされる文書の形式。

＊十一月三日に源義経・行家らが都落ちしたのと入れ替わりに、五日には鎌倉からの使者が京都に入り、左大臣藤原経宗に源頼朝の怒りを伝えた。また、七日には義経・行家らの遭難の報が京都に届いている（『玉葉』）。こうしたなか、後白河院は畿内・近国の国司に源義経・行家の追捕を命じる院宣を下した。院宣とは、院の命令を院の近臣が奉じて伝達する書状形式の文書で、ここでは吉田経房が後白河院の命令を

国司らに伝えている。なお、『鏡』では十一日の記事となっているが、『玉葉』では十二日の記事となっており、和泉守（いずみのかみ）藤原行輔（ゆきすけ）にあてた十二日付の院宣が引用されている。

十一日。庚寅。義経等反逆事、任二申請一被二　宣下一畢。但、追可レ被レ誘二関東一之由、在二叡慮一之処、二品之鬱憤興盛之間、日来沙汰之趣、已相違畢。爰義経・行家、巧二反逆一、赴二西海一之間、於二大物浜一漂没之由、雖レ有二風聞一、亡命之条、非レ無レ所レ疑。早仰二有勢之輩一、尋二捜山林一、可レ召二進其身一之由、被レ下二　院宣於畿内・近国々司等一云々。其状云、

被二　院宣一偁、源義経・同行家、巧二反逆一、赴二西海一之間、去六日、於二大物浜一忽逢二逆風一云々。漂没之由、雖レ有二風聞一、亡命之条、非レ無二狐疑一。早仰下有二武勇一之輩上、尋二捜山林河沢之間一、不日、可レ令レ召二進其身一。当国之中、至二于国領一者任レ状令二遵行一、於二庄薗一者移二本所一致二沙汰一。事、是、厳密也。曾勿二懈緩一者、

院宣、如レ此。悉レ之。謹状。

十一月十一日　大宰権帥

其国守殿

◆中原広元、国地頭の設置を献策

文治元年（一一八五）十一月十二日条（巻第五）

十二日。辛卯（かのとう）。（中略）。総じて今度の成り行きについては、関東の重大事であるため、対応のあり方や、結着の付け方について、（源頼朝は）たいそう思い悩まれていたところ、中原広元が申した。「世は既に末世です。凶悪な者が、非常に好機を得る時期です。天下に反逆の者たちがあるということは、まったく絶えることがないでしょう。ところが、東海道の（諸国の）中は（頼朝の）御居所ですので鎮まっておりますが、秩序の乱れは、きっとほかの地方で起こるでしょう。これを鎮めるために、毎度、東国の武士を派遣されることは人々の迷惑であり、国の損失です。この機会に諸国で御支配に関与され、国衙（こくが）・荘園ごとに警固のための地頭（じとう）を任命されれば、一概に恐れることもないでしょう。早く（朝廷に）申請されるべきです」。二品（頼朝）は、たいそう納得され、このように決定した。経緯への適切な対処であり、忠義の言葉がそうさせたのである。

❖十二日。辛卯。（中略）。凡そ今度の次第、関東の重事為るの間、沙汰の篇、始終の趣、太だ思し食し煩ふの処、因幡前司広元、申して云はく、世、已に澆季なり。梟悪の者、尤も秋を得るなり。天下、反逆の輩有るの条、更に断絶す可からず。而るに東海道の内に於いては、御居所為るに依り静謐せ令むと雖も、奸濫、定めて他方に起こらんか。之を相鎮めんが為、毎度、東士を発遣せ被るるは、人々の煩ひなり。国の費えなり。此の次を以て、諸国に御沙汰を交へ、国衙・庄園毎に、守護の地頭を補せ被れば、強ちに怖るる所有る可からず。早く申し請は令め給ふ可しと云々。二品、殊に甘心し、此の儀を以て治定す。本末の相応、忠言の然ら令むる所なり。

✲一国単位の守護と荘園・公領単位の地頭（荘郷地頭）の設置を献策したものと解

説されることが多いが、『玉葉』の記事などから、この時に設置されたのは、国単位で設置され、荘園・公領を問わず田一段につき五升の兵糧米を一律に徴収して源義経・行家の捜索を行う国地頭であったと考えられている。国地頭には、平家追討に際して国単位に設置された惣追捕使だった御家人が任命され、強力な軍政を展開した。
なお、守護（正確にはその前身となる惣追捕使など）や荘郷地頭は源頼朝の挙兵以来、頼朝によって独自に任命されており、この時、初めて設置が献策されたものではないことも明らかにされている。

十二日。辛卯。（中略）。凡今度次第、為二関東重事一之間、沙汰之篇、始終之趣、太思食煩之処、因幡前司広元、申云、世、已澆季。梟悪者、尤得レ秋也。天下、有二反逆輩一之条、更不レ可二断絶一。而於二東海道之内一者、依レ為二御居所一雖レ令二静謐一、奸濫、定起二於他方一歟。為レ相二鎮之一、毎度、被レ発二遣東士一者、人々煩也。国費也。以二此次一、諸国交二御沙汰一、毎二国衙・庄園一、被レ補二守護地頭一者、強不レ可レ有レ所レ怖。早可下令二申請一給上云々。二品、殊甘心、以二此儀一治定。本末相応、忠言之所レ令レ然也。

◆源義経・行家追捕の宣旨

文治元年（一一八五）十一月二十五日条（巻第五）

二十五日。甲辰。今日、北条時政が入洛したという。源行家・源義経の叛逆の事について二品（源頼朝）が憤っていることを、帥中納言（吉田経房）が詳しく（後白河院に）奏上した。そこで今日、さまざまな審議が行われ、（行家・義経を）確実に捜索するよう、宣旨が下された。その内容は以下のとおり。

文治元年十一月二十五日　宣旨

源行家・同義経は、自分勝手に野心を抱き、遂に九州へ向かった。ところが摂津国で船出したところ、すぐに逆風の難に遭った。誠にこれは天罰である。海に沈んだとの説があるが、落命の事実には、なお疑いがないわけではない。早く源頼朝に命じて、すぐにその居所を捜索し、その身柄を捕らえさせるように。

蔵人頭右大弁兼皇后宮亮　藤原光雅〔が奉る〕

❖廿五日。甲辰。今日、北条殿、入洛すと云々。行家・義経叛逆の事、二品、鬱陶の趣、帥中納言、具に以て奏達す。仍て今日、条々沙汰有り、慥かに尋ね索む可きの由、宣下せ被る。其の状に云はく、

文治元年十二月廿五日　　宣旨

前備前守源行家・前伊予守同義経、恣に野心を挟み、遂に西海に赴き訖んぬ。而るに摂津国に於いて、纜を解くの間、忽ち逆風の難に逢ふ。誠に是、一天の譴めなり。漂没の由、其の説有りと雖も、殞命の実、猶、疑ひ無きに非ず。早く従二位源朝臣に仰せて、不日、在所を尋ね捜し、宜しく其の身を捉へ搦め令むべし。

蔵人頭右大弁兼皇后宮亮　藤原光雅〔奉る〕

＊十一月二十四日、北条時政が千騎の軍勢と共に入京し（『玉葉』）、二十五日、時政は吉田経房を通じて源頼朝の怒りを後白河院に伝えた。『鏡』では十一月十五日条に記されている、後白河院を「日本第一の大天狗（おおてんぐ）」と非難した頼朝の書状が後白河院の御所に届けられたのも、二十五日の夜であったという（『玉葉』十一月二十六日条）。こうした状況をうけ、今度は頼朝に対して源義経・行家の追捕を命じる宣旨が発給された。頼朝追討の宣旨が発給されてから一ヵ月ほど後のことであった。

廿五日。甲辰。今日、北条殿、入洛云々。行家・義経叛逆事、二品、鬱陶之趣、帥中納言、具以　奏達。仍今日、条々有㆓沙汰㆒、慥可㆓尋索㆒之由、被㆓　宣下㆒。其状云、

文治元年十一月廿五日　　宣旨

前備前守源行家・前伊予守同義経、恣挟㆓野心㆒、遂赴㆓西海㆒訖。而於㆓摂津国㆒、解㆑纜之間、忽逢㆓逆風之難㆒。誠是、一天之譴也。漂没之由、雖㆑有㆓其説㆒、殞命之実、猶、非㆑無㆑疑。早仰㆓従二位源朝臣㆒、不日、尋㆓捜在所㆒、宜㆑令㆑捉㆓搦其身㆒。

蔵人頭右大弁兼皇后宮亮藤原光雅〔奉〕

◆北条時政、国地頭の設置を申請

文治元年（一一八五）十一月二十八日条（巻第五）

二十八日。丁未。諸国一律に警固のための地頭を任命し、有力者の荘園・公領も区別せず、兵糧米〔一段毎に五升〕を賦課するようにしたいと、今夜、北条時政が吉田経房に面会して申したという。

❖廿八日。丁未。諸国平均に守護の地頭を補任し、権門勢家の庄公を論ぜず、兵糧米〔段別五升〕を充て課す可きの由、今夜、北条殿、藤中納言経房卿に謁し申すと云々。

＊さきに中原広元が献策した国地頭の設置について、北条時政が吉田経房を介して後白河院に申し入れた。『玉葉』の同日条には、時政らが「相分かちて五畿・山陰・

山陽・南海・西海の諸国を賜り、荘公を論ぜず、兵糧〈段別五升〉を宛て催」すと記されており、このときの「地頭」が国毎に設置され、兵糧米の徴収を行うものであったことがわかる。この申し入れは、翌二十九日に経房から時政に認可の旨が伝えられたが、兵糧米の徴収をめぐって国司や荘園領主との間で激しい紛争を招くこととなり、翌文治二年（一一八六）三月には時政が七ヵ国の国地頭を辞退するなど、その活動の縮小を余儀なくされた。

廿八日。丁未。補ニ任諸国平均守護地頭一、不レ論ニ権門勢家庄公一、可レ充ニ課兵糧米〈段別五升〉一之由、今夜、北条殿、謁ニ中藤中納言経房卿一云々。

◆源頼朝、九条兼実を摂政に推挙

文治二年（一一八六）二月二十七日条（巻第六）

二十七日。乙亥（きのとい）。安達清経（あだちきよつね）が急使として上洛した。（源頼朝が後白河院に）さまざまな事を申された。摂政（せっしょう）（への任命）の詔（みことのり）を右府（うふ）（九条兼実（くじょうかねざね））に下されるようにとのことが、その中にあったようである。兼実は法性寺殿（藤原忠通）の三男である。日本・中国の知識が、たいそう人より優れておられるという。現在の摂政殿（近衛基通）は、もともと平氏の縁者であり、関東によそよそしいお心があったところ、去年、源義経が（頼朝に対して）反逆した時、（頼朝）追討の宣旨を（義経に）与えられたことは、まったくその御議奏によるものであるとの風聞があった。そこで（基通に替わる摂政として兼実を）推薦されるとのことを、内々に（頼朝が）兼実に申された。ところが、後白河院の御意向に叶わないであろうと、兼実はためらわれたが、とうとう（頼朝は後白河院に）これを申されたようだという。

❖廿七日。乙亥。安達新三郎、飛脚と為て上洛す。条々を申さる。摂政の詔を右府に下さる可きの事、其の内に在るか。右府は法性寺殿の三男なり。和漢の才智、頗る人に越え令め給ふと云々。当摂政殿、本自り平氏の縁人と為て、関東に御隔心有るの処、去んぬる年、義経、逆心を顕すの時、追討の宣旨を給ふは、偏に彼の御議奏に依るの由、風聞す。仍て挙し申さる可きの趣、内々、右府に啓せ被る。而るに時宜に叶ふ可からざるの旨、右府、御猶予有りと雖も、遂に之を申さるるかと云々。

○右府　右大臣の唐名。ここでは九条兼実を指す。

＊源頼朝（四十歳）は摂政を近衛基通（二十七歳）から九条兼実（三十八歳）に交替させることを後白河院（六十歳）に申し入れた。基通は兼実の兄基実の嫡子で、基実の正室は平清盛の娘の盛子、基通の正室も清盛の娘の寛子であった。また基通は後白河院と同性愛関係にあったことも指摘されている。頼朝は寿永三年（一一八四）三月にも兼実を摂政・氏長者とすることを求めていたが（『玉葉』寿永三年三月二十三日条）、源義経問題をうけて文治元年（一一八五）十二月には兼実をはじめとする十人を議奏公卿として国政に参与させ、兼実を摂政・関白に準じる内覧とすることを求めて実現していた（『鏡』文治元年十二月六日条・『玉葉』同年十二月二十七日条）。頼朝はさらに、兼実を基通と交替させることを要求したのであり、兼実は三月十二日に基通に替わっ

て摂政・氏長者に任じられた（『玉葉』）。これ以降、兼実は頼朝と協調しつつ、朝廷の改革を進めてゆく。

廿七日。乙亥。安達新三郎、為二飛脚一上洛。被レ申二条々一。可レ被レ下二摂政詔於右府一之事、在二其内一歟。右府者法性寺殿三男也。和漢才智、頗令レ越レ人給云々。当摂政殿、本自為二平氏縁人一、関東有二御隔心一之処、去年、義経、顕二逆心一之時、給二追討　宣旨一、偏依二彼御議奏一之由、風聞。仍可レ被二挙申一之趣、内々、被レ啓二右府一。而不レ可レ叶二時宜一之旨、右府、雖レ有二御猶予一、遂被レ申レ之歟云々。

◆源頼朝、西行と面談　文治二年（一一八六）八月十五日条（巻第六）

十五日。己丑（つちのとうし）。二品（源頼朝）が、鶴岡八幡宮に参詣された。ところが、年老いた僧一人が、鳥居の辺りを行ったり来たりしていた。（頼朝が）これを怪しみ、梶原景季に名前を尋ねさせられたところ、佐藤憲清（さとうのりきよ）であった。今は西行（さいぎょう）と称しているという。そこで（頼朝は）「奉幣の後、心静かにお目にかかり、和歌の事を話したい」と、伝えられた。西行は、承知した旨を申し、鶴岡八幡宮寺を廻(めぐ)って経文を唱えた。頼朝は、西行を呼び寄せるため、速やかに戻られ、すぐに（西行を）御所中に招き入れ、懇談された。この（懇談の）間に、歌道と弓馬の事について、いろいろと尋ねられた。西行は「弓馬の事は、俗人だった時に、気の進まないながらも家の流儀を受け継いでいましたが、保延(ほうえん)三年八月に出家した時、藤原秀郷(ひでさと)以来の九代にわたる嫡家相伝の兵法は、焼いてしまいました。（兵法は）罪業(ざいごう)の原因ですので、それについては、まったく心に留めることなく、皆、忘れてしまいました。和歌を詠むことは、花や月に向かって心が動かされた時に、ただ三十一文字に表現するだけのことです。まったく奥義は知りません。ですので、どちらについても、お答えしようにもできません」と申した。しかし、（頼朝の）御質問が熱心だったため、（西行は）弓馬の事については、詳しく申し述べた。（頼朝は）すぐに藤原俊兼にその言葉を記録させられた。それは、一晩中であったという。

❖十五日。己丑。二品、鶴岡宮に御参詣。而るに老僧一人、鳥居の辺りを徘徊す。之を怪しみ、景季を以て名字を問は令め給ふの処、佐藤兵衛尉憲清法師なり。今は西行と号すと云々。仍て奉幣以後、心静かに謁見を遂げ、和歌の事を談ず可きの由、仰せ遣はさる。西行、承るの由を申さ令め、宮寺を廻り法施を奉る。二品、彼の人を召さんが為、早速に還御し、則ち営中に招引し、御芳談に及ぶ。此の間、歌道幷びに弓馬の事に就き、条々尋ね仰せ被るる事有り。西行、申して云はく、弓馬の事は、在俗の当初、憖じひに家風を伝ふと雖も、保延三年八月、遁世の時、秀郷朝臣以来九代嫡家相承の兵法、焼き失ふ。罪業の因為るに依り、其の事、曽て以て心底に残し留めず、皆、忘却し了んぬ。詠歌は、花月に対し感を動かすの折節、僅かに卅一字に作る許りなり。全く奥旨を知らず。然れば、是彼、報へ申さんと欲するに所無しと云々。然而、恩問、等閑ならざるの間、弓馬の事に於いては、具に以て之を申す。即ち俊兼をして其の詞を記し置か令め給ふ。終夜を専らにせ被ると云々。

✻源頼朝が鶴岡八幡宮で西行と出会い、御所で懇談した。当時の鶴岡八幡宮は神仏習合により、鶴岡八幡宮寺とも呼ばれ、僧侶である別当や供僧（ぐそう）らがいた。西行は歌人として知られるが、俗名を佐藤義清（憲清・則清・範清とも記され、訓は「のりきよ」と考えられる）という武士で、平将門（まさかど）の乱の鎮圧に功績があった藤原秀郷（ひでさと）の嫡流とされていた。この時、六十九歳。平家の焼き討ちにより炎上した東大寺の再建にあたっていた大勧進重源（だいかんじんちょうげん）の依頼により、陸奥国の藤原秀衡（ひでひら）のもとへ砂金の寄進を求めに行く途中であった。西行が伝えた弓馬の故実については『鏡』嘉禎（かてい）三年七月十九日条にその一端が記されている。西行は翌日の昼頃退出し、その際、頼朝から銀製の猫を拝領したが、門外で遊んでいた子供に与えたという。

十五日。己丑。二品、御二参一詣鶴岡宮一。而老僧一人、徘二徊鳥居辺一。怪レ之、以二景季一令レ問二名字一給之処、佐藤兵衛尉憲清法師也。今号二西行一云々。仍奉幣以後、心静遂二謁見一、可レ談二和歌事一之由、被二仰遣一。西行、令レ申二承之由一、廻二宮寺一奉二法施一。二品、為レ召二彼人一、早速還御、則招二引営中一、及二御芳談一。此間、就二歌道幷弓馬事一、条々有下被二尋仰一事上。西行、申云、弓馬事者、在俗之当初、憖雖レ伝二家風一、保延三年八月、遁世之時、秀郷朝臣以来九代嫡家相承兵法、焼失。依レ為二罪業因一、其事、曽以不レ残二留心底一、皆、忘却了。詠歌者、対二花月一動レ感之折節、僅作二卅一字一許也。全不レ知二奥旨一。然者、是彼、無レ所レ欲二報申一云々。然而、恩問、不二等閑一之間、於二弓馬事一者、具以申レ之。即令三俊兼記二置其詞一給。縡、被レ専二終夜一云々。

◆地頭の設置を謀叛人跡に限定

文治二年（一一八六）十一月二十四日条（巻第六）

二十四日。丁卯（ひのとう）。先月八日の宣旨・同九日の院宣が、先ごろ（鎌倉に）到着した。今日、（それに対する）御請文（うけぶみ）を差し上げられた。大夫属入道（三善康信）・筑後権守（ちくごのごんのかみ）（藤原俊兼）らが相談に参加したという。これは、平氏を追捕した跡に設置した地頭らが、これといった謀叛人（むほんにん）の跡ではない場所に課役を賦課し、役人らを煩わせているため、国司・領家が訴え申したのである。現に存在している謀叛人跡以外は（そのような行為を）止めさせるようにとのことであるという。

太政官が命じる　諸国に

早く止めさせるべき、国衙・荘園の地頭の非法・濫妨の事

右、内大臣（藤原実定（さねさだ））の宣によれば、勅命を承ったところ、平氏を追討したことにより、その跡に設置された地頭が、勲功の賞であると言って、これといった謀反人の跡ではないのに加徴の課役を賦課し、強引に検断を行い、所領全体の土地に妨げをなし、在庁官人・郡司・公文以下の役人らを責め煩わせているため、国司・領家が訴え申している。そこで、武家に命じて、現に存在している謀反人跡以外は地頭の干渉を止めさせるようにとのことは以上のとおりである。宣のとおりに実行せよ。官符が到着したら（命令を）承って実行せよ。

文治二年十月八日　正六位上行（しょうろくいのじょうぎょう）　左少史（さしょうし）大江朝臣

修理左宮城使従四位上（しゅりさきゅうじょうしじゅしいのじょう）　左中弁兼中宮権大進（さちゅうべんけんちゅうぐうのごんのだいじょう）　藤原朝臣（光長（みつなが））

諸国の荘園・公領の、平氏追討の跡に設置された地頭らが、勲功の賞であると言って、これといった謀叛人の跡ではないのに加徴の課役を賦課し、強引に検断を行い、所領全体の土地に妨げをなし、在庁官人・郡司・公文以下の役人を責め煩わせているため、国司・領家の訴訟により、太政官符を発給した。そこで、現に存在している謀叛人跡以外は早く地頭らの干渉をやめさせるようにとの、後白河院の命令がありました。そこでこのとおりお伝えします。

文治二年十月九日　左少弁（藤原）定長

進上　源二位（頼朝）殿

（頼朝の）御請文は以下のとおり。

跪いて受け取りました院宣の事

右、仰せ下されました、諸国の荘園・公領の、平氏追討の跡に設置された地頭らが、勲功の賞であると言って、加徴の課役を賦課し、強引に検断を行い、所領全体の土地に妨げをなしているとの事について、太政官符・院宣を謹んで拝見致しました。現に存在している謀反人跡以外は地頭の干渉を止めさせるようにとのこと、それぞれに命令を出しました。早く国司・領家に命じて禁止させられるのがよろしいでしょう。この上、勝手なふるまいを行う者たちがありましたら、名簿に記して頂き、処罰を行います。この旨を（後白河院に）言上なさって下さい。院宣を受け取りましたことは以上のとおりです。頼朝、頓首恐惶謹言。

文治二年十一月二十四日　　源頼朝〔請文〕

❖廿四日。丁卯。去んぬる月八日の宣旨・同九日の院宣、去んぬる比、到来す。今日、御請文を奉らる。大夫属入道・筑後権守等、所談に加はると云々。是、平氏追捕の跡の地頭等、指したる謀叛の跡に非ざるを以て、課役を充て行ひ、公官等を煩はすの間、国司・領家、訴へ申す所なり。現在の謀叛人跡の外は、停止せ令む可きの由と云々。

太政官、符す　諸国

応に早く停止せ令むべき、国衙・庄園の地頭の非法・濫妨の事

右、内大臣宣すらく、勅を奉るに偁へらく、平氏を追伐せ令むるに依り、其の跡に補せ被るるの地頭、勲功の賞と称し、指したる謀反の跡に非ざるの処、加徴の課役を充て行ひ、検断を張行し、惣領の地本を妨げ、在庁官人・郡司・公文以下の公官等を責め煩はすの間、国司・領家、訴へ申す所なり。然れば、武家に仰せ、現在の謀反人跡の外は、地頭の綺ひを停止せ令む可きの状、件の如し。宣に依りて之を行へ。符、到らば奉り行へ。

文治二年十月八日　正六位上行左少史大江朝臣

修理左宮城使従四位上　左中弁兼中宮権大進　藤原朝臣

諸国庄公、平氏追伐の跡に補せ被るるの地頭等、勲功の賞と称し、指したる謀叛の跡に非ざるの処、加徴の課役を充て行ひ、検断を張行し、惣領の地本を妨げ、在庁官人・郡司・公文以下の公官を責め煩はすの間、国司・領家の訴訟に

依り、官符を成す所なり。然れば、現在の謀叛人の外は、早く地頭等の綺ひを停止せ被る可きの由、院宣候ふなり。仍て執啓、件の如し。

文治二年　十月九日　　左少弁定長

進上　源二位殿

御請文に云はく、

跪きて請くる院宣の事

右、仰せ下さるる所の、諸国庄公、平氏追伐の跡に補せ被るるの地頭等、勲功の賞と称し、加徴の課役を充て行ひ、検断を張行し、惣領の地本を妨ぐるの由の事、官符・院宣、謹みて拝見仕り候ひ了んぬ。現在の謀反人跡の外は、地頭の綺ひを停止せ令む可きの旨、面々に下知を加へ候ふ者なり。早く国司・領家に仰せて、御禁断有る可く候ふか。此の上、張行を致すの輩候はば、交名を注し給はり、炳誡を加ふ可く候ふ。此の旨を以て言上せ令め給ふ可く候ふ。院宣、請くる所、件の如し。頼朝、頓首恐惶謹言。

文治二年　十一月　廿四日　　源　頼朝　〔請文〕

○請文　命令・依頼された事柄を実行した旨、あるいはこれから実行する旨を相手に伝える文書。
○跡　死亡や没収などにより、もとの持ち主がいなくなった所領・所職。その所領・所職の継承者を指す場合もある。
○検断　犯罪者の逮捕や処罰。

＊治承四年（一一八〇）の挙兵以来、戦争状況の中での軍事占領行為として設置されてきた地頭の非法について、朝廷の最も格式の高い文書形式である太政官符によってその禁止が命じられ、源頼朝もそれを受け入れた。
　この時の太政官符では、地頭らが、勲功の恩賞として賜ったものだとして、付加税を徴収したり、強引な治安維持活動を行ったり、地頭として関与を許された範囲を超えて所領全体の土地支配に関与したりして、国司や荘園領主によって設置された役人らを煩わせているなどと糾弾されている。

　地頭は頼朝の挙兵以来、敵方所領の軍事占領行為として設置されていったが、荘園領主や国衙への諸負担は負うべきものとされていた。しかし、源義経の捜索や文治元年（一一八五）の国地頭の設置とあいまって、地頭の活動は活発化し、国司や荘園領主による強い反発が起こっていた。この太政官符に先立つ六月には、頼朝は、謀叛人跡であっても院宣で命じられた場合には個別に地頭職の撤廃に応じるとし、七月には平家没官領と謀叛人の隠れ住んでいる場所以外の地頭職を撤廃するとした。なお、この時、中原広元が上洛し、この問題について朝廷との交渉にあたっている。頼朝は、九月には定められた「地頭地利」以外への地頭の関与を禁止し、十月には朝廷から下された目録に基づき、既に処置した神社・仏寺領以外の所領につき、二百五十二枚もの下文（六〇頁を参照）を発給して地頭の「新儀」（先例の無い行為）を禁止している。こうした経緯をうけて発給されたのがこの太政官符であり、地頭職の設置を謀叛人の所領に限るという原則が成立することとなった。

廿四日。丁卯。去月八日　宣旨・同九日　院宣、去比、到来。今日、被レ奉二御請文一。大夫属入道・筑後権守等、加二所談一云々。是、平氏追捕跡地頭等、以レ非三指謀叛跡一、充二行課役一、煩二公官等一之間、国司・領家、所二訴中一也。現在謀叛人跡之外者、可レ令二停止一之由云々。

太政官、符　諸国

応三早令二停止一、国衙・庄園地頭非法・濫妨事右、内大臣宣、奉レ勅偁、依レ令レ追二伐平氏一、被レ補二其跡一之地頭、称二勲功之賞一、非二指謀反跡一之処、充二行加徴課役一、張二行検断一、妨二惣領之地本一、責二煩在庁官人・郡司・公文以下公官等一之間、国司・領家、所二訴申一也。然者、仰二武家一、現在謀反人跡之外者、可レ令レ停二止地頭綺一之状、如レ件。依　レ宣行レ之。符、到奉行。

文治二年十月八日　　正六位上行左少史大江朝臣

修理左宮城使従四位上左中弁兼中宮権大進藤原朝臣

諸国庄公、被レ補二平氏追伐跡一之地頭等、称二勲功之賞一、非二指謀叛跡一之処、充二行加徴課役一、張二行検断一、妨二惣領之地本一、責二煩在庁官人・郡司・公文以下公官一之間、依二国司・領家之訴訟一、所レ成二官符一也。然者、現在謀叛人之外者、早可レ被レ停二止地頭等綺一之由、院宣候也。仍執啓、如レ件。

文治二年十月九日　　左少弁定長

進上　源二位殿

御請文云、

跪請　院宣事

右、所レ被二仰下一、諸国庄公、被レ補二平氏追伐跡一之地頭等、称二勲功之賞一、充二行加徴課役一、張二行検断一、妨二惣領地本一之由事、官符・院宣、謹拝見仕候了。現在謀反人跡之外者、可レ令レ停二止地頭綺一之旨、面々加二下知一候者也。早仰二国司・領家一、可レ有二御禁断一候歟。此上、致二張行一之輩候者、注二給交名一、可レ加二炳誡一候。以二此旨一可下令二言上一給上候。院宣、所レ請、如レ件。頼朝、頓首恐惶謹言。

文治二年十一月廿四日　　源頼朝〔請文〕

◆源義経、陸奥国に赴く　文治三年（一一八七）二月十日条（巻第七）

> 十日。壬午（みずのえうま）。前伊予守義顕（よしあき）（源義経）は、このところ、所々に隠れ住み、度々、追捕使の捕縛を逃れた。遂に伊勢・美濃などの国を経て、陸奥国に赴いた。これは、藤原秀衡の権勢を頼ったのである。妻や男女（の家来など）を連れ、皆、山伏（やまぶし）・児童（ちごわらわ）などの姿に変装したという。

❖十日（とおか）。壬午（みずのえうま）。前伊予守義顕（さきのいよのかみよしあき）、日来（ひごろ）、所々（しょしょ）に隠れ住（す）み、度々（どど）、追捕使（ついぶし）の害（がい）を遁（のが）れ訖んぬ。遂に伊勢・美濃等の国を経、奥州に赴く。是、陸奥守秀衡入道の権勢を恃むに依るなり。妻室・男女を相具し、皆、姿を山臥幷びに児童等に仮ると云々。

○児童　寺院や公家・武家などに召し使われた少年。

✽ 源頼朝によって追われる身となった源義経は、かつての庇護者であった藤原秀衡を頼って陸奥国に赴いた。この間に、義経の名は、九条兼実の子の良経と同音であることを憚って義行と改められ（『玉葉』文治二年五月十日条・『鏡』文治二年閏七月十日条）、「よしゆき」は「よく行く」すなわち「よく逃れる」に通じるとして、さらに「義顕」（よく顕れる）と改名されていた（『鏡』文治二年十一月五日条・同二十九日条・『玉葉』文治二年十一月二十四日条）。なお九条兼実が義経の陸奥国への逃亡を知ったのは文治四年（一一八八）正月のことであり（『玉葉』文治四年正月九日条）、陸奥国への到着は文治三年の九月から十月ころであったとされている。

十日。壬午。前伊予守義顕、日来、隠㆓住所々㆒、度々、遁㆓追捕使之害㆒訖。遂経㆓伊勢・美濃等国一、赴二奥州一。是、依レ恃二陸奥守秀衡入道権勢一也。相二具妻室・男女一、皆、仮二姿於山臥并児童等一云々。

◆重源、源頼朝に東大寺再建への協力を求める

文治四年(一一八八)三月十日条(巻第八)

十日。丙午。東大寺の重源の書状が(鎌倉に)届いた。「東大寺の修造の事は、諸檀那の協力に頼らなければまったく成就し難いことです。特に御奉加をお願いします。早く諸国に協力をお勧め下さい。多くの人々が、たとえ結縁(して協力)する気持ちが無かったとしても、きっと(源頼朝の)御権威の重さによって(協力の勧めに)穏便に従うことでしょう。それにまた、この事については(朝廷への)奏聞も先だって行っております」とのことである。この事については、まだ(朝廷からは)命じられていない。(そこで)結局、「東国分については、地頭らに命じて対処させ

る」とのことを（重源に）仰せ遣わされた。

❖十日。丙午。東大寺重源上人の書状、到着す。当寺修造の事、諸檀那の合力を恃まずんば、曽て成り難し。尤も御奉加を仰ぐ所なり。早く諸国に勧進せ令め給ふ可し。衆庶、縦ひ結縁の志無しと雖も、定めて御権威の重きに和順し奉らんか。且つは此の事、奏聞、先に畢んぬ、者り。此の事、未だ仰せ下されず。所詮、東国分に於いては、地頭等に仰せて、沙汰を致さ令む可きの由、仰せ遣はさる。

○奉加　神仏に金品を寄進すること。

✻治承四年（一一八〇）の平家の焼き討ちによって焼失した東大寺の再建のため、翌治承五年六月、朝廷は造東大寺司・修理大仏司の長官に藤原行隆（五十二歳）を任命し、八月には重源（六十一歳）を大勧進に任じてその復興事業を開始した。文治元年（一一八五）八月には大仏の開眼供養が行われ、復興事業の中心は大仏殿の再建に移った。文治二年四月には周防国が東大寺造営料国に指定され、材木の伐採・運搬が始まったが、その負担には現地の武士の抵抗が発生していた。こうしたなか、重源は源頼朝に、諸国の武士たちへの働きかけを要請したのである。

この後、諸国の有力な武士たちへの賦課を提案する院宣が鎌倉に届くが、頼朝はこれに難色を示し、後白河院は賦課の方式については再検討すると回答している（『鏡』文治四年三月十七日条・同四月十二日条）。

頼朝は早くから大仏再建事業へ協力しており、元暦二年（一一八五・文治元年）三月には米一万石・砂金一千両・上絹一千疋（びき）を重源に送っている（『鏡』元暦二年三月七日条）が、源義経問題をめぐる朝廷との対立の中で、御家人への負担の割り当ては拒否する姿勢を示したのである。

> 十日。丙午。東大寺重源上人書状、到着。当寺修造事、不レ恃二諸檀那合力一者、曽難レ成。尤所レ仰二御奉加一也。早可下令レ勧二進諸国一給上。衆庶、縦雖レ無二結縁志一、定奉レ和二順御権威重一歟。且此事、奏聞、先畢、者。此事、未レ被二仰下一。所詮、於二東国分一者、仰二地頭等一、可レ令レ致二沙汰一之由、被二仰遣一。

◆源頼家、初めて鎧を着る

文治四年（一一八八）七月十日条（巻第八）

十日。甲辰。若公（万寿公（後の源頼家）。七歳）が初めて鎧を身に着けられた。（御所の）南面でその儀式が行われた。時刻になって、二品（源頼朝）がお出ましになった。江間殿（北条義時）が参上して、御簾を上げられた。次に、万寿がお出ましになった。大内義信（乳母夫）・比企能員（乳母の兄）が万寿のお出ましを介添え申し上げた。しばらくして、小山朝政が鎧直垂（青地錦）を持参し、（万寿の）それまでの御装束を改めた。朝政が（鎧直垂の）腰紐を結び申し上げた。次に、千葉常胤が鎧の納櫃を持参した。子息の千葉胤正・相馬師常が納櫃を担いで（常胤の）前を進んだ。東胤頼が介添えとなって、また、後ろに従った。（頼朝は）常胤の（持参した）鎧を南に向けて立てられた。この間、梶原景季が刀を進上した。

三浦義連は太刀を進上した。下河辺行平は弓を持参した。佐々木盛綱は征矢を献上した。八田知家は馬（黒。鞍を置いた）を献上した。子息の知重がこの馬を引いた。三浦義澄・畠山重忠・和田義盛らが（万寿を）助けて（馬に）お乗せした。小山朝光・葛西清重が乗馬の轡を持った。小笠原長経・千葉胤通・比企時員らが馬の左右に付き従った。（万寿は）三度、南庭を廻って（馬を）降りられた。今度は足立遠元が万寿をお抱き申した。（万寿は）鎧以下を脱ぎ、堀親家が武具・馬を受け取って御厩・納殿などに入れた。その後、武州（大内義信）が馬を頼朝に献上した。里見義成がこの馬を引いた。次に、西の侍所で盃酌（の儀式）が行われた。頼朝が寝殿の西面（母屋の御簾を上げた）にお出ましになった。（盃酌の儀式は）義信が用意した。初献の御酌は朝光、二献は三浦義村、三献は清重であった。（頼朝が奥に）入られた後、義信が酒肴と生絹の衣一領・小袖五領を御台所（北条政子）に差し上げた。万寿の御慶事をお祝い申し上げるためである。

❖十日。甲辰。若公〔万寿公。七歳〕、始めて御甲之を着せ令め給ふ。南面に於いて其の儀有り。時剋、二品、出御す。江間殿、参り進み、御簾を上げ給ふ。次いで、若公、出御す。武蔵守義信〔乳母夫〕・比企四郎能員〔乳母の兄〕、之を扶持し奉る。小時にして小山兵衛尉朝政、御甲直垂〔青地錦〕を持参し、以前の御装束を改む。朝政、御腰を結ひ奉る。次いで、千葉介常胤、御甲の納櫃を持参す。子息胤正・師常、之を舁き前行す。胤頼、扶持し、又、後ろに従ふ。常胤の御甲、南に向け立て令め給ふ。此の間、梶原源太左衛門尉景季、御刀を進らす。三浦十郎義連、御剣を進らす。下河辺庄司行平、御弓を持参す。佐々木三郎盛綱、御征矢を献ず。八田右衛門尉知家、御馬〔黒。鞍を置く〕を献ず。子息朝重、之を引く。三浦介義澄・畠山次郎重忠・和田太郎義盛等、扶け乗せ奉る。小山七郎朝光・葛西三郎清重、騎の轡に付く。小笠原弥太郎・千葉五郎・比企弥四郎等、御馬の左右に候ず。三度、南庭を打ち廻りて下り御ふ。今度、足立右馬允遠元、之を抱き奉る。甲已下、解き脱ぎ、親家、御物具・御馬を給はり、御厩・納殿等に入る。其の後、武州、御馬を二品に献ず。里見冠者義成、之を引く。次いで、西侍に於いて盃酌有り。二品、寝殿の西面〔母屋の御簾を上ぐ〕に出御す。武州、経営する所なり。初献御酌、朝光、二献、義村、三献、清重なり。入御の後、武州、酒肴幷びに生衣一領・同小袖五領を御台所に奉る。若公の御吉事を賀し申すの故なり。

✲源頼朝（四十二歳）の嫡男で七歳の万寿（後の源頼家）が初めて鎧を着る儀式が行われた。万寿の乳母の一族としてその後見となっていた大内義信・比企能員が介添えとなり、小山朝政（三十一歳）・千葉常胤（七十一歳）をはじめとする有力御家人が、その鎧直垂・鎧・武具・馬を献上した。大内義信は源義光の孫で、源義朝に従って平治の乱にも参加しており、源氏一門の筆頭として頼朝から厚く信頼された人物で、その妻は頼朝の乳母で流人時代の頼朝を支えた比企尼の娘であった。また比企能員は比企尼の甥でその猶子となった人物である。能員の娘は頼家の側室となり、長男一幡を産むこととなる。

また、ここでは北条義時が江間殿と称されている。江間は北条氏の名字の地である伊豆国北条の近隣の地名であり、当初、義時は時政の嫡流を受け継ぐべき存在ではなく、江間という別家として位置づけられていたと考えられている。

十日。甲辰。若公〔万寿公。七歳〕、始令レ着二御甲之一給。於二南面一有二其儀一。時剋、二品、出御。江間殿、参進、上二御簾一給。次、若公、出御。武蔵守義信〔乳母夫〕・比企四郎能員〔乳母兄〕、奉レ扶二持之一。小時小山兵衛尉朝政、持二参御甲直垂〔青地錦〕一、改二以前御装束一。朝政、奉レ結二御腰一。次、千葉介常胤、持二参御甲納櫃一。子息胤正・師常、舁レ之前行。胤頼、扶持、又、従レ後。常胤御甲、向レ南令レ立給。此間、梶原源太左衛門尉景季、進二御刀一。三浦十郎義連、進二御剣一。下河辺庄司行平、持二参御弓一。佐々木三郎盛綱、献二御征矢一。八田右衛門尉知家、献二御馬〔黒。置レ鞍〕一。子息朝重、引レ之。三浦介義澄・畠山次郎重忠・和田太郎義盛等、奉二扶乗一。小山七郎朝光・葛西三郎清重、付二騎轡一。小笠原弥太郎・千葉五郎・比企弥四郎等、候二御馬左右一。三度、打二廻南庭一下御。今度、足立右馬允遠元、奉レ抱レ之。甲已下、解脱、親家、給二御物具・御馬一、入二御厩・納殿等一。其後、武州、献二御馬於二品一。里見冠者義成、引レ之。次、於二西侍一有二盃酌一。二品、出二御于寝殿西面〔上二母屋御簾一〕一。武州、所二経営一也。初献御酌、朝光、二献、義村、三献、清重也。入御之後、武州、奉二酒肴幷生衣一領・同小袖五領於御台所一。賀二中若公御吉事一之故也。

◆源義経、自害　文治五年（一一八九）閏四月三十日条（巻第九）

三十日。己未。今日、陸奥国で藤原泰衡が源義経を襲った。これは一つには勅命に従ったのであり、一つには二品（源頼朝）の命令に従ったのである。義経は藤原基成の衣川館にいた。泰衡の軍勢数百騎がその場に急行し合戦した。義経の家人らは防戦したが、皆、敗北した。義経は持仏堂に入り、まず妻〔二十二歳〕・子〔女子。四歳〕を殺し、その後、自殺したという。

❖卅日。己未。今日、陸奥国に於いて、泰衡、源予州を襲ふ。是、且つうは勅定に任せ、且つうは二品の仰せに依るなり。予州、民部少輔基成朝臣の衣河館に在り。泰衡の従兵数百騎、其の所に馳せ至り合戦す。予州の家人等、相防ぐと雖も、悉く以て敗績す。予州、持仏堂に入り、先づ妻〔廿二歳〕・子〔女子。四歳〕

廿日。己未。今日、於陸奥国、泰衡、襲源予州。是、且任勅定、且依二品仰也。予州、在民部少輔基成朝臣衣河館。泰衡従兵数百騎、馳至其所合戦。予州家人等、雖相防、悉以敗績。予州、入持仏堂、先害妻（廿二歳）・子（女子。四歳）、次、自殺云々。

を害し、次いで、自殺すと云々。

✲源頼朝と、その意を受けた朝廷からの圧力に屈し、藤原泰衡（二十五歳または三十五歳）が源義経を襲い、自殺に追い込んだ。追い詰められた義経は妻（河越重頼の娘）と娘を殺害し、自殺した。時に三十一歳。平家を滅ぼして華々しく京都に凱旋してから四年後のことであった。なお、義経がその衣川館に滞在していた藤原基成は、康治二年（一一四三）から仁平三年（一一五三）まで陸奥守として在国し、その娘が藤原秀衡の妻となって泰衡を産んだ人物である。陸奥守を離任後、一旦、京都へ戻っていたが、弟の信頼が平治の乱を起こしたため陸奥国に配流となり、平泉で暮らしていた。

◆奥州合戦 一 源頼朝、奥州藤原氏追討を決意

文治五年（一一八九）七月十六日条（巻第九）

十六日。甲戌。右武衛（一条能保）の使者である後藤基清と、先日鎌倉から上洛した急使が（鎌倉に）到着した。基清が申すには、「藤原泰衡追討の宣旨の事は、摂政（九条兼実）・公卿以下が何度も審議されました。ところが、『義顕（源義経）は発見され（討たれ）た。この上、なお（奥州藤原氏を）追討することになれば、天下の一大事となろう。今年だけは延期するべきであろう』と、去る七日に（後白河院の）院宣がありました。早く（この）事情を（鎌倉に）伝えるようにと、帥中納言（吉田経房）が（能保に）連絡してきました。いかがいたしましょうか」という。（源頼朝は）このことを聞かれ、たいそう憤られた。「軍勢がたくさん前もって参上しており、既に多くの出費となっている。どうして後年を待てようか。今と

なっては必ず出陣する」と仰ったという。

❖十六日。甲戌。右武衛の使者後藤兵衛尉基清 幷びに先日是自り上洛の飛脚等、参着す。基清、申して云はく、泰衡追討の宣旨の事、摂政・公卿已下、度々沙汰を経被れ訖んぬ。而るに義顕、出来す。此の上、猶、追討の儀に及ばば、天下の大事為る可し。今年許り猶予有る可きかの由、去んぬる七日、院宣を被るなり。早く子細を達す可きの由、帥中納言、之を相触る。何様為る可きやと云々。此の事を聞か令め給ひ、殊に御鬱憤有り。軍士、多く以て予め参るの間、已に若干の費え有り。何ぞ後年を期せんや。今に於いては、必定、発向せ令め給ふ可きの由、仰せ被ると云々。

○右武衛　武衛は兵衛府の唐名。ここでは右兵衛督の一条能保を指す。

✻藤原泰衡が源義経を討ち、その首を鎌倉に届けた後も、源頼朝は奥州藤原氏が義

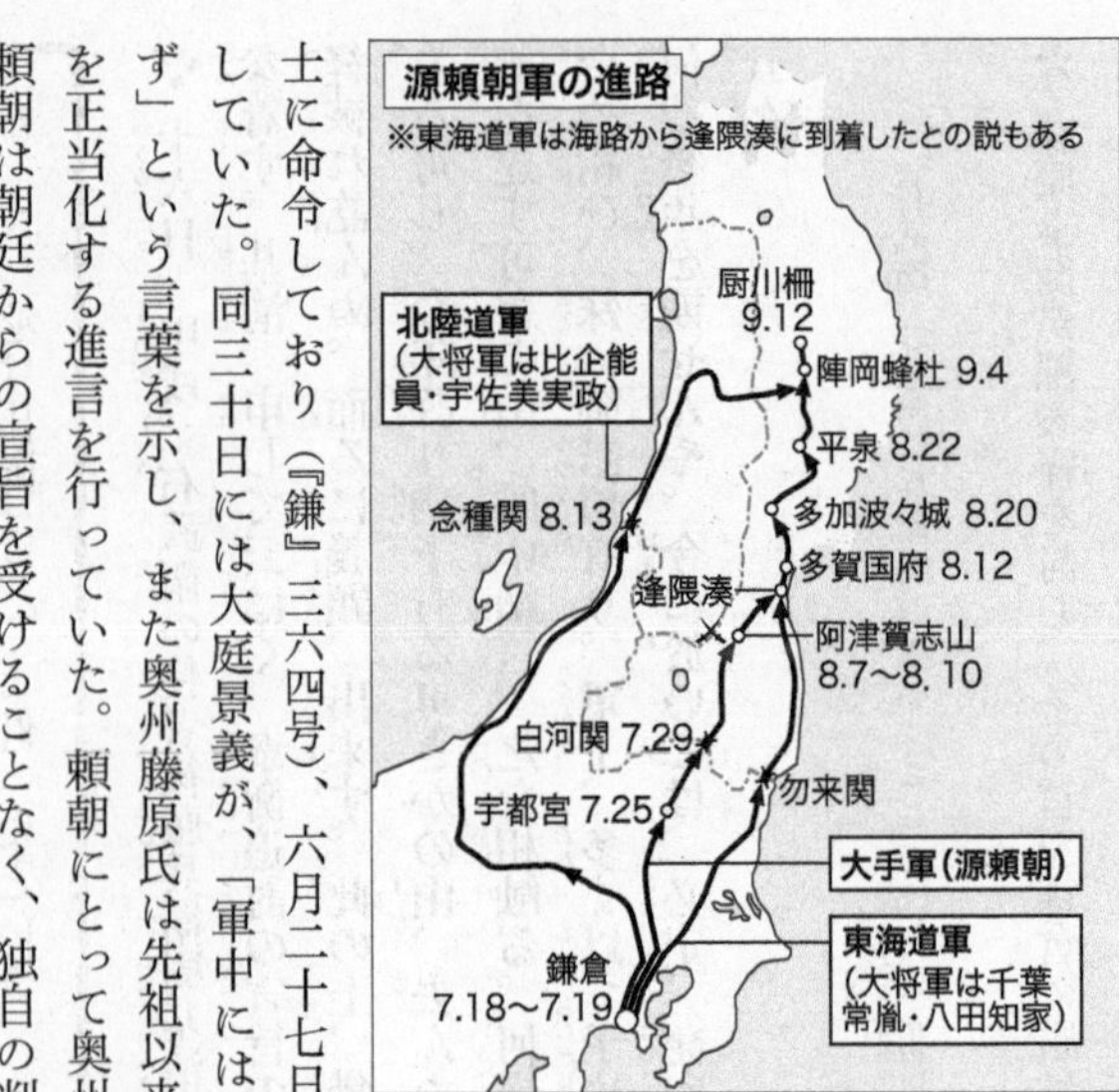

経を匿った責任を追及し続け、朝廷に泰衡追討の宣旨を要求した。これに対し後白河院は、義経が討たれたことや、伊勢神宮の上棟、東大寺の再建などを理由に追討の必要は無いとし、宣旨の発給を認めようとしなかった。一方、頼朝は義経が討たれる以前の二月九日には既に、七月十日以前に鎌倉に到着するよう九州の武士に命令しており（『鎌』三六四号）、六月二十七日までには千人の武士が鎌倉に到着していた。同三十日には大庭景義が、「軍中には将軍の令を聞き、天子の詔を聞かず」という言葉を示し、また奥州藤原氏は先祖以来の源氏の家人であるとして、出陣を正当化する進言を行っていた。頼朝にとって奥州藤原氏の追討は既定路線であり、頼朝は朝廷からの宣旨を受けることなく、独自の判断で追討することを決意したので

ある。

十六日。甲戌。右武衛使者後藤兵衛尉基清并先日自ㇾ是上洛飛脚等、参着。基清、申云、泰衡追討　宣旨事、摂政・公卿已下、被ㇾ経二度々沙汰一訖。而義顕、出来。此上、猶、及二追討儀一者、可ㇾ為二天下大事一。今年許可ㇾ有二猶予一歟之由、去七日、被二　院宣一也。早可ㇾ達二子細一之由、帥中納言、相二触之一。可ㇾ為二何様一哉云々。令ㇾ聞二此事一給、殊有二御鬱憤一。軍士、多以予参之間、已有二若干費一。何期二後年一哉。於ㇾ今者、必定、可下令二発向一給上之由、被ㇾ仰云々。

◆奥州合戦　二　源頼朝、国見駅に至る

文治五年（一一八九）八月七日条（巻第九）

七日。甲午（きのえうま）。二品（源頼朝）が、陸奥国伊達（だて）郡阿津賀志山（あつかしやま）（現、厚樫山）の辺りの国見駅（くにみのうまや）に到着されたところが夜半になって雷鳴がして、御宿所に落雷があった。皆、恐怖を感じたという。藤原泰衡は、このところ、頼朝が出陣された事を聞き、阿津賀志山に城壁を築いて要害を固めた。国見

宿とその山との中間に急いで幅五丈（約一五メートル）の堀を構築し、逢隈川（現、阿武隈川）の流水を引き入れて防御施設とし、異母兄の西木戸国衡を大将軍として、金剛秀綱・その子下須房秀方以下二万騎の軍勢を従わせた。総じて山中の三十里（約二〇キロメートル）の間に武士が満ち溢れた。そればかりか苅田郡にもまた城郭を構築し、名取川・広瀬川の二つの川には大綱を張って防御施設とした。泰衡は国分原の鞭楯に陣を敷いた。また、栗原・三迫・黒岩口・一野辺に、若九郎大夫・余平六以下の郎従を大将軍として、数千の武士を配置した。また、田河行文・秋田致文を派遣して出羽国を防備させたという。夜になって、「明朝、泰衡の先陣を攻撃する」と、頼朝が内々に老将らに相談された。そこで畠山重忠は連れて来ていた人夫八十人を呼び、用意してきた鋤・鍬で土や石を運ばせ、例の堀を埋めた。まったく人馬（の通過）に問題はなくなった。その思慮は、もはや神に通じるものと言えよう。小山朝光は、（頼朝の）御寝所の側〔近習であったため祗候していた〕を退出し、兄の小山朝政の郎従らを連れて、阿津賀志山に到った。先陣を果たそうと考えたためである。

❖七日。甲午。二品、陸奥国伊達郡阿津賀志山の辺り国見駅に着御す。而るに半更に及び雷鳴し、御旅館に霹靂有り。上下、恐怖の思ひを成すと云々。泰衡、日来、二品発向し給ふ事を聞き、阿津賀志山に於いて、城壁を築き要害を固む。国見宿と彼の山との中間に、俄かに口五丈の堀を構へ、逢隈河の流れを堰き入れて柵とし、異母兄西木戸太郎国衡を以て大将軍と為し、金剛別当秀綱・其の子下須房太郎秀方已下二万騎の軍兵を差し副ふ。凡そ山内三十里の間、健士、充満す。加之、苅田郡に於いて、又、城郭を構へ、名取・広瀬両河に大縄を引き柵とす。泰衡は国分原鞭楯に陣す。亦、栗原・三迫・黒岩口・一野辺に、若九郎大夫・余平六已下の郎従を以て大将軍と為し、数千の勇士を差し置く。又、田河太郎行文・秋田三郎致文を遣はし、出羽国を警固すと云々。夜に入り、明暁、泰衡の先陣を攻め撃つ可きの由、二品、内々、老軍等に仰せ合はせ被る。仍て重忠、相具する所の疋夫八十人を召し、用意の鋤・鍬を以て、土石を運ば令め、件の堀を塞ぐ。敢へて人馬の煩ひ有る可からず。思慮、已に神に通ずるか。小山七郎朝光、御寝所の辺り〔近習為るに依り祗候す〕を退き、兄朝政の郎従等を相具し、阿津賀志山に到る。意を先登に懸くるに依るなり。

＊鎌倉軍は、太平洋沿いを進む東海道軍、上野・越後を経て出羽へ向かう北陸道軍、中央の奥大道を進む大手軍の三軍編成であった。七月十九日に鎌倉を出発した大手軍は、同二十九日に白河関を越え、八月七日、阿津賀志山の手前に位置する国見駅（現、福島県伊達郡国見町）に到着した。奥州軍が築いた「城郭」は、阿津賀志山から逢隈川までの約三キロにおよぶ堀と土塁であり、一部は二重の堀と三重の土塁からなっていたことが発掘によって明らかにされているが、堀に水が引き込まれていた痕跡はないという。

合戦は各地で翌八日の卯の刻（午前六時前後）から十日に及び、藤原国衡、金剛秀綱・秀方以下が討たれ、藤原泰衡は鞭楯の陣を捨てて北方へ退いた。なお、秀方は十三歳の少年であった。

七日。甲午。二品、着二御于陸奥国伊達郡阿津賀志山辺国見駅一。而及二半更一雷鳴、御旅館有二霹靂一。上下、成二恐怖之思一云々。泰衡、日来、聞二二品発向給事一、於二阿津賀志山一、築二城壁一固二要害一。国見宿与二彼山一之中間、俄構二口五丈堀一、堰二入逢隈河流一柵、以二異母兄西木戸太郎国衡一為二大将軍一、差二副金剛別当秀綱・其子下須房太郎秀方已下二万騎軍兵一。凡山内三十里之間、健士、充満。加之、於二苅田郡一、又、構二城郭一、名取・広瀬両河引二大縄一柵。泰衡者陣二于国分原鞭楯一。亦、栗原・三迫・黒岩口・一野辺、以二若九郎大夫・余平六已下郎従一為二大将軍一、差二置数千勇士一。又、遣二田河太郎行文・秋田三郎致文一、警二固出羽国一云々。入レ夜、明暁、可レ攻二撃泰衡先陣一之由、二品、内々、被レ仰二合于老軍等一。仍重忠、召下所二相具一之疋夫八十人上、以二用意鋤・鍬一、令レ運二土石一、塞二件堀一。敢不レ可レ有二人馬之煩一。思慮、已通レ神歟。小山七郎朝光、退二御寝所辺一〔依レ為二近習一祗候〕、相二具兄朝政之郎従等一、到二于阿津賀志山一。依レ懸二意於先登一也。

◆奥州合戦 三 源頼朝、平泉に至る

文治五年（一一八九）八月二十二日条（巻第九）

二十二日。己酉。大雨。申の刻（午後四時前後）に、（源頼朝が）藤原泰衡の平泉館に到着された。（館の）主は既に逃走し、家屋はまた煙と化していた。数町に及ぶ周囲はひっそりとして人影は無く、累代の（館の）郭内はいよいよ滅びて土地だけがあった。ただ、颯々とした秋の風が（陣の）幕に吹き込む音をたてていたが、蕭々とした夜の雨が窓を打つ音は聞こえなかった。ただし南西の角に一棟の倉庫があり、類焼を免れていた。（頼朝は）葛西清重・小栗重成を向かわせて、その中を確認させられた。（倉庫の中には）沈・紫檀以下の唐木の厨子数脚があった。その中に納めてあったのは、牛玉・犀角・象牙の笛・水牛の角や紺瑠璃などの笏・金の沓・玉の幡・金の華鬘（玉で飾られていた）・蜀江の錦の直垂・縫っていない

帷・金造の鶴・銀造の猫・瑠璃の灯炉・南廷百〔それぞれ金の器に盛ってあった〕などである。そのほか、豪華な織物は禹王が筆を執り隷首が数えても、数えきれないほどであろう。象牙の笛と縫っていない帷は、そのまま清重に与えられた。玉の幡と金の華鬘はまた、重成が望んだため同じく与えられた。氏寺を飾りたいと申したためであるという。あの瞽叟の牛や羊は不義の名を明らかにしたが、この武士の金（の華鬘）や玉（の幡）は作善のもととしようとしたものである。財宝に望みをかけることは、昔と今とでその内容を異にしていると言えよう。

❖廿二日。己酉。甚雨。申の剋、泰衡の平泉館に着御す。主は已に逐電し、家は又、烟と化す。数町の縁辺、寂莫として人無く、累跡の郭内、弥滅して地有り。只、颯々たる秋の風、幕に入るの響を送ると雖も、蕭々たる夜の雨、窓を打つの声を聞かず。但し、坤の角に当たり、一宇の倉廩有り、余焔の難を遁る。葛西三郎清重・小栗十郎重成等を遣はし、之を見令め給ふ。沈・紫檀以下の唐木の厨子数脚、之在り。其の内に納むる所は、牛玉、犀角、象牙の笛、水牛の角・紺瑠璃等の笏、金の沓、玉の幡、金の花鬘〔玉を以て之を餝る〕、蜀江の錦の直垂、縫はざる帷、金造の鶴、銀造の猫、瑠璃の灯炉、南廷百〔各、金の器に盛る〕等なり。其の外、錦繍綾羅、禹筆隷算、計へ記す可からざる者か。象牙の笛・縫はざる帷は、則ち清重に賜ふ。玉の幡・金の花鬘は、又、重成望み申すに依り、同じく之を給ふ。氏寺を庄厳す可きの由、申すの故なりと云々。彼の瞽叟の牛羊は不義の名を顕すと雖も、此の武兵の金玉は作善の因に備へんと擬す。財珍に望みを係くること、古今、事を異にする者か。

○沈　沈香。インドから東南アジアに分布する香木。
○紫檀　インド原産の樹木。材は堅く、紅紫色を帯びた黒色で珍重された。
○牛玉　牛黄。牛の胆嚢に生ずるという黄褐色の胆石。薬として珍重された。
○犀角　犀の角。装飾品や薬として用いられた。
○紺瑠璃　紺色の瑠璃。瑠璃は宝玉。またガラス類も指す。
○幡　ここでは仏前の装飾に用いる旗。

○花鬘　華鬘。仏前の装飾具の一種。
○帷　ここでは裏を付けない布製の衣類か。
○蜀江　中国の蜀の都である成都（せいと）を流れる錦江（きんこう）。良質の錦の産地。
○南廷　銀塊。南鐐（なんりょう）。南挺・南庭とも。
○禹　中国古代の聖王とされる三皇五帝の一人。堯（ぎょう）・舜（しゅん）に仕え、治水に功績があり、夏（か）王朝の始祖となったとされる。
○隷　隷首（れいしゅ）。三皇五帝の一人である黄（こう）帝に仕え、算数・度量衡を定めたとされる。
○瞽叟の牛羊　瞽叟は、三皇五帝の一人で堯から位を受け継いだ舜の父。善悪の分別の無い愚昧な人物とされる。後妻の子である象（しょう）を愛し、象とともに前妻の子である舜を殺そうとした。舜が死んだと思った瞽叟と象は、舜が堯から賜り妻とした二人の女と琴を象の、倉庫と牛・羊を瞽叟と後妻のものとしたという。

＊八月十日に阿津賀志山を越えた源頼朝は、十一日に船迫宿（ふなばさまのしゅく）に入り、十二日には多賀（たが）の国府に入った。ここで東海道軍と合流して、十三日は休息し、その後、玉造（たまつくり）郡に向かい、二十日には多加波々（たかはば）城を攻略し、二十二日に平泉に入った。藤原泰衡は前日に平泉館を焼き払い、さらに北へと逃れた後であった。焼け残った一棟の倉庫には、

舶来品をはじめとするさまざまな珍しい品が大量に収められていた。現在に残る中尊寺金色堂（じこんじきどう）や、『鏡』文治五年九月十七日条に引用されている「寺塔已下注文（じとういげちゅうもん）」などとともに奥州藤原氏の財力を示している。こうした財力をもつ平泉を掌握するとともに、平泉から東山道を介して京都に繋（つな）がっていた物流ルートを、鎌倉を経由するものに再編成することも、頼朝の奥州合戦の目的の一つだったと考えられている（木村茂光『頼朝と街道』吉川弘文館、二〇一六年）。

廿二日。己酉。甚雨。申剋、着二御于泰衡平泉館一。主者已逐電、家者又、化レ烟。数町之縁辺、寂莫而無レ人、累跡之郭内、弥滅而有レ地。只、颯々秋風、雖レ送二入レ幕之響一、蕭々夜雨、不レ聞二打レ窓之声一。但、当二于坤角一、有二一宇倉廩一、遁二余焔之難一。遣二葛西三郎清重・小栗十郎重成等一、令レ見レ之給。沈・紫檀以下唐木厨子数脚、在レ之。其内所レ納者、牛玉、犀角、象牙笛、水牛角・紺瑠璃等笏、金沓、玉幡、金花鬘〈以レ玉餝レ之〉、蜀江錦直垂、不レ縫帷、金造鶴、銀造猫、瑠璃灯炉、南廷百〈各、盛二金器一〉等也。其外、錦繡綾羅、禹筆隷算、不レ可二計記一者歟。象牙笛・不レ縫帷者、則賜二清重一。玉幡・金花鬘者、又、依二重成望申一、同給レ之。可レ庄二厳氏寺一之由、申之故也云々。彼瞽叟之牛羊者雖レ顕二不義之名一、此武兵之金玉者擬レ備二作善之因一。財珍係レ望、古今、異レ事者哉。

◆奥州合戦　四　奥州藤原氏追討の宣旨、到来

文治五年（一一八九）九月九日条（巻第九）

九日。丙寅。（中略）。夜になって、右武衛（一条能保）の使者が陣岡に到着した。去る七月十九日の口宣を持参したのである。藤原泰衡を追討せよとのことである。副えられた院宣で、（後白河院は）「奥州追討の事は一旦は制止されたが、再度（源頼朝が）取り計らって申されたことは、まことにそのとおりである」と仰ったという。その使者が申すには、「この宣旨は、同二十四日に奉行の蔵人大輔（藤原家実）が帥中納言（吉田経房）に送り、同二十六日に経房が能保に送られ、同二十八日に京都を出発しました」という。

❖九日。丙寅。（中略）。晩に及び、右武衛の使者、陣岡に到着す。去んぬる七月

十九日の口宣を持参する所なり。泰衡を追討す可きの由なり。副へ下さるる院宣に云はく、奥州追討の事、一旦、制止せ被ると雖も、重ねて計らひ申さるるの旨、尤も然る可きの由、仰すと云々。件の使者、申して云はく、此の宣旨、同廿四日、奉行蔵人大輔、帥中納言に送り、同廿六日、帥卿、武衛に送り献ぜ被れ、同廿八日、出京すと云々。

✲九月二日に平泉を出立した源頼朝は、先祖である源頼義が安倍貞任を討った厨川を目指した。翌三日に藤原泰衡は郎従の河田次郎によって討たれ、六日にその首が紫波郡の陣岡にいた頼朝のもとへ届けられた。頼朝は泰衡の首を、前九年合戦の際の安倍貞任の例と同様に扱った。頼朝はしばらく陣岡に滞在した後、十一日に陣岡を出発し、その日の内に厨川に到着した。これらの行動から、頼朝はこの奥州合戦を頼義の前九年合戦になぞらえることで、武士たちに棟梁としての自らの地位を認識させようとしたのだと考えられている。

九月九日、陣岡に滞在中の頼朝のもとに、藤原泰衡の追討を命じる口宣が届けられた（本文の後に引用された口宣の文章はここでは省略した。なお口宣については一七八頁を参照）。その日付は頼朝が鎌倉を出発した七月十九日であった。後白河院は、頼朝の鎌倉出発の日付に合わせた口宣を発給することで頼朝の行動を追認し、泰衡追討を頼朝の独断ではなく、あくまで朝廷の命令の下での行動と位置づけようとしたのである。

九日。丙寅。（中略）。及レ晩、右武衛使者、到二着于陣岡一。所レ持二参去七月十九日口宣一也。可レ追二討泰衡一之由也。被レ副二下一 院宣云、奥州追討事、一旦、雖レ被二制止一、仰下重被二計申一之旨、尤可レ然之由上云々。件使者、申云、此 宣旨、同廿四日、奉行蔵人大輔、送二帥中納言一、同廿六日、帥卿、被レ送二献武衛一、同廿八日、出京云々。

◆永福寺造営の事始　文治五年（一一八九）十二月九日条（巻第九）

九日。甲午（きのえうま）。（中略）。今日、永福寺（ようふくじ）の（造営の）事始が行われた。（源頼朝が）陸奥国で、藤原泰衡が掌握していた寺院をご覧になり、この寺の立派な建物を企画された深い真心は、一つには数万の怨霊（おんりょう）を慰め、一つにはあらゆる悪業による苦しみを救うためである。そもそもその（泰衡の）寺院の建物が軒を並べる中に、二階建ての大きな堂舎〔大長寿院といった〕があった。ひとえにそれを模倣されたため、別に二階堂と名付けられたのであろうか。（建物が）高い空に届いていることは、真心からの贖罪によるものであり、金や玉で寺院を装飾するにあたっては、さらに絵画も加えた。その起こりを考えるに、謂れが無いわけではないという。

❖九日。甲午。（中略）。今日、永福寺の事始なり。奥州に於いて、泰衡管領の精舎を覧ぜ令め、当寺の花構を企て被るるの懇府は、且つうは数万の怨霊を宥め、且つうは三有の苦果を救はんが為なり。抑彼の梵閣等、宇を並ぶるの中に、二階の大堂〔大長寿院と号す〕有り。専ら之を摸せ被るるに依り、別に二階堂と号するか。梢雲挿天の碧落を極むるは、中丹の謝より起こり、揚金荊玉の紺殿を餝るは、剰へ後素の図を加ふ。其の濫觴を謂ふに、由緒無きに非ずと云々。

○三有　仏教における欲界・色界・無色界の三界。

○揚金荊玉　揚州の金と荊州の玉。揚州は中国の江蘇・浙江地方、荊州は湖南・湖北地方。

✲奥州追討を終え鎌倉に戻った源頼朝は、平泉の大長寿院を模倣して、二階堂とも称される永福寺の建立に着手した。これは源義経・藤原泰衡の怨霊の慰霊が主な目的であり、『鏡』宝治二年（一二四八）二月五日条には、永福寺建立は、義経・泰衡がそれほどの朝敵ではなかったにもかかわらず、頼朝の個人的な思いにより滅ぼしたためであったと記されている。しかし、建久元年（一一九〇）には、正月に奥州藤原氏の旧臣大河兼任が蜂起し、また飢饉や頼朝の上洛などのため着工できず、同二年二月十五日にも、まだ建立の予定地も決定されていなかった。造営が本格化するのは同三年になってからで、八月には池の整備が行われ、十月二十五日には惣門が建てられた。十一月には池の石の配置が改められたのち、二十日に造営が終了し、二十五日に供養が行われた。なお、『鏡』建久三年十月二十九日条によれば、扉と仏像の背後の壁には、藤原秀衡が建立した円隆寺と同じ絵が描かれていた。永福寺はその後も整備が続けられ、現在は全面的な発掘調査の上で史跡として整備されている。

九日。甲午。（中略）。今日、永福寺事始也。於㆓奥州㆒、令㆑覧㆓泰衡管領之精舎㆒、被㆑企㆓当寺花

構一之懇府、且宥二数万之怨霊一、且為レ救二三有之苦果一也。抑彼梵閣等、並レ宇之中、有二二階大堂〔号二大長寿院一〕一。専依レ被レ摸レ之、別号二二階堂一歟。梢雲挿天之極二碧落一、起レ従二中丹之謝一、揚金荊玉之餝二紺殿一、剰加二後素之図一。謂二其濫觴一、非レ無二由緒一云々。

◆源頼朝、明年の上洛を約す

文治五年（一一八九）十二月二十五日条（巻第九）

二十五日。庚戌（かのえいぬ）。伊豆・相模の両国は、今後ずっと（ということで）、速やかに知行（ちぎょう）するようにと（後白河院が）仰ったため、二品（源頼朝）は既に承諾された。また、上洛するようにと、同じく（後白河院が）仰った。（頼朝は）御返事を申されたという。「陸奥国は平定しました。今となっては、（後白河院の）お目にかかる以外には、この世で思い残すことはありません。来年になりましたら上洛します」という。

❖廿五日。庚戌。伊豆・相模両国に於いては、永代、早く知行す可きの由、仰せ下さるるの間、二品、已に領状を申され訖んぬ。又、上洛す可きの由、同じく仰せ被るる所なり。御返事を申さると云々。奥州を討ち平らげ畢んぬ。今に於いては、見参に罷り入るの外、今生の余執無し。明年に臨み、参洛す可し、者り。

✻九月六日に藤原泰衡の首を得た源頼朝は、同八日に泰衡追討の経過を、また同十八日には残党を掃討し厨川まで至ったことを、十月二十四日には鎌倉に帰還したことを記した書状を、それぞれ後白河院の側近である吉田経房に宛てて届けさせた。これに対し京都からは、十月二十四日付の後白河院の院宣が十一月三日に鎌倉に到着し、後白河院が泰衡追討を賞し、頼朝と功績のあった御家人に恩賞を与える意思を持っていることが伝えられた。頼朝は恩賞の辞退を伝え、十二月六日に重ねての院宣が鎌倉に届けられたが、頼朝はやはり辞退した。そして十二月二十五日、朝廷から相模国と伊豆国を知行国として頼朝に与えることが示され、頼朝は承諾した。ただし朝廷から御家人に直接恩賞を与えることは行われなかった。またこの時、後白河院からは上洛についても命じられ、頼朝は翌年の上洛を伝えた。頼朝は翌建久元年（一一九〇）十月三日に鎌倉を出発し、上洛する。

廿五日。庚戌。於㆓伊豆・相模両国㆒者、永代、早可㆓知行㆒之由、被㆓仰下㆒之間、二品、已被㆑申㆓領状㆒訖。又、可㆓上洛㆒之由、同所㆑被㆑仰也。被㆑申㆓御返事㆒云々。討㆓平奥州㆒畢。於㆑今者、罷㆓入見参㆒之外、無㆓今生余執㆒。臨㆓明年㆒、可㆓参洛㆒者。

頼朝将軍記　三　征夷大将軍

◆源頼朝、後白河院と対面

建久元年（一一九〇）十一月九日条（巻第十）

九日。己未。晴れ。二品（源頼朝）が院御所と内裏に参られた。御家人らが辻々を警備したという。今日、吉田経房を通じて、直衣（での参上）を許可するよう奏上された。すぐに勅許された。藤原光綱がこの勅許を奉じた。経房〔布衣に平礼烏帽子〕が申次としてあらかじめ院御所に祗候された。申の刻（午後四時前後）に、（頼朝は）六波羅から出かけられた。まず院御所に参られた〔（院御所は）六条殿。先払いはしなかった〕。（頼朝は）直衣。（牛車は）網代車〔大八葉の文様〕。

行列（は以下の通り）。

（行列を省略）

六条殿では中門廊に昇り公卿の座の端に祗候された。戸部（経房）はあらかじめ奥の座に祗候し、すぐにこのことを（後白河院に）奏上された〔子息の定経に伝奏させた〕。法皇（後白河院）〔浄衣を着ていた〕は常御所にお出ましになった。南面の広廂の縁に畳を敷いてあった。（頼朝は）経房の先導により、その座に参られた。後白河院のお言葉は長時間に及んだ。（話は）治世のことに及んだようだ。夕方になって（頼朝は）退出された。他の人はこの場に祗候していなかった。この時、「しばらく祗候されるように。（後白河院から）仰せられることがあります」と経房が申した。しかし、（頼朝は）「後日、参ります」と言って退出された。経房がこのことを奏聞したところ、「大納言に任じると（頼朝に）伝えるように。（頼朝は）きっと辞退するであろう。承諾の文書を待つ必要はない。今夜、除目を行う」と御決定があった。また帯剣の勅許の事も同様に宣下されるという。次に、（頼朝は）内裏（閑院）に参られた。弓場殿の方から（参上し）鬼間の辺りに祗候された。藤原宗頼がそのことを（後鳥羽天皇に）奏聞した。主上（後鳥羽天皇）〔御引直衣（を着ていた）〕は昼御座〔摂政殿（九条兼実）が御座の北に祗候された〕にお出ましになった。（天皇の）お召しにより（頼朝は）簀子〔円座を敷いてあった〕に参られた。しばらくして（天皇は奥に）入られた。次に、鬼間で殿下（兼実）が対面された。子の一刻（午後十一時過ぎ頃）に（頼朝は）六波羅に帰られた。

❖九日。己未。天霽る。二品、院・内に参ら令め給ふ。御家人等、辻々を警固すと云々。今日、民部卿〔経房〕に付し、直衣を聴す可きの由、之を奏し給ふ。即ち勅許。蔵人左京権大夫光綱、之を奉る。民部卿〔布衣・平礼〕、申次と為て予め御所に候ぜ被る。申の剋、六波羅より御出。先づ仙洞に御参〔六条殿。前を追はず〕。直衣。網代車〔大八葉文〕。

行列。

（行列を省略）

六条殿に於いて、中門廊に昇り、公卿の座の端に候じ給ふ。戸部、兼ねて奥の座に候じ、即ち之を奏せ被る〔子息権弁定経朝臣を以て伝奏す〕。法皇〔御浄衣を着す〕、常御所に出御す。南面の広廂の縁に畳を敷く。戸部の引導に依り、其の座に参り給ふ。勅語、剋を移す。理世の御沙汰に及ぶか。他人、此の座に候ぜず。昏黒に臨み御退出。爰に、暫く御祗候有る可し。仰せ被る可き事有るの旨、戸部、示し申す。然而、後日参る可きの由を称し、御退出し訖んぬ。戸部、此の旨を奏するの処、大納言に任ず可きの由、仰せ遣はす可し。定めて謙退せ令めんか。請文を待つ可からず。今夜、除書を行はる可きの旨、勅定有り。又、勅授の事、同じく宣下せ被る可しと云々。次いで、御参内〔閑院〕。弓場殿の方より、鬼間の辺りに候じ給ふ。頭中宮亮宗頼朝臣、事の由を奏す。主上〔御引直衣〕、昼御座〔摂政殿、御座の北に候じ給ふ〕に出御す。召しに依り簀子〔円座を敷く〕に御参す。小時にして入御す。次いで、鬼間に於いて、殿下、御対面。子の一剋、六波羅に帰ら令め給ふ。

○直衣　装束の一種。公家の平常着。束帯や衣冠と異なり袍（上着）の色の規定は無く、冠ではなく烏帽子を用いることもあった。直衣での参内には勅許が必要であった。下右図参照。

○布衣　装束の一種。狩衣。盤領・闕腋の衣服。袖口に袖を括るための袖括りの緒があり、烏帽子を用いた。もとは狩猟用の衣服であったが、次第に平常着となった。参内はできなかったが、院御所への参上は許されていた。下左図参照。

○平礼　平礼烏帽子。略装の烏帽子。縁を設けず、前額部をくぼませないでかぶり、頂辺の部分がひらひらとはためくところからの名。

○網代車　牛車の一種。箱（乗り込む部分）の表面を、竹または檜の薄板を網代に組んで包んだもの。殿上人は檜の網代、地下人は竹の網代を用いた。次頁図参照。

直衣

布衣

○大八葉文　文様の一種。八葉文は、中心となる丸文の周囲に同様の丸文八個を配したもの。大八葉文と小八葉文があった。下左図参照。

○中門廊　寝殿造の東西の対屋（たいのや）から南に延びる廊下で、その途中に中門が設けられた。寝殿への入り口の機能をもち、後には寝殿や渡殿（わたどの）から延びる場合もあった。次頁図参照。

○戸部　民部省の唐名。ここでは民部卿の吉田経房を指す。

○浄衣　装束の一種。狩衣と同形だが、白色無文で、神事・仏事に際して着用された。

✲建久元年（一一九〇）、源頼朝（四十四歳）は、平治の乱の結果として伊豆国に配流されてからほぼ三十年ぶりに京都に入った。頼朝は十月三日に鎌倉を出発し、十一月七日に粟田口から三条大路（さんじょうおおじ）へとつながる道を進み、鴨川の河原を南に進み、故平頼盛の六波羅池殿（いけどの）の跡地に新造された邸宅に入った。同九日、頼朝は後白河院の住む六条殿と後鳥

八葉文　　八葉の網代車

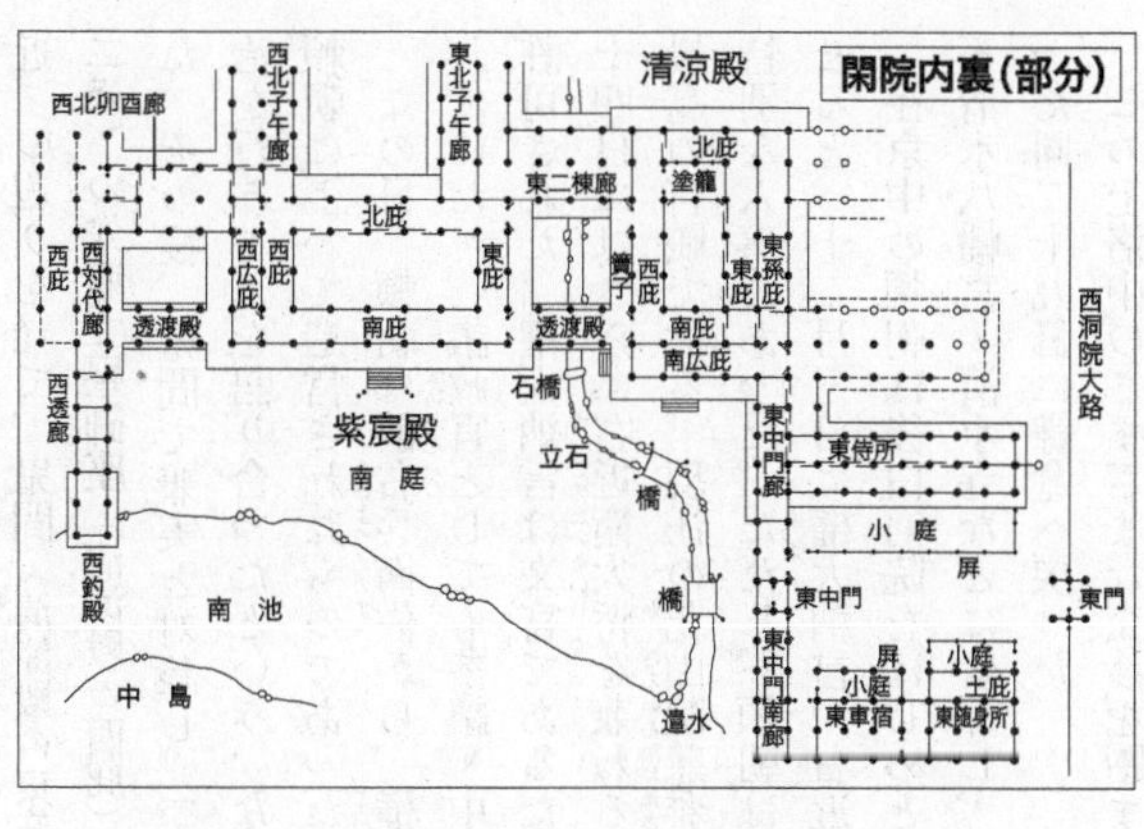

羽天皇の住む閑院内裏を訪れるに先立ち、直衣の着用を申請し、許可された。直衣は平常の服装であり、直衣で参内するためには勅許が必要だったためである。頼朝は六波羅を出ると六条西洞院(にしのとういん)の六条殿に参上し、その後、二条西洞院の閑院内裏に参上した。なお、十二月一日には六条殿から六条大路を東へ戻り、東洞院大路を北上して閑院内裏へ移動している(二五二頁地図参照)。経路の辻々では、京都に詳しい佐々木定綱の選定と侍所別当・所(しょ)司(し)の和田義盛・梶原景時の差配により、御家人らが警備した(『鏡』建久元年十一月八日条)。

六条殿では吉田経房(四十八歳)の先導で後白河院(六十四歳)と対面し、政治について他人を交えず語り合ったという。閑院内裏では東門を入り、弓場殿(東中門廊の北端付近）の辺りを経て、鬼間（清涼殿の東庇の南端）の辺りに祗候し、摂政九条兼実（四十二歳）の先導で昼御座（清涼殿の西庇）の西面の簀子で後鳥羽天皇（十一歳）と対面した。その後、鬼間で兼実と対談し、『玉葉』によれば後白河院の没後には協力して政治を行うことを語り合ったという。なお、この時、頼朝が訪れた六条殿も閑院内裏も、頼朝によって造営されたものであった。

この日、頼朝は前右兵衛佐から、権大納言に任じられた。位階は既に正二位に叙されていたが、議政官としても参議・中納言を経ない特進であった。また同日、帯剣を許可された。権大納言は文官であるため、帯剣は勅許による栄典だったのである。二十四日にはさらに右近衛大将を兼ねることとなった。左右の近衛大将は武官としては最高の官職である。現任の花山院兼雅を辞任させ、頼朝以外の人事をともなわない、特別な人事であった。ただし、頼朝は右近衛大将としての拝賀と直衣始の儀式をすませると、十二月三日に権大納言・右近衛大将の両職を辞任した。

在京中の頼朝は後白河院をはじめとする朝廷の要人と会談するほか、六条八幡宮・石清水八幡宮・清水寺などに参拝し、十二月十四日に京都を出発して、年も押し詰まった同二十九日に鎌倉へ戻った。

この上洛中のさまざまな交渉を踏まえ、翌建久二年に朝廷から発せられた建久新制では、頼朝は全国の治安維持にあたる存在とされた。内乱の中で成長してきた頼朝の勢力は平常時の社会の中にその位置づけを確保したのである。

九日。己未。天霽。二品、令レ参 院・内一給。御家人等、警二固辻々一云々。今日、付二民部卿（経房）一、可レ聴二直衣一之由、奏レ之給。即勅許。蔵人左京権大夫光綱、奉レ之。民部卿（布衣・平礼）、為二申次一予被レ候二 御所一。申剋、自二六波羅一御出。先御二参 仙洞一（六条殿。不レ追レ前）。直衣。網代車（大八葉文）。

行列。

（行列を省略）

於二六条殿一、昇二中門廊、候二公卿座端一給。戸部、兼候二奥座一、即被レ奏レ之（以二子息権弁定経朝臣一伝奏）。法皇（着二御浄衣一）・出二御常御所一。南面広廂縁敷レ畳。依二戸部引導一、参二其座一給。勅語、移レ剋。及二理世御沙汰一歟。他人、不レ候二此座一。臨二昏黒一御退出。爰、暫可レ有二御祗候一。有二可レ被レ仰事一之旨、戸部、示申。然而、称二後日可レ参之由一、御退出訖。戸部、奏二此旨一処、可レ任二大納言一之由、可二仰遣一。定令二謙退一歟。不レ可レ待二請文一。今夜、可レ被レ行二除書一之旨、有二 勅定一。又、勅授事、同可レ被二宣下一云々。次、御参内（閑院）。自二弓場殿方一、候二鬼間辺一給。頭中宮亮宗頼朝臣、奏二事由一。主上（御引直衣）、出二御昼御座（摂政殿、

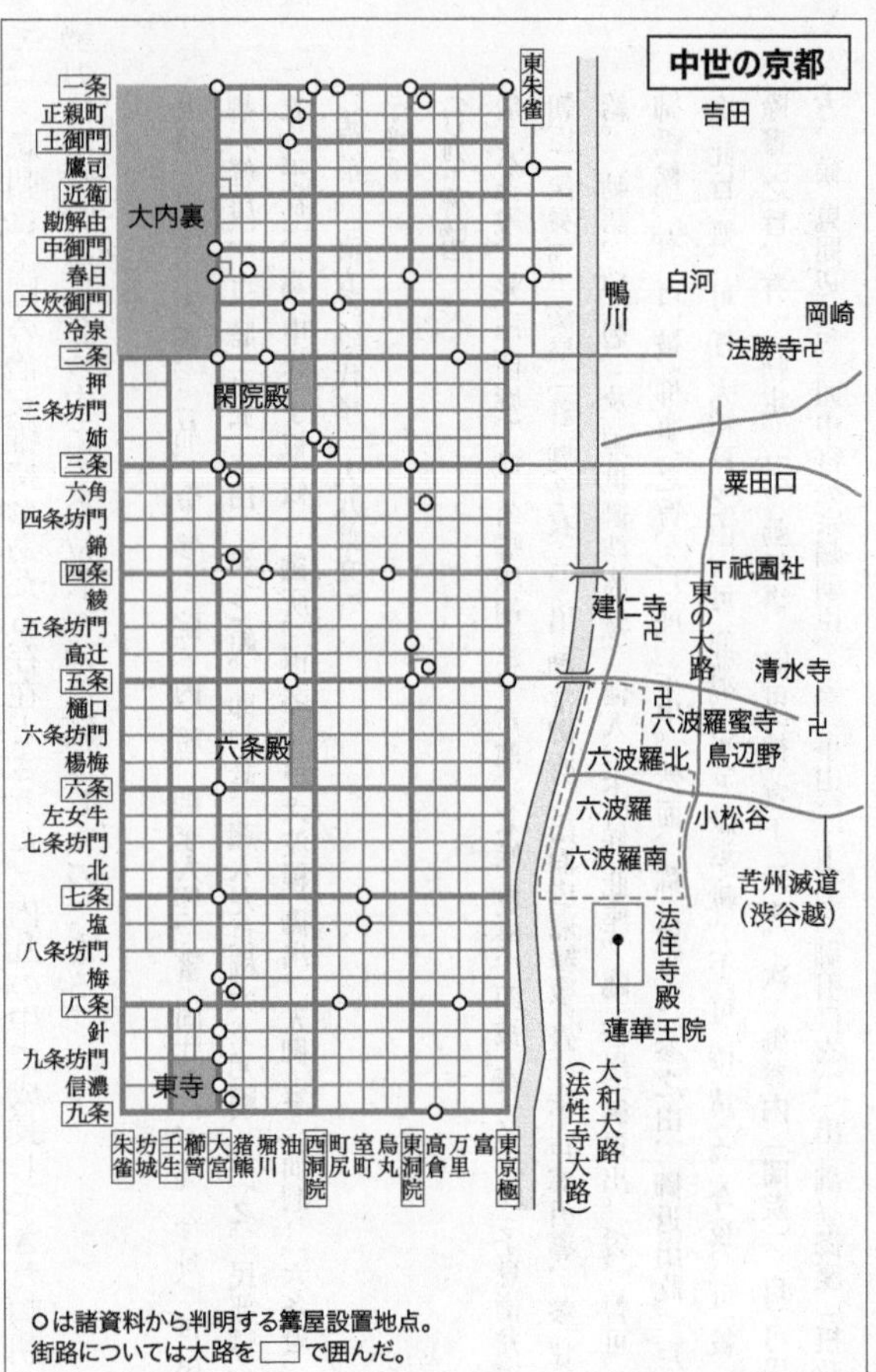
中世の京都
一条
正親町
土御門
鷹司
近衛
勘解由
中御門
春日
大炊御門
冷泉
二条
押
三条坊門
姉
三条
六角
四条坊門
錦
四条
綾
五条坊門
高辻
五条
樋口
六条坊門
楊梅
六条
左女牛
七条坊門
北
七条
塩
八条坊門
梅
八条
針
九条坊門
信濃
九条
大内裏
閑院殿
六条殿
東寺
朱雀
坊城
壬生
櫛笥
大宮
猪熊
堀川
油
西洞院
町尻
室町
烏丸
東洞院
高倉
万里
富
東京極
東朱雀
吉田
鴨川
白河
岡崎
法勝寺卍
粟田口
⛩祇園社
建仁寺卍
東の大路
清水寺卍
卍六波羅蜜寺
六波羅北
鳥辺野
六波羅
小松谷
六波羅南
苦州滅道（渋谷越）
法住寺殿
蓮華王院
大和大路（法性寺大路）
○は諸資料から判明する篝屋設置地点。
街路については大路を□で囲んだ。

候二御座北一給一。依レ召御二参簀子〔敷二円座一〕一。小時入御。次、於二鬼間一、殿下、御対面。子一剋、令レ帰二六波羅一給。

◆垸飯　建久二年（一一九一）正月一日条（巻第十一）

一日。庚戌。千葉常胤が（源頼朝に）垸飯を献上した。その儀式は特に威儀を整えた。これは（頼朝の）御昇進によるという。午の刻（正午前後）に、前右大将家（源頼朝）が（御所の）南面にお出ましになった。平時家が御簾を上げた。まず進物が献上された。御剣は常胤。御弓矢は千葉胤正。御行騰・沓は相馬師常。砂金は武石胤盛。鷲の羽〔櫃に入れた〕は東胤頼。

御馬

一　大須賀胤信　千葉常秀

二　臼井常忠　天羽直常

三　千葉（国分）胤通

四　寺尾業遠

五　庭での儀式が終わり、御簾が垂らされた。（頼朝は）さらに（御所の）西面にお出ましになった。母屋の御簾を上げられた。酒宴は歌舞が行われるまでに及んだという。

❖一日。庚戌。千葉介常胤、垸飯を献ず。其の儀、殊に刷ふ。是、御昇進の故と云々。午の剋、前右大将家、南面に出御す。前少将時家朝臣、御簾を上ぐ。先づ進物有り。御剣、千葉介常胤。御弓箭、新介胤正。御行騰・沓、二郎師常。砂金、三郎胤盛。鷲の羽〔櫃に納む〕、六郎大夫胤頼。

御馬

一　千葉四郎胤信　平次兵衛尉常秀

二　臼井太郎常忠　天羽二郎直常

三　千葉五郎胤道

四　寺尾大夫業遠

五　庭儀畢り、御簾を垂る。更に西面に出御す。母屋、御簾を上げ被る。盃酒、歌舞に及ぶと云々。

＊　垸飯は弓始や御行始などとともに、鎌倉幕府の重要な儀礼であり、特に正月の垸飯は重要視されていた。将軍は御所南面に、御家人は庭上に着座し、御家人が太刀・弓矢以下を将軍に献上する儀式が行われた後、侍所で酒宴が行われた。なお、『鏡』文治四年（一一八八）七月十日条でも南庭での儀式の後、西侍で酒宴が行われ、頼朝は寝殿の西面に出御し、母屋の御簾を上げている（二一五頁以下参照）。垸飯は、御家人が将軍を饗応し、主従関係を確認する儀礼と位置づけられていたが、近年では、将軍という共通の主君を戴く御家人集団が、協同飲食を通じて相互の紐帯を確認する儀礼であったとする指摘もある（桃崎有一郎「中世武家礼制史の再構築に向けた鎌倉幕府垸飯儀礼の再検討」〈遠藤基郎編『生活と文化の歴史学2　年中行事・神事・仏事』竹林舎、二〇一三年〉）。

今回は、千葉常胤が一族を率いて垸飯を差配し、頼朝の権大納言・右近衛大将任官をうけて、特に威儀が整えられた。御簾を上げる役を務めた平時家は、平清盛の妻時子の兄時忠（ときただ）の子である。継母と折り合いが悪かったらしく上総国に配流され、その後、上総広常の婿となり、寿永元年（一一八二）以来、頼朝に仕えていた。

一日。庚戌。千葉介常胤、献二垸飯一。其儀、殊刷。是、御昇進故云々。午尅、前右大将家、出二御南面一。前少将時家朝臣、上二御簾一。先有二進物一。御剣、千葉介常胤。御弓箭、新介胤正。御行縢・沓、二郎師常。砂金、三郎胤盛。鷲羽〔納レ櫃〕、六郎大夫胤頼。

御馬

一　千葉四郎胤信　平次兵衛尉常秀

二　臼井太郎常忠　天羽二郎直常

三　千葉五郎胤道

四　寺尾大夫業遠

五

庭儀畢、垂二御簾一。更出二御于西面一。母屋、被レ上二御簾一。盃酒、及二歌舞一云々。

◆的始　建久二年（一一九一）正月五日条（巻第十一）

五日。甲寅。宇都宮朝綱が（源頼朝に）垸飯を献上した。御酒宴の途中で、その場で（弓に）優れた者を選び出して、弓始が行われた。

一番
下河辺行平　榛谷重朝

二番
和田義盛　藤沢清親

それぞれ五回射た。（彼らは）お召しにより、（頼朝の）御座の間の砌の外に参り、禄を頂いた。行平は御剣〔平時家が取り次いだ〕。義盛は御弓矢〔江間殿（北条義時）が取り次いだ〕。重朝は鷲の羽。清親は御行縢。これらは今日の（垸飯の）進物という。

❖五日。甲寅。宇都宮左衛門尉、垸飯を献ず。御酒宴の間、即ち堪能の者を出だし、弓始有り。

一番　下河辺庄司行平　榛谷四郎重朝

二番　和田左衛門尉義盛　藤沢二郎清親

各、一五度射訖んぬ。召しに依り御座の間の砌の外に参り進み、禄を賜る。行平、御剣〔時家朝臣、之を伝ふ〕。義盛、御弓箭〔江間殿、之を伝ふ〕。重朝、鷲の羽。清親、御行縢。是、今日の進物と云々。

○行縢　遠出・旅行・狩猟の際に用いられた両足の覆い。多くは鹿皮を用いた。下図参照。

行縢

＊弓始は的始（まとはじめ）とも呼ばれ、御家人の中で弓射に優れた者が指名され、二人一組で弓を射て、的中数を競う儀式である。この記事に見えるように、当初は事前の準備などをともなわない遊興的なものであったが、特に正月の弓始は次第に儀式として整備されていった。

この日の射手は皆、『鏡』建久五年（一一九四）十月九日条に「弓馬の堪能」とあり、中でも、下河辺行平は源頼朝から「日本無双の弓取」と言われ、頼朝の嫡子頼家の弓の師ともなっている（『鏡』文治元年八月二十四日条・建久元年四月七日条）。

五日。甲寅。宇都宮左衛門尉、献㆓垸飯㆒。御酒宴之間、即出㆓堪能者㆒、有㆓弓始㆒。

一番

下河辺庄司行平　榛谷四郎重朝

二番

和田左衛門尉義盛　藤沢二郎清親

各、一五度射訖。依㆑召参㆓進御座間砌外㆒、賜㆑禄。行平、御剣（時家朝臣、伝㆑之）。義盛、御弓箭（江間殿、伝㆑之）。重朝、鷲羽。清親、御行縢。是、今日進物云々。

◆鎌倉大火　建久二年（一一九一）三月四日条（巻第十一）

四日。壬子。曇り。南風が激しかった。丑の刻（午前二時前後）に、小町大路の辺りで、失火があった。江間殿（北条義時）・相模守（大内惟義）・村上基国・比企能員・同朝宗・佐々木盛綱・昌寛・新田（仁田）忠常・工藤行光・佐貫広綱以下の人の屋敷数十軒が焼けた。炎は飛ぶようにして鶴岡八幡宮の馬場の側の塔に燃え移った。この間に（源頼朝の）御所も同じく被災した。そしてまた、鶴岡八幡宮の神殿・廻廊・経所などが全て灰燼となった。（鶴岡八幡宮寺の）供僧の宿坊ら少々も、同じくこの災難を逃れることはできなかったという。総じて広田邦房の言葉は、手のひらを指し示すかのように的中したと言えよう。寅の刻（午前四時前後）に、（頼朝は）安達盛長の甘縄の邸宅に入られた。炎上の事によるものである。

❖四日。壬子。陰る。南風烈し。丑の剋、小町大路の辺り、失火す。江間殿・相模守・村上判官代・比企右衛門尉・同藤内・佐々木三郎・昌寛法橋・新田四郎・工藤小次郎・佐貫四郎已下の人屋、数十宇、焼亡す。余炎、飛ぶが如くにして鶴岡の馬場本の塔婆に移る。此の間、幕府、同じく災す。則ち亦、若宮の神殿・廻廊・経所等、悉く以て灰燼と化す。供僧の宿坊等少々、同じく此の災ひを遁れずと云々。凡そ邦房の言、掌を指すが如きか。寅の剋、藤九郎盛長の甘縄の宅に入御す。炎上の事に依るなり。

○幕府　幕府は近衛府の唐名。また近衛大将の居所や、出征中の将軍の陣所を表す言葉。ここでは前右近衛大将である源頼朝の御所を指す。武家による政権・政府を示す用法は近代以降のものである。

✲小町大路の辺りからの出火により、周辺の御家人の邸宅をはじめとして、源頼朝の御所や鶴岡八幡宮など鎌倉の主要な建物が炎上した。当時の鶴岡八幡宮は、頼朝の先祖である頼義が石清水八幡宮から勧請した由比若宮を、頼朝が治承四年（一一八〇）に現在の鶴岡若宮の地に移したものであった。頼朝は同地に社殿を再建するとともに、改めて石清水八幡宮から勧請して、現在の鶴岡八幡宮の位置に新たに社殿を造営した。また当時は神仏習合が行われており、鶴岡八幡宮は鶴岡八幡宮寺とも呼ばれ、別当・供僧といった僧侶（そうりょ）が奉仕し、塔も建立されていた。なお広田邦房は、この日の大火の発生を予言していたことが『鏡』の前日の条に記されている。

四日。壬子。陰。南風烈。丑剋、小町大路辺、失火。江間殿・相模守・村上判官代・比企右衛門尉・同藤内・佐々木三郎・昌寛法橋・新田四郎・工藤小次郎・佐貫四郎已下人屋、数十宇、焼亡。余炎、如レ飛而移二于鶴岡馬場本之塔婆一。此間、幕府、同災。則亦、若宮神殿・廻廊・経所等、悉以化二灰燼一。供僧宿坊等少々、同不レ遁二此災一云々。凡邦房之言、如レ指レ掌歟。寅剋、入二御藤九郎盛長甘縄宅一。依二炎上事一也。

◈佐々木氏、延暦寺と衝突

建久二年（一一九一）四月五日条（巻第十一）

五日。壬午。一条能保と中原広元の急使が（鎌倉に）到着した。それぞれ書状を（源頼朝に）差し上げられた。先月の頃、佐々木定重が近江国佐々木荘で、日吉社の宮仕法師らに刃傷を行った。そこで延暦寺の僧侶が蜂起し、（延暦寺の）所司が奏状を捧げて参洛して、定重の身柄を与えられるよう（朝廷に）申した。また、延暦寺の所司らを関東に派遣するとのことが噂になっている。朝廷の重大事が突然発生した。その事の起こりは、近江国佐々木荘は延暦寺の千僧供のための所領である。去年、水害があり、年貢がたいそう欠乏したため、定綱（定重の父）も住民も、年貢を送ろうにもどうしようもなかった。そこで（延暦寺の）衆徒らは、先月下旬に日吉社の宮仕らを派遣し、（宮仕らは）日吉社の神鏡を捧げて定綱の邸宅に乱入し、門の戸を叩き、壁を破壊して、家内の男女を責め立て、たいそう恥辱を与えた。その時、定重は一時の怒りを抑えられず、郎従らに宮仕一、二人を刃傷させた。この間に誤って神鏡を破損したという。

❖五日。壬午。大理〔能保卿〕幷びに広元朝臣等の飛脚、参着す。各、書状を献ぜ被る。去んぬる月の比、佐々木小太郎兵衛尉定重、近江国の彼の庄に於いて、日吉社の宮仕法師等を刃傷す。仍て山徒、蜂起し、所司、奏状を捧げて参洛し、定重の身を賜ふ可きの由、之を申す。又、延暦寺の所司等を関東に差し進らす可きの由、風聞す。朝家の大事、忽然と之出来す。其の濫觴は、近江国佐々木庄は延暦寺の千僧供領なり。去んぬる年、水損の愁有り、乃貢、太だ闕乏するの間、定綱〔定重の父〕と云ひ、土民と云ひ、之を沙汰し送らんと欲するに所無し。仍て衆徒等、去んぬる月下旬、日吉社の宮仕等を差し遣はし、日吉の神鏡を捧げ、定綱の宅に乱入し、門戸を叩き、城壁を破り、家中の男女を譴責し、頗る恥辱に及ぶ。時に定重、一旦の忿怒に堪へず、郎従等をして宮仕一両人を刃傷せ令む。此の間、誤りて神鏡を破損すと云々。

○大理　検非違使別当の唐名。

○日吉社　比叡山延暦寺の地主神。

○宮仕　掃除などの雑役を行った下級の社僧。神仏習合の当時は神社にも僧侶が所属・奉仕していた。

○千僧供　千人の僧侶を招いて行う大規模な法会。

✻源頼朝に挙兵以前から仕え、近江国佐々木荘を本拠として、同国の守護でもあった有力御家人の佐々木定綱と、興福寺と並ぶ中世最大の寺社権門である比叡山延暦寺とが、年貢納入を巡って衝突した。この知らせをもたらした一条能保は頼朝の妹婿で京都守護の任にあり、朝廷では検非違使別当でもあった。また、中原広元は建久元年（一一九〇）九月に頼朝上洛の準備のため上洛し、その後も後白河院の御所である法住寺殿の造営の差配のため在京していた。

四月十一日には、定綱が行方を晦ましたとの報告が鎌倉に届き、十六日には梶原景時が、二十六日には後藤基清が京都へ向けて鎌倉を出立した。一方、延暦寺の衆徒らは同じ二十六日に神輿を奉じて閑院内裏に強訴を行い、朝廷は全国に定綱の召し捕りを命じる宣旨を下し、二十九日には定綱らを流罪とすることを決定した。また三十日には延暦寺の所司が鎌倉へ到着した。頼朝は定綱らを救うためさまざまに働きかけを行ったが、結局、定重は五月二十日に流罪を改めて斬首され、定綱は薩摩国へ配流された。定綱が赦免されるのは二年後の建久四年三月十三日の後白河院の一周忌に際しての恩赦によってであった（『鏡』建久四年十月二十八日条）。

五日。壬午。大理（能保卿）并広元朝臣等飛脚、参着。各、被レ献二書状一。去月比、佐々木小太郎兵衛尉定重、於二近江国彼庄一、刃二傷日吉社宮仕法師等一。仍山徒、蜂起、所司、捧二奏状一参洛、可レ賜二定重身一之由、申レ之。又、可レ差二進延暦寺所司等於関東一之由、風聞。朝家大事、忽然出二来之一。其濫觴、近江国佐々木庄者延暦寺千僧供領也。去年、有二水損之愁一、乃貢、太闕乏間、云二定綱（定重父）一、云二土民一、無レ所レ于レ欲レ沙二汰一送之一。仍衆徒等、去月下旬、差二遣日吉社宮仕等一、捧二日吉神鏡一、乱二入定綱之宅一、叩二門戸一、破二城壁一、譴二責家中男女一、頗及二恥辱一。于レ時定重、不レ堪二一旦忿怒一、令三郎従等刃二傷宮仕一両人一。此間、誤破二損神鏡一云々。

◆大庭景義の合戦譚　建久二年（一一九一）八月一日条（巻第十一）

一日。丁丑（ひのとうし）。雨が降った。一日中、止まなかった。今日、大庭景義（かげよし）が（源頼朝の）新造の御邸宅で酒を献上した。その有り様はむやみと贅（ぜい）を凝らしたものではなく、瓜や鱸などを酒肴とした。足利義兼・千葉常胤・小山朝政・三浦義澄・畠山重忠・八田知家・工藤景光・土屋宗遠・梶原景時・同朝景・比企能員・岡崎義実・佐々木盛綱らが、その場に列席した。酒宴の間に（頼朝の）仰せにより、それぞれ昔の事を語った。景義は保元の（乱での）合戦の事を語った。この中で、（景義が）申した。「武士が心を配るべきは武具である。中でも縮めて用いるべきなのは弓矢の寸法である。鎮西八郎（源為朝）は我が国で並ぶ者の無い弓矢の達人である。ところが、弓矢の寸法を考えると、その身の程を超えていたのであろう。その理由は、大炊御門河原で景義は八男（為朝）の左側に向かい合うこととなり、為朝は弓を引こうとした。景義は密かに『あなたは九州からお出でになったので、騎馬の時は弓を幾分、意のままにできないであろう。景義は東国でよく馬に馴れている』と思った。そこで（景義が）為朝の右側に駆けて廻った時、（為朝は）事態が（予想と）異なり、弓の下（の部分）を（馬の首を）越えさせることになり、（景義の）体にあたるはずの矢は膝にあたった。

この心得を知らなかったならば、即座に命を失っていたであろう。武士はひたすら騎馬に熟達すべきである。勇士らよ、(この話を)耳に留めておくように。老人の話を馬鹿にしてはならない」。常胤以下、その場にいた者は、皆、感服した。また(景義は頼朝から)お褒めの言葉を頂いたという。

❖一日。丁丑。雨降る。終日、休止せず。今日、大庭平太景能、新造の御亭に於いて盃酒を献ず。其の儀、強ちに美を極めず、五色・鱸魚等を以て肴物と為す。足利上総介・千葉介・小山左衛門尉・三浦介・畠山二郎・八田右衛門尉・工藤庄司・土屋三郎・梶原平三・同刑部丞・比企右衛門尉・岡崎四郎・佐々木三郎等、其の座に候ず。勧盃の間、仰せに依り、各、往事を語り申す。景能、保元の合戦の事を語る。此の間、申して云はく、勇士の意を用ゐる可きは武具なり。就中、縮め用ゐる可きは弓箭の寸尺なり。鎮西八郎は吾が朝無双の弓矢の達者なり。然而、弓箭の寸法を案ずるに、其の涯分に過ぐるか。其の故は、大炊御門河原に於いて、景能、八男の弓手に逢ひ、八男、弓を引かんと欲す。景能、潜かに以為へらく、貴客は鎮西自り出で給ふの間、騎馬の時、弓、聊か心に任せざるか。景能、東国に於いて能く馬に馴るるなり、者り。則ち八男の妻手に馳せ廻るの時、縡、相違し、弓の下を越すに及び、身に中たる可きの矢、膝に中たり訖んぬ。此の故実を存ぜずんば、忽ち命を失ふ可きか。勇士、只、騎馬に達す可き事なり。壮士等、耳底に留む可し。老翁の説、嘲哢すること莫かれと云々。常胤已下、当座、皆、甘心す。又、御感の仰せを蒙ると云々。

✼この年の三月四日の火事（二六〇頁以下参照）で焼失した源頼朝の御所は、四月三日に造営の事始が行われ、七月下旬に造営が終わり、同二十八日、頼朝は安達盛長の甘縄の家から新御所へ移った。

八月一日、大庭景義が新御所での酒宴を主催し、頼朝が臨席し多くの御家人も参加した。源為朝は頼朝の父義朝の弟で、保元の乱では父の為義と共に崇徳上皇方として、後白河天皇方の義朝と戦った。この時、景義は義朝に従って参戦し、為朝と対峙する

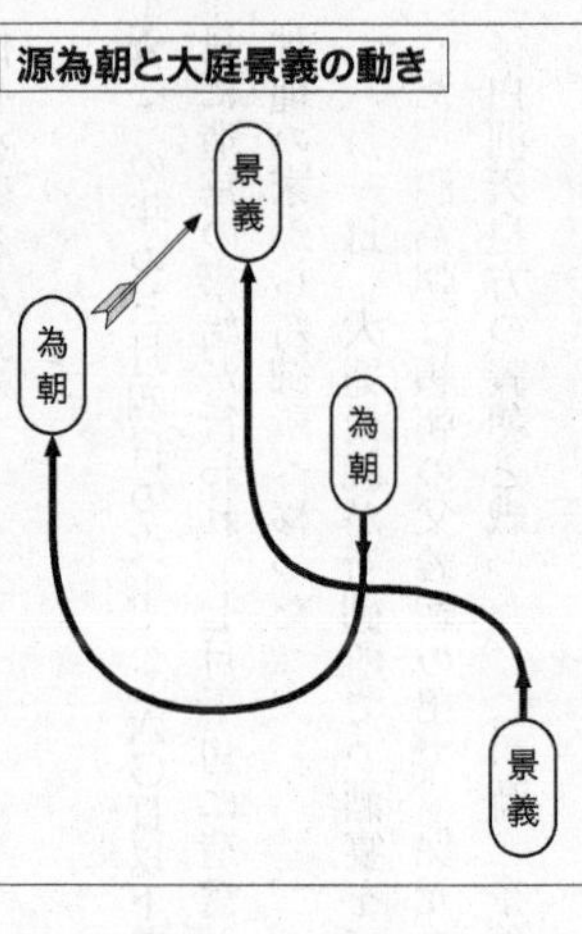

源為朝と大庭景義の動き

こととなったのである。

弓を射る際は、左手に弓を持ち、右手で矢を引くことから、左前方の敵は射やすいが、右前方の敵を射るには体をひねらなければならず、特に馬上では馬ごと向きを変えるのでなければ、弓を馬の首を越えさせることになり射づらい。このことを心得ていた景義は、とっさに為朝の右側に馬を廻らすことで、一命を取り留めたのである。この時の怪我により、景義は左膝を十分に伸ばせなくなり、左側の鐙（あぶみ）を少し短くして騎馬することとなった（『鏡』建久六年三月十日条）。

一日。丁丑。雨降。終日、不㆓休止㆒。今日、大庭平太景能、於㆓新造御亭㆒献㆓盃酒㆒。其儀、強不㆑極㆑美、以㆓五色・鱸魚等㆒為㆓肴物㆒。足利上総介・千葉介・小山左衛門尉・三浦介・畠山二郎・八田右衛門尉・工藤庄司・土屋三郎・梶原平三・同刑部丞・比企右衛門尉・岡崎四郎・佐々木三郎等、候㆓其座㆒。勧盃之間、依㆑仰、各、語㆓申往事㆒。景能、語㆓保元合戦事㆒。此間、申云、勇士之可レ用レ意者武具也。就中、可二縮用一者弓箭寸尺也。鎮西八郎者吾朝無双弓矢達者也。然而、案二弓箭寸法一、過二于具涯分一歟。其故者、於二大炊御門河原一、景能、逢二于八男弓手一、八男、欲レ引レ弓。景能、潜以為、貴客者自二鎮西一出給之間、騎馬之時、弓、聊不レ任レ心歟。景能、於二東国一能馴レ馬也、者。則馳二廻八男妻手一之時、縡、相違、及二于越二弓之下一、可レ中二于身一之矢、中レ膝訖。不レ存二此故実一者、忽可レ失レ命歟。勇士、只、可レ達二騎馬一事也。壮士等、可レ留二耳底一。老翁之説、莫二嘲哢一云々。常胤已下、当座、皆、甘心。又、蒙二御感仰一云々。

◈京都大番役を御家人に限定

建久三年（一一九二）六月二十日条（巻第十二）

二十日。庚申（かのえさる）。美濃国の御家人らは、守護である大内惟義の命令に従うよう、（源頼朝が）命じられたという。これは、京中の盗賊らを鎮められるためである。

前右大将家（源頼朝）の政所が（命令を）下す　美濃国の家人らに

早く大内惟義の催促に従うべき事

右、当国内の荘園の地頭の中で、（頼朝の）家人であると考えている者たちは、惟義の催促に従い、勤めを果たすように。中でも、近日、京中で強暴な盗賊の犯罪が起こっているとのことである。その者たちを取り締まるため、それぞれ上洛の用意をし、大番役を勤務するように。しかしその（地頭の）中で、家人とはならないと考えるならば、早く事情を申すように。ただし公領については催促を行ってはならない。また、山田重隆の郎従らは、催促して呼び出し、大番役を勤めさせよ。（重隆の郎従で）隠れ住んでいる者たちは、名簿を記して報告するように、とのことについて、（頼朝の）仰るところは以上のとおりである。

建久三年六月二十日　　案主藤井（俊長）

令民部少丞　藤原（行政）　　知家事中原（光家）

別当前因幡守中原（広元）

前下総守源朝臣（邦業）
散位中原朝臣

❖廿日。庚申。美濃国の御家人等、守護相模守惟義の下知に従ふ可きの由、仰せ下さると云々。是、洛中の群盗等を鎮め被れんが為なり。

前右大将家政所、下す　美濃国の家人等
早く相模守惟義の催促に従ふ可き事

右、当国内の庄の地頭中、家人の儀を存ずる輩に於いては、惟義の催しに従ひ、勤節を致す可きなり。就中、近日、洛中、強賊の犯、其の聞こえ有り。而るに其の中、彼の党類を禁遏せんが為、各、上洛を企て、大番役を勤仕す可し。而るに其の中、家人為る可からざるの由を存ぜば、早く子細を申す可し。但し、公領に於いては、催しを加ふ可からず。兼ねて又、重隆佐渡前司の郎従等、催し召し其の役を勤め令む可し。隠居の輩に於いては、交名を注進す可きの状、仰する所、件の如し。

建久三年六月廿日　　　　　　　　　　　案主藤井
令民部少丞藤原　　　　　　　　　　　　知家事中原
別当前因幡守中原
前下総守源朝臣
散位中原朝臣

✻源頼朝は美濃国内の地頭に、自らを御家人と認識するならば守護大内惟義の催促に従って京都大番役を勤めるよう命じた。

京都大番役は京都に上って天皇の住む内裏（当時は大内裏ではなく里内裏である閑院内裏）の警固を行うもので、国家的な軍務として位置づけられていた。頼朝は京都大番役の勤務を御家人のみに限定することで、頼朝とその御家人の集団を平常時においても国家的に正当に位置づけることを意図したのである。またこれにともない、内乱状況の中、官軍としての頼朝に従ったに過ぎない諸国の武士たちは、あらためて頼朝との主従関係を結ぶかどうかの選択を迫られることとなった。この時期に諸国で御家人の交名（名簿）が作成されたことも知られており、内乱の終結に対応した御家人制の再編・確立が行われたのである。」

山田重隆は美濃源氏葦敷重頼の子で、建久元年（一一九〇）に美濃国内の公領に妨げをなしたとして朝廷によって常陸国への配流が決定された。重隆はこれに従わず美濃国に留まっていたが、上洛する頼朝により連行されている（『鏡』建久元年四月四日・八月十三日・十一月二日条）。その後の動向は不明であるが、いずれにしても没落したものと考えられる。重隆は平家の都落ちをうけて入京した諸国の源氏の一人で、木曽義仲らと共に京中の守護を分担して佐渡守に任命された、自立性の強い武士であった。重隆排除とその郎従らの動員は、上総国の上総広常や摂津国の多田行綱の場合と同様、有力な武士を排除し、その郎従らを独立した御家人として組織したものと評価できよう。またこれによって、美濃国内を通る東海道・東山道の掌握も進んだものと考えられる。

また公領に対して京都大番役の催促を禁じたのは、美濃国が当時、後白河院の院分国であったことから、利害の衝突を避けたものと考えられる。

廿日。庚申。美濃国御家人等、可㆑従㆓守護相模守惟義下知㆒之由、被㆓仰下㆒云々。是、為㆑被㆑鎮㆓洛中群盗等㆒也。

前右大将家政所、下　美濃国家人等

可三早従二相模守惟義催促一事

右、当国内庄之地頭中、於下存二家人儀一輩上者、従二惟義之催一、可レ致二勤節一也。就中、近日、洛中、強賊之犯、有二其聞一。為レ禁二遏彼党類一、各、企二上洛一、可レ勤二仕大番役一。而其中、存下不レ可レ為二家人一之由上者、早可レ申二子細一。但、於二公領一者、不レ可レ加レ催。兼又、重隆佐渡前司郎従等、催召可レ令レ勤二其役一。於二隠居輩一者、可レ注二進交名一之状、所レ仰、如レ件。

建久三年六月廿日　案主藤井

令民部少丞藤原　知家事中原

別当前因幡守中原

前下総守源朝臣

散位中原朝臣

◆源頼朝、征夷大将軍となる

建久三年（一一九二）七月二十六日条（巻第十二）

二十六日。丙申。勅使である（後白河院庁の）庁官の中原景良・同康定が（鎌倉に）到着した。征夷大将軍（への任命）の除書を持参したのである。両人〔それぞれ衣冠を着た〕は先例どおりに鶴岡八幡宮の庭に並んで立ち、使者によって除書を進上すると申した。（源頼朝は）三浦義澄を遣わされた。義澄は比企能員・和田宗実と郎従十人〔それぞれ甲冑（を着た）〕を引き連れて、鶴岡八幡宮寺に参り、その文書を受け取った。景良らが、除書が（その手元に）届くまでの間に名前を尋ねたところ、（義澄は）三浦次郎と名のった。（義澄は）すぐに（御所に）帰参した。幕下（源頼朝）〔御束帯（を着た）〕はあらかじめ西廊にお出ましになった。義澄は除書を捧げ持ち、膝行して除書を進上した。数多の（御家人の）中で義澄がこの役目を引き受けた。その面目はこの上ないものである。（義澄の）亡父義明は命を将軍（頼朝）に捧げた。その勲功は（太宗のように）鬚を切ったとしても、没後には酬いることはできない。そこで子孫を賞されたのだという。除書は以下の通り。

右少史三善仲康　内舎人橘　実俊

（中略）

左衛門少志惟宗景弘　右馬允宮道式俊

　建久三年七月十二日

征夷使

　大将軍源頼朝

従五位下源信友

源通親が（除目の上卿として内裏の）陣の座に参り、源兼忠が除書を書いた。

将軍（への任官）の事は（頼朝は）もとから望んでおられたが、今までそれを達せられていなかった。ところが法皇（後白河院）の崩御の後、朝廷の政治の最初として特に計らって任じられたため、ことさらに勅使（の派遣）に及んだという。また、八田知家の差配として、武蔵守（大内義信）の邸宅を（会場に）指定し、勅使を招き、もてなしを行ったという。

❖廿六日。丙申。勅使庁官肥後介中原景良・同康定等、参着す。征夷大将軍の除書を持参する所なり。両人〔各、衣冠を着す〕、例に任せて鶴岡の廟庭に列立し、使者を以て除書を進らす可きの由、之を申す。三浦義澄を遣はさる。義澄、比企右衛門尉能員・和田三郎宗実幷びに郎従十人〔各、甲冑〕を相具し、宮寺に詣で、彼の状を請け取る。景良等、除書未到の間、名字を問ふの処、三浦次郎の由、名謁り畢んぬ。則ち帰参す。幕下〔御束帯〕、予め西廊に出御す。義澄、除書を捧げ持ち、膝行して之を進らす。千万人中、義澄、此の役に応ず。面目絶妙なり。亡父義明、命を将軍に献じ訖んぬ。其の勲功、鬚を剪ると雖も、没後に酬い難し。仍て子葉を抽賞せ被ると云々。

除書に云はく、

右少史三善仲康　　内舎人橘　実俊

（中略）

左衛門少志　惟宗景弘　　右馬允　宮道式俊

建久三年七月十二日

征夷使
大将軍 源 頼朝
従五位下 源 信友

左衛門督〔通親〕、陣に参り、参議兼忠卿、之を書く。

将軍の事、本自り御意に懸け被ると雖も、今に之を達せ令め給はず。而るに法皇崩御の後、朝政の初度、殊に沙汰有りて任ぜ被るるの間、故に以て勅使に及ぶと云々。

又、知家の沙汰と為て、武蔵守の亭を点じ、勅使を招き、経営すと云々。

○衣冠　装束の一種。束帯の略装で、束帯から半臂・衵・下襲・石帯を省き、大口袴・表袴に代えて下袴・指貫袴を用いた。また袍は文官・武官ともに縫腋袍を用いた。左図参照。

○束帯　装束の一種。朝廷での正式の服装。肌着（汗衫・小袖・帷）の上に単・衵・下襲・半臂・袍を重ね着し、石帯で締めた。また、下半身には大口袴に表袴を重ね着した。文官は縫腋袍、武官は闕腋袍を用い、冠をかぶった。色や

衣冠

文様には身分による規定が設けられていた。下図参照。

○鬚を剪る　功臣に報いること。『白氏文集』巻三「七徳舞」にある、唐の太宗が「鬚を剪り、薬に焼きて功臣に賜」ったという文章による。これと同様の表現は『陸奥話記』『平治物語』にも見える。

束帯

＊建久三年（一一九二）七月十二日、源頼朝は征夷大将軍に任命され、その際の除目聞書が同二十六日、勅使により鎌倉へ届けられた。除目聞書は除目による人事の内容を記した文書であり、京官以下の任官者の官職・人名を記した後に日付を記す。また、その後ろに宣旨で任命される検非違使などの任命や、任官をともなわない叙位（位階の授与）が記録されることもある。

征夷使は蝦夷（えぞ）征討のための職で、本来は大将軍・副将軍・軍監・軍曹などからなるが、ここでは頼朝が大将軍に任じられたのみである。かつては奥州合戦との関係から頼朝が征夷大将軍を望んだとの指摘もあったが、後述のように、現在では否定されている。

頼朝の征夷大将軍任官は、教科書などでは鎌倉幕府の成立を示すものとされてきた。しかしこれは、室町・江戸幕府という後の武家政権の説明との関係で記述を「わかりやすく」するための便宜的なものであり、日本史学の世界では鎌倉幕府成立の時点を特定することよりも、その権力がいかにして政権として形成されてくるのかという実態を明らかにすることに重きが置かれている。

また、この『鏡』の記事から、頼朝は征夷大将軍になりたかったのだが、後白河院の反対により任命されず、その没後にようやく任命されたと考えられてきた。しかし、この見方も新たな史料の発見により、現在では否定されている（櫻井陽子「頼朝の征夷大将軍任官をめぐって」〈『明月記研究』九、二〇〇四年〉）。すなわち、『三槐荒涼抜書要』に引用された中山忠親の日記『山槐記』の記事によれば、頼朝の希望は、右近衛大将を辞任して以降の「前大将」にかえて「大将軍」の称号を得ることであった。この頼朝の希望をうけた朝廷では、征夷大将軍のほか征東大将軍・上将軍・惣官などが新たな称号の候補とされた。審議の中で征東大将軍は木曽義仲が、惣官は平宗盛が任じられた職として縁起が悪く、上将軍は日本では先例が無いとして候補から外され、結局、坂上田村麻呂が任じられた職で縁起もよいとされた征夷大将軍に決定された。

頼朝が「大将軍」を希望したのは右近衛大将辞任後のことであり、「征夷」へのこだわりもなかったこと、征夷大将軍は先例の有無や吉凶によって朝廷が選んだことが明らかになったのである。

なお、勅使と三浦義澄のやり取りの部分は吉川本に拠（よ）った（高橋秀樹「三浦介の成立と伝説化」〈『三浦一族の研究』吉川弘文館、二〇一六年、初出は二〇〇三年〉）。

廿六日。丙申。勅使庁官肥後介中原景良・同康定等、参着。所レ持二参征夷大将軍除書一也。両人〔各、着二衣冠一〕、任レ例列二立于鶴岡廟庭一、以二使者一可レ進二除書一之由、申レ之。被レ遣二三浦義澄一。々々（義澄）、相二具比企右衛門尉能員・和田三郎宗実幷郎従十人〔各、甲冑〕一、詣二宮寺一、請二取彼状一。景良等、除書未到之間、問二名字一之処、三浦次郎之由、名謁畢。則帰参。幕下〔御束帯〕、予出二御西廊一。義澄、捧二持除書一、膝行而進レ之。千万人中、義澄、応二此役一。面目絶妙也。亡父義明、献二命於将軍一訖。其勲功、雖レ剪レ鬚、難レ酬二于没後一。仍被レ抽二賞子葉一云々。

除書云、

右少史三善仲康　内舎人橘実俊

（中略）

左衛門少志惟宗景弘　右馬允宮道式俊

建久三年七月十二日

征夷使
大将軍源頼朝
従五位下源信友
左衛門督〔通親〕、参レ陣、参議兼忠卿、書レ之。
将軍事、本自雖レ被レ懸二御意一、于レ今不レ令レ達レ之給一。而 法皇崩御之後、朝政初度、殊有二沙汰一被レ任之間、故以及二 勅使一云々。又、為二知家沙汰一、点二武蔵守亭一、招二 勅使一、経営云々。

◈将軍家政所始 建久三年（一一九二）八月五日条（巻第十二）

五日。乙巳（きのとみ）。（源頼朝が）征夷大将軍に就任された後、今日、政所始（まんどころはじめ）が行われた。そこで（頼朝が）お出ましになった。

家司（けいし）
別当 中原広元 源邦業
令

藤原行政

案主

藤井俊長

知家事

中原光家

善信（三善康信）・藤原俊兼・平盛時・藤原邦通・三善康清（やすきよ）・清原実俊（きよはらのさねとし）・中原仲業（なかなり）らが、その座に列席した。千葉常胤がまず御下文を頂いた。ところが御昇進以前は、（頼朝は）御判（花押）を下文に書き載せられていた。政所を開設された後は、御判を書き載せられた下文を回収され、政所下文を作成されたところ、常胤はたいそう異議を主張し譲らなかった。「政所下文というものは家司らの署名（によるもの）である。後の証拠とは成し難い。常胤の分については特別に御判を副えられて、子孫末代の証拠としたい」と申し望んだ。そこで望みのとおりにしたという。

〔御判を書き載せられた〕

（命令を）下す　下総国の住人常胤に

早く領有するべき、相伝の所領・新給の所々の地頭職の事

右、去る治承の頃、平家が世の中をほしいままにした様子は、朝廷の政治をないがしろにし、その上に反逆を企てた。この時、その賊徒を追討しようとして、計略を廻らしたところ、常胤は朝廷の権威を尊重申し、真っ先に（味方に）参上した後、合戦の功績についても、奉公の忠節についても、同輩に優って厚く務めを果たした。そこで相伝の所領、また、軍忠の賞によって与えられた所々の地頭職について、政所下文を作成し与えられた。その文書のとおりに、子孫に至るまで、相違があってはならないとのことは、以上のとおりである。

建久三年八月五日

❖五日。乙巳。将軍に補せ令め給ふの後、今日、政所始なり。則ち渡御す。

家司

別当
前因幡守中原朝臣広元　前下総守源朝臣邦業
令
民部少丞藤原朝臣行政
案主
藤井俊長
知家事
中原光家

大夫属入道善信・筑後権守俊兼・民部丞盛時・藤判官代邦通・前隼人佑康清・前豊前介実俊・前右京進仲業等、其の座に候ず。千葉介常胤、先づ御下文を給はる。而るに御上階以前は、御判を下文に載せ被れ訖んぬ。政所を始め置かるるの後は、之を召し返され、政所下文を成さるるの処、常胤、頗る確執す。政所下文と謂ふは、家司等の署名なり。後鑑に備へ難し。常胤の分に於いては、別して御判を副へ置かれ、子孫末代の亀鏡と為す可きの由、之を申し請ふ。仍て所望の如しと云々。

〔御判を載せ被る〕

下す　下総国の住人常胤

早く領掌す可き、相伝の所領・新給の所々の地頭職の事

右、去んぬる治承の比、平家の世を擅にするは、王化を忽緒し、剰へ逆節を図る。爰に件の賊徒を追討せんと欲し、籌策を運らすの処、常胤、朝威を仰ぎ奉り、最前に参向するの後、合戦の功績と云ひ、奉公の忠節と云ひ、傍輩に勝れ勤厚を致す。仍て相伝の所領、又、軍賞に依り充て給ふ所々等の地頭職、政所下文を成し給ふ所なり。其の状に任せ、子孫に至るまで、相違有る可からざるの状、件の如し。

建久三年八月五日

✲政所始とは、官職・位階の昇進の際や年頭などに、新たに政所の業務を開始する儀式である。政所は三位以上の貴族の家政機関で、所領の管理や文書の発給などを行った（なお、このような貴族の政所のほかに、荘園現地などの管理事務所としての政所も存

在した）。源頼朝の家政機関としては中原広元を別当とする公文所が存在したが、元暦二年（一一八五）四月に平家追討の功により従二位に叙せられたのを機に、政所に改められたと考えられる。

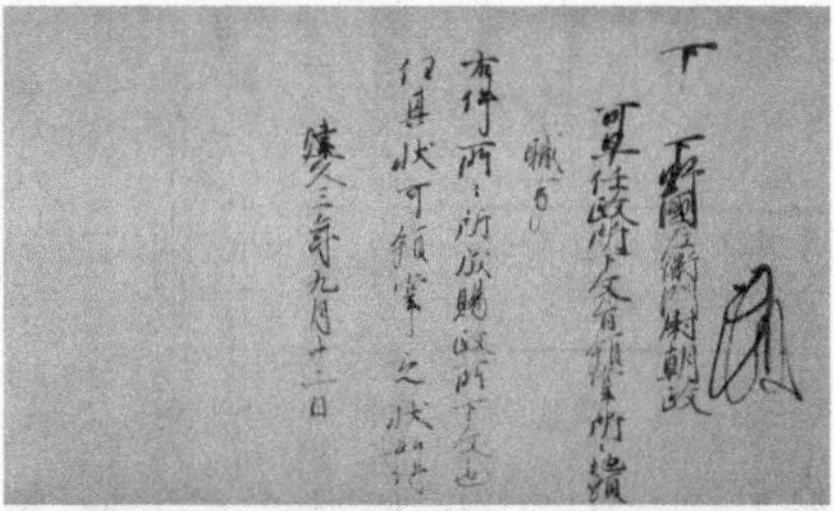

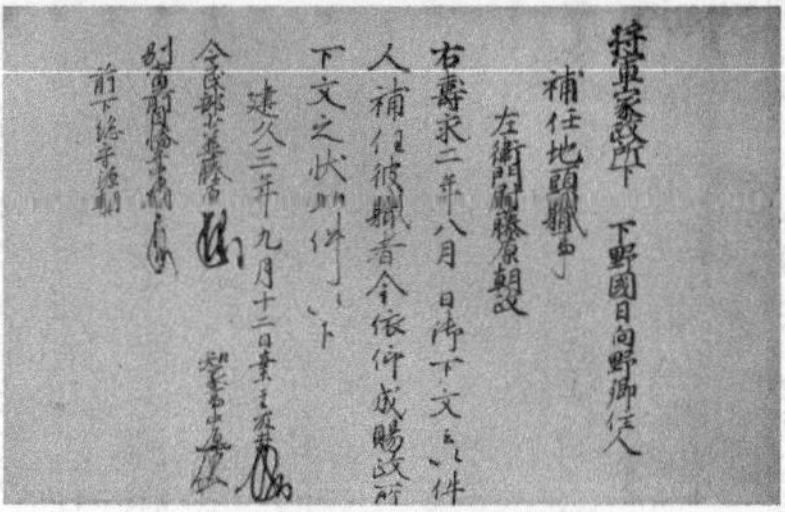

頼朝の政所始は右近衛大将・権大納言就任後の建久二年（一一九一）正月十五日にも行われており、この時、頼朝が、自ら花押を書いた下文（袖判下文）を回収し、政所下文を与えることとしたと見えている。この袖判下文の回収と政所下文の発給が本格化するのは、この建久三年の政所始以降と考えられているが、これに対し、有力御家人の千葉常胤は、政所の職員の署名のみの政所下文では後々の証拠

上／源頼朝袖判下文
下／将軍家政所下文

にならないと主張し、頼朝の袖判下文を強く望み、政所下文とは別に袖判下文を与えられた。このような措置はほかの有力御家人にも行われたようで、建久三年九月十二日には小山朝政に対して、将軍家政所下文と源頼朝袖判下文の両方が与えられている（『鎌』六一八・六一九号〈前頁写真〉。『鏡』同日条）。自分と御家人との関係を、個人と個人の人格的な関係ではなく、将軍家と御家人との組織的な関係に転換しようとする頼朝に対し、有力御家人は反発し、政所下文のほかに頼朝の袖判下文も出されることとなったのである。

五日。乙巳。令レ補ニ将軍一給之後、今日、政所始。則渡御。

家司

別当　前因幡守中原朝臣広元　前下総守源朝臣邦業

令　民部少丞藤原朝臣行政

案主　藤井俊長

知家事

中原光家

大夫属入道善信・筑後権守俊兼・民部丞盛時・藤判官代邦通・前隼人佑康清・前豊前介実俊・前右京進仲業等、候二其座一。千葉介常胤、先給二御下文一。而御上階以前者、被レ載二御判於下文一訖。被レ始二置政所一之後者、被レ召二返之一、被レ成二政所下文一之処、常胤、頗確執。謂二政所下文一者、家司等署名也。難レ備二後鑑一。於二常胤分一者、別被レ副二置御判一、可レ為二子孫末代亀鏡一之由、申二請之一。仍如二所望一云々。

〔被レ載二御判一〕

下　下総国住人常胤

可二早領掌一、相伝所領・新給所々地頭職事

右、去治承比、平家擅レ世者、忽二緒王化一、剰図二逆節一。爰欲レ追二討件賊徒一、運二籌策一之処、常胤、奉レ仰二朝威一、参二向最前一之後、云二合戦之功績一、云二奉公之忠節一、勝二傍輩一致二勤厚一。仍相伝所領、又、依二軍賞一充給所々等地頭職、所レ成二給政所下文一也。任二其状一、至二于子孫一、不レ可レ有二相違一之状、如レ件。

建久三年八月五日

◆源頼家、初めて鹿を射る

建久四年（一一九三）五月十六日条（巻第十三）

十六日。辛巳。富士野での狩りの間に、将軍（源頼朝）の家督の若君（万寿。後の源頼家）が、初めて鹿を射られた。愛甲季隆は、もともと（狩りについての）物事を知っており心得にも熟達している上、ちょうどその時、（万寿の）近くに付き従って、うまく（鹿を）追い合わせたため、瞬く間にこの的中があったという。「まことに褒賞に値する」と、頼朝は大友能直を通じて、内々に、季隆を褒められたという。この後、その日の狩りを止められた。晩になって、その場所で山神・矢口を祭られた。江間殿（北条義時）が餅を献上された。この餅は三色であった。折敷一枚に九つ餅を置いた。黒色の餅三つを左方に置き、赤色（の餅）三つを中に置き、白色（の餅）三つを右方に置いた。その長さは八寸（約二六センチメートル）、幅は三寸（約一〇センチメートル）、厚さは一寸（約三・三センチメートル）であった。以上のとおり、三枚の折敷をこのように調進された。狩野宗茂は勢子餅を進上した。頼朝と万寿は、御行騰を篠の上に敷いて座られた。上総介（足利義兼）・北条義時・三浦義澄以下、多く（の御家人）が列席した。この中で、（万寿が）鹿を獲られた時に祗候していて（頼朝の）視界の中にいた者たちの中から、しかるべき射手三人を召し出され、矢口餅を与えられた。すなわち、一口は工藤景光、二口は愛甲季隆、三口は曽我祐信であった。梶原景季・工藤祐経・海野幸氏が、餅の陪膳役として、（餅を）御前に持参し、並べて置いた。

❖十六日。辛巳。富士野の御狩の間、将軍の家督の若君、始めて鹿を射令め給ふ。愛甲三郎季隆、本自り物を存じ故実に達するの上、折節、近々に候じ、殊勝に追ひ合はするの間、忽ち此の飲羽有りと云々。尤も優賞に及ぶ可きの由、将軍家、大友左近将監能直を以て、内々、季隆に感じ仰せ被ると云々。此の後、今日の御狩を止め被れ訖んぬ。晩に属し、其の所に於いて山神・矢口等を祭らる。江間殿、餅を献ぜ令め給ふ。此の餅、三色なり。折敷一枚に九つ之を置く。黒色の餅三つを以て左方に置き、赤色三つを以て中に置き、白色三つを以て右方に居う。其の長さ八寸、広さ三寸、厚さ一寸なり。以上、三枚の折敷、此くの如く之を調進せ被る。狩野介、勢子餅を進らす。将軍家幷びに若公、御行騰を篠の上に敷き、座せ令め給ふ。上総介・江間殿・三浦介以下、多く以て参候す。此の中、鹿を獲令め給ふの時、候じて御眼路に在るの輩の中、然る可き射手三人、之を召し出だされ、矢口餅を賜ふ。所謂、一口、工藤庄司景光、二口、愛甲三郎季隆、三口、曽我太郎祐信等なり。梶原源太左衛門尉景季・工藤左衛門尉祐経・海野小太郎幸氏、餅の陪膳と為て、御前に持参し、相並べて之を置く。

＊建久四年（一一九三）、前年に亡くなった後白河院の一周忌が終わり、それまで禁じられていた狩猟が解禁されると、源頼朝は、武蔵国入間野、下野国那須野、信濃国三原野、駿河国藍沢・富士野を廻って大規模な狩りを行った。

この内、富士野での狩りで、頼朝（四十七歳）の嫡男万寿（十二歳。後の源頼家）が初めて鹿を射止めた。頼朝は狩りを中止し、晩になって、初の獲物を感謝して祝う、山神・矢口の祭が行われた。『鏡』にはこの後、工藤景光以下の三人がそれぞれの作法に従って餅を食べる様子などが続くが、その部分は省略した。

頼朝の各地での狩りは、全国で唯一の武家の棟梁（とうりょう）としての自らの立場を印象付けるとともに、後継者としての万寿を披露する意味合いがあったと考えられている。

なお、『鏡』五月二十二日条には、頼朝が梶原景高（かげたか）を使者として政子に万寿が鹿を射止めたことを伝えさせたところ、政子が、武将の子が狩りで鹿や鳥を射止めることは当然のことだと言ったという記事が載せられている。

十六日。辛巳。富士野御狩之間、将軍家督若君、始令レ射レ鹿給。愛甲三郎季隆、本自存レ物達二故実一之上、折節、候二近々一、殊勝追合之間、忽有二此飲羽一云々。尤可レ及二優賞一之由、将軍家、以二大友左近将監能直一、内々、被レ感二仰季隆一云々。此後、被レ止二今日御狩一訖。属レ晩、於二其所一被レ祭二山神・矢口等一。江間殿、令レ献レ餅給。此餅、三色也。折敷一枚九置レ之。以二黒色餅三一置二左方一、以二赤色三一置レ中、以二白色三一居二右方一。其長八寸、広三寸、厚一寸也。以上、三枚折敷、如レ此被レ調二進之一。狩野介、進二勢子餅一。将軍家幷若公、敷二御行縢於篠上一、令レ座給。上総介・江間殿・三浦介以下、多以参候。此中、令レ獲レ鹿給之時、候而在二御眼路一之輩中、可レ然射手三人、被レ召二出之一、賜二矢口餅一。所謂、一口、工藤庄司景光、二口、愛甲三郎季隆、三口、曽我太郎祐信等也。梶原源太左衛門尉景季・工藤左衛門尉祐経・海野小太郎幸氏、為二餅陪膳一、持二参御前一、相並而置レ之。

◆曽我兄弟、工藤祐経を討つ

建久四年（一一九三）五月二十八日条（巻第十三）

二十八日。癸巳（みずのとみ）。小雨が降った。日中以後、晴れた。子（ね）の刻（午前零時前後）に、故伊東祐親の孫である曽我祐成（すけなり）・同時致（ときむね）が、（源頼朝の）富士野の神野（かみの）の御宿所に推参し、工藤祐経を殺害した。また、備前国（びぜんのくに）の住人で吉備（きび）津宮（つのみや）の王藤内（おうとうない）という者がいた。平家の家人の瀬尾兼保（せのおかねやす）（妹尾兼康）に味方したため、囚人として勾留されていたが、祐経を介して誤りはなかったと弁明したため、去る二十日、本領を返還され帰国の途についた。ところが、やはり祐経の厚意に報いるため、途中からあらためて戻ってきて、酒を祐経に勧め、同宿して語り合っていたところ、同じく殺されたのである。この時、祐経・王藤内が座に侍らせていた遊女の手越の少将・黄瀬川の亀鶴が、叫び声をあげた。その上、祐成兄弟が、父の仇を討ったと大声で叫んだ。このため人々は騒動となり、事情は分からなかったが、宿侍の者たちは皆、（宿所から）走り出た。雷雨の音が激しく、闇夜に明かりも無く、ほとんど方向も分からなかったため、祐成らのために多くが疵を蒙った。すなわち、平子有長・愛甲季隆・吉香（吉川）友兼・加藤光員・海野幸氏・岡辺弥三郎・原清益・堀藤太・臼杵八郎である。殺害されたのは宇田五郎以下である。祐成は仁田忠常と戦って討たれた。時致は（頼朝の）御前を目指して走り参った。将軍（源頼朝）は太刀を（手に）取り、立ち向かおうとされた。ところが大友能直がそれを留め申した。この間に、小舎人童の五郎丸が時致を捕らえた。そこで（時致の身柄を）大見小平次に預けられた。その後、（騒動は）鎮まった。和田義盛・梶原景時が（頼朝の）ご命令によって、祐経の死骸を確認したという。

❖廿八日。癸巳。小雨降る。日中以後、霽る。子の剋、故伊東次郎祐親法師の孫子曽我十郎祐成・同五郎時致、富士野の神野の御旅館に推参致し、工藤左衛門尉祐経を殺戮す。又、備前国の住人吉備津宮の王藤内といふ者有り。平家の家人瀬尾太郎兼保に与するに依り、囚人と為て召し置かるるの処、祐経に属し誤り無きの由を謝し申すの間、去んぬる廿日、本領を返し給はり帰国す。而るに猶、祐経の志に報ぜんが為、途中より更に還り来り、盃酒を祐経に勧め、合宿談話するの処、同じく誅せ被るるなり。爰に祐経・王藤内等交会せ令むる所の遊女手越の少将・黄瀬川の亀鶴等、叫喚す。此の上、祐成兄弟、父の敵を討つの由、高声を発す。之に依り諸人、騒動し、子細を知らずと雖も、宿侍の輩は皆、悉く走り出づ。雷雨、鼓を撃ち、暗夜、燈を失ひ、殆 東西に迷ふの間、祐成等の為、多く以て疵を被る。所謂、平子野平右馬允・愛甲三郎・吉香小次郎・加藤太・海野小太郎・岡辺弥三郎・原三郎・堀藤太・臼杵八郎なり。殺戮せ被るるは宇田五郎已下なり。十郎祐成は新田四郎忠常に合ひ、討たれ畢んぬ。五郎は御前を差して奔り参る。将軍、御剣を取り、之に向かは令め給はんと欲す。而るに左近将監能直、之を抑留し奉る。此の間、小舎人童五郎丸、曽我五郎を搦め得。仍て大見小平次に召し預け被る。其の後、静謐す。義盛・景時、仰せを奉り、祐経の死骸を見知すと云々。

✽富士野での狩りが続くなか、五月二十八日の深夜、曽我祐成（二十二歳）・時致（二十歳）兄弟が、父の敵として工藤祐経を殺害した。兄弟の父河津祐泰（祐通とも）は、かつて祐経の郎従に殺されたが、それは祐経が、従兄弟で祐泰の父である伊東祐親によって所領を奪われたことが原因であった。時致は祐経を殺害した後、祖父祐親（石橋山の戦いで源頼朝を攻撃し、後に斬首された）の敵として頼朝の御所を目指したが捕らえられ、祐経の子の犬房丸（後の伊東祐時）に引

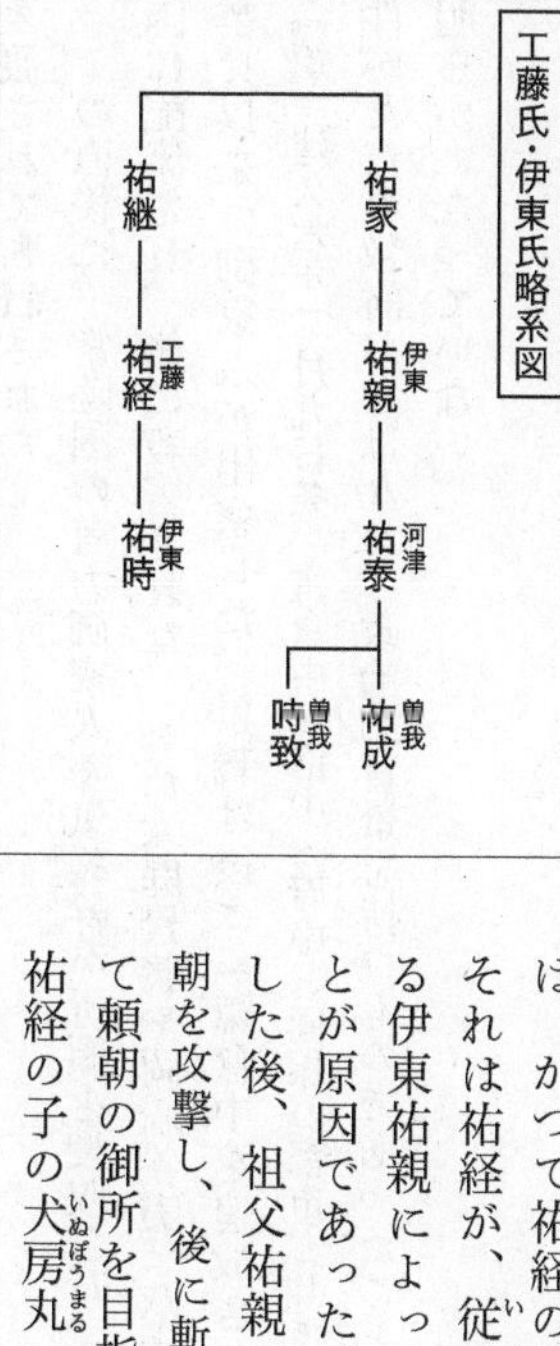

き渡されて斬首された。

この直後に、常陸国の有力御家人多気義幹が所領を没収され、頼朝の弟範頼は伊豆国に配流され、後に殺害された。また大庭景義や岡崎義実（八十二歳）といった頼朝挙兵以来の御家人が出家した。景義は後に「鎌倉中を追放された」と述べており（『鏡』建久六年二月九日条。鎌倉中は洛中・府中と同様の都市としての特別区域）、この事件がただの敵討ちではなく、政治的背景を持つものであったことが窺えるが、真相は明らかになっていない。

廿八日。癸巳。小雨降。日中以後、霽。子剋、故伊東次郎祐親法師孫子曽我十郎祐成・同五郎時致、致レ推二参于富士野神野御旅館一、殺二戮工藤左衛門尉祐経一。又、有二備前国住人吉備津宮王藤内者一。依レ与二于平家家人瀬尾太郎兼保一、為二囚人一被二召置一之処、属二祐経一謝二申無レ誤之由一之間、去廿日、返二給本領一帰国。而猶、為レ報二祐経之志一、自二途中一更還来、勧二盃酒於祐経一、合宿談話之処、同被レ誅也。爰祐経・王藤内等所レ令二交会一之遊女手越少将・黄瀬川之亀鶴等、叫喚。此上、祐成兄弟、討二父敵一之由、発二高声一。依レ之諸人、騒動、雖レ不レ知二子細一、宿侍之輩者皆、悉走出。雷雨、撃レ鼓、暗夜、失レ燈、殆迷二東西一之間、為二祐成等一、多以被レ疵。所謂、平子野平右馬允・愛甲三郎・吉香小次郎・加藤太・海野小太郎・岡辺弥三郎・

原三郎・堀藤太・臼杵八郎。被二殺戮一宇田五郎已下也。十郎祐成者合二新田四郎忠常一、被レ討畢。五郎者差二御前一奔参。将軍、取二御剣一、欲二令レ向レ之給一。而左近将監能直、奉レ抑二留之一。此間、小舎人童五郎丸、搦二得曽我五郎一。仍被レ召二預大見小平次一。其後、静謐。義盛・景時、奉レ仰、見二知祐経死骸一云々。

◆北条泰時、元服　建久五年（一一九四）二月二日条（巻第十四）

二日。甲午（きのえうま）。快晴。夜になって、江間殿（北条義時）の嫡男（童名は金剛（こんごう）。年は十三歳）が元服した。（源頼朝の）御所でその儀式が行われた。西の侍所に席を三列に設けた。

（参列者を省略）

時刻になって、北条時政が、金剛を連れて参上された。すると将軍家（源頼朝）がお出ましになり、御加冠（かかん）の儀式が行われた。武州（大内義信）・千葉常胤が、脂燭（しそく）を持って左右に控えた。（金剛は）名を太郎頼時（よりとき）と名のることとなった。次に（頼時が）、御鎧以下を（頼朝に）献上された。新冠（頼時）がまた（頼朝から）御引出物を頂いた。御剣は里見義成が（頼時に）渡したという。次に三献の儀式があり、垸飯が行われた。その後、盃が数回廻され、ほとんど歌舞が行われるほど（の盛会）になったという。次に、（頼朝が）三浦義澄を側に呼ばれ、「この若者を婿とするように」と命じられた。（義澄は）「孫娘の中から良い者を選び、仰せに従います」と申したという。

❖二日。甲午。快霽。夜に入り、江間殿の嫡男〔童名、金剛。年、十三〕、元服す。幕府に於いて其の儀有り。西侍に鋪設を三行に構ふ。

（参列者を省略）

時剋、北条殿、童形を相具して参り給ふ。則ち将軍家、出御し、御加冠の儀有り。武州・千葉介等、脂燭を取り左右に候ず。名字、太郎頼時と号す。次いで、御鎧以下を献ぜ被る。新冠、又、御引出物を賜る。御剣は里見冠者義成、之を伝ふと云々。

次いで、三献、椀飯。其の後、盃酒数巡し、殆歌舞に及ぶと云々。次いで、三浦介義澄を座右に召し、此の冠者を以て、婿と為す可きの旨、仰せ含め被る。孫女の中、好婦を撰び、仰せに随ふ可きの由、之を申すと云々。

✻北条時政（六十七歳）の孫で北条義時（三十二歳）の嫡男である金剛（『鏡』には十三歳とあるが実際は十二歳）が元服した。元服の儀式は源頼朝（四十八歳）の御所で多数の御家人が参列する中で行われ、金剛は太郎頼時と名のることとなった。後の北条泰時である。この席で頼朝は、挙兵以来の有力御家人である三浦義澄（六十八歳）に頼時を婿とするよう命じ、義澄はこれを承諾した。その後、泰時は建仁二年（一二〇二）に義澄の嫡子義村の娘と結婚し、二人の間には時氏が誕生することになる。

二日。甲午。快霽。入夜、江間殿嫡男〔童名、金剛。年、十三〕、元服。於幕府有其儀。西侍構鋪設於三行。

（参列者を省略）

時剋、北条殿、相具童形参給。則将軍家、出御、有御加冠之儀。武州・千葉介等、取脂燭一候二左右一。名字、号二太郎頼時一。次、被レ献二御鎧以下一。新冠、又、賜二御引出物一。御剣者里見冠者義成、伝レ之云々。次、三献、椀飯。其後、盃酒数巡、殆及二歌舞一云々。次、召二三浦介義澄於座右一、以二此冠者一、可レ為レ婿之旨、被二仰含一。孫女之中、撰二好婦一、可レ随レ仰之由、申レ之云々。

◆源頼朝、東大寺再建を援助

建久五年（一一九四）六月二十八日条（巻第十四）

二十八日。丁巳(ひのとみ)。東大寺造営に関する事について、将軍家（源頼朝）はあれこれと助成されていた。材木の事については、佐々木高綱に命じて周防国で特に伐採が行われた。また、二菩薩(ぼさつ)と四天王(してんのう)像は、御家人に割り当てて造立するようにという。すなわち、観音(かんのん)菩薩〔宇都宮朝綱〕・虚空蔵(こくうぞう)菩薩〔中原親能〕・増長天(ぞうちょうてん)〔畠山重忠〕・持国天(じこくてん)〔武田信義〕・多聞天(たもんてん)〔小笠原長清(ながきよ)〕・広目天(こうもくてん)〔梶原景時〕である。また、戒壇院(かいだんいん)の造営は、同じく小山朝政・千葉常胤以下に命じられた。ところがその完成がたいそう遅れていたため、今日、催促された。ただし、それぞれひたすら（仏法への）結縁の思いをもって造立を行うよう、以前に命じられていた。ただ公事を務めるとの考えで、造立がもし怠慢になっているのであれば、（造立を）辞退するよう、厳しく伝えられたという。

❖廿八日。丁巳。造東大寺の間の事、将軍家、旁助成せ令め給ふ。材木の事、左衛門尉高綱に仰せて、周防国に於いて、殊に採用有り。又、二菩薩・四天王像等、御家人に充て、造立を致す可しと云々。所謂、観音〔宇都宮左衛門尉朝綱法師〕・虚空蔵〔穀倉院別当親能〕・増長〔畠山次郎重忠〕・持国〔武田太郎信義〕・多聞〔小笠原次郎長清〕・広目〔梶原平三景時〕なり。又、戒壇院の営作、同じく小山左衛門尉朝政・千葉介常胤以下に仰せ付け被れ訖んぬ。而るに其の功、頗る遅引の間、今日、催促せ被るる所なり。但し、各、偏に結縁の儀を存じ、功を成す可きの由、御下知、先に訖んぬ。只、公事に随ふの思ひを以て、縡、若し懈緩に及ばば、辞し申す可きの旨、厳密に触れ仰せ被ると云々。

＊源義経の蜂起をめぐる後白河院との対立や、奥州合戦の遂行の中で、東大寺再建への積極的な関与を中断していた源頼朝が、再び協力を開始するのは建久元年（一一九〇）の上洛と、翌年三月の建久新制の発給を経た、建久二年の年末からである。

建久二年閏十二月に、大仏殿の材木運搬について後白河院の院庁下文が鎌倉に届き、頼朝は佐々木高綱を奉行として材木運搬に協力することとした（『鏡』建久二年閏十二月五日・九日条）。高綱はそれ以前から個人的に材木運搬に協力していた人物である（『鏡』文治三年十一月十日条・文治五年六月四日条ほか）。また、大仏の脇侍の二菩薩と四方を守護する四天王、戒壇院の造営も御家人に割り当てられていた。

建久五年は、二月に朝廷で供養の日時について議論され、三月には大仏の光背の作成が始まるなど、大仏殿の完成に向けた作業が大詰めを迎えていた。こうした中、御家人に割り当てられた作業の遅れに対して、催促が行われたのである。

廿八日。丁巳。造東大寺間事、将軍家、旁令二助成一給。材木事、仰二左衛門尉高綱一、於二周防国一、殊有二採用一。又、二菩薩・四天王像等、充二御家人一、可レ致二造立一云々。所謂、観音〔宇都宮左衛門尉朝綱法師〕・虚空蔵〔穀倉院別当親能〕・増長〔畠山次郎重忠〕・持国〔武田太郎信義〕・多聞〔小笠原次郎長清〕・広目〔梶原平三景時〕。又、戒壇院営作、同被レ仰二付小山左衛門尉朝政・千葉介常胤以下一訖。而其功、頗遅引之間、今日、所レ被二催促一也。但、各、偏存二結縁之儀一、可レ成レ功之由、御下知、先訖。只、以下随二公事一之思上、緯、若及二懈緩一者、可二辞申一之旨、厳密被二触仰一云々。

◈源頼朝、東大寺供養に参列

建久六年（一一九五）三月十二日条（巻第十五）

十二日。丁酉（ひのととり）。朝、雨が降った。（その後）晴れた。午（うま）の刻（正午前後）以後、雨が頻（しきり）に降った。また、地震があった。今日、東大寺の供養が行われた。雨の神・風の神が降臨し、天神・地神が影向（ようごう）したことは、その瑞兆（ずいちょう）が明白である。寅（とら）の一点（午前三時過ぎ頃）に、和田義盛・梶原景時が、数万騎の武士を動員して東大寺の四方の近辺を警備した。日の出以後、将軍家（源頼朝）が参堂された。（牛車に）御乗車であった。小山（長沼）宗政が（頼朝の）太刀を持ち、佐々木経高が（頼朝の）鎧を着、愛甲季隆が（頼朝の）弓矢を懸けた。藤原隆保・藤原頼房らの朝臣が（頼朝に）随従し、（牛車の）軒を連ねた。藤原仲教・源頼兼・藤原重頼・大内惟義・足利義兼・山名義範・毛呂季光らが供奉した。随兵は数万騎いたが、皆、あらかじめ辻々や寺内・門外などを警備していた。その中で、海野幸氏・藤沢清親以下の優れた射手を選んで惣門の左右の脇に座らされたという。（供養への頼朝の参列の）御供の随兵はただ二十八騎で、分かれて前陣・後陣に付き従った。ただし義盛・景時は侍所の別当・所司であったため、警備の事について指示した後、（頼朝の行列の）途中から、騎馬してそれぞれ最前・最末の随兵となったという。（中略）。

次に（後鳥羽天皇の）行幸があった。執柄（九条兼実）以下の公卿・殿上人が多く供奉した。未の刻（午後二時前後）に、供養の儀式が行われた。導師は興福寺別当の覚憲。呪願師は東大寺別当の勝賢。総じて仁和寺の法親王（守覚）以下、諸寺の高僧の参会は千人に及んだという。まことにこれは朝廷・武家の大事業であり、仏教の繁栄（を示すもの）である。

❖十二日。丁酉。朝、雨。霽る。午以後、雨頻に降る。又、地震。今日、東大寺供養なり。雨師・風伯の降臨、天衆・地類の影向、其の瑞、掲焉たり。寅の一点、和田左衛門尉義盛・梶原平三景時、数万騎の壮士を催し具し、寺の四面の近墎を警固す。日の出以後、将軍家、御参堂。御乗車なり。小山五郎宗政、御剣を持ち、佐々木中務丞経高、御甲を着し、愛甲三郎季隆、御調度を懸く。隆保・頼房等の朝臣、扈従し、軒を連ぬ。伊賀守仲教・蔵人大夫頼兼・宮内大輔重頼・相模守惟義・上総介義兼・伊豆守義範・豊後守季光等、供奉す。随兵に於いては、数万騎之有りと雖も、皆、兼ねて辻々并びに寺内・門外等を警固せ令む。其の中、海野小太郎幸氏・藤沢二郎清親以下、殊なる射手を撰び、惣門の左右の脇に座せ令むと云々。御共の随兵に至りては、只廿八騎、相分れて前後の陣に候ず。但し義盛・景時等は、侍所の司為るに依り、警固の事を下知せ令むるの後、路次自り更に騎馬し、各、最前・最末の随兵と為ると云々。（中略）。

次いで、行幸。執柄以下卿相雲客、多く以て供奉す。未の剋、供養の儀有り。導師、興福寺別当僧正覚憲。呪願師、当寺別当権僧正 勝賢。凡そ仁和寺の法親王以下、諸寺の竜象の衆会、一千口に及ぶと云々。誠に是、朝家・武門の大営、見仏・聞法の繁昌なり。

○執柄　摂政・関白の唐名。ここでは関白の九条兼実を指す。

＊源頼朝が東大寺大仏殿の落慶供養に参列した。頼朝は二月十四日に政子・大姫・万寿（後の源頼家）をともなって鎌倉を出立し、三月四日に六波羅の邸宅に入った。九日には左女牛八幡宮・石清水八幡宮に参詣し、十日に石清水八幡宮から東大寺東南院へ移動している。

供養当日は荒天で、『愚管抄』には「大風・大雨」とあり、『玉葉』は午の上刻（午前十一時から正午の間）に一旦、晴れた後、未の刻（午後二時前後）以後、再び雨が降ったとしている。供養の儀式は関白九条兼実の指示により、御家人により門内への見物人の立ち入りが禁じられ、兼実の弟の慈円（じえん）は御家人らが大雨をものともせず警備する姿を『愚管抄』に印象的に記している。一方、門内に入ろうとする衆徒との間に小競り合いも発生し、これを結城朝光が頼朝の使者として鎮めたことが中略部分に記されている。また、本日条にはさらに続けて東大寺の歴史や再建の経緯が記されている。

翌十三日は晴れ、頼朝は改めて大仏殿に参詣した。この時、大仏再建に従事した宋（そう）人の陳和卿（ちんなけい）に会おうとして拒絶されている。

十二日。丁酉。朝、雨。霽。午以後、雨頻降。又、地震。今日、東大寺供養也。雨師・風伯之降臨、天衆・地類之影向、其瑞、掲焉。寅一点、和田左衛門尉義盛・梶原平三景時、催二具数万騎壮士一、警二固寺四面近郷一。日出以後、将軍家、御参堂。御乗車也。小山五郎宗政、持二御剣一、佐々木中務丞経高、着二御甲一、愛甲三郎季隆、懸二御調度一。隆保・頼房等朝臣、扈従、連レ軒。伊賀守仲教・蔵人大夫頼兼・宮内大輔重頼・相模守惟義・上総介義兼・伊豆守義範・豊後守季光等、供奉。於二随兵一者、数万騎雖レ有レ之、皆、兼令レ警二固辻々并寺内・門外等一。其中、海野小太郎幸氏・藤沢二郎清親以下、撰二殊射手一、令レ座二惣門左右脇一云々。至二御共随兵一者、只廿八騎、相分候二于前後陣一。但義盛・景時等者、依レ為二侍所司一、令レ下二知警固事一之後、自二路次一更騎馬、各、為二最前・最末之随兵一云々。（中略）。

次、行幸。執柄以下卿相雲客、多以供奉。未剋、有二供養之儀一。導師、興福寺別当僧正覚憲。呪願師、当寺別当権僧正勝賢。凡仁和寺法親王以下、諸寺竜象衆会、及二一千口一云々。誠是、朝家・武門之大営、見仏・聞法之繁昌也。

◆源頼朝、丹後局と面談

建久六年（一一九五）三月二十九日条（巻第十五）

二十九日。癸丑。将軍家（源頼朝）が、尼の丹後二品（高階栄子）（宣陽門院（覲子内親王）の御母君。旧院（後白河院）の（下で）権力を握った女房である）を六波羅の御邸宅に招かれた。御台所（北条政子）・姫君（大姫）が、対面された。（頼朝から）御贈物（銀で蒔絵の箱を作り、砂金三百両を入れ、白綾三十端で台を飾ったという）が行われた。また、随従の諸大夫・侍らにも同じく御引出物が与えられたという。大友能直・八田知重が（品物を渡す）役目を務めたという。

❖廿九日。癸丑。将軍家、尼丹後二品〔宣陽門院の御母儀。旧院の執権の女房なり〕を六波羅の御亭に招請し給ふ。御台所・姫君等、対面し給ふ。御贈物〔銀を以て蒔筥を作り、砂金三百両を納め、白綾三十端を以て地盤を餝ると云々〕有り。又、扈従の諸大夫・侍等、同じく御引出物に及ぶと云々。左近将監能直・左衛門尉朝重等、所役に従ふと云々。

✻三月十四日に東大寺から京都に戻った源頼朝（四十九歳）は、引き続き六月二十五日までの長きにわたって京都に滞在した。

三月二十九日には後白河院に近侍して宣陽門院覲子内親王（十五歳）を産んだ、丹後局高階栄子を六波羅の邸宅に招き、妻の政子（三十九歳）、娘の大姫（十八歳）と引き合わせた。丹後局は後白河院の寵愛を得て政治的発言力も大きかった女性であり、この面談は大姫を後鳥羽天皇（十六歳）に入内させようとする工作の一環であった。

大姫は当初、木曽義仲の子義高の許嫁とされたが、義高は殺害されてしまう。その後、頼朝は建久元年（一一九〇）の上洛（二四三頁以下参照）の時点には大姫の入内を考えていた可能性があり（『玉葉』建久二年四月五日条）、建久五年八月には政子が一条高能（たかよし）との婚姻を提案したが、大姫に拒絶されている。

頼朝は四月十七日にも丹後局を六波羅に招き、同二十一日には宣陽門院御所を訪れるとともに、宣陽門院が相続していた長講堂（ちょうこうどう）領荘園七ヵ所の復興を取り計らうなど、丹後局との連携に努めたが、結局、入内が実現しないうちに、大姫は建久八年に二十歳で薄幸の生涯を終える。

なお、この建久六年三月二十九日の干支は正しくは甲寅（きのえとら）である。

廿九日。癸丑。将軍家、招㆓請尼丹後二品㆒（宣陽門院御母儀。旧院執権女房也）於六波羅御亭㆒給。御台所・姫君等、対面給。有㆓御贈物㆒（以㆑銀作㆓蒔筥㆒、納㆓砂金三百両㆒、以㆓白綾三十端㆒餝㆓地盤㆒云々）。又、扈従諸大夫・侍等、同及㆓御引出物㆒云々。左近将監能直・左衛門尉朝重等、従㆓所役㆒云々。

◈建久七年（一一九六）～十年の政治情勢

＊『吾妻鏡』は建久七年（一一九六）正月から同十年正月までの三年一ヵ月分の記事

を欠いている。

この間の建久七年には、関白九条兼実が失脚している。兼実は文治年間（一一八五～一一九〇）以来、源頼朝と協力関係にあったが、頼朝の娘の大姫の後鳥羽天皇への入内問題から両者の関係は悪化したという。また朝廷内での源通親（みちちか）らとの対立もあり、失脚したのである。これにともない兼実の娘で後鳥羽天皇の中宮であった任子（にんし）も宮中を退出し、兼実の弟の慈円も天台座主（てんだいざす）を解任されている（建久七年の政変）。

建久八年には、七月に頼朝の娘の大姫が二十歳で死去している。このため頼朝は次女三幡（さんまん）の入内を目指すが、これも実現しなかった。また十月には、幕府は八万四千基の宝塔を造立し、保元の乱以来の戦死者の冥福（めいふく）を祈っている（『鎌倉年代記』裏書・『鎌』九三七号）。

建久九年正月、十九歳になった後鳥羽天皇が四歳の土御門（つちみかど）天皇に譲位し、院政を開始した。土御門は後鳥羽と源通親の養女在子（ざいし）との間の皇子であり、後鳥羽院庁の別当ともなった通親は「源博陸（げんはくりく）」（源氏の関白）と呼ばれ、政治の実権を握った。

建久九年も押し詰まった十二月二十七日、頼朝は相模川の橋供養に出かけた帰りに落馬し、翌建久十年正月十三日に死去した。五十三歳であった。落馬と死去との因果関係は不明であるが、『愚管抄』などからは正月初めには「所労不快」との噂が京都に伝わっており、「所労」「飲水病」（糖尿病）によって死去したとの情報が伝えられていたことが知られる。『愚管抄』によれば、頼朝は三度目の上洛の意思を九条兼実に伝えていたというが、それが果たされることはなかった。

『吾妻鏡』は、頼朝の後継者となった頼家の吉書始が行われた建久十年（四月に正治と改元）二月六日の記事から再開される。

頼家将軍記

◆源頼家、吉書始　建久十年（一一九九）二月六日条（巻第十六）

六日。戊辰。晴れ。羽林殿下（源頼家）が先月二十日に左近衛中将に転任された。同二十六日の宣旨には、「前征夷将軍源朝臣（頼朝）の跡を継ぎ、その家人・郎従らに、従来のとおり諸国の守護を行わせるように」とあった。その宣旨が（鎌倉に）到着したため、今日、吉書始が行われた。清大夫が（吉書始の）日時を選び申したという。北条時政・中原広元・三浦義澄・源光行・善信（三善康信）・八田知家・和田義盛・比企能員・（侍別当）梶原景時・二階堂行光・平盛時・中原仲業・三善宣衡らが政所に列座した。善信が吉書の草案を作成した。武蔵国久良岐郡の事についてであったという。仲業が清書し、広元がこれを（頼家のもとに）持参した。頼家は寝殿でこれをご覧になった。この（吉書始の）ことは、故将軍（頼朝）がお亡くなりになった後、まだ二十日を過ぎていなかったが、綸旨が厳重であったため、何度も審議があり、内々のこととして、まずこれを行われたという。

❖六日。戊辰。霽る。羽林殿下、去んぬる月廿日、左中将に転じ給ふ。同廿六日の宣下に云はく、前征夷将軍 源 朝臣の遺跡を続ぎ、宜しく彼の家人・郎従等をして旧の如く諸国の守護を奉行せ令むべし、者り。彼の状、到着の間、今日、吉書始有り。清大夫、日時を択び申すと云々。北条殿・兵庫頭広元朝臣・三浦介義澄・前大和守光行朝臣・中宮 大夫属 入道善信・八田右衛門尉知家・和田左衛門尉義盛・比企右衛門尉能員・〔侍別当〕 梶原平三景時・藤民部丞行光・平民部丞盛時・右京 進仲業・文章 生宣衡等、政所に列し着す。善信、吉書を草す。武蔵国海月郡の事と云々。仲業、清書を加へ、広元朝臣、之を持参す。羽林、寝殿に於いて之を披覧し給ふ。此の事、故将軍、薨じ御ふの後、未だ廿ヶ日を経ずと雖も、綸旨、厳密の間、重々其の沙汰有り、内々の儀を以て、先づ之を遂げ行はると云々。

○羽林　近衛府の唐名。ここでは左近衛少将であった源頼家を指す。

＊源頼朝の嫡子頼家は建久八年（一一九七）に従五位上に叙され、左近衛少将に任じられて、官歴をスタートさせた。翌年には正五位下に昇り、この建久十年正月二十日に左近衛中将に昇任した。同じく二十六日には、正月十三日に亡くなった父頼朝の跡を継ぎ、御家人を率いて諸国の守護（治安維持）にあたるよう、土御門天皇の宣旨が下された。ここに朝廷が幕府に何を期待していたかを読み取ることができる。これを受けて、頼家の政務開始を宣言する吉書始が行われたのである。新たな鎌倉殿となった頼家はこの年、十八歳であった。

六日。戊辰。霽。羽林殿下、去月廿日、転㆓左中将㆒給。同廿六日宣下云、続㆓前征夷将軍源朝臣遺跡㆒、宜㆑令㆔彼家人・郎従等如㆑旧奉㆓行諸国守護㆒者。彼状、到着之間、今日、有㆓吉書始㆒。清大夫、択㆓申日時㆒云々。北条殿・兵庫頭広元朝臣・三浦介義澄・前大和守光行朝臣・中宮大夫属入道善信・八田右衛門尉知家・和田左衛門尉義盛・比企右衛門尉能員・〔侍別当〕梶原平三景時・藤民部丞行光・平民部丞盛時・右京進仲業・文章生宣衡等、列㆓着政所㆒。善信、草㆓吉書㆒。武蔵国海月郡事云々。仲業、加㆓清書㆒、広元朝臣、持㆓参之㆒。羽林、於㆓寝殿㆒披㆓覧之㆒給。此事、故将軍、薨御之後、雖㆑未㆑経㆓廿ヶ日㆒、綸旨、厳密之間、重々有㆓其沙汰㆒、以㆓内々儀㆒、先被㆑遂㆓行之㆒云々。

◆源頼家、訴訟の親裁を停止される

建久十年（一一九九）四月十二日条（巻第十六）

十二日。癸酉（みずのととり）。さまざまな訴訟の事について、羽林（源頼家）が直接、判決を下されることは取りやめる。今後は大事・小事とも、北条時政・同義時と中原広元・善信（三善康信）・中原親能（ちかよし）〔在京〕・三浦義澄・八田知家・和田義盛・比企能員・蓮西（れんさい）（安達盛長）・足立遠元（とおもと）・梶原景時・二階堂行政らが、合議して取り計らい判断する。それ以外の者たちは、むやみと訴訟の事を（頼家に）取り次いではならないと定められたという。

❖十二日。癸酉。諸の訴論の事、羽林、直に決断せ令め給ふの条、之を停止せ令む可し。向後に於いては、大少の事、北条殿・同四郎主幷びに兵庫頭広元朝臣・大夫属入道善信・掃部頭親能〔在京〕・三浦介義澄・八田右衛門尉知家・和田左衛門尉義盛・比企右衛門尉能員・藤九郎入道蓮西・足立左衛門尉遠元・梶原平三景時・民部大夫行政等、談合を加へ、計らい成敗せ令む可し。其の外の輩、左右無く訴訟の事を執り申す可からざるの旨、之を定め被ると云々。

✻建久十年（一一九九）二月六日に吉書始を行って政務を開始した源頼家であったが、早くもその四月には自ら訴訟を裁決することを制限されてしまう。いわゆる「十三人の合議制」の成立と呼ばれ、頼家による訴訟の裁決が停止されたとされる出来事であるが、この十三人が一堂に会して合議を行った事例は確認されておらず、この内の数名が合議した結果を頼家に示し、頼家の判断を仰ぐものであったとされ、これ以降にも頼家が訴訟を裁決した事例は確認される。末尾の文章からは、この出来事は、十三人以外による頼家への訴訟の取り次ぎを禁じ、また、この十三人の訴訟裁決への関与を定めたものと考えられる。これを将軍権力への制約とするか、年若い頼家を支えるものとするかは評価が分かれるところであるが、いずれにせよ、突然の鎌倉殿の交代への一つの対処であった。なお、頼家はこの措置への反発からか、側近五人以外は特に許可がない場合は自らの前に参上してはならないと命じている（『鏡』建久十年四月二十日条）。

十二日。癸酉。諸訴論事、羽林、直令㆓決断㆒給之条、可㆑令㆑停㆓止之㆒。於㆓向後㆒、大少事、北条殿・同四郎主幷兵庫頭広元朝臣・大夫属入道善信・掃部頭親能（在京）・三浦介義澄・八田右衛門尉知家・和田左衛門尉義盛・比企右衛門尉能員・藤九郎入道蓮西・足立左衛門尉遠元・梶原平三景時・民部大夫行政等、加㆓談合㆒、可㆑令㆓計成敗㆒。其外之輩、無㆓左右㆒不㆑可㆑執㆓申訴訟事㆒之旨、被㆑定㆑之云々。

◆梶原景時、討たれる

正治二年（一二〇〇）正月二十日条（巻第十六）

二十日。丁未。晴れ。辰の刻（午前八時前後）に、原宗房（景房とも）が急使を（鎌倉に）遣わして申した。「梶原景時がこのところ、相模国の一宮に城郭を構築し、防戦の備えをしていました。人々が怪しんでいたところ、昨夜の丑の刻（午前二時前後）に、子息らを連れて密かにこの場所（一宮の城郭）を逃れ出ました。これは謀反を企てて上洛するのだとの風聞があります」。そこで北条時政・兵庫頭（中原広元）・大夫属入道（三善康信）らが、幕府御所に参って審議があり、これを追討するため三浦義村・比企兵衛尉・糟谷有季・工藤行光以下の軍勢を派遣された。亥の刻（午後十時前後）に、景時父子は駿河国の清見関に至った。ところがその近隣の者どもが、的を射るために集まっていた。解散の時になって、景時が（上洛の）途中で行き会った。その（駿河国の）者たちはこれを怪しんで矢を射かけた。そこで廬原小次郎・工藤八・三沢小次郎・飯田家義が景時らを追いかけた。景時が狐崎で反転して戦ったところ、飯田四郎ら二人が（景時らに）討ち取られた。また、吉香（吉川）友兼・渋河次郎・船越惟貞・矢部小次郎が、廬原小次郎（のもと）に駆けつけて加勢した。友兼は梶原景茂〔年は三十四歳〕と遭遇し、互いに名のって戦い、両方とも討死した。その後、梶原景国・景宗・景則・景連らが、馬を並べ矢先を揃え（て戦った）ため、戦いは勝負を決し難かった。しかし、次第に駿河国の御家人らが、先を争って集まり、遂にその兄弟四人を討ち取った。また、景時と嫡子景季〔年は三十九歳〕・同弟景高〔年は三十六歳〕は後ろの山に退いて戦った。ところが景時・景高・景則は、死骸は残されていたが、その首を手に入れることはできなかったという。

❖廿日。丁未。晴る。辰の剋、原宗三郎、飛脚を進らせ、申して云はく、梶原平三郎景時、此の間、当国一宮に於いて城郭を構へ、防戦の儀に備ふ。人、以て怪しみを成すの処、去んぬる夜丑の剋、子息等を相伴ひ偸かに此の所を遁れ出づ。是、謀反を企て、上洛の聞こえ有りと云々。仍て北条殿・兵庫頭・大夫属入道等、御所に参り沙汰有り、之を追罰せんが為、三浦兵衛尉・比企兵衛尉・糟谷藤太兵衛尉・工藤小次郎已下の軍兵を遣はさるるなり。亥の剋、景時父子、駿河国清見関に到る。而るに其の近隣の甲乙人等、的を射んが為、群集す。退散の期に及び、景時、途中に相逢ふ。彼の輩、之を怪しみ、箭を射懸く。仍て盧原小次郎・工藤八・三沢小次郎・飯田五郎、之を追う。景時、狐崎に返し合はせ相戦ふの処、飯田四郎等二人、討ち取られ畢んぬ。又、吉香小次郎・渋河次郎・船越三郎・矢部小次郎、盧原に馳せ加はる。吉香、梶原三郎兵衛尉景茂〔年、卅四〕に相逢ひ、互ひに名謁ら令めて攻め戦ひ、共に以て討死す。其の後、六郎景国・七郎景宗・八郎景則・九郎景連等、轡を並べて鏃を調ふるの間、挑み戦ふに勝負を決し難し。然而、漸く当国の御家人等、競ひ集まり、遂に彼の兄弟四人を誅す。又、景時幷びに嫡子源太左衛門尉景季〔年、卅九〕・同弟平次左衛門尉景高〔年、卅六〕、後ろの山に引き相戦ふ。而るに景時・景高・景則等、死骸を貽すと雖も、其の首を獲ずと云々。

✻梶原景時は源頼朝の没後も源頼家の側近として活動していたが、正治元年（一一九九）十月に、結城朝光が頼朝を偲んで発した「忠臣は二君に仕えず」という言葉を、頼家への誹謗であると頼家に訴えたとして、御家人らから弾劾を受け、翌月、相模国一宮の所領へと退去した。その後、十二月に一旦、鎌倉に戻ったものの、鎌倉中（三〇〇頁参照）の追放という処分が決定し、再び一宮へ戻っていた。年が明けた正治二年正月十九日に一宮を出て京都を目指した景時一族は、翌二十日、駿河国で現地の御家人らに討たれてしまった。当日、見つからなかった景時の首は翌日に見つけ出され、その後も関係者の追及が続いた。また正月二十五日には景時の美作国の守護職以下が没収され、御家人らには恩賞が与えられた。なお『鏡』正治元年十二月二十九日条で小山朝政が任命されている播磨国の守護職も景時の所職であることから、この記事も正治二年正月二十五日であるべきものと考えられる。頼朝以来、将軍側近として活動してきた景時を失ったことを、当時の人々は「頼家の不覚」と考えたと『愚管抄』は記している。

廿日。丁未。晴。辰剋、原宗三郎、進二飛脚一、申云、梶原平三郎景時、此間、於二当国一宮一構二城郭一、備二防戦之儀一。人、以成レ怪之処、去夜丑剋、相二伴子息等一偸遯二出此所一。是、企二謀反一、有二上洛聞一云々。仍北条殿・兵庫頭・大夫属入道等、参二御所一有二沙汰一、為レ追二罰之一、被レ遣二三浦兵衛尉・比企兵衛尉・糟谷藤太兵衛尉・工藤小次郎已下軍兵一也。亥剋、景時父子、到二駿河国清見関一。而其近隣甲乙人等、為レ射レ的、群集。及二退散之期一、景時、相二逢途中一。彼輩、怪レ之、射二懸箭一。仍盧原小次郎・工藤八・三沢小次郎・飯田五郎、追レ之。景時、返二合于狐崎一相戦之処、飯田四郎等二人、被二討取一畢。又、吉香小次郎・渋河次郎・船越三郎・矢部小次郎、馳二加于盧原一。吉香、相二逢于梶原三郎兵衛尉景茂〔年、卅四〕一、互令二名謁一攻戦、共以討死。其後、六郎景国・七郎景宗・八郎景則・九郎景連等、並レ轡調レ鏃之間、挑戦難レ決二勝負一。然而、漸当国御家人等、競集、遂誅二彼兄弟四人一。又、景時幷嫡子源太左衛門尉景季〔年、卅九〕・同弟平次左衛門尉景高〔年、卅六〕、引二後山一相戦。而景時・景高・景則等、雖レ貽二死骸一、不レ獲二其首一云々。

◆城長茂、蜂起　正治三年（一二〇一）二月三日条（巻第十七）

三日。甲申。未の刻（午後二時前後）に、掃部入道（中原親能）・佐々木定綱・小山朝政（大番役を勤仕するため在京していた）らの急使が（鎌倉に）参着して、申した。「先月二十三日、天皇（土御門天皇）が院御所（後鳥羽院御所）（二条殿）に朝覲行幸されました。春宮（守成。後の順徳天皇）・七条院（藤原殖子）・一宮（昇子内親王。後の春華門院）も同じく臨幸されました。この時、越後国の住人である城長茂（城助国（資国）の四男）が、軍勢を率いて朝政の三条東洞院の宿所を囲みました。朝政は行幸に供奉して留守の間でした。残っていた郎従らが防戦したため、長茂は退却し、そのまま（土御門天皇の）行幸が還御される前に院御所に押しかけ、四方の門を閉じて、関東を追討せよとの宣旨を申請しました。しかし、勅許がなかったため、長茂は逐電しました。清水坂にいるとの風聞がありましたため、朝政らが急行しましたが、行方はわかりませんでした」という。その使者はまず大官令（中原広元）の邸宅に到着し、次に幕府御所に参った。この間、諸人が（御所に）群れ集まり、鎌倉中は騒動となった。制止が行われたため、夜になって静まったという。

❖三日。甲申。未の剋、掃部入道・佐々木左衛門尉定綱・小山左衛門尉朝政〔大番勤仕の為、在京〕等の飛脚、参着し、申して云はく、去んぬる月廿三日、天皇、仙洞〔二条殿〕に朝覲行幸す。春宮・七条院・一宮、同じく臨幸す。爰に越後国の住人城四郎　平長茂〔城四郎助国の四男〕、軍兵を引率し、朝政の三条　東洞院の宿盧を囲む。朝政、行幸に供奉し留守の程なり。残り留まる所の郎従等、禦ぎ戦ふの間、長茂、引き退き、即ち行幸　還御以前、仙洞に推参し、四門を閉ぢ、関東を追討す可きの宣旨を申す。然而、勅許無きに依り、長茂、逐電す。清水坂に有るの由、風聞の間、朝政等、馳せ向かふと雖も、行方を知らずと云々。彼の使者、先づ大官令の亭に到着し、次いで、御所に参る。此の間、諸人、群参し、鎌倉中、騒動す。

制止を加へ被るるに依り、夜に入り静謐すと云々。

○掃部入道　掃部寮の官職を最終官として出家した人物のこと。ここでは掃部頭であった中原親能を指す。
○朝覲行幸　天皇が太上天皇や皇太后などの居所を訪れ拝謁すること。
○大宮令　大膳大夫の唐名。ここでは中原広元を指す。

＊正治三年（一二〇一）正月二十三日、越後国の城長茂が、京都で蜂起し、朝廷に関東追討の宣旨を求めたが勅許を得られず、行方を晦ました。長茂は越後国の豪族城氏の一族で、治承・寿永内乱の初期に木曽義仲と信濃国の横田河原で戦い敗れている（九〇頁以下も参照）。長茂はその後、囚人として梶原景時に預けられ、奥州合戦に参加して御家人となっていた（『鏡』文治四年九月十四日条・文治五年七月十九・二十八日条・建久三年六月十三日条）。この長茂の蜂起は景時の滅亡に関連する動きと考えられている。長茂は結局、二月二十二日に吉野で討たれ、同二十九日にはその与党の者が討たれている（『鏡』建仁元年三月四・十二日条）。その後、三月末には越後国で長茂の甥の資盛が蜂起したが、幕府軍によって鎮圧された（『鏡』建仁元年四月二・三・六日

条・五月十四日条）。

三日。甲申。未剋、掃部入道・佐々木左衛門尉定綱・小山左衛門尉朝政〔為二大番勤仕一、在京〕等飛脚、参着、申云、去月廿三日、天皇、朝二覲一行一幸仙洞〔二条殿〕一。春宮・七条院・一宮、同臨幸。爰越後国住人城四郎平長茂〔城四郎助国四男〕、引二率軍兵一、囲二朝政三条東洞院宿廬一。朝政、供二奉行幸一留守程也。所二残留一之郎従等、禦戦之間、長茂、引退、即行幸還御以前、推二参仙洞一、閉二四門一、申下可レ追二討関東一之宣旨上。然而、依レ無二勅許一、長茂、逐電。有二清水坂一之由、風聞之間、朝政等、雖二馳向一、不レ知二行方一云々。彼使者、先到二着大官令亭一、次、参二御所一。此間、諸人、群参、鎌倉中、騒動。依レ被レ加二制止一、入レ夜静謐云々。

◆源頼家、征夷大将軍となる

建仁二年（一二〇二）八月二日条（巻第十七）

二日。癸酉（みずのとり）。京都（から）の使者が（鎌倉に）参った。先月二十二日、左（さ）金吾（きんご）（源頼家）が従二位に叙され、征夷大将軍に任命されたとのことを申した。

❖二日。癸酉。京都の使者、参る。去んぬる月廿二日、左金吾、従二位に叙し、征夷大将軍に補し給ふの由、之を申す。

○左金吾　金吾は衛門府の唐名。ここでは左衛門督の源頼家を指す。

＊源頼家が従二位に叙され、征夷大将軍に任じられた。時に二十二歳。既に、父頼朝の死去の直後に、その跡を継いで諸国の守護にあたるよう朝廷から宣旨を下されていた（三一七頁以下参照）が、ここに父と同じく征夷大将軍に任じられたのである。

二日。癸酉。京都使者、参。去月廿二日、左金吾、叙従二位、補征夷大将軍給之由、申之。

◆源頼家、危篤　建仁三年（一二〇三）八月二十七日条（巻第十七）

二十七日。壬戌。将軍家（源頼家）が御病気で、それが危篤となったため、御譲与の措置が行われた。関西の三十八カ国の地頭職を、弟の千幡君（後の源実朝）〔十歳〕に譲られ、関東の二十八カ国の地頭職と（全国の）惣守護職を、御長男の一幡君〔六歳〕に与えられた。この時、家督（一幡）の外祖父である比企能員は密かに（心の中で）、弟に譲与が行われたことを憤って怨みに思い、外戚という権威によって独自（に事を行おうと）の意志を懐いたため、叛逆を企て、千幡君とその外戚（北条時政）以下を排除し申そうと考えたという。

❖廿七日。壬戌。将軍家、御不例、縡、危急の間、御譲補の沙汰有り。関西三十八ヶ国の地頭職を以て、舎弟千幡君〔十歳〕に譲り奉られ、関東二十八ヶ国の地頭并びに惣守護職を以て、御長子一幡君〔六歳〕に充て被る。爰に家督の御外祖比企判官能員、潜かに舎弟に譲補する事を憤り怨み、外戚の権威に募り独歩の志を挿むの間、叛逆を企て、千幡君幷びに彼の外家已下を謀り奉らんと擬すと云々。

✻この年、源頼家は三月九日の夜、にわかに病気となり、この時は間もなく快復した（『鏡』建仁三年三月十・十四日条）。ところが七月二十日に再び発病し、同二十三日には「危急」となり、八月七日になっても「太だ辛苦」の状態で十五日の鶴岡八幡宮での放生会にも参会できなかった。そして二十七日に至って、頼家の跡をその子一幡と、弟の千幡（後の源実朝）とで分割相続することが決定された。なお、実朝は実際にはこの時、十二歳である。一幡は頼家と比企能員の娘である若狭局との間の子であることから、能員はこの決定に不満を抱き、九月二日、若狭局を通じてこの決定について頼家に訴えた。これを受けて頼家は、能員と相談の上、能員の主張する北条時政追討を認めたという。

廿七日。壬戌。将軍家、御不例、縡、危急之間、有㆓御譲補沙汰㆒。以㆓関西三十八ヶ国地頭職㆒、被㆑奉㆑譲㆓舎弟千幡君（十歳）㆒、以㆓関東二十八ヶ国地頭幷惣守護職㆒、被㆑充㆓御長子一幡君（六歳）㆒。爰家督御外祖比企判官能員、潜憤㆘怨㆓譲補于舎弟㆒事㆖、募㆓外戚之権威㆒挿㆓独歩志㆒之間、企㆓叛逆㆒、擬㆑奉㆑謀㆓千幡君幷彼外家已下㆒云々。

◆北条時政、比企能員を討つ

建仁三年（一二〇三）九月二日条（巻第十七）

二日。丁卯。（中略）。遠州（北条時政）が、この（名越の）御邸宅で薬師如来像〔このところ、造立し申していた〕を供養された。葉上律師（栄西）が（供養の）導師であった。尼御台所（北条政子）が御結縁のため（時政邸に）入られるという。時政は工藤五郎を使者として比企能員のもとへ伝えられて、「宿願により、仏像供養の儀式を行います。お出でになって、聴聞されてはいかがでしょうか。それにまた、この機会にいろいろとお話ししましょう」というと、（能員は）「すぐに前もって参りましょう」と申した。御使者が退去した後、廷尉（能員）の子息・親類らが諫めて言った。「このところ、計画していることが無いわけではありません。あるいは（それが）噂となっていることがあって、特別に使者を送られたのかもしれません。不用意に参られてはなりません。たとえ参られるとしても、家子・郎従らに甲冑を着せ、弓矢を持たせて、連れて行かれるべきです」。誤能員は言った。「そのような装いは、決して警固の備えとはならない。誤って人の疑いを生じさせる原因となる。今、わしがなお甲冑の兵士を召し連れたならば、鎌倉中の人々が皆、慌て騒ぐであろう。それは適当ではない。一つには仏事への結縁のためであり、一つには（源頼家の）御譲与などのことについて相談されるべきことがあるのであろう。急いで参ろう」。時政は甲冑を着けられ、中野四郎・市河行重を呼び、弓矢を持って両方の小門で準備するよう、命令された。そこで（二人は）征箭一腰を二つに取り分けて、それぞれが手に持ち、その二つの門に立った。彼らは優れた射手であったため、このご命令に応じることとなったのだという。蓮景（天野遠景）・仁田忠常は腹巻を着け、西南の脇戸の内側に待ち構えた。しばらくして能員が（時政邸に）入った。平礼烏帽子に白い水干・葛袴を着て、黒い馬に乗っていた。郎等二人・雑色五人が一緒であった。惣門を入って中門廊の沓脱に昇り、妻戸を通って（寝殿の）北面に行こうとした。その時、蓮景・忠常が、造合の脇戸のところに立ちはだかり、能員の左右の手をつかんで、築山の麓の竹林の中に引き倒し、即座に殺害した。時政は出居に出て、これをご覧になったという。

❖二日。丁卯。（中略）。遠州、此の御亭に於いて、薬師如来像〔日来、之を造り奉る〕を供養せ令め給ふ。葉上律師、導師為り。尼御台所、御結縁の為、入御有る可しと云々。遠州、工藤五郎を以て使と為し、能員の許に仰せ遣はされて云はく、宿願に依り、仏像供養の儀有り。御来臨有りて、聴聞せ被る可きか。且つは又、次を以て雑事を談ず可し、者れば、早く予参す可きの由を申す。御使退去の後、廷尉の子息・親類等、諫めて云はく、日来、計儀の事無きに非ず。若しくは風聞の旨有るに依り、専使に預かるか。左右無く参向せ被る可からず。縦ひ参らる可しと雖も、家子・郎従等をして甲冑を着し弓矢を帯び令め、相従へ被る可しと云々。能員、云はく、然るが如きの行粧、敢へて警固の備へに非ず。謬りて人の疑ひを成す可きの因なり。当時、能員、猶、甲冑の兵士を召し具せば、鎌倉中の諸人、皆、遽て騒ぐ可し。其の事、然る可からず。且つうは仏事結縁の為、且つうは御譲補等の事に就き、仰せ合はせ被る可き事有らんか。忩ぎ参る可し、者り。遠州、甲冑を着し給ひ、中野四郎・市河別当五郎を召し、弓箭を帯び両方の小門に儲く可きの旨、下知し給ふ。仍て征箭一腰を二つに取り分け、各、之を手夾み、件の両門に立つ。彼等、勝れたる射手為るに依り、此の仰せに応ずと云々。蓮景・忠常、腹巻を着し、西南の脇戸の内に構ふ。小時にして廷尉、参入す。平礼・白水干・葛袴を着し、黒馬に駕す。郎等二人・雑色五人、共に有り。惣門を入り、廊の沓脱に昇り、妻戸を通り、北面に参らんと擬す。時に蓮景・忠常等、造合の脇戸の砌に立ち向かひ、廷尉の左右の手を取り、山本の竹の中に引き伏せ、誅戮すること踵を廻らさず。遠州、出居に出で之を見給ふと云々。

○遠州　遠江国の唐名。ここでは遠江守の北条時政を指す。
○脇戸　中央の扉の側にある小さな扉。脇の入り口。ここでは寝殿の脇の入り口か。

○廊の沓脱　廊は建物と建物とをつなぐ、細長い建物。沓脱は玄関や縁側などに設けられた上り口で、そこで沓を脱いだ。ここでは多く入り口として用いられた中門廊に設けられた沓脱。
○妻戸　両開きの板製の扉。
○造合　建物と建物とが接しているところ。
○出居　寝殿造で日常的な居所に用いられた空間。寝殿に接する二棟廊(ふたむねろう)に多く設けられた。

✻源頼家と比企能員による北条時政追討の企ては、『鏡』によれば、これを立ち聞きしていた北条政子により、時政に伝えられたという。これを受けて時政は、比企一族を滅ぼすことを決意し、以前から造立していた薬師如来像を供養するとして能員を招き、これを殺害した。この知らせを受けた比企一族は頼家の子の一幡が住んでいた小御所に立て籠(こ)もって戦ったが、館に火を放って自害し、一幡も死亡した。ただし、『猪熊(いのくま)関白記』建仁三年九月七日条には、一幡はこの時には殺されていなかったとあり、『愚管抄』は、一幡は母に抱かれて脱出したものの、十一月三日に北条義時によって殺されたとしている。一幡は八歳であった。

二日。丁卯。（中略）。遠州、於二此御亭一、令レ供二養薬師如来像（日来、奉レ造レ之）一給。葉上律師、為二導師一。尼御台所、為二御結縁一、可レ有二入御一云々。遠州、以二工藤五郎一為レ使、被レ仰二遣能員之許一云、依二宿願一、有二仏像供養之儀一。有二御来臨一、可レ被二聴聞一歟。且又、以レ次可レ談二雑事一者、早申下可二予参一之由上。御使退去之後、廷尉子息・親類等、諫云、日来、非レ無二計儀事一。若依レ有二風聞之旨一、預二専使一歟。無二左右一不レ可レ被二参向一。縦雖レ可レ被レ参、令下家子・郎従等着二甲冑一帯中弓矢上、可レ被二相従一云々。能員、云、如レ然之行粧、敢非二警固之備一。謬可レ成二人疑一之因也。当時、能員、猶、召二具甲冑兵士一者、鎌倉中諸人、皆、可二遽騒一。其事、不レ可レ然。且為二仏事結縁一、且就二御譲補等事一、有下可レ被二仰合一事上哉。忩可レ参、者。遠州、着二甲冑一給、召二中野四郎・市河別当五郎一、帯二弓箭一可レ儲二両方小門一之旨、下知給。仍取二分征箭一腰於二二一、各、手二夾之一、立二件両門一。彼等、依レ為二勝射手一、応二此仰一云々。蓮景・忠常、着二腹巻一、構二于西南脇戸内一。小時廷尉、参入。着二平礼・白水干・葛袴一、駕二黒馬一。郎等二人・雑色五人、有レ共。入二惣門一、昇二廊沓脱一、通二妻戸一、擬レ参二北面一。于レ時蓮景・忠常等、立二向于造合脇戸之砌一、取二廷尉左右手一、引二伏于山本竹中一、誅戮不レ廻レ踵。遠州、出二於出居一見レ之給云々。

◈源頼家、出家　建仁三年（一二〇三）九月七日条（巻第十七）

> 七日。壬申。晴れ。亥の刻（午後十時前後）に、将軍家（源頼家）が出家された。御病気の上、幕府を統治される事が、行く末がいかにも危ういため、尼御台所（北条政子）が取り計らわれたため、心ならずもこのようになったという。

❖七日。壬申。霽る。亥の剋、将軍家、落餝せ令め給ふ。御病悩の上、家門を治め給ふ事、始終、尤も危ふきの故、尼御台所、計らひ仰せ被るるに依り、意ならずも此くの如し。

✲『鏡』は、病状がわずかに回復した源頼家は一幡と比企一族の滅亡を聞き、改めて北条時政の追討を和田義盛・仁田忠常に命じるが果たさず、比企能員らの滅亡から五日目の九月七日、北条政子の計らいにより出家したとする。一方『愚管抄』は、頼家は八月晦日には一幡への相続を念頭に出家していたとしている。

また、『鏡』には九月十日に千幡（後の源実朝）を後継の将軍に擁立することが決定されたとするが、実際には九月七日に京都で千幡の征夷大将軍への任命が行われている。この日の朝、鎌倉からの使者は、頼家が九月一日に死去し、翌二日に一幡と能員が討たれたと報じている（『猪熊関白記』建仁三年九月七日条）。『愚管抄』の記述も踏まえるならば、京都へは、頼家は八月晦日に出家して翌一日に死去し、二日に一幡と能員が討たれたと報じられたことになる。時政は能員を討つとすぐに、頼家の「病死」と千幡への継承を京都に報じたのである。

『鏡』は千幡を征夷大将軍に任命する宣旨が鎌倉に到着する九月十五日をもって「頼家将軍記」を終え、同日から新たに「実朝将軍記」を書き起こしている。

七日。壬申。霽。亥剋、将軍家、令㆓落餝㆒給。御病悩之上、治㆓家門㆒給事、始終、尤危之故、尼御台所、依㆑被㆓計仰㆒、不㆑意如㆑此。

実朝将軍記

◆源実朝、征夷大将軍となる

建仁三年（一二〇三）九月十五日条（巻第十八）

十五日。庚辰。晴れ。幕下大将軍（源頼朝）の二男の若君（名前は千幡君（後の源実朝））が、関東の棟梁として、去る七日に従五位下の位記と征夷大将軍の宣旨を下された。その文書が、今日、鎌倉に到着したという。

❖十五日。庚辰。霽る。幕下大将軍の二男の若君〔字、千幡君〕、関東の長者と為て、去んぬる七日、従五位下の位記幷びに征夷大将軍の宣旨を下さる。其の状、今日（きょう）、鎌倉（かまくら）に到着（とうちゃく）すと云々（うんぬん）。

○幕下　近衛大将の唐名。ここでは右近衛大将であった源頼朝を指す。
○位記　位階を授ける際に朝廷から発給される文書。

✻ 源実朝の将軍記の最初の記事であり、当時はまだ元服前の十二歳で千幡と名のっていた実朝を従五位下に叙し、征夷大将軍に任命する朝廷の文書が鎌倉に届いたことを記す。千幡は兄頼家の病とそれにともなう比企一族の滅亡、頼家の出家により鎌倉殿となった。実朝の名は、この叙位・任官に際し、後鳥羽上皇によって与えられた（『猪熊関白記』建仁三年九月七日条）。
実朝は十月八日に元服し、翌九日には政所始を行っている。

十五日。庚辰。霽。幕下大将軍㆓男若君〔字、千幡君〕、為㆓関東長者㆒、去七日、被㆑下㆓従五位下位記幷征夷大将軍宣旨㆒。其状、今日、到㆓着于鎌倉㆒云々。

◆源頼家、死去　元久元年（一二〇四）七月十九日条（巻第十八）

十九日。己卯。酉の刻（午後六時前後）に、伊豆国（から）の急使が（鎌倉に）参った。「昨日（十八日）、左金吾禅閤（源頼家）（年は二十三歳）が当国の修禅寺で亡くなられました」と申したという。

❖十九日。己卯。酉の剋、伊豆国の飛脚、参着す。昨日〔十八日〕、左金吾禅閤〔年、廿三〕、当国修禅寺に於いて薨じ給ふの由、之を申すと云々。

✻建仁三年（一二〇三）九月七日に出家させられた源頼家は、同二十一日に鎌倉からの追放を決定され、同二十九日に伊豆国の修禅寺へ向かって出立した。その後、近習の伊豆下向を母の北条政子と弟の源実朝に要請するも許されず（『鏡』建仁三年十一月六日条）、翌元久元年（一二〇四）七月十八日に死去した。以上が『鏡』の描く頼家の最期であるが、『愚管抄』は鎌倉からの追放を建仁三年九月十日とし、頼家の死を殺害としている。刺客は激しく抵抗する頼家の首に紐を巻き付け、陰嚢をつかむなどして刺殺したと、その壮絶な最期を描写している。

十九日。己卯。酉尅、伊豆国飛脚、参着。昨日〔十八日〕、左金吾禅閤〔年、廿三〕、於二当国修禅寺一薨給之由、申レ之云々。

◆畠山重忠、討たれる

元久二年（一二〇五）六月二十二日条（巻第十八）

二十二日。戊申。快晴。寅の刻（午前四時前後）に、鎌倉中が騒動となった。軍勢が由比ヶ浜の辺りへ先を争って走った。謀叛の者たちを誅殺されるのだという。これによって、畠山重保が郎従三人を連れてその場に向かったため、三浦義村がご命令を承り、佐久間家盛らに重保を囲ませたところ、（重保は）勝負を争ったが多勢を破ることはできず、主従ともに誅殺されたという。また、畠山重忠が（鎌倉に）参上するとの風聞があったため、道中で誅殺するよう決定があり、相州（北条義時）以下が（鎌倉を）出発され、軍勢は皆これに従った。（中略）。

午の刻（正午前後）に、それぞれ武蔵国二俣川で重忠と対峙した。重忠は去る十九日に男衾郡菅谷の館を出発し、今、この沢に着いたのであった。ちょうど、弟の長野重清は信濃国におり、同じく弟の重宗は陸奥国にいた。そのため（重忠に）従う者たちは二男の重秀、郎従の本田近常・榛沢成清以下の百三十四騎で、鶴峯の麓に陣を敷いた。ところが重保が今朝、誅殺された上、軍勢がまた襲来していると、この場所で聞いた。近常・成清は言った。「聞くところによれば、討手は幾千万騎とも知れません。我が軍勢はまったくその威勢には対抗できません。早く本拠に引き返し、討手を待ち受けて合戦を行うべきです」。重忠は言った。「それは適当ではない。家を忘れ親しい者を忘れて戦うのは将軍たる者の本来の志である。それゆえ、重保が誅殺された後（の今）になって、本拠を顧みることはできない。去る正治の頃、梶原景時が一宮の館を退去し、道中で誅殺されたのは、しばしの命を惜しんだかのようであった。そしてまた、事前に陰謀の企てがあったかのようであった。そのように推察されるのは恥ずべきであろう。まことに（景時の例を）後車の誡めと考えるべきである」。この時、襲来した軍勢らは、それぞれ先陣を果たすことを目指し、その名誉を後代に残そうと願った。（中略）。
総じて弓矢での戦いも、刀剣での争いも、時が過ぎても、その勝負がつかなかったところ、申の斜め（午後四時三十分頃）になって、愛甲季隆の放った矢が、重忠〔年は四十二歳〕の体にあたった。季隆はすぐにその首を取り、義時の陣に献上した。そうした後、重秀〔年は二十三歳。母は足立遠元の娘〕と（重忠の）郎従らが自殺したため、事態は鎮まった。

❖廿二日。戊申。快晴。寅の刻、鎌倉中、驚遽す。軍兵、由比浜の辺りに競ひ走る。謀叛の輩を誅せ被る可しと云々。之に依り、畠山六郎重保、郎従三人を具し、其の所に向かふの間、三浦平六兵衛尉義村、仰せを奉り、佐久満太郎等を以て重保を相囲むの処、雌雄を諍ふと雖も、多勢を破ること能はず、主従共に誅せ被ると云々。又、畠山次郎重忠、参上するの由、風聞の間、路次に於いて誅す可きの由、其の沙汰有り、相州已下、進発せ被れ、軍兵、悉く以て之に従ふ。（中略）。午の剋、各、武蔵国二俣河に於いて、重忠に相逢ふ。重忠、去んぬる十九日、小衾郡菅屋の館を出で、今、此の沢に着くなり。折節、舎弟長野三郎重清、信濃国に在り、同弟六郎重宗、奥州に在り。然る間、相従ふの輩、二男小次郎重秀、郎従本田次郎近常・榛沢六郎成清已下百三十四騎、鶴峯の麓に陣す。而るに重保、今朝、誅を蒙るの上、軍兵、又、襲ひ来るの由、此の所に於いて之を聞く。近常・成清等、云はく、聞く如くんば、討手、幾千万騎なるを知らず。吾が衆、更に件の威勢に敵し難し。早く本所に退き帰り、討手を相待ち、合戦を遂ぐ可しと云々。重忠、云はく、其の儀、然る可からず。家を忘れ親しきを忘るるは将軍の本意なり。随って、重保、誅せ被るるの後、本所を顧みること能はず。去んぬる正治の比、景時、一宮の館を辞し、途中に於いて誅に伏するは、暫時の命を惜しむに似たり。且つは又、兼ねて陰謀の企て有るに似たり。賢察を恥づ可きか。尤も後車の誡めと存ず可しと云々。爰に襲ひ来る軍兵等、各、意を先陣に懸け、誉を後代に貽さんと欲す。（中略）。凡そ弓箭の戦ひ、刀剣の諍ひ、剋を移すと雖も、其の勝負無きの処、中の斜めに及び、愛甲三郎季隆の発つ所の箭、重忠〔年、四十二〕の身に中たる。季隆、即ち彼の首を取り、相州の陣に献ず。爾るの後、小次郎重秀〔年、廿三。母、右衛門尉遠元の女〕幷びに郎従等、自殺するの間、縡、無為に属す。

○相州　相模国の唐名。ここでは相模守の北条義時を指す。
○後車の誡め　前に進んだ者の失敗を、後に進む者が教訓とすること。『漢書』賈誼伝にある「前車の覆るは後車の戒め」を踏まえたもの。

✲源頼朝の信頼が厚く、武蔵国の有力武士であった畠山重忠父子が滅亡した。重忠は秩父平氏の一族で、頼朝の挙兵当初は平家方として、三浦義明を相模国衣笠城に滅ぼしたが、後に頼朝に従い、その厚い信頼を得ていた（八一頁以下・一〇三頁以下参照）。重忠は頼朝の死後もその地位を保っており、比企氏滅亡の際には、積極的に攻撃しているが、この背景には、武蔵国の比企郡を本拠とする比企氏と男衾郡を本拠とする畠山氏との競合関係があったと考えられている。ところが、比企氏の滅亡後、武蔵守平賀（ひらが）朝雅（ともまさ）を娘婿とする北条時政が武蔵国への関与を強め、重忠と対立するようになった。また朝雅と畠山氏の間にも対立が生じていた。元久二年（一二〇五）四月、秩父平氏の一族で時政の娘婿であった稲毛（いなげ）重成（しげなり）が武蔵国から鎌倉に入り、重成の招きにより重忠の子重保は六月二十日に鎌倉に入った。『鏡』六月二十三日条によれば、重成は重忠にも鎌倉へ来るよう書状を送っていたという。六月二十二日の早朝、重保はかつて重忠が滅ぼした三浦義明の孫の義村によって鎌倉で討たれ、北条義時以下が重忠追討のため鎌倉を出発した。合戦は正午頃から始まり、重忠は愛甲季隆に討ち取られた。この時、重忠は四十二歳であった。ところが翌日には、軍勢が小規模であったこともあって重忠は冤罪（えんざい）とされ、稲毛重成一族が追討された。また、時政の先妻の娘であった重忠の妻は、後に足利義純（よしずみ）に嫁いでその子の泰国（やすくに）が畠山氏を名のり、室町幕府の管領（かんれい）家へとつながってゆく。

廿二日。戊申。快晴。寅剋、鎌倉中、驚遽。軍兵、競二走于由比浜之辺一。可レ被レ誅二謀叛之輩一云々。依レ之、畠山六郎重保、具二郎従三人一、向二其所一之間、三浦平六兵衛尉義村、奉レ仰、以二佐久満太郎等一相二囲重保一之処、雖レ諍二雌雄一、不レ能レ破二多勢一、主従共被レ誅云々。又、畠山次郎重忠、参上之由、風聞之間、於二路次一可レ誅之由、有二其沙汰一、相州已下、被二進発一、軍兵、悉以従レ之。（中略）。

午剋、各、於二武蔵国二俣河一、相二逢于重忠一。々々（重忠）、去十九日、出二小衾郡菅屋館一、今、着二此沢一也。折節、舎弟長野三郎重清、在二信濃国一、同弟六郎重宗、在二奥州一。然間、相従之輩、二男小次郎重秀、郎従本田次郎近常・榛沢六郎成清已下百三十四騎、陣二于鶴峯之麓一。而重保、今朝、蒙レ誅之上、軍兵、又、襲来之由、於二此所一聞レ之。近常・成清等、云、如レ聞者、討手、不レ知二幾千万騎一。吾衆、更難レ敵二件威勢一。早退二帰于本所一、相二待討手一、可レ遂二合戦一云々。重忠、云、其儀、不レ可レ然。忘レ家忘レ親者将軍本意也。随而、重保、被レ誅之後、不レ能レ顧二本所一。去正治之比、景時、辞二一宮館一、於二途中一伏レ誅、似レ惜二暫時之命一。且又、兼似レ有二陰謀企一。可レ恥二賢察一歟。尤可レ存二後車之誡一云々。爰襲来軍兵等、各、懸二意於先陣一、欲レ貽二誉於後代一。（中略）。

凡弓箭之戦、刀剣之諍、雖レ移レ剋、無二其勝負一之処、及二申斜一、愛甲三郎季隆之所レ発箭、中二重忠〔年、四十二〕之身一。季隆、即取二彼首一、献二相州之陣一。爾之後、小次郎重秀〔年、廿三。母、右衛門尉遠元女〕并郎従等、自殺之間、縡、属二無為一。

◆北条時政、失脚　元久二年（一二〇五）閏七月十九日条（巻第十八）

十九日。甲辰。晴れ。牧の方が奸謀を廻らし、平賀朝雅を関東の将軍として、現在の将軍家（源実朝）〔この時、遠州（北条時政）の邸宅におられた〕を排除し申し上げようとしているとの風聞があった。そこで尼御台所（北条政子）が長沼宗政・結城朝光・三浦義村・同胤義・天野政景らを派遣し、羽林（実朝）をお迎え申された。（実朝は）そのまま相州（北条義時）の邸宅に入られたため、時政が召し集められていた武士は全て義時の邸宅に参り、実朝をお守りした。同日丑の刻（午前二時前後）に時政は急に出家された〔年は六十八歳〕。同時に出家した者たちは数えきれなかった。

❖十九日。甲辰。晴る。牧御方、奸謀を廻らし、朝雅を以て関東の将軍と為し、当将軍家〔時に遠州の亭に御坐ます〕を謀り奉る可きの由、其の聞こえ有り。仍て尼御台所、長沼五郎宗政・結城七郎朝光・三浦兵衛尉義村・同九郎胤義・天野六郎政景等を遣はし、羽林を迎へ奉らる。即ち相州の亭に入御するの間、遠州召し聚め被るる所の勇士、悉く以て彼の所に参入し、将軍家を守護し奉る。同日丑の剋、遠州、俄かに以て落餝せ令め給ふ〔年、六十八〕。同時に出家の輩、勝げて計ふ可からず。

○遠州　遠江国の唐名。ここでは遠江守であった北条時政を指す。
○羽林　近衛府の唐名。ここでは右近衛権中将であった源実朝を指す。

✲北条時政の後妻である牧の方が、源実朝に替えて娘婿の平賀朝雅を将軍にしようとしているとして、時政が前妻の子である北条政子・義時によって出家に追い込まれた。翌二十日には、時政が伊豆国北条に下向し、京都守護として在京していた朝雅の追討を命じる使者が鎌倉を出発した。使者は二十五日夜に京都に到着し、朝雅は二十六日に討たれた。この事件以降、政子・義時を中心に幕府が運営されてゆくこととなる。時政は十年後の建保三年（一二一五）正月六日に北条で没した。その後、牧の方は上洛し、嘉禄三年（一二二七）に京都で時政の十三回忌の供養を行っている。

十九日。甲辰。晴。牧御方、廻二奸謀一、以二朝雅一為二関東将軍一、可レ奉レ謀二当将軍家一〔于レ時御二坐遠州亭一〕之由、有二其聞一。仍尼御台所、遣二長沼五郎宗政・結城七郎朝光・三浦兵衛尉義村・同九郎胤義・天野六郎政景等一、被レ奉レ迎二羽林一。即入二御相州亭一之間、遠州所レ被二召聚一之勇士、悉以参二入彼所一、奉レ守二護将軍家一。同日丑剋、遠州、俄以令二落餝一給〔年、六十八〕。同時出家之輩、不レ可二勝計一。

◆公暁、源実朝の猶子となる

建永元年（一二〇六）十月二十日条（巻第十八）

二十日。丁卯。曇り。左金吾将軍（源頼家）の御子息の若君〔善哉公（後の公暁）〕が、尼御台所（北条政子）のご命令により、将軍家（源実朝）の御猶子となり、初めて幕府御所に入られた。御乳母夫の三浦義村が（実朝から善哉への）御賜物（とする品）などを献上した。

❖廿日。丁卯。陰る。左金吾将軍の御息の若君〔善哉公〕、尼御台所の仰せに依り、将軍家の御猶子と為り、始めて営中に入御す。御乳母夫三浦平六兵衛尉義村、御賜物等を献ず。

○左金吾　金吾は衛門府の唐名。ここでは左衛門督であった源頼家を指す。

✲源頼家の子で、北条政子の計らいにより元久二年（一二〇五）十二月二日に鶴岡別当尊暁の門弟となっていた善哉（後の公暁）が、叔父にあたる源実朝の猶子となった。猶子とは実の親との関係を保ったまま他人の子として遇されるものである。時に善哉は七歳、実朝は十五歳であった。善哉はこの後、建暦元年（一二一一）九月に出家し、近江国の園城寺で修行することとなる。

廿日。丁卯。陰。左金吾将軍御息若君〔善哉公〕、依㆓尼御台所之仰㆒、為㆓将軍家御猶子㆒、始入二御営中一。御乳母夫三浦平六兵衛尉義村、献二御賜物等一。

◆北条時房、武蔵守となる

建永二年（一二〇七）二月二十日条（巻第十八）

二十日。丁卯。晴れ。北条時房が先月十四日に、武蔵守に就任したため、（武蔵国の）国務の事は故大内義信の先例に従って処理するよう、命じられたという。

❖廿日。丁卯。霽る。時房朝臣、去んぬる月十四日、武蔵守に任ずるの間、国務の事、故武蔵守義信入道の例に任せて、沙汰せ被る可きの旨、仰せ下さると云々。

✼北条義時の弟時房が武蔵守となった。これより三年前の元久元年（一二〇四）三月には義時が相模守となっており、鎌倉幕府の膝下である相模・武蔵の両国の守は、相模国はこれ以降、武蔵国は時房の後、大江親広を経て北条泰時が任じられて以降、北条氏が占めることとなった。大内義信は源頼朝によって元暦元年（一一八四）六月に武蔵守に任じられ、建久六年（一一九五）七月十六日には頼朝からその善政を称えられ、今後の国司は義信の例に倣うよう国府の政庁に壁書が貼られている。義信は源氏の長老として尊重され、義信に続いて子の平賀朝雅が武蔵守に任じられ、義時の前任の相模守である大内惟義も義信の子であった。

なお、建永二年二月二十日の干支は正しくは丙寅である。

廿日。丁卯。霽。時房朝臣、去月十四日、任二武蔵守一之間、国務事、任二故武蔵守義信入道之例一、可レ被二沙汰一之旨、被二仰下一云々。

◆三善康信の名越邸の文庫、焼失

承元二年（一二〇八）正月十六日条　（巻第十九）

十六日。丙戌。午の刻（正午前後）に、問注所入道（三善康信）の名越の家が焼けた。ところが（康信は）その家の背後の山際に文庫を設けていた。（文庫には）将軍家（源実朝）の御書物、様々な業務に関する文書や（先祖の）三善倫兼の日記以下の代々の文書などを納めていたが、全て灰燼となった。善信（康信）はこれを聞いて、悲歎のあまり、ひどく落涙し、心も呆然となった。そこで人々がこれを見舞ったという。

❖十六日。丙戌。午の剋、問註所入道の名越の家、焼亡す。而るに彼の家の後面の山際に於いて文庫を構ふ。将軍家の御文籍、雑務の文書幷びに散位倫兼の日記已下の累代の文書等、納め置くの処、悉く以て灰燼と為る。善信、之を聞き、愁歎の余り、落涙、数行、心神、惘然為り。仍て人、之を訪ふと云々。

✲問注所執事三善康信が邸内に設けていた文庫が焼失し、収納されていた書籍や文書・記録が焼失した。先例が重視された当時、各種の先例を記した先祖の日記や文書・記録類は極めて重要であり、特に文筆官僚にとっては、家の存続にもかかわるものであった。康信邸の文庫は家屋の背後の山際に存在していたが、これは火災の難を避けるためであったと考えられる。

保元の乱で滅亡した藤原頼長は学問に優れていたことで知られ、大炊御門高倉邸の南西隅に独立した建物として文倉を設置しているが、壁には石灰や牡蠣殻を塗り、瓦葺とした上、周囲に空閑地を設けて堀と生垣で囲うという厳重な防火対策が行われていた（『台記』天養二年正月十九日・四月二日条）。

武家の文庫としては、この三善邸の文庫の他、金沢北条氏が設置し、現在までその系譜が引き継がれている金沢文庫、佐介北条氏の松谷文庫、大江広元の子孫である長井宗秀の長井洒掃文庫（洒掃は掃部寮の唐名、宗秀は掃部頭であった）、政所の職務などを世襲した二階堂氏の二階堂行藤の書庫の存在が知られている。

> 十六日。丙戌。午剋、問註所入道名越家、焼亡。而於二彼家後面之山際一構二文庫一。将軍家御文籍、雑務文書并散位倫兼日記已下累代文書等、納置之処、悉以為二灰燼一。善信、聞レ之、愁歎之余、落涙、数行、心神、為二惘然一。仍人、訪レ之云々。

◆源実朝、藤原定家に和歌の批評を請う

承元三年（一二〇九）七月五日条（巻第十九）

五日。丙申。将軍家（源実朝）が、夢のお告げにより、二十首の和歌を住吉社に奉納された。内藤知親〔（和歌に）優れた者である。藤原定家の門弟〕、が御使者となった。この機会に、去る建永元年に学び始められて以降の和歌三十首を選び、（批評の）合点を付けてもらうため定家に送られた。

❖五日。丙申。将軍家、御夢想に依り、二十首の御詠歌を住吉社に奉らる。内藤右馬允知親〔好士なり。定家朝臣の門弟〕、御使為り。此の次を以て、去んぬる建永元年の御初学の後の御歌、卅首を撰び、合点の為、定家朝臣に遣はさるるなり。

✻源実朝は歌集『金槐和歌集』（金は鎌倉の鎌の偏、槐は大臣の唐名である槐門の槐）

からも知られるとおり、和歌を嗜(たしな)んだ。『鏡』に見える、実朝の和歌関係の最初の記事は元久二年（一二〇五）四月十二日条で、十二首の和歌を詠んだとある。当時、実朝は十四歳、前年十二月十日に、妻となる坊門信清(ぼうもんのぶきよ)の娘が鎌倉に到着しており、直接京都の文化に触れたことも影響があったかもしれない。また、元久二年三月に編集が終わった『新古今和歌集』の写本を取り寄せており、これは九月二日に鎌倉に届いている。この写本の入手に尽力したのが内藤知親（当時は朝親(ともちか)）であった。そして、翌建永元年（一二〇六）から本格的に和歌の学習に取り組み始めたのであった。

　実朝の和歌を携えて上洛した知親は、八月十三日に鎌倉に戻り、合点の加えられた和歌とともに、定家から送られた『詠歌口伝(えいがくでん)』一巻を実朝に届けた。

> 五日。丙申。将軍家、依二御夢想一、被レ奉二廿首御詠歌於住吉社一。内藤右馬允知親〔好士也。定家朝臣門弟〕、為二御使一。以二此次一、去建永元年御初学之後御歌、撰二卅首一、為二合点一、被レ遣二定家朝臣一也。

◈幕府、守護補任の経緯を調査

承元三年（一二〇九）十二月十五日条（巻第十九）

十五日。乙亥。（関東の）近国の守護が、（守護への）任命の御下文などを提出した。その中で千葉成胤は、「先祖の千葉常兼が元永以後、千葉荘の検非違所であったため、右大将家（源頼朝）の御時、（祖父の）常胤を下総一国の守護職に任命されました」と申した。三浦義村は、「祖父の義明が天治以来、相模国のさまざまな業務に関与しておりましたことにより、同じ（頼朝の）御時に、検断の事を同様に行うよう、（父の）義澄が承りました」と申した。小山朝政は（次のように）申した。「（任命の）根本となる（将軍家からの）御下文は所持しておりません。先祖の藤原豊沢が当国の押領使となり、検断のような事は全て執り行ってきました。（同じく先祖の）秀郷が天慶三年にさらに（朝廷から）官符を賜った後、十三代数百年、（その職務を）行ってきました間に、片時も中絶したためしは有りません。ただし、右大将家（頼朝）の御時は、建久年中に亡父政光がこの職を朝政に譲与したことについて、安堵の御下文をいただいたのみです。まったく（将軍家からの）新恩の職ではありません」。（朝政は）「御不審を払拭しましょう」と言って、その官符以下の文書をご覧に入れたという。その他の国々（の守護）もまた、頼朝の御下文を所持していた。（そこで）たとえ少しの過ちを犯したとしても、簡単には（守護の職を）変更することは難しいと決定があり、今後は、特に怠慢の心を持たないよう、それぞれによくよく命じられた。中原広元がこれを担当した。

❖十五日。乙亥。近国の守護、補任の御下文等、之を備進す。其の中、千葉介成胤は、先祖千葉大夫、元永以後、当庄の検非違所為るの間、右大将家の御時、常胤を以て下総一国の守護職に補せ被るるの由、之を申す。三浦兵衛尉義村は、祖父義明、天治以来、相模国の雑事に相交はるに依り、同じき御時、検断の事、同じく沙汰を致す可きの旨、義澄、之を承り訖んぬるの由、之を申す。小山左衛門尉朝政、申して云はく、本御下文は帯びず。曩祖下野少掾豊沢、当国の押領使と為て、検断の如きの事、一向之を執行す。秀郷朝臣、天慶三年、更に官符を賜るの後、十三代数百歳奉行の間、片時も中絶の例無し。但し、右大将家の御時は、建久年中、亡父政光入道、此の職を朝政に譲与するに就き、安堵の御下文を賜る許りなり。敢へて新恩の職に非ず。御不審を散ず可しと称し、彼の官符以下の状等を進覧すと云々。其の外の国々、又、右大将家の御下文を帯び訖んぬ。縦ひ小過を犯すと雖も、輙く改補せ被れ難きの趣、其の沙汰有り、向後、殊に懈緩を存ず可からざるの由、面々に仰せ含め被る。広元、之を奉行す。

✽この年の十一月二十日、守護の怠慢により諸国で盗賊が発生しているとの国衙からの訴えへの対応が協議された。この中で守護の任期付き輪番制が検討され、その実施に先立ち、それぞれの守護の任命の経緯が調査されることとなった。そこで、まず関東近国の守護に対し、最初に守護に任命された際の下文の提出が命じられ、この日、千葉・三浦・小山氏らから守護任命の経緯が説明されたのである。

ここで登場する検断とは、刑事的事件の犯罪者の逮捕・処罰から、その財産の没収までを含む治安・警察行為であり、守護の重要な職務であった。千葉氏は千葉荘の検非違所（けびいしょ）として、小山氏は下野国の押領使（おうりょうし）として、源頼朝の挙兵以前から検断業務を行っており、三浦氏は相模国の在庁官人として頼朝から検断業務も行うよう、命じられたという。小山氏は本領安堵として、千葉氏・三浦氏は新恩給与として、平家方についた従来の押領使などに代わって、一国単位の検断を行う地位に任命されたのである。こうした由緒もあり、守護の任期付き輪番制の導入は見送られることとなった。

十五日。乙亥。近国守護、補任御下文等、備㆓進之㆒。其中、千葉介成胤者、先祖千葉大夫、元永以後、為㆓当庄検非違所㆒之間、右大将家御時、以㆓常胤㆒被㆑補㆓下総一国守護職㆒之由、申㆑之。三浦兵衛尉義村者、祖父義明、天治以来、依㆑相㆓交相模国雑事㆒、同御時、検断事、同可㆑致㆓沙汰㆒之旨、義澄、承㆑之訖之由、申㆑之。小山左衛門尉朝政、申云、不㆑帯㆓本御下文㆒。曩祖下野少掾豊沢、為㆓当国押領使㆒、如㆓検断㆒之事、一向執㆓行之㆒。秀郷朝臣、天慶三年、更賜㆓官符㆒之後、十三代数百歳奉行之間、無㆓片時中絶之例㆒。但、右大将家御時者、建久年中、亡父政光入道、就㆑譲㆓与此職於朝政㆒、賜㆓安堵御下文㆒許也。敢非㆓新恩之職㆒。称㆑可㆑散㆓御不審㆒、進㆓覧彼官符以下状等㆒云々。其外国々、又、帯㆓右大将家御下文㆒訖。縦雖㆑犯㆓小過㆒、輙難㆑被㆓改補㆒之趣、有㆓其沙汰㆒、向後、殊不㆑可㆑存㆓懈緩㆒之由、面々被㆓仰含㆒。広元、奉㆓行之㆒。

◈源実朝、聖徳太子の事績を学ぶ

承元四年（一二一〇）十月十五日条（巻第十九）

十五日。庚午。聖徳太子の十七条の憲法と逆臣物部守屋の跡の収公された田の数・所在地や四天王寺・法隆寺に奉納された重宝などの記録を、将軍家（源実朝）がこのところ探し求めていた。中原広元がこれを探し求めて、今日、ご覧に入れたという。

❖十五日。庚午。聖徳太子の十七箇条の憲法幷びに守屋逆臣の跡の収公田の員数・在所及び天王寺・法隆寺に納め置かるる所の重宝等の記、将軍家、日来、御尋ね有り。広元朝臣、之を相尋ね、今日、進覧すと云々。

＊源実朝が聖徳太子に興味を持ち、太子に関連する文書などを取り寄せた。太子の憲法十七条や、太子が建立した法隆寺や四天王寺に関する「法隆寺伽藍縁起幷流記資財帳」・「四天王寺縁起（荒陵寺御手印縁起）」が取り寄せられたものと考えられる。「四天王寺縁起」には聖徳太子の手印とされるものが捺されており、物部守屋から没収され四天王寺に施入された土地などに関する記述も含まれている。また、実朝は建暦二年（一二一二）には太子の忌日法要である聖霊会を持仏堂で行っている（『鏡』建暦二年六月二十二日条）。当時は南都仏教の復興の動きの中で太子信仰が新たな展開を見せており、実朝の行為もこうした動きの中に位置づけられるものであろう。

十五日。庚午。聖徳太子十七箇条憲法幷守屋逆臣跡収公田員数・在所及所レ被レ納二置于天王寺・法隆寺一之重宝等記、将軍家、日来、有二御尋一。広元朝臣、相二尋之一、今日、進覧云々。

◈源実朝、陸奥国新熊野社の訴訟を裁決

建暦元年（一二一一）四月二日条（巻第十九）

二日。癸未。陸奥国長岡郡小林の新熊野社の社殿・堂舎などは、陸奥守藤原秀衡の時代に清原実俊の担当として造営され、その上、秀衡が元暦二年八月に郡内の荒野三十町を寄進し、文治五年八月に右大将家（源頼朝）が陸奥国に入られた機会に、（新熊野社への）狼藉を禁止するとの御教書を下された。その後、畠山重忠が長岡郡を知行していた時、特にこの神社を崇敬した。ところがこのところ、（新熊野社の）住僧の隆慶が（鎌倉に）参って訴えて言うには「平（馬場）資幹が地頭であると言って、好き勝手に神田を押領しています」という。そこで（訴訟の）対決を行ったところ、資幹が「重忠がその寺社を管理していましたので、（その）先例を守って措置しておりますうえは、寺が訴えるには及びません。しかし、敬神のこととして、十町を加えて、四十町の神田とします」と申したため、問注所からこれについて勘申が行われ、今日、（源実朝の）御前でその裁決が行われた。「新熊野社は実俊の個人による建立と言うべきである。（また）神田は勅免の地ではない。(よって)たとえ廃止されたとしても、きっと訴える根拠は無いであろう。(一方)資幹が(神田)十町を(さらに)寄進するというのは、まことに道理に背かないことであろう。そこでそのまま四十町を(神田として年貢などを)免除しよう。そのほか(の事)は隆慶の異議を差し止める」と、直接、仰った。清原清定がこれを担当した。

❖二日。癸未。陸奥国長岡郡小林の新熊野の社壇堂舎等は、当国の守秀衡法師の時、豊前介実俊の奉行と為て造営を加へ、剰へ秀衡、元暦二年八月、郡内の荒野三十町を以て之を寄せ奉り、文治五年八月、右大将家、奥州に入御の次、狼藉を止む可きの由、御教書を下され訖んぬ。其の後、畠山二郎重忠、当郡を知行するの時、殊に以て之を崇敬す。而るに此の間、住僧隆慶、参り訴へて云はく、平資幹、地頭と称し、恣に神田を押領するの由と云々。仍て一決を遂ぐるの処、資幹、申して云はく、重忠、件の寺社を管領するの間、先例を守り沙汰を致すの上は、寺家の訴へに足らず。然而、敬神の儀を以て、十町を加へ、四十町の神田と為す可きの由、申すの間、問注所自り之を勘申するに就き、今日、御前に於いて其の沙汰有り。社壇は実俊の私の建立と謂ふ可し。神田は勅免の地に非ず。縦ひ顚倒せ令むと雖も、定めて訴ふるに所無きか。資幹、十町を寄せ奉るの条、頗る物儀に背かざるか。爾れば則ち四十町を免除せ被る可し。其の外、隆慶の異論を停止す可きの旨、直に仰せ出ださる。図書允清定、之を奉行す。

✻源実朝が、陸奥国長岡郡（葛岡郡とも）の新熊野社の僧侶である隆慶と、同郡の地頭で常陸平氏の一族である馬場資幹との相論を裁決した。

長岡郡は奥州合戦の恩賞として畠山重忠に与えられ（『鏡』文治五年九月二十日条）、重忠が惣地頭となっていた。元久二年（一二〇五）に重忠が滅亡した後、資幹にその地頭職が与えられたのであろう。また正治二年（一二〇〇）には、新熊野社の僧侶の間での坊領の境相論を源頼家が裁決しているが、これは重忠の依頼によるものであった（『鏡』正治二年五月二十八日条）。頼家は審理を行わず、提出された絵図の中央に直線を引いて、裁決としたというが、この話については信憑性を疑う見方も存在する。

今回は隆慶が資幹を、神田を押領していると訴えたのに対し、重忠の先例に従っており問題はないが、さらに神田十町を寄進するという資幹の主張が認められた。また、当日条からは、問注所での訴訟の受理と審理を経て、将軍の御前で裁決が行われるという、当時の訴訟手続きを窺(うかが)うことができる。

二日。癸未。陸奥国長岡郡小林新熊野社壇堂舎等者、当国守秀衡法師之時、為二豊前介実俊奉行一加二造営一、剰秀衡、元暦二年八月、以二郡内荒野三十町一奉レ寄レ之、文治五年八月、右大将家、入二御奥州一之次、可レ止二狼藉一之由、被レ下二御教書一訖。其後、畠山二郎重忠、知二行当郡一之時、殊以崇二敬之一。而此間、住僧隆慶、参訴云、平資幹、称二地頭一、恣押二領神田一之由云々。仍遂二一決一之処、資幹、申云、重忠、管二領件寺社一之間、守二先例一致二沙汰一之上、不レ足二寺家訴一。然而、以二敬神之儀一、加二十町一、可レ為二四十町神田一之由、申之間、自二問注所一就レ勘二申之一、今日、於二御前一有二其沙汰一。社壇者可レ謂二実俊私建立一。神田者非二 勅免之地一。縦雖レ令二顚倒一、定無レ所二于訴一歟。資幹、奉レ寄二十町一之条、頗不レ背二物儀一歟。爾則可レ被レ免二除四十町一。其外、可レ停二止隆慶異論一之旨、直被二仰出一。図書允清定、奉二行之一。

◆鴨長明、鎌倉を訪れる

建暦元年（一二一一）十月十三日条（巻第十九）

十三日。辛卯。鴨社の氏人の鴨長明〔法名は蓮胤〕が、飛鳥井雅経の推薦により、このところ（鎌倉に）下向し、将軍家（源実朝）に拝謁することが度々に及んだという。そして今日、幕下将軍（源頼朝）の御忌日に当たり、（長明は）その法華堂に参った。念誦読経を行う間、懐旧の涙が頻に湧き起こり、一首の和歌を法華堂の柱に書き記した。

草も木も靡きし秋の霜消えて空しき苔を払う山風

❖十三日。辛卯。鴨社氏人菊大大長明入道〔法名、蓮胤〕、雅経朝臣の挙に依り、此の間、下向し、将軍家に謁し奉ること度々に及ぶと云々。而して今日、幕下将軍の御忌日に当たり、彼の法花堂に参る。念誦読経の間、懐旧の涙、頻に相催し、一首の和歌を堂の柱に註す。

草モ木モ靡シ秋ノ霜消テ空キ苔ヲ払ウ山風

✻　鴨長明は京都の賀茂御祖神社（下鴨神社）の神官一族の出身であったが、父の死去などにより結局、神官となることができず、出家して隠遁生活を送った。歌人として知られ、出家以前には後鳥羽院が再興した和歌所に出仕し、『新古今和歌集』にもその歌が採録されている。また随筆『方丈記』の著者として知られ、他に歌論書『無名抄』や仏教説話集『発心集』の著作もある。

飛鳥井雅経は和歌と蹴鞠をよくし、鎌倉で活動するとともに、和歌所にも出仕し、『新古今和歌集』の選者ともなった人物である。

長明の和歌は「草も木も靡いた秋の霜は消えてしまい、山風が空虚な苔（の上）を吹き払っている」というものである。「秋の霜」は鋭利な刀剣や威厳のある様子を例える言葉で、ここでは源頼朝のことを指し、「苔を払う」は苔むした墓石を掃除することであり、墓を訪れることを表す。

なお『無名抄』の「関清水」の記事によれば、長明はこの建暦元年十月二十日過ぎに近江国の三井寺で僧侶と対面していることから、この記事は長明が建暦二年三月に『方丈記』を書き上げて修行の旅に出た際のもので、『吾妻鏡』編纂時に配列を誤ったものである可能性が指摘されている（五味文彦「『吾妻鏡』とその特徴」『増補　吾妻鏡の方法〈新装版〉』〈吉川弘文館、二〇一八年、初出は二〇一六年〉）。

十三日。辛卯。鴨社氏人菊大夫長明入道〔法名、蓮胤〕、依二雅経朝臣之挙一、此間、下向、奉レ謁二将軍家一、及二度々一云々。而今日、当二于幕下　将軍御忌日一、参二彼法花堂一。念誦読経之間、懐旧之涙、頻相催、註二一首和歌於堂柱一。

草モ木モ靡シ秋ノ霜消テ空キ苔ヲ払ウ山風

◆源実朝、相模川の橋の修理を命じる

建暦二年（一二一二）二月二十八日条（巻第二十）

二十八日。乙巳（きのとみ）。「相模国の相模川の橋が数間分、朽損（きゅうそん）しています。修理を行われるべきです」と、三浦義村が申した。相州（北条義時）・中原広元・善信（三善康信）のような人々が（これについて）相談した。「去る建久九年に稲毛重成がこの橋を新造し、（完成の）橋供養を行った日、これに結縁するために、故将軍家（源頼朝）がお出かけになり、帰路に落馬さ

れ、ほどなく亡くなられた。重成もまた、災難に遭った。いずれも吉事ではない。今改めて、無理に（橋を）再興しなくとも、何の問題があろうか」とのことで（意見が）一致したと（源実朝の）御前に申したところ、（実朝が）仰った。「故将軍（頼朝）が亡くなられたのは、武家の権力を掌握して二十年、官職・位階を極められた後のことである。重成は自身の不義により天譴を蒙ったのであろう。まったく橋を建立した罪ではない。この上、一切、不吉と言ってはならない。あの橋があるのは二所参詣の重要な道であり、庶民の往来の障害も無く、その利益は多い。（橋が）倒壊する前に、早く修復を行うように」と命じられたという。

❖廿八日。乙巳。相模国相模河の橋、数ヶ間、朽損す。修理を加へ被る可きの由、義村、之を申す。相州・広元朝臣・善信の如き、群議有り。去んぬる建久九年、重成法師、之を新造し、供養を遂ぐるの日、之に結縁せんが為、故将軍家、渡御し、還路に及び御落馬有り、幾程を経ず薨じ給ひ畢んぬ。重成法師、又、殃ひに逢ふ。

旁吉事に非ず。今更、強ちに再興有らずと雖も、何事の有らんやの趣、一同するの旨、御前に申すの処、仰せて云はく、故将軍の薨じ御ふは、武家の権柄を執りて二十年、官位を極め令め給ふ後の御事なり。重成法師は、己の不義に依り天譴を蒙るか。全く橋建立の過に非ず。此の上、一切不吉と称す可からず。彼の橋有るは二所御参詣の要路と為て、民庶往反の煩ひ無く、其の利、一に非ず。顛倒せざる以前、早く修復を加ふ可きの旨、仰せ出ださると云々。

✲ 源実朝が相模国の相模川に懸けられていた橋の修理を命じた記事であるが、源頼朝の死去の経緯を記した史料としても知られている。

この橋は、稲毛重成が建久六年（一一九五）七月四日に亡くなった妻（北条時政の娘）の追善供養のため、建久九年（一一九八）十二月に建立し、同二十七日に落成した橋供養が行われた。頼朝はこの供養の帰路、落馬し、翌年正月十三日に死去した（『鏡』・『尊卑分脈』）。

建立から十三年が過ぎ、老朽化していたことから、相模国の守護であった三浦義村が、その修理を提案したのである。北条義時らは、頼朝の死や、重成が畠山重忠追討に絡んで滅亡した（三四六頁以下参照）ことから、この橋を不吉として修理する必要はないとしたが、実朝は橋の利便性を説き、修理を命じたという。

なお、この橋は一九二三年の関東大震災に際してその橋脚が川の中から露出し、橋の幅は約三・六メートルであったことが確認された。橋脚は神奈川県茅ケ崎市に所在し、国の史跡・天然記念物に指定されている。

廿八日。乙巳。相模国相模河橋、数ヶ間、朽損。可レ被レ加二修理一之由、義村、申レ之。如二相州・広元朝臣・善信一、有二群議一。去建久九年、重成法師、新二造之一、遂二供養一之日、為レ結二縁之一、故　将軍家、渡御、及二還路一有二御落馬一、不レ経二幾程一薨給畢。重成法師、又、逢レ殃。旁非二吉事一。今更、強雖レ不レ有二再興一、何事之有哉之趣、一同之旨、申二御前一之処、仰云、故将軍薨御者、執二武家権柄一二十年、令レ極二官位一給後御事也。重成法師者、依二己之不義一蒙二天譴一歟。全非二橋建立之過一。此上、一切不レ可レ称二不吉一。有二彼橋一為二二所御参詣要路一、無二民庶往反之煩一、其利、非レ一。不二顛倒一以前、早可レ加二修復一之旨、被二仰出一云々。

◆泉親衡の謀叛、発覚

建暦三年（一二一三）二月十六日条（巻第二十一）

十六日。丁亥。晴れ。安念法師の白状により、謀叛の者たちを各地で生け捕られた。すなわち、一村（市村カ）近村〔信濃国の住人。匠作（北条泰時）が（身柄を）預かられた〕・籠山次郎〔同国の住人。高山重親が預かった〕・宿屋重氏〔山上時元が預かった〕・上田原平三父子三人〔豊田幹重が預かった〕・薗田成朝〔上条時綱が預かった〕・狩野小太郎〔結城朝光が預かった〕・和田義直〔伊東祐長が預かった〕・和田義重〔伊東祐広が預かった〕・渋河兼守〔安達景盛が預かった〕・和田胤長〔金窪行親・安東忠家が預かった〕・磯野小三郎〔小山朝政が預かった〕である。このほか、白状には、信濃国の保科次郎・粟沢太郎父子・青栗四郎、越後国の木曽滝口父子、下総国の八田三郎・和田奥田太・同四郎、伊勢国の金太郎、上総介八郎の甥の臼井十郎、狩野又太郎ら（が謀叛の者）という。総じて首謀者が百三十余人、同類は二百人に及ぶという。その身柄を捕らえて差し出すよう、国々の守護人らに命じられた。小山朝政・二階堂行村・結城朝光・金窪行親・安藤忠家がこの命令を担当したという。この事について、その起こりを調べられてみると、信濃国の住人である泉親衡が、去々年以降、反逆を企て、上記の者たちと相談し、故左衛門督殿（源頼家）の若君（千手。後の栄実）〔尾張中務丞が養育していた若君〕を大将軍として、相州（北条義時）を排除し申そうとしたのだという。

❖十六日。丁亥。天晴る。安念法師の白状に依り、謀叛の輩、所々に於いて之を生け虜らる。所謂、一村小次郎近村〔信濃国の住人。匠作、之を預からる〕・籠山次郎〔同国の住人。高山小三郎重親、之を預かる〕・宿屋次郎〔山上四郎時元、之を預かる〕・上田原平三父子三人〔豊田太郎幹重、之を預かる〕・薗田七郎成朝〔上条三郎時綱、之を預かる〕・狩野小太郎〔結城左衛門尉朝光、之を預かる〕・和田四郎左衛門尉義直〔伊東六郎祐長、之を預かる〕・和田六郎兵衛尉義重〔伊東八郎祐広、之を預かる〕・渋河刑部六郎兼守〔安達右衛門尉景盛、之を預かる〕・和田平太胤長〔金窪兵衛尉行親・安東次郎忠家、之を預かる〕・磯野小三郎〔小山左衛門尉朝政、之を預かる〕。此の外、白状に云はく、信濃国の保科次郎・粟沢太郎父子・青栗四郎、越後国の木曽瀧口父子、下総国の八田三郎・和田奥田太・同四郎、伊勢国の金太郎、上総介八郎の甥臼井十郎、狩野又太郎等と云々。凡そ張本百三十余人、伴類二百人に及ぶと云々。其の身を召し進らす可きの旨、国々の守護人等に仰せ被る。朝政・行村・朝光・行親・忠家、之を奉行すと云々。此の事、濫觴を尋ね被るれば、信濃国の住人泉小次郎親平、去々年以後、謀逆を企て、上件の輩を相語らひ、故左衛門督殿の若君〔尾張中務丞の養君〕を以て大将軍と為し、相州を度り奉らんと欲すと云々。

○匠作　修理職の唐名。ここでは修理亮であった北条泰時を指す。

✲前日にあたる建暦三年二月十五日に捕らえられた阿静房安念の白状により、信濃国の泉親衡を中心とする謀叛の企てが発覚した。安念は同じく信濃国の青栗七郎の弟で、協力者を募るなかで千葉成胤を訪れ、成胤によって捕らえられた。この安念の白状により、関係者が召し捕られ、その身柄が御家人らに預けられた。彼らの多くは二月二十七日に流刑となり、鎌倉の筋替(すじかえ)橋に潜伏していた親衡は、三月二日、召し捕りに向かった工藤十郎(くどうじゅうろう)らを殺害し行方を晦(くら)ました。

この謀叛に和田義盛の子の義直・義重、甥の胤長が関与していたことから、事態は和田義盛の蜂起へと展開してゆくこととなる。

十六日。丁亥。天晴。依二安念法師白状一、謀叛輩、於二所々一被レ生二虜之一。所謂、一村小次郎近村〔信濃国住人。匠作、被レ預レ之〕・籠山次郎〔同国住人。高山小三郎重親、預レ之〕・宿屋次郎〔山上四郎時元、預レ之〕・上田原平三父子三人〔豊田太郎幹重、預レ之〕・薗田七郎成朝〔上条三郎時綱、預レ之〕・狩野小太郎〔結城左衛門尉朝光、預レ之〕・和田四郎左衛門尉義直〔伊東六郎祐長、預レ之〕・和田六郎兵衛尉義重〔伊東八郎祐広、預レ之〕・渋河刑部六郎兼守〔安達右衛門尉景盛、預レ之〕・和田平太胤長〔金窪兵衛尉行親・安東次郎忠家、預レ之〕・磯野小三郎〔小山左衛門尉朝政、預レ之〕。此外、白状云、信濃国保科次郎・粟沢太郎父子・青栗四郎、越後国木曽瀧口父子、下総国八田三郎・和田奥田太・同四郎、伊勢国金太郎、上総介八郎甥臼井十郎、狩野又太郎等云々。凡張本百三十余人、伴類及二二百人一云々。可レ召二進其身一之旨、被レ仰二国々守護人等一。朝政・行村・朝光・行親・忠家、奉二行之一云々。此事、被レ尋二濫觴一者、信濃国住人泉小次郎親平、去々年以後、企二謀逆一、相二語上件輩一、以二故左衛門督殿若君〔尾張中務丞養君〕一為二大将軍一、欲レ奉レ度二相州一云々。

◆和田義盛、和田胤長の赦免を請う

建暦三年（一二一三）三月九日条（巻第二十一）

九日。庚戌（かのえいぬ）。晴れ。和田義盛〔木蘭地（もくらんじ）の水干に葛袴を着ていた〕が、今日、また、幕府御所に参った。一族九十八人を引き連れ、（御所の）南庭に並んで座った。これは、囚人となった和田胤長を赦免されるよう、願ったことによる。中原広元が（源実朝への）取り次ぎであった。ところが「その胤長は、今回の（謀叛の）首謀者として特に計略を廻（めぐ）らしたとのことを、お聞きになっているため、（赦免の願いを）お許しになることはできない。そのまま金窪行親・安東忠家のもとから、二階堂行村方に引き渡され、改めて禁固するように」と、相州（北条義時）が（実朝の決定の）御趣旨を

（義盛に）伝えられた。この時、胤長の身を後ろ手に縛り、一族の座っている前を引き渡され、行村がこれを受け取った。義盛の反逆の心は、これが原因であるという。

❖九日。庚戌。晴る。義盛〔木蘭地の水干・葛袴を着す〕、今日、又、御所に参る。一族九十八人を引率し、南庭に列座す。是、囚人胤長を厚免せ被る可きの由、申し請ふに依るなり。広元朝臣、申次為り。而るに彼の胤長、今度の張本と為て殊に計略を廻らすの旨、聞し食すの間、御許容に能はず。即ち行親・忠家等の手自り、山城判官行村方に召し渡され、重ねて禁遏を加ふ可きの由、相州、御旨を伝へ被る。義盛此の間、胤長の身を面縛し、一族の座の前を渡し、行村、之を請け取ら令む。義盛の逆心、職として之に由ると云々。

○木蘭地　赤みのある黄色を帯びた茶色に染めた布。

✻泉親衡の謀叛に関与した和田一族の内、和田義盛の子である義直・義重は、三月八日に義盛が源実朝に直訴し、義盛の多年の功績によって赦免された。そして、翌九日、義盛は一族九十八人を引き連れて、甥の胤長の赦免をも願い出たのであるが、これは受け入れられなかった。この時は実朝に対して直接ではなく、中原広元が訴えを取り次ぐこととなり、北条義時が実朝の決定として、赦免の不可を義盛に伝えた。この時、胤長は縛られたまま一族の前を引き渡され、この屈辱から義盛は幕府への出仕を止めたという（『鏡』建保元年四月二日条）。胤長は三月十七日に陸奥国岩瀬（いわせ）郡に配流となり、胤長の六歳の娘はそれを悲しんで病となり同二十一日に死んでしまった。また、胤長の屋敷地は同二十五日に義盛に与えられたものの、四月二日には改めて義時に与えられた。これらの処置は義時による挑発と考えられている。その後、胤長は、義盛滅亡後の五月九日、配流先で殺害された。三十一歳であった。

二階堂行村はこれより後の『鏡』建保六年（一二一八）七月二十二日条に侍所の職員の一人とされているが、これは源実朝の左近衛大将任官にともなって改めて任命されたものと考えられ、それ以前から侍所職員としての活動が確認できる。また、金窪行親・安東忠家は北条義時の被官（家来）であり、行親は和田義盛滅亡後に義盛に替わって侍所別当となった義時により、建保元年五月六日に侍所の所司に任じられている。

九日。庚戌。晴。義盛〔着㆓木蘭地水干・葛袴㆒〕、今日、又、参㆓御所㆒。引㆓率一族九十八人㆒、列㆓座南庭㆒。是、可㆑被㆑厚㆓免囚人胤長㆒之由、依㆓申請㆒也。広元朝臣、為㆓申次㆒。而彼胤長、為㆓今度張本㆒殊廻㆓計略㆒之旨、聞食之間、不㆑能㆓御許容㆒。即自㆓行親・忠家等之手㆒、被㆑召㆓渡山城判官行村方㆒、重可㆑加㆓禁遏㆒之由、相州、被㆑伝㆓御旨㆒。此間、面㆓縛胤長身㆒、渡㆓一族座前㆒、行村、令㆑請㆓取之㆒。義盛之逆心、職而由㆑之云々。

◆和田合戦　一　和田義盛、挙兵

建暦三年（一二一三）五月二日条　（巻第二十一）

二日。壬寅（みずのえとら）。曇り。（中略）。申（さる）の刻（午後四時前後）に、和田義盛が軍勢を率いて、幕府御所を急襲した。その味方の者たちというのは、嫡男和田常盛（つねもり）・同子息朝盛（とももり）・三男朝夷名（あさいな）義秀（よしひで）・四男和田義直・五男同義重・六男同義信（よしのぶ）・七男同秀盛（ひでもり）、このほか、土屋（つちや）義清（よしきよ）・古郡保忠（ふるごおりやすただ）・渋谷（しぶや）高重（たかしげ）〔横山時重（よこやまときしげ）

の聟〕・中山重政・同行重・土肥惟平・岡崎実忠〔佐奈田義忠の子〕・梶原朝景・同景衡・同景盛・同景氏・大庭景兼・深沢景家・大方政直・同遠政・塩谷惟盛以下、ある者は親戚として、ある者は朋友として、去る春以来、仲間となっていた者たちである。皆、〔鎌倉の〕東西で蜂起し、百五十の軍勢を三方面に分け、まず幕府御所の南門と相州〔北条義時〕の御邸宅〔小町上〕の西と北の二つの門を囲んだ。義時は、幕府御所に出仕されていたが、留守の武士らは忠義心による勢いがあり、それぞれ〔門の両側の板塀の〕夾板を切りとって、その隙間を矢の通り道として戦った。〔義時方の〕兵士は、多くが負傷し、死んだ。次に、広元の邸宅では、酒宴の客が席におり、まだ去っていないところに、義盛の大軍が先を争って到着し門前に進んだ。〔広元方は〕その〔敵軍の〕名は分からなかったが、もはや〔敵として〕矢を放って戦った。その後、反乱軍は横大路〔御所の南に面する道である〕に到達した。幕府御所の西南の政所の前で、御家人らがこれを防ぎ、合戦は数度に及んだ。波多野忠綱が先頭を進み、また、三浦義村がこれに駆けつけて加わった。

❖二日。壬寅。陰る。（中略）。申の刻、和田左衛門尉義盛、伴党を率ゐ、忽ち将軍の幕下を襲ふ。件の与力の衆と謂ふは、嫡男和田新左衛門尉常盛・同子息新兵衛尉朝盛入道・三男朝夷名三郎義秀・四男和田四郎左衛門尉義直・五男同五郎兵衛尉義重・六男同六郎兵衛尉義信・七男同七郎秀盛、此の外、土屋大学助義清・古郡左衛門尉保忠・渋谷次郎高重〔横山権守時重の聟〕・中山四郎重政・同太郎行重・土肥先次郎左衛門尉惟平・岡崎左衛門尉実忠〔真田与一義忠の子〕・梶原六郎朝景・同次郎景衡・同三郎景盛・同七郎景氏・大庭小次郎景兼・深沢三郎景家・大方五郎政直・同太郎遠政・塩屋三郎惟守以下、或いは親戚と為て、或いは朋友と為て、去んぬる春以来、党を結び群を成すの輩なり。皆、東西に起こり、百五十の軍勢を三手に相分け、先づ幕府の南門幷びに相州の御第〔小町上〕の西・北の両門を囲む。相州、幕府に候ぜ被ると雖も、留守の壮士等、義勢有り、各、夾板を切り、其の隙を以て矢石の路と為て攻め戦ふ。義兵、多く以て傷つき死す。次いで、広元朝臣の亭、酒客、座に在り、未だ去らざる砌、義盛の大軍、競ひ到り門前に進む。其の名字を知らずと雖も、已に矢を発ち攻め戦ふ。其の後、凶徒、横大路〔御所の南面の道なり〕に到る。御所の西南、政所の前に於いて、御家人等、之を支へ、合戦、数反に及ぶなり。波多野中務丞忠綱、先登を進み、又、三浦左衛門尉義村、之に馳せ加はる。

✽和田義盛がついに挙兵した。『吾妻鏡』の和田合戦に関する記事は、藤原定家の日記『明月記』に基づいて記されたと考えられており、合戦の経過については『明月記』建保元年五月九日条の記事も参照する必要がある。中原広元は酒宴中であったが、八田知重の知らせにより、北条義時は囲碁の会を行っていたが、三浦義村・胤義兄弟の知らせにより、御所に参上した。『明月記』によれば、御所でも酒宴が行われていたという。義村・胤義は一族である義盛とともに蜂起する約束をしていたが、直前に裏切った。御所にいた北条政子と源実朝の御台所は北門から脱出して鶴岡別当定暁の坊に避難し、実朝・義時・広元も源頼朝の法華堂に避難する際には北門を通ったと考えられることから、この義村・胤義の裏切りは和田氏にとって、大きな誤算となったと考えられる。

なお、政所前での合戦での先陣をめぐっては、後に波多野忠綱と三浦義村との間で相論となっている（『鏡』建保元年五月四日・七日条）。

二日。壬寅。陰。（中略）。中刻、和田左衛門尉義盛、率二伴党一、忽襲二将軍幕下一。謂二件与力衆一者、嫡男和田新左衛門尉常盛・同子息新兵衛尉朝盛入道・三男朝夷名三郎義秀・四男和田四郎左衛門尉義直・五男同五郎兵衛尉義重・六男同六郎兵衛尉義信・七男同七郎秀盛、此外、土屋大学助義清・古郡左衛門尉保忠・渋谷次郎高重（横山権守時重聟）・中山四郎重政・同太郎行重・土肥先次郎左衛門尉惟平・岡崎左衛門尉実忠（真田与一義忠子）・梶原六郎朝景・同次郎景衡・同三郎景盛・同七郎景氏・大庭小次郎景兼・深沢三郎景家・大方五郎政直・同太郎遠政・塩屋三郎惟守以下、或為二親戚一、或為二朋友一、去春以来、結レ党成レ群之輩也。皆、起二於東西一、相二分百五十軍勢於三手一、先囲二幕府南門并相州御第（小町上）西・北両門一。相州、雖レ被レ候二幕府一、留守壮士等、有二義勢一、各、切二夾板一、以二其隙一為二矢石之路一攻戦。義兵、多以傷死。次、広元朝臣亭、酒客、在レ座、未レ去砌、義盛大軍、競到進二門前一。雖レ不レ知二其名字一、已発レ矢攻戦。其後、凶徒、到二横大路（御所南面道也）一。於二御所西南政所前一、御家人等、支レ之、合戦、及二数反一也。波多野中務丞忠綱、進二先登一、又、三浦左衛門尉義村、馳二加之一。

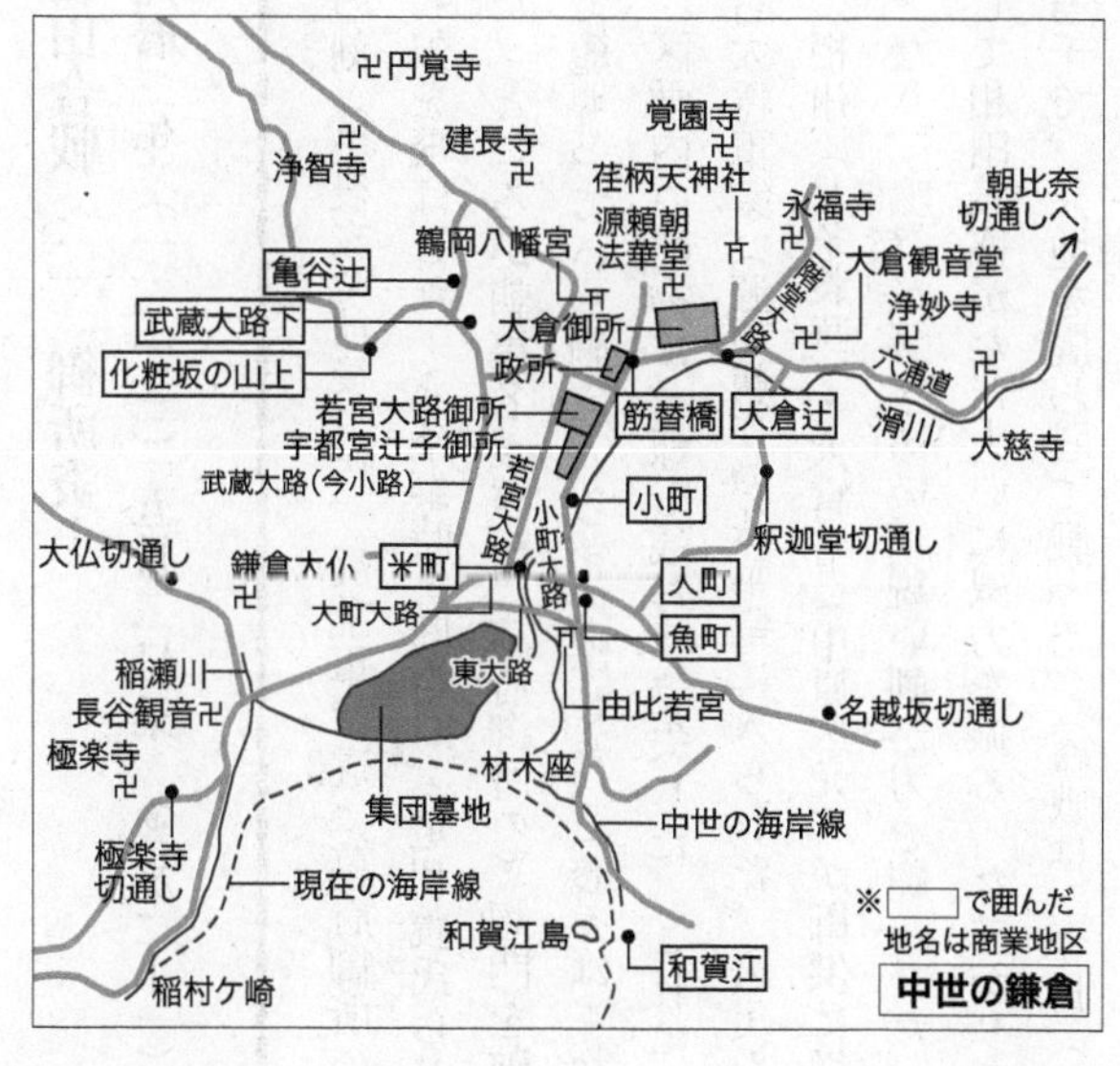
円覚寺
浄智寺
建長寺
覚園寺
荏柄天神社
永福寺
朝比奈
切通しへ
源頼朝
法華堂
鶴岡八幡宮
亀谷辻
大倉観音堂
浄妙寺
武蔵大路下
大倉御所
化粧坂の山上
政所
金沢大路
六浦道
若宮大路御所
宇都宮辻子御所
筋替橋
大倉辻
滑川
大慈寺
武蔵大路(今小路)
若宮大路
小町
小町大路
釈迦堂切通し
大仏切通し
鎌倉大仏
米町
人町
大町大路
魚町
稲瀬川
東大路
長谷観音
由比若宮
名越坂切通し
極楽寺
材木座
集団墓地
中世の海岸線
極楽寺
切通し
現在の海岸線
※　　で囲んだ
地名は商業地区
和賀江島
和賀江
稲村ケ崎
中世の鎌倉

◆和田合戦　二　御所炎上

建暦三年（一二一三）五月二日条（巻第二十一）

酉の刻（午後六時前後）に、反乱軍は遂に幕府御所の四方を囲み、旗を靡かせ矢を飛ばした。北条泰時・同朝時・足利義氏らが、防戦に軍略を尽くした。ところが朝夷名義秀が（幕府御所の）惣門を破って南庭に乱入し、立て籠もっていた御家人らを攻撃した。（義秀は）その上、御所に火を放ち、区画内の建物は一棟も残らず焼失した。これにより将軍家（源実朝）は右大将軍家（源頼朝）の法華堂に入られた。火災を逃れられるためである。相州（北条義時）・大官令（中原広元）が御供に従った。この間にも合戦となり、鳴鏑が響きあい、鋭い剣が刃を輝かせた。（中略）。総じて和田義盛がただ大いに威力を振るったばかりでなく、その兵士も一騎当千で、天地を震わせて戦った。（合戦は）今日（の日）が暮れて一晩中続き、星が見えるほどになってもまだ終わらなかった。匠作（北条泰時）はまったく義盛軍の武勇を恐れず、一方では（自ら）命懸けで、一方では（味方の）武士を鼓舞して、防戦したため、明け方になって、義盛は次第に兵士がいなくなり矢も無くなって、疲れた馬に鞭を当てて、由比ヶ浜の辺りに退却した。

❖酉の剋、賊徒、遂に幕府の四面を囲み、旗を靡かし箭を飛ばす。相模修理亮泰時・同次郎朝時・上総三郎義氏等、防戦、兵略を尽くす。而るに朝夷名三郎義秀、惣門を敗り南庭に乱入し、籠もる所の御家人等を攻撃す。剰へ火を御所に縦ち、郭内の室屋、一宇も残さず焼亡す。之に依り、将軍家、右大将軍家の法花堂に入御す。火災を遁れ御ふ可きの故なり。相州・大官令、御共に候ぜ被る。此の間、挑み戦ふに及び、鳴鏑、相和し、利剣、刃を曜かす。（中略）。凡そ義盛、啻に大威を播くのみに匪ず、其の士卒、一を以て千に当たり、天地、震怒して相戦ふ。今日、暮れ、終夜に及び、星を見て未だ已まず。匠作、全く彼の武勇を怖畏せず、且つうは身命を棄て、且つうは健士を勧め、調禦するの間、暁更に臨み、義盛、漸く兵、尽き、箭、窮まり、疲馬に策ち、前浜の辺りに遁れ退く。

✼和田義盛の軍勢は御所を包囲し放火したが、実朝・義時・広元は御所の北側にあった源頼朝の法華堂へと脱出した。なお、『明月記』は、実朝は広元とともに、もっと早くに脱出していたとする。義盛軍は奮戦したが次第に劣勢となり、由比ヶ浜まで退くこととなった。なお、中略部分には義盛の三男である朝夷名義秀の奮戦が描かれている。

酉剋、賊徒、遂囲二幕府四面一、靡レ旗飛レ箭。相模修理亮泰時・同次郎朝時・上総三郎義氏等、防戦、尽二兵略一。而朝夷名三郎義秀、敗二惣門一乱二入南庭一、攻二撃所レ籠之御家人等一。剰縦二火於御所一、郭内室屋、不レ残二一宇一焼亡。依レ之、将軍家、入二御于右大将軍家法花堂一。可下遁二火災一御上之故也。相州・大官令、被レ候二御共一。此間、及二挑戦一、鳴鏑、相和、利剣、曜レ刃。（中略）。

凡義盛、匪三啻播二大威一、其士卒、一以当レ千、天地、震怒相戦。今日、暮、及二終夜一、見レ星未レ已。匠作、全不レ怖二畏彼武勇一、且棄二身命一、且勧二健士一、調禦之間、臨二暁更一、義盛、漸兵、尽、箭、窮、策二疲馬一、遁二退于前浜辺一。

◆和田合戦　三　和田一族、滅亡

建暦三年（一二一三）五月三日条（巻第二十一）

三日。癸卯。小雨が降った。和田義盛は食料を失い、乗っていた馬も疲れていたところ、寅の刻（午前四時前後）に、横山時兼が波多野盛通（時兼の聟）・横山知宗（時兼の甥）以下数十人の親しい者や従類らを率いて、腰越浦に駆けつけたところ、既に合戦の最中であった（時兼と義盛とが叛逆の事を謀議した時、今日を矢合わせの時と定めていた。そこで今、来た）。そこでその一党は皆、蓑笠をその場所に棄てた。（蓑笠は）積み重なって山となったという。そうした後、（時兼らは）義盛の陣に加わった。義盛は時兼の加勢を得て、（敵の）新手に立ち向かった。かれこれ軍勢三千騎が、なお御家人らを追って駆け廻った（中略）。

酉の刻（午後六時前後）に、和田義直〔年は三十七歳〕が伊具盛重に討ち取られた。父の義盛〔年は六十七歳〕は特に歎いた。「長年、義直を愛していたため、禄を（与えられることを）願ってきたのだ。今となっては、合戦に励むのは無益である」という。（義盛は）声を上げて泣き悲しみ、東西にさまよって、遂に大江能範の所従に討たれたという。同じく息子の義重〔年は三十四歳〕・義信〔二十八歳〕・秀盛〔十五歳〕以下の首謀者七人は共に誅殺された。朝夷名義秀〔三十八歳〕と数人は、海辺に出て船に乗り安房国へ向かった。その軍勢は五百騎、船は六艘という。また、和田常盛〔四十二歳〕・山内（岡崎）政宣・岡崎実忠・横山時兼・古郡保忠・和田朝盛、以上の大将軍六人は、戦場を逃れ行方を晦ましたという。この者たちが皆、敗北したため、世の中は鎮まった。

❖三日。癸卯。小雨灑ぐ。義盛、糧道を絶やし、乗馬を疲らかすの処、寅の剋、横山馬允時兼、波多野三郎〔時兼の聟〕・横山五郎〔時兼の甥〕以下数十人の親昵・従類等を引率し、腰越浦に馳せ来るの処、既に合戦の最中なり〔時兼と義盛と、叛逆の事を謀り合ふ時、今日を以て箭合はせの期と定む。仍て今、来る〕。仍て其の党類、皆、蓑笠を彼の所に棄つ。積もりて山を成すと云々。然る後、義盛の陣に加はる。義盛、時兼の合力を得、新羈の馬に当たる。彼是軍兵三千騎、尚、御家人等を追い奔る。（中略）。

酉の剋、和田四郎左衛門尉義直〔年、卅七〕、伊具馬太郎盛重の為に討ち取らる。父義盛〔年、六十七〕、殊に歎息す。年来、義直を鍾愛せ令むるに依り、禄を願ふ所なり。今に於いては、合戦に励むこと益無しと云々。声を揚げ悲哭し、東西に迷惑し、遂に江左衛門尉能範の所従に討たると云々。同男五郎兵衛尉義重〔年、卅四〕・六郎兵衛尉義信〔廿八〕・七郎秀盛〔十五〕以下張本七人、共に誅に伏す。朝夷名三郎義秀〔卅八〕幷びに数率等、海浜に出で、船に棹さして安房国に赴く。其の勢五百騎、船六艘と云々。又、新左衛門尉常盛〔四十二〕・山内先次郎左衛門尉・岡崎余一左衛門尉・横山馬允・古郡左衛門尉・和田新兵衛入道、以上大将軍六人、戦場を遁れ逐電すと云々。此の輩、悉く敗北の間、世上、無為に属す。

○新羈の馬　新しく面懸（馬の轡を固定するために馬の顔に着ける緒）を着けた馬。『文選』文章篇・書類の李陵「答蘇武書（蘇武に答ふる書）」にある「策疲乏之兵、當新羈之馬」を踏まえた表現。

＊和田義盛らの蜂起の翌日早朝、横山時兼らの軍勢が義盛軍に加わった。義盛らは本来、この四日の早朝に蜂起する予定だったのである。また相模国の武士らも駆けつけ、鎌倉西部の武蔵大路や稲村ヶ崎に陣取ったが、いずれに味方すべきか迷っていたところ、源実朝の花押の記された御教書を受けて、実朝方に加わった。また千葉成胤も軍勢を率いて駆け付けた。義盛らは再び御所に攻め寄せようとしたが、由比ヶ浜から北へ向かう道は既に固められており、若宮大路と由比ヶ浜が主戦場となった。合戦は夕刻まで続いたが、和田義直の討死をきっかけに義盛以下が討ち取られ、義盛軍は四散した。

和田義盛の滅亡により、義盛が任じられていた侍所別当には北条義時が任じられ（『鏡』建保五年五月五日条）、政所・侍所の別当を兼ねる執権の地位が確立することとなった。義時はこの時、五十一歳であった。

三日。癸卯。小雨灑。義盛、絶二糧道一、疲二乗馬一之処、寅剋、横山馬允時兼、引二率波多野三郎〔時兼聟〕・横山五郎〔時兼甥〕以下数十人之親昵・従類等一、馳二来于腰越浦一之処、既合戦最中也〔時兼与二義盛一、叛逆事謀合時、以二今日一定二箭合期一。仍今、来〕。仍其党類、皆、棄二蓑笠於彼所一。積而成レ山云々。然後、加二義盛陣一。義盛、得二時兼之合力一、当二新羈之馬一。彼是軍兵三千騎、尚、追二奔御家人等一。（中略）。

酉剋、和田四郎左衛門尉義直〔年、卅七〕、為二伊具馬太郎盛重一被二討取一。父義盛〔年、六十七〕、殊歎息。年来、依レ令レ鍾二愛義直一、所レ願レ禄也。於レ今者、励二合戦一無レ益云々。揚レ声悲哭、迷二惑東西一、遂被レ討二于江左衛門尉能範所従一云々。同男五郎兵衛尉義重〔年、卅四〕・六郎兵衛尉義信〔廿八〕・七郎秀盛〔十五〕以下張本七人、共伏レ誅。朝夷名三郎義秀〔卅八〕幷数率等、出二海浜一、棹レ船赴二安房国一。其勢五百騎、船六艘云々。又、新左衛門尉常盛〔四十二〕・山内先次郎左衛門尉・岡崎余一左衛門尉・横山馬允・古郡左衛門尉・和田新兵衛入道、以上大将軍六人、遁二戦場一逐電云々。此輩、悉敗北之間、世上、属二無為一。

◆藤原定家、万葉集を源実朝に贈る

建暦三年（一二一三）十一月二十三日条（巻第二十一）

二十三日。己丑。晴れ。藤原定家が、相伝していた私本の『万葉集』一部を将軍家（源実朝）に献上した。これは（実朝が）飛鳥井雅経を通じて尋ねられたことによる。これにより、去る七日、羽林（雅経）がこれを（定家から）受け取り、（鎌倉に）送り届けた。今日、（それが）到着したため、中原広元が御所に持参した。（実朝は）この上なく珍重された。「重宝としてこれに優るものがあろうか」との仰せがあったという。定家の家領である伊勢国小阿射賀御厨の地頭である渋谷左衛門尉が、不法な、先例の無いことを行っていたため、領家（である定家）の支配は有名無実であった。三品（定家）は（それを）長年、訴えていたが、もともと世間の事に馴染んでいなかったため、このことに奔走することなく、気にかけたまま月日をおくるばかりであった。ところが先ごろ、（実朝が）広元の書状で、「訴えがあるのではありませんか」と伝えられるに至って、（御厨の）住民の歎きを無くすため、初めて（事情を）申したため、その審議があり、渋谷左衛門尉の不法を禁止されたという。これは全て歌道を尊重されたためである。

❖廿三日。己丑。天晴る。京極侍従三位〔定家卿〕、相伝の私本の万葉集一部を将軍家に献ず。是、二条中将〔雅経〕を以て尋ね被るるに依るなり。之に就き、去んぬる七日、羽林、之を請け取り、送り進らす。今日、到着するの間、広元朝臣、御所に持参す。御賞翫、他無し。重宝、何物か之に過ぎんやの由、仰せ有りと云々。彼の卿の家領伊勢国小阿射賀御厨の地頭渋谷左衛門尉、非法の新儀を致すの間、領家の所務、無きが如し。三品、年来の愁訴為りと雖も、本自り世事に染まざるに依り、此の事に奔営せず、思ひて旬月を渉る許りなり。而るに去んぬる比、広元朝臣の消息を以て、愁訴有るかの由、触れ遣はさるるの時に至り、土民の歎きを休めんが為、始めて言を発するの間、其の沙汰有り、件の非儀を停止せ被ると云々。是、併(しか)しながら歌道(かどう)を賞(しょう)せ被(ら)るるの故(ゆえ)なり。

○羽林　近衛府の唐名。ここでは左近衛中将であった飛鳥井雅経を指す。

○三品　ここでは三位のこと。従三位であった藤原定家を指す。

＊『吾妻鏡』のこの日の記事には、『明月記』建保元年十一月八日条が利用されていることが指摘されている。

小阿射賀御厨は伊勢神宮領の阿射賀御厨の一部であり、『鏡』文治六年（一一九〇）四月十九日条から、阿射賀御厨には平家没官領として地頭が設置されていたことが知られる。藤原定家は小阿射賀御厨の領家であり、これは父の俊成(としなり)から受け継いだものであった。『明月記』には正治元年（一一九九）十二月二十六日条以降、地頭の不法に悩まされている記事が見える。『明月記』正治二年八月二十八日条・建永元年（一二〇六）十一月十八日条から、地頭は二度にわたって解任・交替が行われたことが知られるが、地頭の不法行為は繰り返されていたようである。

廿三日。己丑。天晴。京極侍従三位〈定家卿〉、献㆓相伝私本万葉集一部於将軍家㆒。是、以㆓一

条中将〔雅経〕一依レ被レ尋也。就レ之、去七日、羽林、請ニ取之一、送進。今日、到着之間、広元朝臣、持ニ参御所一。御賞翫、無レ他。重宝、何物過レ之乎之由、有レ仰云々。彼卿家領伊勢国小阿射賀御厨地頭渋谷左衛門尉、致ニ非法新儀一之間、領家之所務、如レ無。三品、雖レ為ニ年来之愁訴一、本自依レ不レ染ニ世事一、不レ奔ニ営此事一、思而渉ニ旬月一許也。而去比、以ニ広元朝臣消息一、有ニ愁訴一歟之由、至下被ニ触遣一之時上、為レ休ニ土民之歎一、始発レ言之間、有ニ其沙汰一、被レ停ニ止件非儀一云々。是、併被レ賞ニ歌道一之故也。

◆栄西、源実朝に茶を贈る

建保二年（一二一四）二月四日条（巻第二十二）

四日。己亥（つちのとい）。晴れ。将軍家（源実朝）が、幾分、御病気であった。人々が（対応に）奔走した。ただし、（病気は）特別なことはなかった。これは、あるいは昨夜の御酒宴の余気であろうか。この時、葉上僧正（栄西）が御加持（かじ）に祇候（しこう）していたところ、このことを聞き、良薬であると言って、寺から取り寄せて茶一杯を（実朝に）差し上げた。そして一巻の書物を（茶に）副えて差し上げた。茶の効能を褒めた書物である。実朝は喜ばれたという。（栄西は）「先月頃、座禅の余暇にこの書物を書き著しました」と申した。

❖四日。己亥。晴る。将軍家、聊か御病悩。諸人、奔走す。但し、殊なる御事無し。是、若しくは去んぬる夜の御淵酔の余気か。爰に葉上僧正、御加持に候ずるの処、此の事を聞き、良薬と称し、本寺自り茶一盞を召し進らす。而して一巻の書を相副へ、之を献ぜ令む。茶の徳を誉むる所の書なり。将軍家、御感悦に及ぶと云々。去んぬる月の比、坐禅の余暇に此の抄を書き出だすの由、之を申す。

✻二日酔いの源実朝（二十三歳）に対し、栄西（七十四歳）が茶とその効能について記した書物を献上した。この書物がすなわち『喫茶養生記』である。栄西は日本の臨済宗の祖として知られ、正治元年（一一九九）に鎌倉に下って北条政子の帰依を受け、政子が建立した寿福寺の住持となっていた。

『喫茶養生記』は二巻からなり、承元五年（一二一一）正月に最初に執筆され、それを建保二年（一二一四）正月に改訂したものが実朝に献上された。健康を保つうえでの効能のほか、育て方から加工法、飲み方を記している。栄西は二度、宋（そう）に渡っており、二度目に茶の苗木を持ち帰ったと伝えられている。またこの頃、固形に加工した団茶（だんちゃ）を削って煮出す、従来の飲み方に加え、抹茶が伝えられたとされる。抹茶は鎌倉時代後期には、鎌倉の寺院や上級武士の間で流行していたことが知られている。

四日。己亥。晴。将軍家、聊御病悩。諸人、奔走。但、無㆓殊御事㆒。是、若去夜御淵酔余気歟。爰葉上僧正、候㆓御加持㆒之処、聞㆓此事㆒、称㆓良薬㆒、自㆓本寺㆒召㆓進茶一盞㆒。而相㆓副一巻書㆒、令㆑献㆑之。所㆑誉㆓茶徳㆒之書也。将軍家、及㆓御感悦㆒云々。去月之比、坐禅余暇書㆓出此抄㆒之由、申㆑之。

◆後鳥羽上皇、源実朝に仙洞歌合一巻を贈る

建保三年（一二一五）七月六日条（巻第二十二）

六日。癸巳。晴れ。坊門忠信が、去る六月二日の院御所での歌合〔衆議判〕（の和歌を記した）一巻を将軍家（源実朝）に進上された。これは、（後鳥羽院の）内々の勅命によるという。

❖六日。癸巳。晴る。坊門黄門〔忠信卿〕、去んぬる六月二日の仙洞歌合〔衆議判〕一巻を将軍家に進らせ被る。是、内々の勅定に依るなりと云々。

○黄門　中納言の唐名。忠信は当時、権中納言であった。

✻六月二日の歌合は後鳥羽院・坊門忠信のほか、藤原定家・藤原家隆・飛鳥井雅

経・慈円ら十八人が参加して行われた四十五番の歌合で、『群書類従』和歌部に所収されている。衆議判とは、歌の優劣の判断を判者ではなく、参加者の議論によって決定することである。

坊門忠信は源実朝の妻の兄にあたる。後鳥羽院の近臣で、承久の乱では淀渡に大将軍として派遣された。乱後は千葉胤綱に召し預けられるが、実朝の妻からの北条政子への取り成しにより、鎌倉への下向途中で助命され帰京した。

なお、建保三年七月六日の干支は正しくは癸亥である。

> 六日。癸巳。晴。坊門黄門〈忠信卿〉、被レ進二去六月二日仙洞歌合〈衆議判〉一巻於将軍家一。是、依二内々勅定一也云々。

◆源実朝、源氏の断絶を宣言

建保四年（一二一六）九月二十日条（巻第二十二）

二十日。庚子。晴れ。大江広元が、幕府御所に参った。相州（北条義時）

の使者であると言って、（源実朝の）御昇進のことについて、諫言を申し上げた。「御子孫の繁栄を願われるのであれば、現任の官職らを辞退し、ただ征夷大将軍として、次第に御高齢になられてから、（近衛）大将を兼ねられるべきではないでしょうか」。（実朝が）仰った。「諫言の内容は、まことにもっともと思うが、源氏の嫡流はこの（私の）時（まで）に縮んでしまった。子孫が決してこれを継承するということはない。そこで、どこまでも官職を得て、家名を高めたいと思う」。広元は重ねてあれこれと申し上げることはできず、そのまま（御所を）退出し、このことを義時に申されたという。

❖廿日。庚子。晴る。広元朝臣、御所に参る。相州の中使と称し、御昇進の間の事、諷諫し申す。須らく御子孫の繁栄を庶幾は令め給ふべくんば、御当官等を辞し、只、征夷将軍と為て、漸く御高年に及び、大将を兼ね令め給ふ可きかと云々。仰せて云はく、諫諍の趣、尤も甘心すと雖も、源氏の正統、此の時に縮み畢んぬ。子孫、敢へて之を相継ぐ可からず。然れば飽くまで官職を帯び、家名を挙げんと欲すと云々。広元朝臣、重ねて是非を申すこと能はず、即ち退出し、此の由を相州に申さると云々。

＊大江広元が、北条義時の使者として、官位昇進について源実朝を諌めた。これに対し、実朝は、源氏の嫡流は自分で絶えるのだから、できるだけ家名を高めたいと答えた。

実朝は建仁三年（一二〇三）に十二歳で従五位下・征夷大将軍となり、翌年には従五位上、さらにその翌年には正五位下となり右近衛権中将を兼ねた。その後、建永元年（一二〇六）に従四位下、承元二年（一二〇九）に従三位・右近衛中将となり、公卿の地位に昇った。建暦元年（一二一一）には正三位、翌年には従二位となり、さらにその翌年にあたる建保元年（一二一三）には正二位となっている。

この建保四年には、六月に権中納言として議政官の地位を得、七月には左近衛中将も兼ねた。この年、実朝は二十五歳である。

なお、中原広元は建保四年四月、本来の姓である大江を名のることを申請し、幕府での許可を得たのち、朝廷に申請し、閏六月一日に朝廷からも認められた（『鏡』建保四年四月七・十七日条・閏六月十四日条）。広元は大江維光の子で、中原広季の養子となっていたが、大江氏が衰微しているとして、大江氏の存続のため、復姓を望んだという。この時、広元は六十九歳であった。

廿日。庚子。晴。広元朝臣、参二御所一。称二相州中使一、御昇進間事、諷諫申。須下令レ庶二幾御子孫之繁栄一給上者、辞二御当官等一、只、為二征夷将軍一、漸及二御高年一、可下令レ兼二大将一給上歟云々。仰云、諫諍之趣、尤雖二甘心一、源氏正統、縮二此時一畢。子孫、敢不レ可レ相二継之一。然飽帯二官職一、欲レ挙二家名一云々。広元朝臣、重不レ能レ申二是非一、即退出、被レ申二此由於相州一云々。

◆渡宋の唐船、浮かばず

建保五年（一二一七）四月十七日条（巻第二十三）

十七日。甲子。晴れ。宋人の陳和卿が唐船を造り終えた。今日、数百人の人夫を御家人たちから徴発し、その船を由比浦に浮かべようとした。そこで（源実朝が）出かけられた。北条義時が、現場で監督された。二階堂行光が今日の（事の）担当であった。和卿の指示に従い、人々が力を尽くして船を引き、午の刻（正午前後）から申の斜め（午後四時三十分頃）となった。しかし、この場所のあり様は、唐船が出入りできる海ではなかったため、浮かべることはできなかった。そこで（実朝は）戻られた。その船は無益に砂浜で朽ちていったという。

❖十七日。甲子。晴る。宋人和卿、唐船を造り畢る。今日、数百輩の疋夫を諸御家人に召し、彼の船を由比浦に浮かべんと擬す。即ち御出有り。右京兆〔義時〕、監臨し給ふ。信濃守行光、今日の行事為り。和卿の訓説に随ひ、諸人、筋力を尽くして之を曳き、午の剋自り申の斜めに至る。然而、此の所の躰為らく、唐船、出入りす可きの海浦に非ざるの間、浮かべ出だすこと能はず。仍て還御す。彼の船、徒らに砂頭に朽ち損ずと云々。

○右京兆　右京職の唐名。ここでは右京権大夫であった北条義時を指す。

＊陳和卿は宋の出身で、東大寺大勧進となった重源（ちょうげん）のもとで、平家の焼き討ちにあった東大寺の再建に携わった。建久六年（一一九五）の東大寺供養（三〇七頁以下参照）に参列した源頼朝から面会を望まれたが、和卿は、頼朝はこれまでに多くの人命を断（た）ってきたとして拒否した。また、当初から日本の工人らと折り合いが悪かったとされ、建永元年（一二〇六）頃には重源とも袂（たもと）を分かった。

鎌倉には建保四年（一二一六）六月八日に現れ、源実朝に謁した和卿は、実朝は前世で中国の医王山（いおうざん）の長老で、自身はその弟子であったと語った（『鏡』建保四年六月十五日条）。その後、実朝は十一月になって、医王山を訪れることを思い立ち、和卿にそのための唐船の造営を命じ、渡航に従うべき御家人の選定も行った（『鏡』建保四年十一月二十四日条）。四カ月余りをかけて唐船は完成したが、遠浅の由比ヶ浜に進水することができず、空しく砂浜に朽ちることとなった。

なお、建保五年四月十七日の干支は正しくは癸亥である。

十七日。甲子。晴。宋人和卿、造ニ畢唐船一。今日、召ニ数百輩疋夫於諸御家人一、擬レ浮ニ彼船於

由比浦一。即有二御出一。右京兆〔義時〕、監臨給。信濃守行光、為二今日行事一。随二和卿之訓説一、諸人、尽二筋力一而曳レ之、自二午剋一至二申斜一。然而、此所之為レ躰、唐船、非下可二出入一之海浦上之間、不レ能二浮出一。仍還御。彼船、徒朽二損于砂頭一云々。

◆北条政子、熊野詣に出発

建保六年（一二一八）二月四日条（巻第二十三）

四日。丙午。快晴。尼御台所（北条政子）が上洛された。北条時房がお供した。これは熊野山御参詣のためである。この機会を利用して、故稲毛重成の孫娘〔年は十六歳。綾小路師季の娘〕をお連れになった。土御門通行に嫁がれるためである〔同二十一日に入洛されたという〕。

❖四日。丙午。快霽。尼御台所、御上洛。相州〔時房〕、扈従す。是、熊野山御斗藪の為なり。此の次を以て、故稲毛三郎重成入道の孫女〔年、十六。綾小路三品師季卿の女〕を伴は令め給ふ。土御門侍従通行朝臣に嫁せ被る可きに依るなり〔同廿一日、入洛し給ふと云々〕。

✻北条政子が弟の時房と共に熊野詣に出向いた。熊野詣は紀伊国の熊野本宮大社・熊野速玉大社・熊野那智大社の熊野三山に参詣するもので、院政期以来の熊野信仰の広がりの中で、上皇以下の多くの人々によって行われた。

政子は承元二年（一二〇八）にも時房と共に熊野詣をしている（『鏡』承元二年十月十日条）が、今回は熊野詣のほかに重要な目的があった。今回の熊野詣に先立つ正月十五日には政所でこの熊野詣について審議が行われている。また、この熊野詣は京都経由で行われたが、『愚管抄』によれば、在京中、政子は後鳥羽院の乳母の卿二位藤原兼子と度々会談している。これは、子の無い源実朝の後継者として後鳥羽院の皇子の鎌倉下向を要請するためで、実朝の妻の姉（坊門信清の娘）の子で兼子が養育していた頼仁親王か、修明門院藤原重子の子である雅成親王のどちらかを鎌倉に下すことが合意されたという。また、四月十四日には、政子は女性、しかも尼の身としては異例の従三位に叙されている（『鏡』建保六年四月二十九日条）。

こうして重要な交渉を成功させた政子は四月二十九日に、時房は五月四日に鎌倉に戻った。

四日。丙午。快霽。尼御台所、御上洛。相州（時房）、扈従。是、為二熊野山御斗藪一也。以二此次一、令レ伴二故稲毛三郎重成入道孫女（年、十六。綾小路三品師季卿女）一給。依レ可レ被レ嫁二于土御門侍従通行朝臣一也（同廿一日、入洛給云々）。

◆源実朝、右大臣となる

建保六年（一二一八）十二月二十日条（巻第二十三）

二十日。戊午（つちのえうま）。晴れ。去る二日、将軍家（源実朝）が、右大臣に就任された。そこで今日、政所始が行われた。右京兆（北条義時）と政所執事の二階堂行光および家司（けいし）の源仲章（なかあきら）・源頼茂（よりもち）・大江親広・相州（北条時房）・若槻（わかつき）頼定（よりさだ）・清原清定らが、布衣（ほい）を着て（政所の）座に並んだ。清定が執筆役として吉書を書いた。義時が（政所の）座を立ち、吉書を（実朝の）ご覧に入れるため、御所に参られた。（御所への）道中は行光が吉書を捧げ持ち、義時の後に従った。実朝は、特に（御所の）南面の階の間にお出ましになり、これをご覧になった〔義時がその吉書を（実朝の）御前に持参された〕。義時はまた政所に帰られ、垸飯を行われた。その後、行光が御馬・御剣などを義時に進上した。

❖廿日。戊午。晴る。去んぬる二日、将軍家、右大臣に任ぜ令め給ふ。仍て今日、政所始有り。右京兆幷びに当所執事信濃守行光及び家司文章博士仲章朝臣・右馬権頭頼茂朝臣・武蔵守親広・相州・伊豆左衛門尉頼定・図書允清定等、布衣を着し列座す。清定、執筆と為て、吉書を書く。右京兆、座を起ち吉書を覧ぜんが為、御所に参り給ふ。路次、行光、之を捧げ持ち、京兆の御後に従ふ。将軍家、故に以て南面の階の間に出御し之を覧ず〔京兆、彼の吉書を御前に持参し給ふ〕。京兆、又、政所に帰ら令め給ひ、垸飯を行はる。其の後、行光、御馬・御剣等を京兆に進らす。

＊源実朝が右大臣となり、政所始の儀式を行った。建保四年（一二一六）に正二位・権中納言・左近衛中将・征夷大将軍であった実朝は、建保六年正月には権大納言に進み、三月には父源頼朝の右近衛大将を超えて左近衛大将となり、十月に内大臣となっており、十二月二日、ついに右大臣に至った。実朝はこの時、二十七歳である。

実朝の政所については、建保四年から、それまで四～五人であった別当が九人に増加することが指摘されている。この時期の実朝は訴訟の裁決にも熱心であり、政所の充実も将軍権力の強化の一環と評価されている。政所は筋替橋（すじかえ）を渡って御所の南西にあり、吉書はそこから御所の実朝のもとへと運ばれたのである（三九一頁地図を参照）。

廿日。戊午。晴。去二日、将軍家、令レ任二右大臣一給。仍今日、有二政所始一。右京兆幷当所執事信濃守行光及家司文章博士仲章朝臣・右馬権頭頼茂朝臣・武蔵守親広・相州・伊豆左衛門尉頼定・図書允清定等、着二布衣一列座。清定、為二執筆一、書二吉書一。右京兆、起レ座為レ覧二吉書一、参二御所一給。路次、行光、捧二持之一、従二于京兆御後一。将軍家、故以出二御南面階間一覧レ之〔京兆、持二参彼吉書於御前一給〕。京兆、又、令レ帰二政所一給、被レ行二垸飯一。其後、行光、進二御馬・御剣等於京兆一。

◆源実朝、公暁に討たれる
建保七年（一二一九）正月二十七日条（巻第二十四）

二十七日。甲午。晴れ。夜になって雪が降った。二尺（約六六センチメートル）余り積もった。今日、将軍家（源実朝）が右大臣の拝賀のため、鶴岡八幡宮に参詣された。酉の刻（午後六時前後）に、出かけられた。行列（は以下のとおり）。

（行列を省略）

（実朝が）鶴岡八幡宮寺の楼門に入られた時、右京兆（北条義時）は急に具合が悪くなられ、（持っていた実朝の）御剣を源仲章に譲り、（その場から）退去され、神宮寺で（装束を）脱がれた後、小町の御邸宅に帰られた。夜中になって、神拝し、それが終わって（実朝が）ようやく退出されたところ、鶴岡別当の公暁が、石段の側に忍び寄り、剣を（手に）取って丞相（実朝）を殺害し申した。その後、随兵らが八幡宮の中に馬で駆けつけたが〔武田信光が先頭を進んだ〕、（実朝を殺した）敵を見つけることはできなかった。ある人が「上宮の砌で公暁が、父の仇を討ったと名のられました」と言った。これにより、それぞれ、公暁の雪下の本坊を襲撃した。公暁の門弟の悪僧らが、その中に立て籠もって戦ったところ、長尾定景と子息の景茂・胤景らとが先陣を争ったという。武士が戦場に向かうあり方として、人々は（それを）美談とした。ついに悪僧は敗北した。公暁はこの場所におられず、軍勢は空しく引き上げた。人々は呆然とするよりほか無かった。

❖廿七日。甲午。霽る。夜に入り、雪降る。積もること、二尺余り。今日、将軍家、右大臣拝賀の為、鶴岡八幡宮に御参。酉の刻、御出。行列。

（行列を省略）

宮寺の楼門に入ら令め御ふの時、右京兆、俄かに心神御違例の事有り、御剣を仲章朝臣に譲り、退去し給ひ、神宮寺に於いて、御解脱の後、小町の御亭に帰ら令め給ふ。夜陰に及び、神拝し、事終り、漸く退出せ令め御ふの処、当宮別当阿闍梨公暁、石階の際に窺い来り、剣を取り丞相を侵し奉る。其の後、随兵等、宮の中に馳せ駕すと雖も〔武田五郎信光、先登を進む〕、讐敵を覓むるに所無し。或る人、云はく、上宮の砌に於いて、別当闍梨公暁、父の敵を討つの由、名謁らると云々。之に就き、各、件の雪下の本坊に襲ひ到る。彼の門弟の悪僧等、其の内に籠もり、相戦ふの処、長尾新六定景と子息太郎景茂・同次郎胤景等と、先登を諍ふと云々。勇士の戦場に赴くの法、人、以て美談と為す。遂に悪僧、敗北す。闍梨、此の所に坐し給はず、軍兵、空しく退散す。諸人、惘然の外、他無し。

○丞相　大臣の唐名。ここでは右大臣の源実朝を指す。

＊建保六年（一二一八）十二月二日に右大臣に任じられ、同二十日に政所始を行った源実朝は、年が明けた建保七年正月二十七日、任官の慶びとお礼を行う拝賀のため、

鶴岡八幡宮に参詣した。拝賀の儀式に用いる装束や牛車は後鳥羽院の手配により十二月二十一日に鎌倉に届けられ、実朝の妻の兄である権大納言坊門忠信をはじめとする五人の公卿以下も参列のため鎌倉に下向した。

一方、公暁は近江国の園城寺での修行（三五六頁参照）の後、建保五年六月二十日に鎌倉に戻り、北条政子の計らいにより、五月十一日に死去した定暁の後任として、鶴岡八幡宮の別当に任じられていた。

この公暁（二十歳）が父源頼家の敵として、拝賀を終えた実朝（二十八歳）を殺害したのである。『愚管抄』によれば、付き従ってきた公卿たちの居並ぶ前を実朝が通り過ぎようとしたとき、公暁が「親の敵はかく討つぞ」と叫びながら切りつけたという。また、『鏡』では体調不良により帰宅したとされる北条義時は、『愚管抄』によれば、実朝の命令により八幡宮の中門に待機しており、松明を持って先導していた源仲章が義時と間違えられて殺されたという。実朝を殺害した公暁は、三浦義村に自ら将軍となる意思を伝え義村邸に向かうが、義村の差し向けた武士のために殺害された。

こうして源頼朝によって開かれた鎌倉幕府は、将軍家の断絶と、将軍の不在という異常事態となったのである。

廿七日。甲午。霽。入レ夜、雪降。積、二尺余。今日、将軍家、右大臣為二拝賀一、御二参鶴岡八幡宮一。酉刻、御出。

行列。

（行列を省略）

令レ入二宮寺楼門一御之時、右京兆、俄有二心神御違例事一、譲二御剣於仲章朝臣一、退去給、於二神宮寺一、御解脱之後、令レ帰二小町御亭一給。及二夜陰一、神拝、事終、漸令二退出一御之処、当宮別当阿闍梨公暁、窺二来于石階之際一、取レ剣奉レ侵二丞相一。其後、随兵等、雖レ馳二駕于宮中一〔武田五郎信光、進二先登一〕、無レ所レ覓二讐敵一。或人、云、於二上宮之砌一、別当闍梨公暁、討二父敵一之由、被二名謁一云々。就レ之、各、襲二到于件雪下本坊一。彼門弟悪僧等、籠二于其内一、相戦之処、長尾新六定景与二子息太郎景茂・同次郎胤景等一、諍二先登一云々。勇士之赴二戦場一之法、人、以為二美談一。遂悪僧、敗北。闍梨、不下坐二此所一給上、軍兵、空退散。諸人、惘然之外、無レ他。

◈北条政子、親王の下向を申請

建保七年（一二一九）二月十三日条　（巻第二十四）

十三日。庚戌。二階堂行光が上洛した。これは、六条宮（雅成）・冷泉宮（頼仁）二人の内（いずれか）を、関東の将軍として下向させていただくよう、禅定二位家（北条政子）が（後鳥羽院に）申される使者である。宿老の御家人もまた、連署の奏状を捧げてこの事を望んだという。

❖十三日。庚戌。信濃前司行光、上洛す。是、六条宮・冷泉宮両所の間、関東の将軍と為て、下向せ令め御ふ可きの由、禅定二位家、申さ令め給ふの使節なり。宿老の御家人、又、連署の奏状を捧げ、此の事を望むと云云。

○禅定　ここでは禅定門尼の略。仏門に入り僧形となりながら、在俗の生活を送っている女性。

✲源実朝の死去をうけ北条政子は、かつての合意に基づき、後鳥羽院の皇子を将軍として鎌倉へ下向させることを要請するため、二階堂行光を上洛させた。要請は閏二月一日に後鳥羽院へと伝えられたものの、同四日に与えられた回答は、「いずれ必ず下向させるが、今はできない」というものであった（『鏡』建保七年閏二月十二日条）。

十三日。庚戌。信濃前司行光、上洛。是、六条宮・冷泉宮両所之間、為二関東将軍一、可下令二下向一御上之由、禅定二位家、令レ申給之使節也。宿老御家人、又、捧二連署奏状一、望二此事一云云。

◆後鳥羽院、長江・倉橋荘の地頭撤廃を要求

建保七年（一二一九）三月九日条（巻第二十四）

九日。甲辰（きのえたつ）。仙洞（後鳥羽院）の御使者の藤原忠綱（ただつな）が、禅定二品（北条政子）の御邸宅（右府（源実朝）の御旧居）に参った。（忠綱の派遣は）実朝が亡くなられた事について、後鳥羽院が、たいそう歎かれていると仰ったことによるものである。次に、（忠綱は）右京兆（北条義時）にお目にかかり、申し入れを行った。これは、摂津国の長江（ながえ）・倉橋（くらはし）の両荘園の地頭職を

交替させるようにとの事以下の院宣の条々（について）である。

❖九日。甲辰。仙洞の御使忠綱朝臣、禅定二品の御亭〔右府の御旧跡〕に参る。右府、薨じ御ふ事、叡慮、殊に御歎息の由、仰せ下さるるに依るなり。次いで、右京兆に謁し申す。是、摂津国長江・倉橋両庄の地頭職、改補せ被る可き事已下、院宣の条々なり。

○二品　ここでは二位のこと。従一位の北条政子を指す。
○右府　右大臣の唐名。ここでは右大臣であった源実朝を指す。

✲源実朝の死去をうけて、後鳥羽院が弔問の使者として藤原忠綱を鎌倉に派遣した。藤原忠綱は後鳥羽院の近臣で、その娘は後鳥羽院の皇子雅成親王に嫁いでいる。後鳥羽院は親王の下向については触れず、摂津国の長江荘と倉橋荘（椋橋荘）の地頭を罷免することを要求した。これは後鳥羽院の寵愛を得ていた白拍子の亀菊の訴えによるもので、後鳥羽院は二度にわたって罷免を要求したという。これに対し北条義時は源頼朝の時代に設置された地頭を、大した理由もなく罷免することはできないと拒否し、これが承久の乱の一因となったという（四四二頁以下参照）。

椋橋荘と呼ばれる荘園は摂津国内に複数存在したが、承久の乱で京方の首謀者の一人となる尊長法印の所領としても、椋橋荘と称される頭陀寺が存在した。

九日。甲辰。仙洞御使忠綱朝臣、参二禅定二品御亭（右府御旧跡）一。右府、薨御事、叡慮、殊御歎息之由、依レ被二仰下一也。次、謁二申于右京兆一。是、摂津国長江・倉橋両庄地頭職、可レ被二改補一事已下、院宣条々也。

◆藤原頼経、鎌倉に下向

承久元年（一二一九）七月十九日条（巻第二十四）

十九日。壬子。晴れ。九条道家の御子息（三寅、後の藤原頼経）（二歳。母は西園寺公経の娘。建保六年正月十六日寅の刻（午前四時前後）に、誕生）が、関東に下向した。これは、故前右大将（源頼朝）の後家の禅尼

（北条政子）が、将軍（頼朝）との古い関係を重んじたため、その跡を継ぐため、要請したことによる。先月三日、下向するようにとの宣下があった。同九日、春日社に参詣した（牛車に乗った。殿上人一人・諸大夫三人・侍十人がお供したという）。同十四日、左府（道家）のもとで魚味の儀式が行われた。同十七日、（後鳥羽院の）院御所に参り、御馬・御剣などを賜ったという。同二十五日、一条の邸宅から六波羅に移り、そのまま出発したという。今日、午の刻（正午前後）に、鎌倉に入り、北条義時の大倉の邸宅（区画内の南方に、この間、新造の建物を造った）に着いた。（中略）。酉の刻（午後六時前後）に、政所始が行われた。三寅が幼いため、政子が簾中で（政務の）理非を判断するという。

❖十九日。壬子。霽る。左大臣（道家公）の賢息（二歳。母、公経卿の女。建保六年正月十六日寅の刻、誕生）、関東に下向す。是、故前右大将の後室の禅尼、将軍の旧好を重んずるの故、其の後嗣を継がんが為、之を申し請ふに依る。去んぬる月三日、下向有る可きの由、宣下。同九日、春日社に参る〔乗車。殿上人一人・諸大夫三人・侍十人、共に在りと云云〕。同十四日、左府に於いて、魚味の儀有り。同十七日、院参し、御馬・御剣等を賜ると云々。同廿五日、一条亭自り六波羅に渡り、則ち進発すと云云。今日、午の剋、鎌倉に入り、右京権大夫義時朝臣の大倉亭〔墎内南方に、此の間、新造の屋を構ふ〕に着く。（中略）。酉の刻、政所始有り。若君幼稚の間、二品禅尼、理非を簾中に聴断す可しと云々。

○左府　左大臣の唐名。ここでは左大臣の九条道家を指す。

＊幕府による皇子下向の要請を留保する一方で、摂津国長江・倉橋両荘の地頭の解任を要求する後鳥羽院に対し、三月十五日に北条時房が一千騎を率いて上洛し、交渉にあたったが、親王の下向は実現しなかった。『愚管抄』によれば、後鳥羽院は「どうして将来にこの日本国を二つに分けるようなことをしておけようか」と語ったという。

結局、摂関家の九条道家（兼実の孫）と西園寺公経の娘との間に生まれた二歳の三寅（後の藤原頼経）が、源頼朝の妹の曽孫でもあるということで、鎌倉に迎えられることとなった。

なお、『鏡』は時房が上洛した三月の末で一旦、記事が途切れ、三寅が鎌倉についた、この七月十九日条から記事が再開している。

十九日。壬子。霽。左大臣〔道家公〕賢息〔二歳。母、公経卿女。建保六年正月十六日寅刻、誕生〕、下二向関東一。是、故前右大将後室禅尼、重二将軍旧好一之故、為レ継二其後嗣一、依レ申二請之一。去月三日、可レ有二下向一之由、宣下。同九日、参二春日社一〔乗車。殿上人一人・諸大夫三人・侍十人、在レ共云云〕。同十四日、於二左府一、有二魚味之儀一。同十七日、院参、賜二御馬・御剣等一云々。同廿五日、自二一条亭一渡二六波羅一、則進発云云。今日、午剋、入二鎌倉一、着二于右京権大夫義時朝臣大倉亭〔郷内南方、此間、構二新造屋一〕一。〔中略〕。

酉刻、有二政所始一。若君幼稚之間、二品禅尼、可レ聴二断理非於簾中一云々。

◆源頼茂、討たれる

承久元年（一二一九）七月二十五日条（巻第二十四）

二十五日。戊午。晴れ。酉の刻（午後六時前後）に、伊賀光季の使者が京都から（鎌倉に）到着し、申した。「去る十三日の未の刻（午後二時前後）に、源頼茂を誅殺し、その子息の頼氏を捕らえました。ちょうど、若君（三寅、後の藤原頼経）が（鎌倉へ）下向しておられたため、わざと急使は派遣せず、今まで事情を申し上げませんでした」。頼茂が（後鳥羽院の）叡慮に背いたため、官軍をその在所である昭陽舎（頼茂は大内裏を警固していたため、この場所に住んでいた）に派遣して合戦となった。頼茂とその一味の藤原近仲・源貯・平頼国らは、仁寿殿に閉じ籠もって自殺し、（大内裏の）区画内の殿舎以下に放火した。仁寿殿の観音像・応神天皇の御輿や大嘗会・御即位の際の蔵人方の過去の御装束・霊妙な宝物などが、全て灰燼となった。朔平門・神祇官・太政官の外記庁・陰陽寮・園韓神社などは、その被災を免れたという。

❖廿五日。戊午。霽る。酉の剋、伊賀太郎左衛門尉光季の使者、京都自り到着し、申して云はく、去んぬる十三日未の刻、右馬権頭頼茂朝臣を誅し、子息下野守頼氏を虜にし訖んぬ。折節、若君御下向の間、故に飛脚を止め、今に子細を啓せずと云々。頼茂、叡慮に背くに依り、官軍を彼の在所昭陽舎〔頼茂、大内を守護するの間、此の所に住す〕に遣はし合戦す。頼茂幷びに伴類右近将監藤近仲・右兵衛尉源貯・前刑部丞平頼国等、仁寿殿に入り籠もり自殺し、墎内の殿舎以下に放火す。仁寿殿の観音像・応神天皇の御輿及び大嘗会・御即位の蔵人方の往代の御装束・霊物等、悉く以て灰燼と為る。朔平門・神祇官・官外記庁・陰陽寮・園韓神等、其の災ひを免ると云々。

✻京都守護として在京していた伊賀光季の使者が鎌倉に到着し、源頼茂の誅殺とそれにともなって発生した大内裏の焼失を告げた。

源頼茂は以仁王を奉じて挙兵した源頼政の孫で、大内裏の警護は、源頼光に始まるこの摂津源氏の代々の職務であった。頼茂は源実朝の死去をうけて、自らが将軍となることを望んだものの、他の在京武士から後鳥羽院に訴えられ、後鳥羽院の院宣により追討されたのであった。

仁寿殿は、もとは天皇の常の座所であったが、このころは内宴以下の儀式の場となっていた。天皇の身体安穏を祈願する観音供（かんのんく）が行われた場所でもある。またこの時、累代の御物の楽器・書籍・武器などを収蔵し納殿（おさめどの）とも呼ばれた宜陽殿（ぎようでん）や、書物・御物を収蔵し文殿（ふどの）とも呼ばれ、同じ建物内に蔵人所もあった校書殿（きょうしょでん）も炎上している。

廿五日。戊午。霽。酉剋、伊賀太郎左衛門尉光季使者、自二京都一到着、申云、去十三日未刻、誅二右馬権頭頼茂朝臣一、虜二子息下野守頼氏一訖。折節、若君御下向之間、故止二飛脚一、于レ今不レ啓二子細一云々。頼茂、依レ背二叡慮一、遣二官軍於彼在所昭陽舎一〔頼茂、守二護大内一間、住二此所一〕合戦。頼茂并伴類右近将監藤近仲・右兵衛尉源貯・前刑部丞平頼国等、入二籠仁寿殿一自殺、放二火埆内殿舎以下一。仁寿殿観音像・応神天皇御輿及大嘗会・御即位蔵人方往代御装束・霊物等、悉以為二灰燼一。朔平門・神祇官・々（官）外記庁・陰陽寮・園韓神等、免二其災一云々。

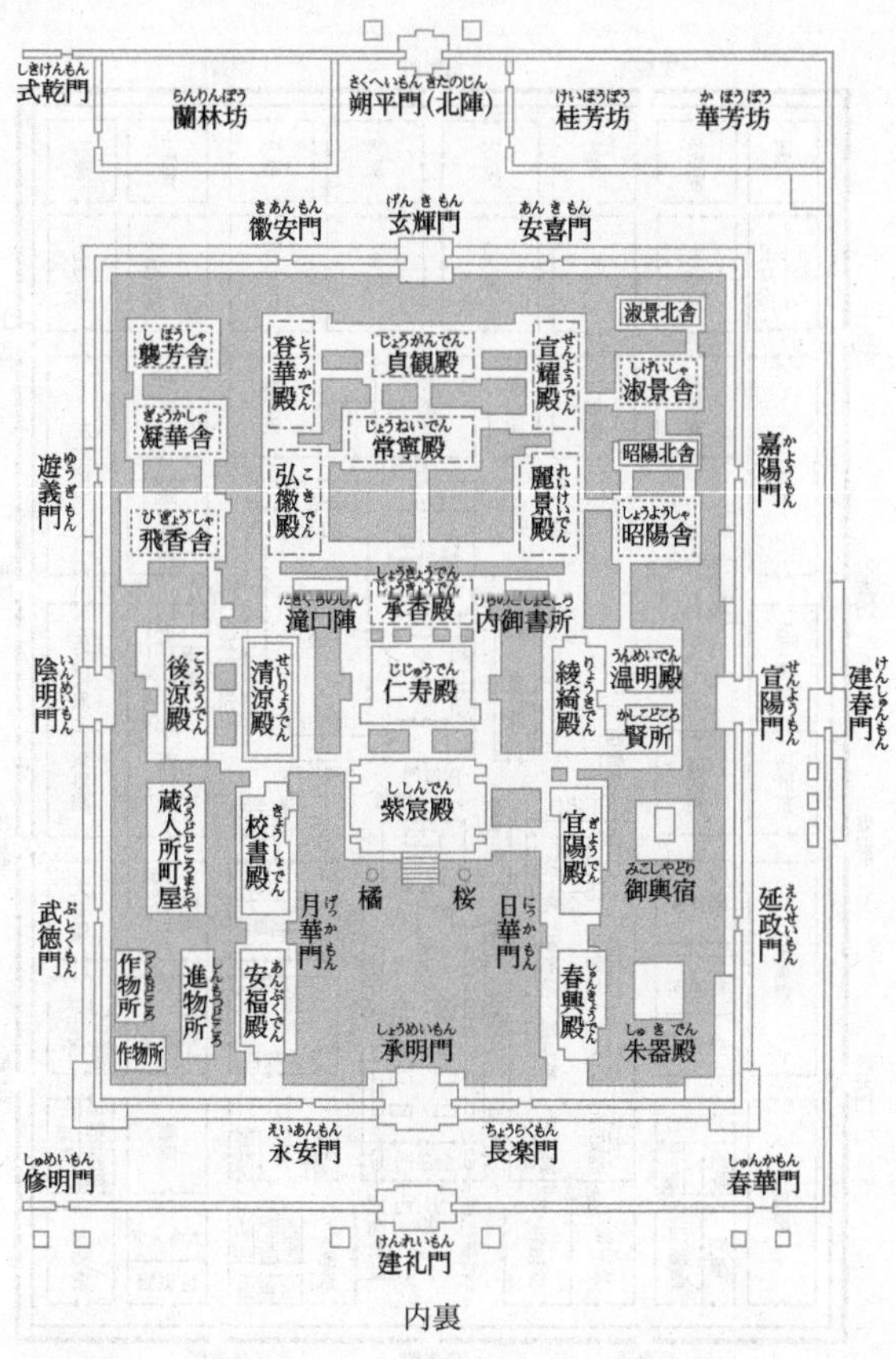
式乾門
蘭林坊
朔平門(北陣)
桂芳坊
華芳坊
徽安門
玄輝門
安喜門
淑景北舎
襲芳舎
登華殿
貞観殿
宣耀殿
淑景舎
凝華舎
常寧殿
昭陽北舎
嘉陽門
遊義門
弘徽殿
麗景殿
昭陽舎
飛香舎
滝口陣
承香殿
内御書所
後涼殿
清涼殿
仁寿殿
綾綺殿
温明殿
賢所
陰明門
宣陽門
建春門
蔵人所町屋
校書殿
紫宸殿
宜陽殿
御輿宿
橘
桜
武徳門
月華門
日華門
延政門
作物所
進物所
安福殿
承明門
春興殿
朱器殿
作物所
永安門
長楽門
修明門
春華門
建礼門
内裏

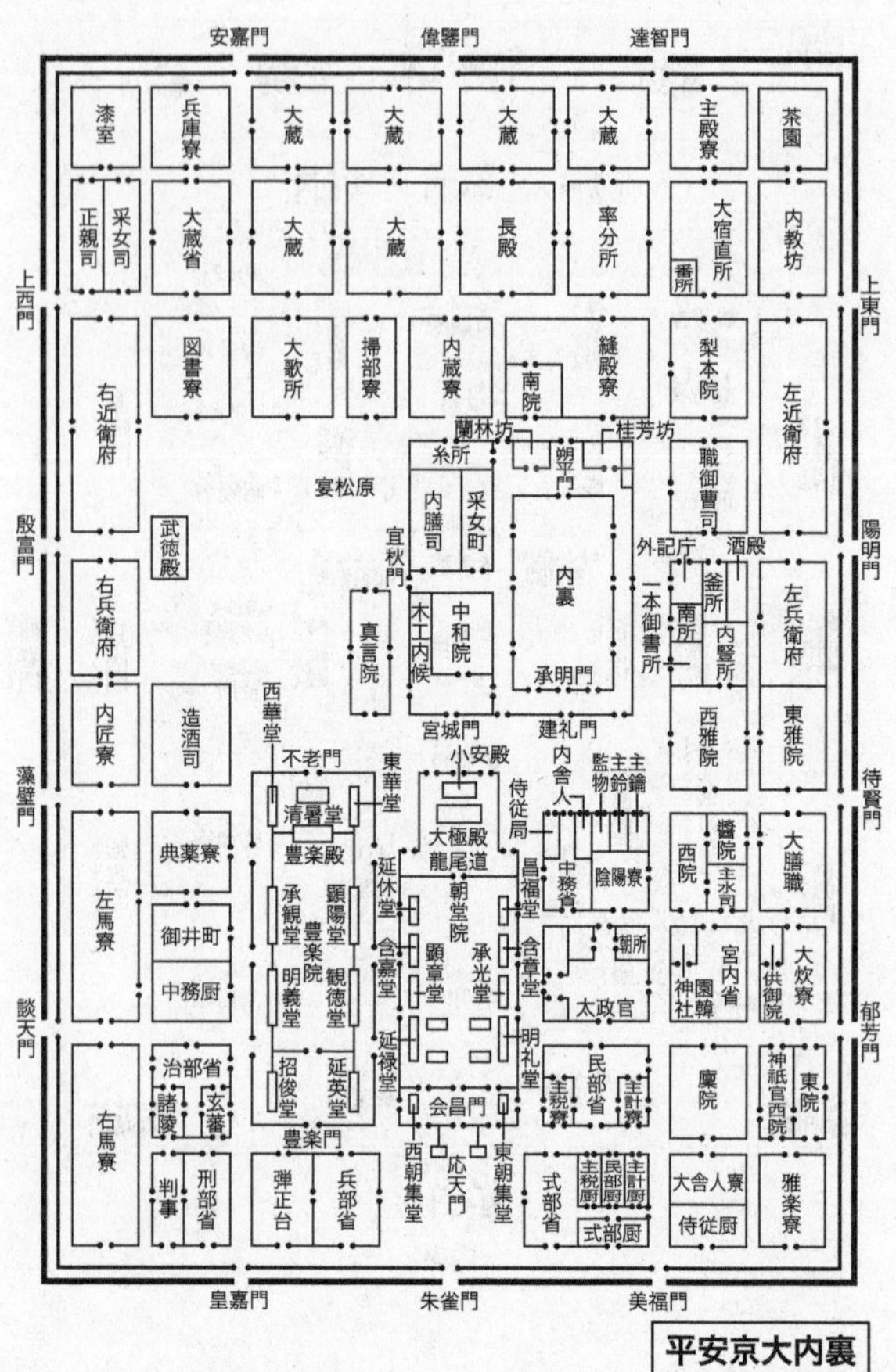

平安京大内裏

◆大内裏の再建　承久二年（一二二〇）十二月二十日条（巻第二十四）

二十日。戊子。大内惟信の使者が（鎌倉に）下ってきた。去る八日に大内裏の殿舎が建てられた。行事上卿の源通具、行事参議の藤原公頼、行事弁の藤原頼資・藤原光俊らが行事所に着座した。小槻国宗・六位史・中原章重らが（儀式の運営を）担当したという。これは源頼茂を追討した時、火災にあったため新造されたのだという。

❖廿日。戊子。惟信の使、下着す。去んぬる八日、大内の殿舎を建つ。上卿源大納言通具・参議公頼・右中弁頼資・右少弁光俊等、行事所に着す。大夫史国宗・六位史・検非違使章重等、奉行すと云々。是、頼茂朝臣追討の時、火災の間、新造せ被るる所なりと云々。

＊在京していた大内惟信の使者が、大内裏再建の進捗状況を鎌倉に知らせた。

承久元年（一二一九）七月に炎上した大内裏の再建は、翌年正月に造内裏行事所（ぞうだいりぎょうじしょ）が設置され、本格的に進められることとなった。三月には木作始（こづくりはじめ）が、十月には立柱上棟（りっちゅうじょうとう）が行われた。十二月八日に行われたのは屋根に檜皮（ひわだ）を葺（ふ）き始める檜皮葺始（ひわだぶきはじめ）であるが、十二月十八日には行事参議であった藤原公頼が辞任しており、この頃にはほぼ完成していたものと考えられる。

この時に再建された大内裏は完成から数年後の嘉禄三年（一二二七）四月に再び炎上し、その後、ついに大内裏が再建されることはなかった。

なお、承久二年十二月二十日の干支は正しくは丙子（ひのえね）である。

廿日。戊子。惟信使、下着。去八日、建㆓大内殿舎㆒。上卿源大納言通具・参議公頼・右中弁頼資・右少弁光俊等、着㆓行事所㆒。大夫史国宗・六位史・検非違使章重等、奉行云々。是、頼茂朝臣追討之時、火災之間、所㆑被㆓新造㆒也云々。

◆承久の乱　一　北条義時追討の宣旨

承久三年（一二二一）五月十九日条（巻第二十五）

十九日。壬寅。午の刻（正午前後）に、伊賀光季の去る十五日の急使が鎌倉に下ってきて、申した。「このところ、（後鳥羽院の）院御所に官軍が召集されています。そこで大江親広は、昨日、勅命に応じ（院御所に参り）ました。光季は、右幕下（西園寺公経）からの知らせを聞いていたため、支障があると申し（参上を断り）ましたので、処罰されそうな状況です」。未の刻（午後二時前後）に、公経の家司の三善長衡の去る十五日の京都からの急使が（鎌倉に）下ってきて申した。「昨日（十四日）、公経と（その子の）実氏は、（後鳥羽院が）尊長に命じて弓場殿に拘束されました。十五日午の刻（正午前後）に、（後鳥羽院は）官軍を派遣して光季を誅殺されました。そのまますぐに藤原光親に命じて、右京兆（北条義時）追討の宣旨を五畿七道（の諸国）に下されたということです」。関東分の宣旨の御使者が、今日、同じく（鎌倉に）到着したという。そこで捜索したところ、葛西谷の山里殿の辺りでこの使者を見つけ出した。（名を）押松丸（藤原秀康の所従という）といった。（押松丸が）持っていた宣旨と源光行の副状、同じく（光行による）関東の武士の名簿などを取り上げ、二品（北条政子）の邸宅（御堂御所と言った）で（内容を）見た。また、同じ時、三浦胤義（義村の弟）の私的な書状が三浦義村のもとに届いた。これには、『勅命に応じて義時を誅殺せよ。勲功の賞は申請のとおりとする』と（後鳥羽院から）仰せ下された」との内容を載せていた。義村は（とても）返事をすることはできず、その使者を追い返し、その書状を持って義時のもとへ行き、言った。「義村は弟の叛逆には与せず、（幕府の）味方として無二の忠節を尽くすつもりである」。その後、陰陽道の安倍親職・安倍泰貞・安倍宣賢・安倍晴吉らを招き、（出来事の発生時を）午の刻（正午前後）（最初の急使が到着した時刻である」ということで占いが行われた。

関東は平穏に帰すと、そろって占ったという。

❖十九日。壬寅。午の刻、大夫尉光季の去んぬる十五日の飛脚、関東に下着し、申して云はく、此の間、院中、官軍を召し聚め被る。仍て前民部少輔親広入道、昨日、勅喚に応ず。光季、右幕下〔公経〕の告げを聞くに依り、障りを申すの間、勅勘を蒙る可きの形勢有りと云々。未の刻、右大将の家司主税頭長衡の去んぬる十五日の京都の飛脚、下着し、申して云はく、昨日〔十四日〕、幕下并びに黄門〔実氏〕、二位法印尊長に仰せて、弓場殿に召し籠め被る。十五日午の刻、官軍を遣はし伊賀廷尉を誅せ被る。則ち按察使光親卿に勅して、右京兆追討の宣旨を五畿七道に下さるるの由と云々。関東分の宣旨の御使、今日、同じく到着すと云々。仍て相尋ぬるの処、葛西谷の山里殿の辺り自り之を召し出だす。押松丸〔秀康の所従と云々〕と称す。持つ所の宣旨并びに大監物光行の副状、同じく東士の交名註進状等を取り、二品亭〔御堂御所と号す〕に於いて披閲す。亦、同じき時、廷尉胤義〔義村の弟〕の私の書状、駿河前司義村の許に到着す。是、勅定に応じ右京兆を誅す可し。勲功の賞に於いては、請ふに依る可きの由、仰せ下さるるの趣、之を載す。義村、返報することを能はず、彼の使者を追ひ返し、件の書状を持ち、右京兆の許に行き向かひて云はく、義村、弟の叛逆に同心せず、御方に於いて無二の忠を抽んづ可きの由と云々。其の後、陰陽道の親職・泰貞・宣賢・晴吉等を招き、午の刻〔初めの飛脚、到来の時なり〕を以て卜筮有り。関東、太平に属す可きの由、一同に之を占ふ。

✲京都守護として在京していた伊賀光季と、西園寺公経（五十一歳）の家司三善長衡との使者が、京都の情勢を伝え、公経・実氏（二十八歳）父子が拘束されたこと、光季が討たれ、北条義時追討の宣旨が発給されたことなどが鎌倉に伝えられた。西園寺公経は源頼朝の妹の娘を妻としており、鎌倉に迎えられた九条道家の子の三寅（後の藤原頼経）の祖父であったことから幕府と関係が深かった。

義時追討の宣旨は京方の総大将となった藤原秀康の所従であった押松丸によって有力御家人のもとへ届けられることとなっていたが、この押松丸は鎌倉で捕縛されてしまった。この宣旨は太政官の弁官局から発給される官宣旨とよばれる形式であった（『鎌』二七四六号）。有力御家人あての宣旨には源光行の副状も付され、届けるべき御家人の名簿も光行が作成したものであった。光行は平家方であった父の助命を訴えて鎌倉に下向した後、頼朝・頼家・実朝に仕え、再び京都に戻って後鳥羽院に仕えていた人物である。

こうして鎌倉幕府と朝廷とが正面から対決する承久の乱が発生した。

十九日。壬寅。午刻、大夫尉光季去十五日飛脚、下二着関東一、申云、此間、院中、被レ召二聚官軍一。仍前民部少輔親広入道、昨日、応二勅喚一。光季、依レ聞二右幕下〔公経〕告一、申レ障之間、有下可レ蒙二勅勘一之形勢上云々。未刻、右大将家司主税頭長衡去十五日京都飛脚、下着、申云、昨日〔十四日〕、幕下幷黄門〔実氏〕、仰二二位法印尊長一、被レ召二籠弓場殿一。十五日午刻、遣二官軍一被レ誅二伊賀廷尉一。則勅二按察使光親卿一、被レ下二右京兆追討宣旨於五畿七道一之由云々。関東分宣旨御使、今日、同到着云々。仍相尋之処、自二葛西谷山里殿辺一召二出之一。称二押松丸〔秀康所従云々〕一。取二所レ持宣旨幷大監物光行副状、同東士交名註進状等一、於二二品亭〔号二御堂御所一〕一披閲。亦、同時、廷尉胤義〔義村弟〕私書状、到二着于駿河前司義村之許一。是、応二勅定一可レ誅二右京兆一。於二勲功賞一者、可レ依レ請之由、被二仰下一之趣、載レ之。義村、不レ能二返報一、追二返彼使者一、持二件書状一、行二向右京兆之許一云、義村、不レ同二心弟之叛逆一、於二御方一可レ抽二無二忠一之由云々。其後、招二陰陽道親職・泰貞・宣賢・晴吉等一、以二午刻〔初飛脚、到来時也」二有二卜筮一。関東、可レ属二太平一之由、一同占レ之。

◆承久の乱　二　北条政子の演説

承久三年（一二二一）五月十九日条（巻第二十五）

相州（北条時房）・武州（北条泰時）・前大官令禅門（ぜんもん）（大江広元）・前武州（足利義氏）以下が集まった。二品（北条政子）は御家人らを御簾（みす）の下に招き寄せ、安達景盛を介して、よくよく（その意を）示して言った。「皆、心を一つにして聞くように。これが最後の言葉である。故右大将軍（源頼朝）が朝敵を征伐し、関東（の幕府）を開創して以来、官位と言い、俸禄（ほうろく）と言い、その恩は既に山よりも高く、海よりも深い。（その恩に）報いようとの思いが浅いことがあろうか。ところが今、逆臣の讒言（ざんげん）によって、（朝廷は）正義ではない綸旨（りんじ）を下された。名を惜しむ者たちは、早く藤原秀康・三浦胤義らを討ち取り、三代の将軍の遺産（である幕府）を完全に保つように。ただし、（後鳥羽院の）院御所に参ろうと思うならば、今すぐに言明するように」。集まっていた武士は皆、（政子の）命令に応じ、また、涙に咽んで十分に返事を申し上げることもできなかった。ただ、命を軽んじて恩に報いること（ばかり）を思った。まことに「忠臣は国の危うい時に現れる」というのはこのことであろう。幕府が（後鳥羽院の）御意向に背くこととなった始まりは、舞女の亀菊の訴えにより、摂津国の長江・倉橋の両荘園の地頭職を廃止するよう、二度、院宣を下されたところ、右京兆（北条義時）は承諾しなかった。これは、「幕下将軍（源頼朝）の時に勲功の賞に基づいて任命した者たちを、これといった怠慢も無く改変し難い」と申したのである。そこで（後鳥羽院の）お怒りが激しかったため（このようになった）という

❖相州・武州・前大官令禅門・前武州以下、群集す。二品、家人等を簾下に招き、秋田城介景盛を以て、示し含めて曰く、皆、心を一にして奉る可し。是、最後の

詞なり。故右大将軍、朝敵を征罰し、関東を草創ししより以降、官位と云ひ、俸禄と云ひ、其の恩、既に山岳よりも高く、溟渤よりも深し。報謝の志、浅からんや。而るに今、逆臣の讒に依り、非義の綸旨を下さる。名を惜しむの族、早く秀康・胤義等を討ち取り、三代の将軍の遺跡を全うす可し。但し、院中に参らんと欲せば、只今、申し切る可し、者り。群参の士、悉く命に応じ、且つは涙に溺れ返報を申すに委しからず。只、命を軽んじて恩に酬いんことを思ふ。寔に是、忠臣、国の危きに見るは此の謂か。武家、天気に背くの起こりは、舞女亀菊の申状に依り、摂津国長江・倉橋両庄の地頭職を停止す可きの由、二箇度、院宣を下さるるの処、右京兆、諾し申さず。是、幕下将軍の時、勲功の賞に募り定め補するの輩、指したる雑怠無くして改め難きの由、之を申す。仍て逆鱗、甚しきの故なりと云々。

○忠臣、国の危きに見る『文選』賦篇・紀行の潘岳「西征賦」の「貞臣見於国危」を踏まえた表現。

✲後鳥羽院（四十二歳）により北条義時（五十九歳）追討の宣旨が発せられたとの情報を受けて、北条時房（四十七歳）・北条泰時（三十九歳）・大江広元（七十四歳）・足利義氏（三十三歳）以下が集まった。集まってきた人物の中に義時が見えず、北条政子（六十五歳）がその場にいることから、集まった先は、政子が三寅（四歳。後の藤原頼経）と共に暮らしていた義時の大倉邸の郭内南部の御所であろう。政子の「御堂御所」の造営は貞応（じょうおう）二年（一二二三）であり、ここでの注記は誤記と考えられている（『鏡』貞応二年二月二十七・七月二十六日条）。

ここで政子は集まってきた御家人に対し、源頼朝の恩を説き、結束して京方と戦うことを促した。学習漫画などでは、政子が御家人に直接、語り掛けている場面がみられるが、実際には政子は御所の御簾の内におり、その言葉は安達景盛によって御家人らに伝えられたのである。

この演説により、御家人らは京方と戦う方針に一致結束したという。

相州・武州・前大官令禅門・前武州以下、群集。二品、招二家人等於簾下一、以二秋田城介景盛一、示含曰、皆、一レ心而可レ奉。是、最後詞也。故右大将軍、征二罰朝敵一、草二創関東一以降、云二官位一、云二俸禄一、其恩、既高二於山岳一、深二於溟渤一。報謝之志、浅乎。而今、依二逆臣之讒一、被レ下二非義綸旨一。惜レ名之族、早討二取秀康・胤義等一、可レ全二三代将軍遺跡一。但、欲レ参二院中一者、只今、可二申切一者。群参之士、悉応レ命、且溺レ涙申二返報一不レ委。只、軽レ命思レ酬レ恩。寔是、忠臣、見二国危一此謂歟。武家、背二天気一之起、依二舞女亀菊申状一、可レ停二止摂津国長江・倉橋両庄地頭職一之由、二箇度、被レ下二 院宣一之処、右京兆、不二諾申一。是、幕下将軍時、募二勲功賞一定補之輩、無二指雑怠一而難レ改由、申レ之。仍逆鱗、甚故也云々。

◆承久の乱　三　幕府の評議

承久三年（一二二一）五月十九日条（巻第二十五）

夕方頃、右京兆（北条義時）の館で、相州（北条時房）・武州（北条泰時）・前大膳大夫入道（大江広元）・駿河前司（三浦義村）・城介入道（安達景盛）らが、評議を行った。意見はまちまちに分かれた。結局、（防御のための）関を足柄・箱根の両方の道路に堅固に構えて、（朝廷軍を）待ち構えるべきであるという。大官令覚阿（広元）が言った。「評議の内容は、ひとまずはよろしいでしょう。ただし、東国の武士が一致団結しなければ、関を守って日を送ることは、かえって敗北の原因となるでしょう。運を天に任せて、早く軍勢を京都に派遣されるべきです」。義時が二つの意見を二品（北条政子）に申したところ、政子が言った。「上洛しなければ、まったく官軍を破り難いであろう。安保実光以下の武蔵国の軍勢（の到着）を待って、速やかに上洛せよ」。これにより、上洛させるため、今日、遠江・駿河・伊豆・甲斐・相模・武蔵・安房・上総・下総・常陸・信濃・上野・下野・陸奥・出羽らの国々に、義時の奉書を発した。一族らを率い（て上洛す）るよう、家々の長に命じたのである。その書状の書様（は以下のとおり）。

京都から関東を襲撃すると、情報があったため、相模守（時房）・武蔵守（泰時）が軍勢を率いて出発する。（また）式部丞（北条朝時）を北陸に差し向ける。このことを早く一家の人々に伝え、（時房・泰時・朝時のもとに）向かうように。

❖晩鐘の程、右京兆の館に於いて、相州・武州・前大膳大夫入道・駿河前司・城介入道等、評議を凝らす。意見、区に分かる。所詮、関を足柄・筥根両方の道路に固め、相待つ可きの由と云々。大官令覚阿、云はく、群議の趣、一旦、然る可し。但し、東士、一揆せずんば、関を守りて日を渉るの条、還りて敗北の因為る可きか。運を天道に任せ、早く軍兵を京都に発遣せ被る可し、者り。右京兆、両議を以て、二品に申すの処、二品、云はく、上洛せずんば、更に官軍を敗り難からんか。安保刑部丞実光以下武蔵国の勢を相待ち、速やかに参洛す可し、者り。之に就き、上洛せ令めんが為、今日、遠江・駿河・伊豆・甲斐・相模・武蔵・安房・上総・下総・常陸・信濃・上野・下野・陸奥・出羽等の国々に、京兆の奉書を飛ばす。一族等を相具す可きの由、家々の長に仰する所なり。其の状の書様。

京都自り坂東を襲ふ可きの由、其の聞こえ有るの間、相模守・武蔵守、御勢を相具し、打ち立つ所なり。式部丞を以て北国に差し向く。此の趣、早く一家の人々に相触れ、向かふ可き者なり。

＊朝廷と戦うことに決した幕府では、北条義時の館で作戦会議が行われた。足柄峠・箱根峠を封鎖して朝廷軍を待ち受ける案に対し、大江広元は速やかに軍勢を上洛させることを主張した。北条義時から両案を示された北条政子は上洛案を採り、武蔵国の軍勢が鎌倉に到着し次第、上洛することが決定され、東国の御家人らに出陣が命じられた。

安保実光は武蔵国の丹党の武士で、孫は北条泰時の妻となり、建暦二年（一二一二）に泰時の次男時実を産んでいる。また、平家追討のため上洛した経験もあった。承久の乱では、摩免戸での合戦の後、宇治川渡河に際して死亡した。

晩鐘之程、於二右京兆館一、相州・武州・前大膳大夫入道・駿河前司・城介入道等、凝二評議一。意見、区分。所詮、固二関足柄・筥根両方道路一、可二相待一之由云々。大官令覚阿、云、群議之趣、一旦、可レ然。但、東士、不二一揆一者、守レ関渉レ日之条、還可レ為二敗北之因一歟。任二運於天道一、早可レ被レ発二遣軍兵於京都一者。右京兆、以二両議一、申二二品一之処、二品、云、不レ上洛一者、更難レ敗二官軍一歟。相二待安保刑部丞実光以下武蔵国勢一、速可二参洛一者。就レ之、為レ令二上洛一、今日、遠江・駿河・伊豆・甲斐・相模・武蔵・安房・上総・下総・常陸・信濃・

上野・下野・陸奥・出羽等国々、飛㆓京兆奉書㆒。可㆑相㆓具一族等㆒之由、所㆑仰㆓家々長㆒也。其状書様。

自㆓京都㆒可㆑襲㆓坂東㆒之由、有㆓其聞㆒之間、相模守・武蔵守、相㆓具御勢㆒、所㆓打立㆒也。以㆓式部丞㆒差㆓向北国㆒。此趣、早相㆓触一家人々㆒、可㆑向者也。

◆承久の乱 四 大江広元・三善康信、上洛を主張

承久三年（一二二一）五月二十一日条（巻第二十五）

二十一日。甲辰。（中略）。今日、天下の重大事などを重ねて評議した。「（本拠である）住んでいる場所を離れ、官軍に立ち向かってむやみと上洛するのは、いかがなものか。思慮すべきであろう」と、異議があったためである。前大膳大夫入道（大江広元）が言った。「上洛が決定した後、日が空いたため、既にまた、異論が出てきました。武蔵国の軍勢（の到着）を待つことすら、なお誤った考えです。時を重ねたならば、武蔵国の者た

ちであっても次第に思案を廻らし、きっと心変わりするはずです。ただ、今夜中に、武州（北条泰時）一人であっても、鞭を揚げられ（出発され）たならば、東国の武士は皆、雲が竜に従うようにな（り出発す）るでしょう」。京兆（北条義時）は特に感服した。ただし、大夫属入道善信（三善康信）は宿老である。このところ、老衰による病気が重くなったため、引き籠もっていた。二品（北条政子）が善信を招いて相談した。善信は言った。「東国の安否（の分かれ目）は、今この時に（決断の）限界となっております。評議を行おうとするのは、愚かな考えです。ところが、軍勢を京都に派遣することを特に願っておりましたところ、日数を過ごしているのは、たいそう怠慢というべきです。大将軍一人はまず出発されるべきでしょう」。義時は言った。「二人の意見が一致した。どうして（これが）神仏の助けでないことがあろうか」。（そして義時は）「速やかに出発せよ」と泰時に命じた。そこで泰時は、今夜、家を出て藤沢清親の稲瀬川の家に泊まったという。

❖廿一日。甲辰。（中略）。今日、天下の重事等、重ねて評議す。住所を離れ、官軍に向かひ左右無く上洛すること、如何。思惟有る可きかの由、異議有るの故なり。前大膳大夫入道、云はく、上洛、定まる後、日を隔つるに依り、已に又、異議、出来す。武蔵国の軍勢を待た令むるの条、猶、僻案なり。日時を累ぬるに於いては、武蔵国の衆と雖も漸く案を廻らし、定めて変心有る可きなり。只、今夜中、武州、一身と雖も、鞭を揚げ被れば、東士、悉く雲の竜に従ふが如かる可し、者り。京兆、殊に甘心す。但し、大夫属入道善信、宿老為り。此の程、老病、危急の間、籠居す。二品、之を招き示し合はす。善信、云はく、関東の安否、此の時に至極し訖んぬ。群議を廻らさんと擬するは、凡慮の覃ぶ所なり。而るに軍兵を京都に発遣する事、尤も庶幾ふの処、日数を経るの条、頗る懈緩と謂ふ可し。大将軍一人は先づ進発せ被る可きか、者り。京兆、云はく、両議、一揆す。何ぞ冥助に非ずや。早く進発す可きの由、武州に示し付く。仍て武州、今夜、門出し、藤沢左衛門尉清近の稲瀬河の宅に宿すと云々。

○凡慮の覃ぶ所なり　あるいは「非」が脱字であり、「凡慮の覃ぶ所に非ず」の可能性もある。

＊五月十九日の夜に軍勢の上洛が決定されてから、武蔵国の軍勢の到着を待つ間に二十一日を迎えた。この日、本拠地である東国を離れて合戦することを不安視する意見が出され、再度、作戦会議が行われることとなった。これに対し、大江広元は武蔵国の軍勢の到着も待たず、即座に大将一人でも出陣することを主張した。また、八十二歳で病床にあった三善康信も出陣を主張した。京都をよく知る二人の意見が一致したことをうけ、この夜、北条泰時が館を出立し、当時の鎌倉の西の境界であった稲瀬川の藤沢清親の館に入った。

広元や康信の献策により、速やかに戦争状況に入ったことが、御家人らの動揺や分裂を防ぐことにつながったのである。

廿一日。甲辰。（中略）。今日、天下重事等、重評議。離二住所一、向二官軍一無二左右一上洛、如何。可レ有二思惟一歟之由、有二異議一之故也。前大膳大夫入道、云、上洛、定後、依レ隔レ日、已又、異議、出来。令レ待二武蔵国軍勢一之条、猶、僻案也。於レ累二日時一者、雖二武蔵国衆一漸廻レ案、定可レ有二変心一也。只、今夜中、武州、雖二一身一、被レ揚レ鞭者、東士、悉可レ如二雲之従一レ竜、者。京兆、殊甘心。但、大夫属入道善信、為二宿老一。此程、老病、危急之間、籠居。二品、招レ之示合。善信、云、関東安否、此時至極訖。擬レ廻二群議一者、凡慮之所レ覃。而発二遣軍兵於京都一事、尤庶幾之処、経二日数一之条、頗可レ謂二懈緩一。大将軍一人者先可レ被二進発一歟、者。京兆、云、両議、一揆。何非二冥助一乎。早可二進発一之由、示二付武州一。仍武州、今夜、門出、宿二于藤沢左衛門尉清近稲瀬河宅一云々。

◆承久の乱　五　北条泰時、鎌倉を出発

承久三年（一二二一）五月二十二日条（巻第二十五）

二十二日。乙巳（きのとみ）。曇り。小雨が常に降った。卯（う）の刻（午前六時前後）に、武州（北条泰時）が京都に出発した。従う軍勢は十八騎である。すなわち、子息時氏、弟有時（ありとき）、また、北条実義（さねよし）（後の実泰（さねやす））、尾藤景綱（びとうかげつな）〔平出弥三郎（ひらいでやさぶろう）・綿貫次郎三郎（わたぬきじろうさぶろう）が従った〕・関実忠（せきさねただ）・平盛綱（もりつな）・南条時員（なんじょうときかず）・安東藤内左衛門尉（あんどうとうないさえもんのじょう）・伊具盛重（いぐもりしげ）・岡村次郎兵衛尉（おかむらじろうひょうえのじょう）・佐久満家盛（さくまいえもり）・葛山広重（かずらやまひろしげ）・勅使河原則（てしがわらのり）

直・横溝資重・安藤左近将監・塩河中務丞・内島忠俊らである。京兆（北条義時）はこの者たちを招き、皆に武具を与えた。その後、相州（北条時房）・前武州（足利義氏）・駿河前司（三浦義村）・同次郎（三浦泰村）以下が出発した。式部丞（北条朝時）は北陸の大将軍として家を出たという。

❖廿二日。乙巳。陰る。小雨常に灑ぐ。卯の剋、武州、京都に進発す。従軍、十八騎なり。所謂、子息武蔵太郎時氏・弟陸奥六郎有時、又、北条五郎・尾藤左近将監〔平出弥三郎・綿貫次郎三郎、相従ふ〕・関判官代・平三郎兵衛尉・南条七郎・安東藤内左衛門尉・伊具太郎・岡村次郎兵衛尉・佐久満太郎・葛山小次郎・勅使河原小三郎・横溝五郎・安藤左近将監・塩河中務丞・内島三郎等なり。京兆、此の輩を招き、皆、兵具を与ふ。其の後、相州・前武州・駿河前司・同次郎以下、進発し訖んぬ。式部丞、北陸の大将軍と為て、首途すと云々。

✻五月二十二日早朝、北条泰時が鎌倉を出発し上洛の途についた。従うのは十八騎

鎌倉方の進路

（実際には十七名しか記されていない。あるいは泰時を含めて総勢十八騎という意味か）であり、北条氏の一族とその被官が中心とみられる。その後、北条時房、足利義氏、三浦義村・泰村父子が泰時に続いて東海道を上洛し、北条朝時は北陸道へと出発した。また二十五日までには武田信光・小笠原長清らが東山道から京都へと出発し、幕府軍は東海道・東山道・北陸道の三方から京都へ攻め上った。『鏡』や慈光寺本『承久記』は総勢十九万騎とするが、さすがに誇張であろう。

廿二日。乙巳。陰。小雨常灑。卯剋、武州、進発京都。従軍、十八騎也。所謂、子息武蔵太郎時氏、弟陸奥六郎有時、又、北条五郎、尾藤左近将監〔平出弥三郎・綿貫次郎三郎、相従〕・関判官代・平三郎兵衛尉・南条七郎・安東藤内左衛門尉・伊具太郎・岡村次郎兵衛尉・

佐久満太郎・葛山小次郎・勅使河原小三郎・横溝五郎・安藤左近将監・塩河中務丞・内島三郎等也。京兆、招二此輩一、皆、与二兵具一。其後、相州・前武州・駿河前司・同次郎以下、進発訖。式部丞、為二北陸大将軍一、首途云々。

◆承久の乱　六　朝廷、軍勢を諸方に派遣

承久三年（一二二一）六月三日条（巻第二十五）

三日。丙辰。関東の大将軍が遠江国の国府に着いたとの急使が、昨日、京都に入ったため、公卿僉議が行われ、防戦のため、官軍を方々に派遣された。そこで今朝、それぞれ、出発した。すなわち、北陸道に宮崎定範・糟屋有久・仁科盛朝、東山道の大井戸渡に大内惟信・五条有長・糟屋久季、鵜沼渡に美濃国の目代大内惟忠・神地頼経、池瀬に朝日頼清・関左衛門尉・土岐光行（あるいは国衡）・開田太郎（重知カ）、摩免戸に藤原秀康・佐々木広綱・小野盛綱・三浦胤義・佐々木高重・鏡久綱・安芸宗内左衛門

尉（惟宗孝親）、食渡に山田左衛門尉・臼井常忠、洲俣に藤原秀澄・山田重忠、市脇に加藤光員らである。

❖三日。丙辰。関東の大将軍、遠江の国府に著くの由、飛脚、昨日、入洛するの間、公卿僉儀有り、防戦の為、官軍を方々に遣はさる。仍て今暁、各、進発す。所謂、北陸道、宮崎左衛門尉定範・糟屋左衛門尉有久・仁科次郎盛朝、東山道、大井戸渡、大夫判官惟信・筑後左衛門尉有長・糟屋四郎左衛門尉久季、鵜沼渡、美濃の目代帯刀左衛門尉・神地蔵人入道、池瀬、朝日判官代・関左衛門尉・土岐判官代・開田太郎、摩免戸、能登守秀康・山城守広綱・下総前司盛綱・平判官胤義・佐々木判官高重・鏡右衛門尉久綱・安芸宗内左衛門尉、食渡、山田左衛門尉・臼井太郎入道、洲俣、河内判官秀澄・山田次郎重忠、市脇、伊勢守光員等なり。

✲幕府軍が遠江国の国府にまで着いたとの知らせを受けた朝廷は、北陸道と、東山道・東海道が一つになる美濃国とへ軍勢を派遣した。後鳥羽院の近臣であった藤原秀康・秀澄兄弟のほか、西国の守護や在京中の御家人の多くも後鳥羽院に従った。大内惟信は伊賀・伊勢・美濃・越前の、佐々木広綱は近江・長門の、小野盛綱は尾張の、佐々木高重は阿波の、惟宗孝親は安芸の守護であり、大内惟忠は惟信の子である。佐々木広綱や加藤光員は御家人であるとともに、後鳥羽院が新たに設置した西面の武士にも組織されていた。

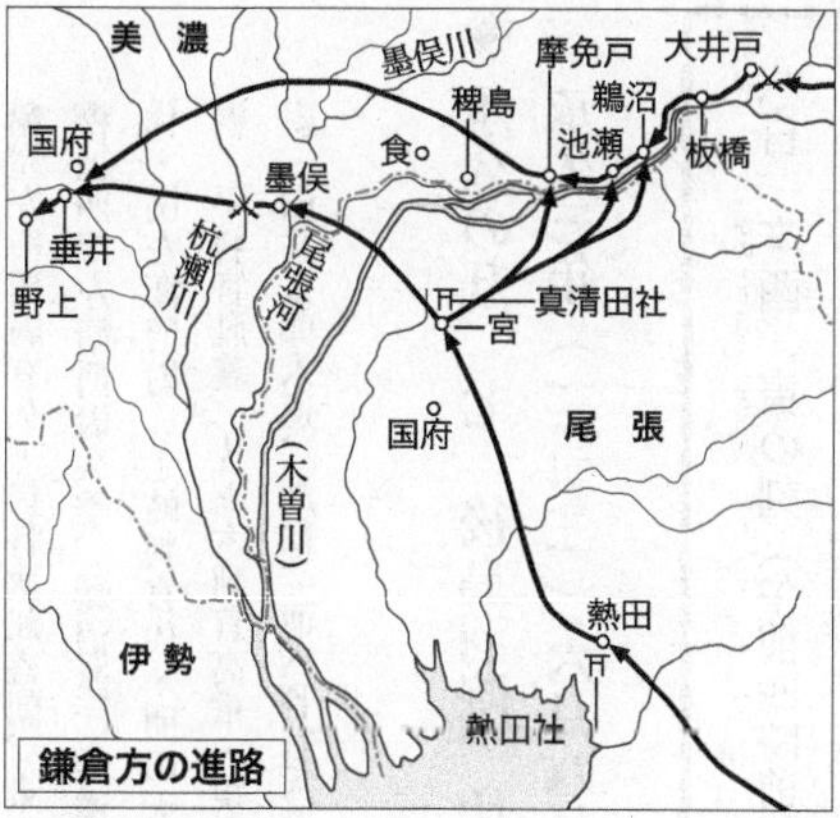

在京していた多くの御家人が京方となった背景には、幕府の京都守護であった伊賀光季が追討されたような、実際の軍事的脅威のほかに、院・朝廷による動員に応じることで位階や官職を得るという武士の伝統的価値観も存在していた。

鎌倉方の進路

三日。丙辰。関東大将軍、著二于遠江国府一之由、飛脚、昨日、入洛之間、有二公卿僉議一、為二防戦一、被レ遣二官軍於方々一。仍今暁、各、進発。所謂、北陸道、宮崎左衛門尉定範・

糟屋左衛門尉有久・仁科次郎盛朝、東山道、大井戸渡、大夫判官惟信・筑後左衛門尉有長・糟屋四郎左衛門尉久季、鵜沼渡、美濃目代帯刀左衛門尉・神地蔵人入道、池瀬、朝日判官代・関左衛門尉・土岐判官代・開田太郎、摩免戸、能登守秀康・山城守広綱・下総前司盛綱・平判官胤義・佐々木判官高重・鏡右衛門尉久綱・安芸宗内左衛門尉、食渡、山田左衛門尉・臼井太郎入道、洲俣、河内判官秀澄・山田次郎重忠・市脇、伊勢守光員等也。

◆承久の乱 七　後鳥羽院、比叡山へ御幸

承久三年（一二二一）六月八日条（巻第二十五）

八日。辛酉(かのととり)。寅(とら)の刻（午前四時前後）に、藤原秀康・五条有長が負傷したまま帰洛し、「去る六日に摩免戸での合戦で、官軍が敗北しました」と奏聞した。人々は顔色を変えた。そうじて御所の中は騒動となり、女房や上下の北面(ほくめん)・医道・陰陽道の者たちが東西に走り惑った。坊門忠信・源定通(さだみち)・源有雅(ありまさ)・藤原範茂(のりしげ)以下の公卿・侍臣は、宇治・勢多・田原(たわら)に向かうよ

うにという。次に、（後鳥羽院は）比叡山に御幸された。女御（修明門院藤原重子）もまた（御所を）出られた。女房らは皆、牛車に乗った。上皇（後鳥羽院）〔御直衣・御腹巻。日照笠を差された〕・土御門院〔御布衣〕・新院（順徳院）〔同〕・六条親王（雅成）・冷泉親王（頼仁）〔以上は、御直垂〕は、皆、御騎馬であった。まず尊長の押小路河原の家〔これを泉房といった〕に入られた。この場所で諸方の防戦の事について評定が行われたという。黄昏（午後八時前後）になって、（後鳥羽院は比叡山の）山上に御幸された。内府（源通光）・藤原定輔・藤原親兼・藤原信成・藤原隆親・尊長〔それぞれ甲冑〕らがお供した。主上（仲恭天皇）もまた密かに行幸された〔女房輿を用いられた〕。（お供した）職事は藤原資頼・源具実〔以上は、直垂〕。（三種の神器の）剣と璽は御輿の中にあり、大納言局〔大相国（藤原公房）の娘〕が付き添ったという。天皇・上皇は（比叡山の）西坂本の梶井門跡の御所に入られた。両親王は、十禅師社に宿を取られたという。西園寺公経父子は、囚人のように連れて行かれたという。

❖八日。辛酉。寅の刻、秀康・有長、疵を被り乍ら帰洛せ令め、去んぬる六日、摩免戸の合戦に於いて、官軍、敗北するの由、奏聞す。諸人、顔色を変ず。凡そ御所中、騒動し、女房幷びに上下の北面・医陰の輩等、東西に奔り迷う。忠信・定通・有雅・範茂以下の公卿・侍臣、宇治・勢多・田原等に向かふ可しと云々。次いで、叡山に御幸有り。女御、又、出御す。女房等、悉く以て乗車す。上皇〔御直衣・御腹巻。日照笠を差さ令め御ふ〕・土御門院〔御布衣〕・新院〔同〕・六条親王・冷泉親王〔已上、御直垂〕、皆、御騎馬なり。先づ尊長法印の押小路河原の宅〔之を泉房と号す〕に入御す。此の所に於いて諸方防戦の事、評定有りと云々。黄昏に及び、山上に幸す。内府・定輔・親兼・信成・隆親・尊長〔各、甲冑〕等、御共に候ず。主上、又、密々に行幸す〔女房輿を用ゐ被る〕。職事、資頼朝臣・具実朝臣〔已上、直垂〕。剣璽、御輿の中に在り、大納言局〔大相国の女〕、相副ひ奉ると云々。主上・上皇、西坂本の梶井御所に入御す。両親王、十禅師に宿せ令め御ふと云々。右幕下〔公経〕父子、囚人の如く之を召し具せ被ると云々。

＊朝廷・幕府両軍の戦闘は、六月五日の夜、東山道の大井戸渡を越えた武田信光・小笠原長清以下の軍勢と大内惟信・五条有長以下の軍勢との間で開始された。翌六日には摩免戸・杭瀬川・墨俣・市脇が幕府軍に攻略され、七日には東海道・東山道を進んだ幕府軍が合流して美濃国の野上・垂井宿で軍議を行っている。また、八日には北陸道でも幕府軍が朝廷軍に勝利している。

一方、京方では、五日の大井戸での戦いで敗れた五条有長、六日の摩免戸での合戦で敗れた藤原秀康が八日に帰洛し、状況を伝えた。これを受けて後鳥羽院（四十二歳）・修明門院（四十歳）・土御門院（二十七歳）・順徳院（二十五歳）・仲恭天皇（四歳）らは御所を出て比叡山延暦寺に身を寄せた。梶井門跡は妙法院・青蓮院と並ぶ天台宗の三門跡の一つ三千院の別名であり、当時の門跡は後鳥羽院と修明門院との間に生まれた尊快であった。十禅師は比叡山の地主神である日吉社を構成する上七社の一つであるが、ここでは東坂本の本社ではなく、三千院に勧請されたものであろう。なお修明門院は順徳院や雅成親王の母でもある。

延暦寺の武力に期待した後鳥羽院であったが、衆徒らは翌九日、幕府軍には抗し難い旨を奏聞し、後鳥羽院らは十日、高陽院御所へと戻った。

八日。辛酉。寅刻、秀康・有長、乍レ被レ疵令二帰洛一、去六日、於二摩免戸合戦一、官軍、敗北之由、奏聞。諸人、変二顔色一。凡御所中、騒動、女房并上下北面・医陰輩等、奔二迷東西一。忠信・定通・有雅・範茂以下公卿・侍臣、可レ向二宇治・勢多・田原等一云々。次、有レ御二幸于叡山一。女御、又、出御。女房等、悉以乗車。上皇〔御直衣・御腹巻。令レ差二日照笠一御〕・土御門院〔御布衣〕・新院〔同〕・六条親王・冷泉親王〔已上、御直垂〕、皆、御騎馬也。先入二御尊長法印押小路河原之宅〔号二之泉房一〕一。於二此所一諸方防戦事、有二評定一云々。及二黄昏一、幸二于山上一。内府・定輔・親兼・信成・隆親・尊長〔各、甲冑〕等、候二御共一。主上、又、密々行幸〔被レ用二女房輿一〕。職事、資頼朝臣・具実朝臣〔已上、直垂〕。剣璽、在二御輿中一。大納言局〔大相国女〕、奉二相副一云々。主上・上皇、入二御于西坂本梶井御所一。両親王、令レ宿二十禅師一御云々。右幕下〔公経〕父子、如二囚人一被レ召二具之一云々。

◆承久の乱　八　京方、敗北

承久三年（一二二一）六月十五日条（巻第二十五）

十五日。戊辰。曇り。寅の刻（午前四時前後）に、藤原秀康・三浦胤義らが、四辻殿に参上し、「宇治・勢多両所での合戦で、官軍が敗北しました。（幕府軍が）道路を封鎖している上、すでに洛中に入ろうとしています。たとえどのようなことがあっても、まったく死を免れることは難しいです」と、同様に奏聞した。そこで（後鳥羽院は）小槻国宗を勅使として、武州（北条泰時）の陣に派遣された。両院（土御門・新院（順徳院））・両親王（雅成・頼仁）は、賀茂・貴船などの郊外へ逃れられたという。辰の刻（午前八時前後）に、国宗が院宣を捧げて樋口河原で泰時と会い、事情を述べた。泰時は「院宣を承ります」と言って馬を降りた。（中略）。その（院宣の）内容は、「今度の合戦は（後鳥羽院の）叡慮から起こったのではない。謀臣らが行ったのである。今となっては（幕府の）申請のとおりに宣旨を下される。洛中で狼藉を行ってはならないと、東国の武士に命令せよ」という。その後、また、秦頼武を介して、「院御所内には（敗れた京方の）武士が参入することを禁止した」と、重ねて仰せ下されたという。

❖十五日。戊辰。陰る。寅の剋、秀康・胤義等、四辻殿に参り、宇治・勢多両所の合戦に於いて、官軍、敗北す。道路を塞ぐの上、已に入洛せんと欲す。縦ひ万々の事有りと雖も、更に一死を免れ難きの由、同音に奏聞す。仍て大夫史国宗宿禰を以て勅使と為し、武州の陣に遣はさる。両院〔土御門・新院〕・両親王、賀茂・貴舟等の片土に遁れ令め御ふと云々。辰の刻、国宗、院宣を捧げ、樋口河原に於いて、武州に相逢ひ、子細を述ぶ。武州、院宣を拝す可しと称し、下馬し訖んぬ。（中略）。其の趣、今度の合戦、叡慮より起こらず。謀臣等、申し行ふ所なり。今に於いては、申し請ふに任せて、宣下せ被る可し。洛中に於いて狼唳に及ぶ可からざるの由、東士に下知す可し、者り。其の後、又、御随身頼武を以て、院中に於いては武士の参入を停め被れ畢んぬるの旨、重ねて仰せ下さると云々。

✲美濃・尾張国境の防衛線を突破された朝廷軍にとって、次の、そして最後の防衛線は琵琶湖から流れ出て勢多川・宇治川・淀川と名を変えながら大阪湾にそそぐ河川であった。京方は、六月十二日には三穂埼（水尾埼）・勢多（瀬田）・食渡・鵜飼瀬・宇治・真木島（槇島）・芋洗・淀渡に軍勢を派遣している。なお食渡は美濃・尾張国境付近であり、田上や供御瀬の誤記の可能性がある。一方、幕府軍は十二日は近江国の野路宿付近で休息を取った。十三日に勢多橋や宇治橋で合戦が始まり、十四日には各地の防衛線が幕府軍によって突破され、北条泰時は宇治川を越えて深草へと陣を進めた。

　そして、六月十五日、後鳥羽院は小槻国宗を勅使として樋口河原（あるいは六条河原。六条大路の三本北が樋口小路）に派遣し、北条義時追討宣旨を撤回してこれを「謀臣」の行ったこととし、京中での狼藉を禁じるとともに、今後は幕府の申請どおりに命令を下すとした（『鏡』『承久三年四年日次記』）。朝廷の完全な敗北であり、北条泰

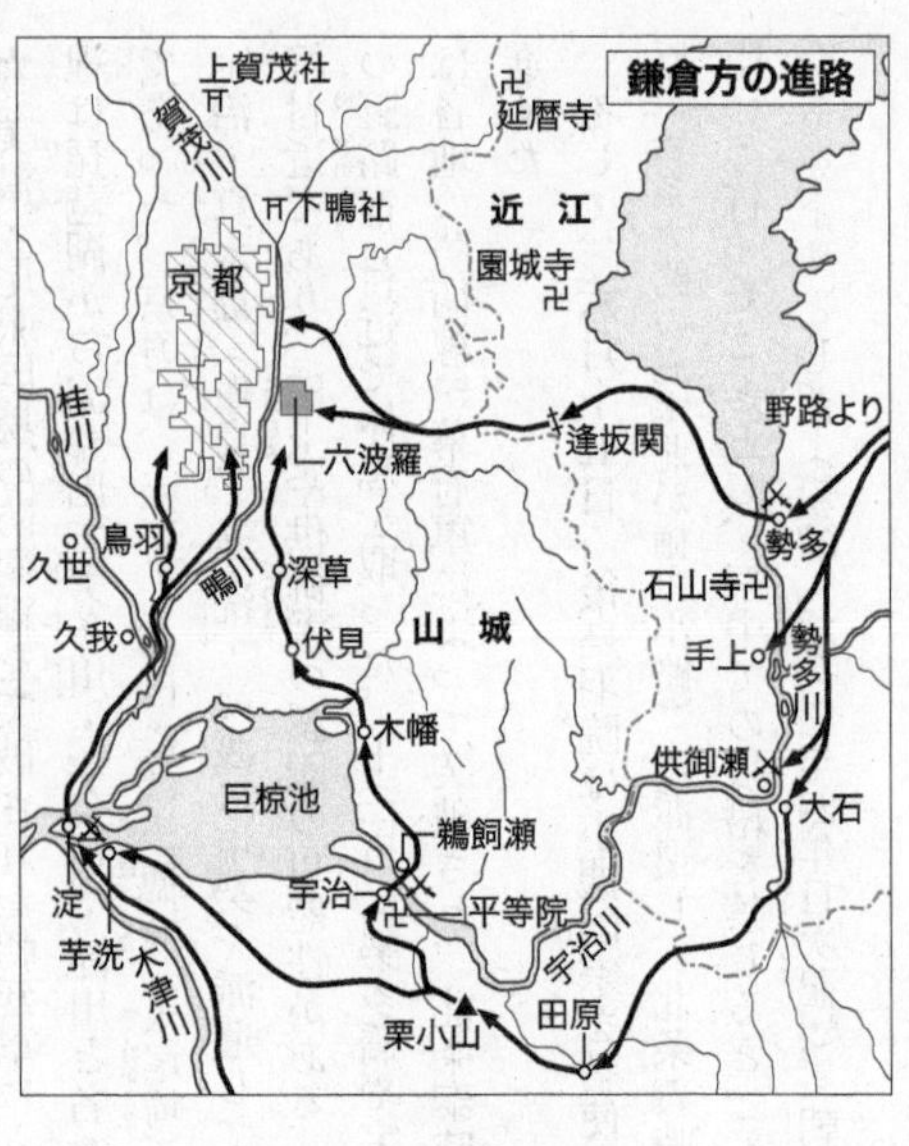

時・時房らはこの日の巳の刻（午前十時前後）に六波羅に入った。二人はそのまま六波羅に駐在することとなり、これが六波羅探題の起源となる。

京方の首謀者となった廷臣や武士らは多くが処刑された。後鳥羽院は隠岐へ、順徳院は佐渡へ配流となり、土御門院も自ら土佐（後に阿波）へ移り、再び都へ帰ることはなかった。仲恭は乱直前の四月に順徳から皇位を継承したが、乱後の七月に皇位を廃されたため、即位式・大嘗祭を行っておらず、半帝・廃帝（居所にちなみ九条廃帝とも）と称された。天皇歴代として仲恭の号を定められたのは明治三年（一八七〇）のことである。

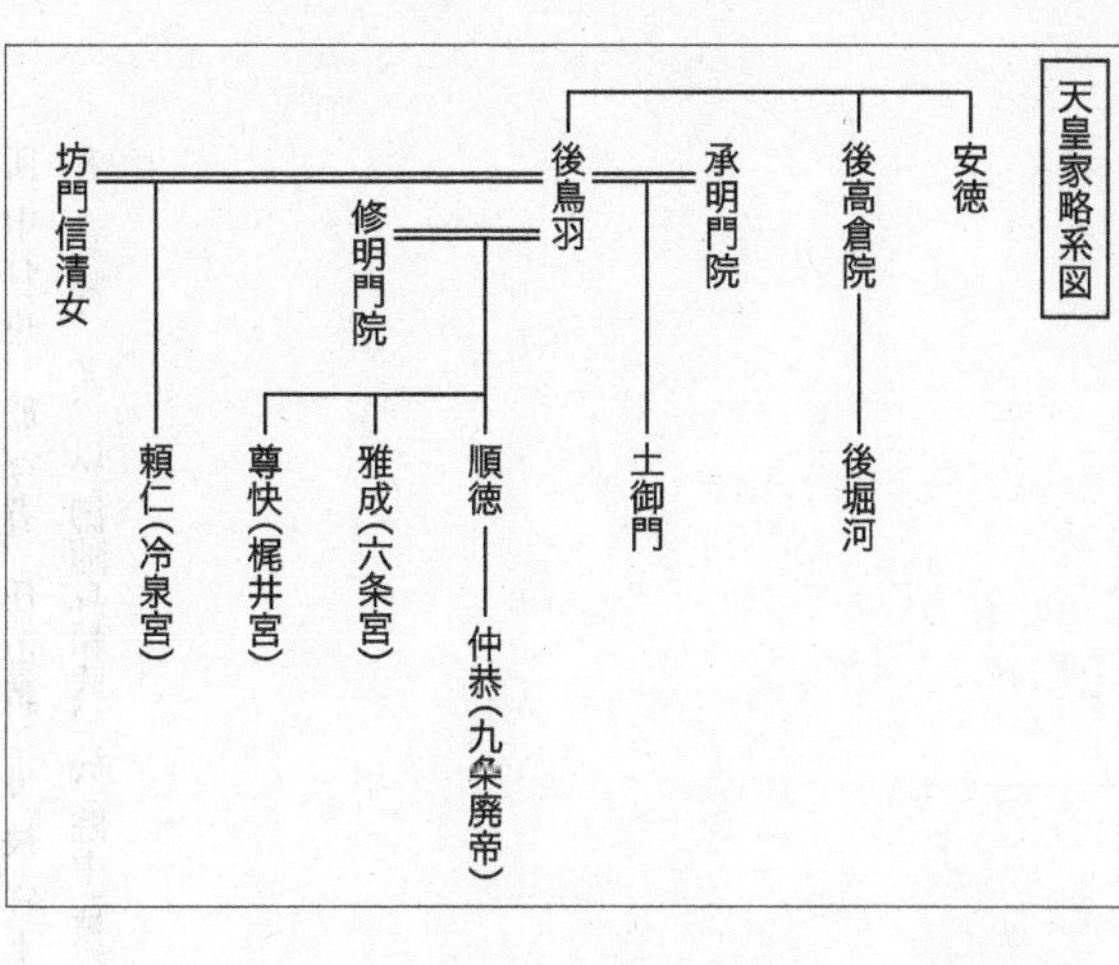

幕府は後鳥羽院の甥にあたる後堀川天皇（十歳）を擁立し、その父で既に出家していた行助入道親王（後高倉院。四十三歳）が院政を行うこととなった。

十五日。戊辰。陰。寅剋、秀康・胤義等、参㆓四辻殿㆒、於㆓宇治・勢多両所合戦㆒、官軍、敗北。塞㆓道路㆒之上、已欲㆓入洛㆒。縦雖㆑有㆓万々事㆒、更難㆑免㆓一死㆒之由、同音奏聞。仍以㆓大夫史国宗宿禰㆒為㆓勅使㆒、被㆑遣㆓武州之陣㆒。両院（土御門・新院）・両親王、令㆑遁㆓于賀茂・貴舟等片土㆒御云々。辰刻、国宗、捧㆓院宣㆒、於㆓樋口河原㆒、相㆓逢武州㆒、述㆓子細㆒。武州、称㆑可㆑拝㆓院宣㆒、下馬訖。（中略）其趣、今度合戦、不㆑起㆓於叡慮㆒。謀臣等、所二申行一也。於レ今者、任二申請一、可レ被二宣下一。於二洛中一不レ可レ及二狼唳一之由、可レ下二知東士一、者。其後、又、以二御随身頼武一、於二院中一被レ停二武士参入一畢之旨、重被二仰下一云々。

頼経将軍記

◆幕府、守護・地頭について法を定める

貞応元年（一二二二）四月二十六日条（巻第二十六）

二十六日。甲辰。晴れ。評議（が行われた）。去年の兵乱（承久の乱）以後の守護・地頭の職務の条々を定められたという。

❖廿六日。甲辰。晴る。評議。去年の兵乱以後の守護・地頭の所務の条々を定め被ると云々。

＊承久の乱では、西国守護や在京御家人の中にも京方となるものが多く、彼らが有していた守護や地頭の地位は鎌倉方の御家人らに与えられた。また、乱に関与した貴族や御家人以外の武士（非御家人）の所領も幕府によって没収され、新たに地頭が設置された。こうした守護・地頭の交替や設置による混乱、乱関係者の掃討や追及は、各地で紛争を引き起こすこととなった。
　こうした状況に対処するため、この日、守護・地頭の職務や権限、禁止事項などについて「国々守護人幷びに新地頭の非法禁制の御成敗の条々の事」（追加法一〜六）が定められたのである。

廿六日。甲辰。晴。評議。被レ定ニ去年兵乱以後守護・地頭所務条々一云々。

◈新補率法　貞応二年（一二二三）七月六日条（巻第二十六）

六日。丁未（ひのとひつじ）。去々年の合戦（承久の乱）の恩賞によって新たに補任（ぶにん）された地頭らの得分（収益）の事について、田十町につき免田一町・田一段につき加徴米五升とするよう、先月十五日に宣旨が下された。その文書が（鎌倉に）届いたため、その（宣旨の）内容のとおりに（収取を）行うよう、今日、（地頭らに）伝達された。橘隆邦・清原清定が担当した。

❖六日。丁未。去々年の合戦の賞に依り新補せ被るる地頭等の得分の事、十町別に免田一町・一段別に加徴米五升為る可きの由、去んぬる月十五日、宣下せ被るる所なり。彼の状、到来の間、其の旨に任せて遵行せ令む可きの由、今日、施行せ被る。隆邦・清定、奉行為り。

✼承久の乱後、乱の関係者から没収された所領に設置された地頭らは、占領者として現地に臨み、多くの権益を得ようとして紛争が発生した。このため貞応二年（一二二三）に定められたのが新補率法で、六月十五日に朝廷から宣旨が下され、これを受けて七月六日に幕府から、より詳細な法が関東御教書として地頭らに伝達された（追加法九～一四）。このように上位者の命令を受けた者が、より下位の者に命令を伝達することを「施行（しぎょう）」、その命令を受けた者がそれを実行することを「遵行（じゅんぎょう）」といった。新たに設置された地頭の職務や権限・収入は、従来の地頭や荘官らのそれを引き継ぐのが原則であり、新補率法が適用されるのは先例がはっきりしない場合や、収益が十分でない場合などに限られていた。

六日。丁未。依二去々年合戦賞一被二新補一地頭等得分事、可レ為二十町別免田一町・一段別加徴米五升一之由、去月十五日、所レ被二宣下一也。彼状、到来之間、任二其旨一可レ令二遵行一之由、今日、被二施行一。隆邦・清定、為二奉行一。

◆高麗船、漂着　貞応三年（一二二四）二月二十九日条（巻第二十六）

二十九日。丙申（ひのえさる）。晴れ。去年の冬の頃、高麗（こうらい）人の乗った船が、越後国寺泊（てらどまり）浦（うら）に流れ着いた。そこで今日、北条朝時が、その（高麗人の）弓矢以下の道具を若君（三寅、後の藤原頼経）のもとに届けた。（三寅は）すぐにこれをご覧になった。奥州（北条義時）以下が参集した。弓二張〔だいたい通常の弓のようである。ただし、たいそう短く、夷弓に似ており、革を弦としていた〕・靫一・太刀一〔通常の刀。いくらか細長い造りである〕・刀一〔だいたい通常の刀と同じ〕・帯一筋〔緒を組んで（作って）ある〕。その帯は、中央に銀の簡〔長さ七寸（約二四センチメートル）、幅三寸（約一〇センチメートル）である〕を付けていた。その中に銘四字を記している。また、銀の匙一・鋸一・箸一組〔動物の骨で（作って）ある〕・櫛〔革でこれを作ってある。櫛袋にこれを入れてあった〕。道具らは、我が国の同じようなものに似ており、皆、形を見て名が分かった。四字の銘については、文士数人が参上していたが、これを読む人は無かったという。

簡の銘の書様（は以下のとおり）。

乚乚䣱系旋

❖廿九日。丙申。晴る。去んぬる年の冬の比、高麗人の乗船、越後国寺泊浦に流れ寄る。仍て今日、式部大夫〔朝時〕、其の弓箭以下の具足を若君の御方に執り進らす。則ち之を覧ず。奥州以下、群参す。弓二張〔仮令、常の弓の如し。但し、頗る短く、夷弓に似、皮を以て弦と為す〕・羽壺一・太刀一〔常の刀。聊か細長き躰なり〕・刀一〔大略、常の刀に同じ〕・帯一筋〔緒を以て之を組む〕。彼の帯、中央に銀の簡〔長さ七寸、広さ三寸なり〕を付く。其の中に銘四字を注するなり。又、銀の匙一・鋸一・箸一双〔動物の骨なり〕・櫛〔皮を以て之を造る。櫛袋に之を入る〕。具足等は、吾が国の類に似、皆、形を見て名を知る。四字の銘に於いては、文士数輩、参候せ令むと雖も、之を読む人無しと云々。

簡の銘の書様。

とこ聖系娛

○奥州　陸奥国の唐名。北条義時は建保五年（一二一七）十二月から貞応元年（一二二二）八月まで陸奥守であった。

○式部大夫　六位の官職である式部丞を経て五位の位を得た者のこと。

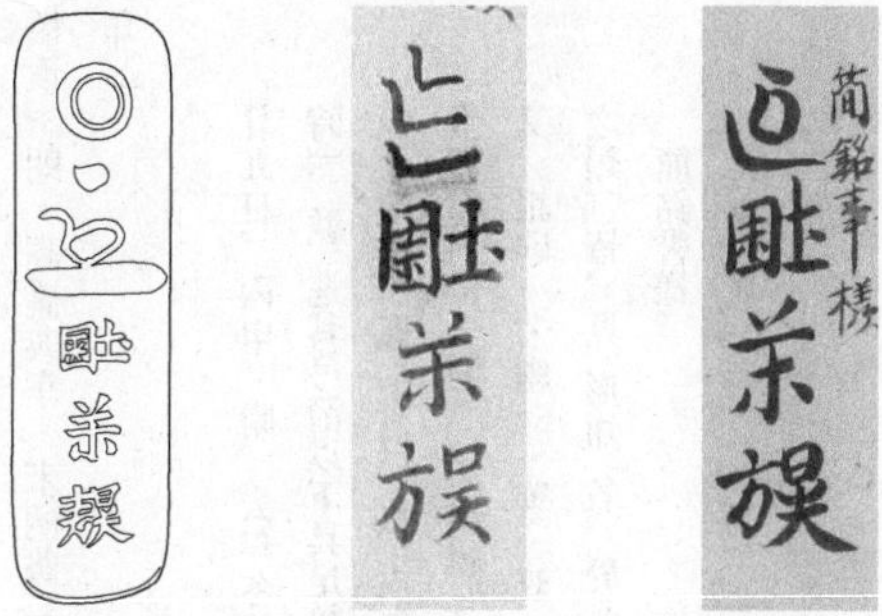

右から吉川本、島津本、シャイギン遺跡出土のパイザ

✻　貞応二年（一二二三）冬、越後国の寺泊に外国船が漂着した。『百練抄』貞応三年四月十一日条によれば、生存者は四人であったという。これをうけて越後国の守護であった北条朝時が、彼らの持ち物などを鎌倉に届けた。この中に四文字を記した銀製の札があったが、だれもその文字を読むことができず、『鏡』にはその文字の形が模写されている。

この銀製の札と文字は、その後も謎のままであったが、一九七六年に現在のロシアの沿海州にあるシャイギン遺跡から実物が発掘された。調査の結果、この札は女真族の建国した金で用いられたパイザと呼ばれる通行証で、一文字目は皇帝のサインまたは紋章、残りは女真文字で「国の誠」という意味の言葉が記されていることが明らかになった。『鏡』では「高麗人乗船」とされているが、実は乗船していたのは女真人だったのである（A・Л・イブリエフ「日本の文献史料から見たシャイギンのパイザ」〈『古代学研究』一七五、二〇〇六年〉。「なぞの女真文字」〈高橋慎一朗・高橋典幸・末柄豊『Jr.日本の歴史 三 武士の世の幕あけ』小学館、二〇一〇年〉）。

廿九日。丙申。晴。去年冬比、高麗人乗船、流二寄于越後国寺泊浦一。仍今日、式部大夫（朝時）、執二進其弓箭以下具足於若君御方一。則覧レ之。奥州以下、群参。弓二張（仮令、如二常弓一。但、頗短、似二夷弓一、以レ皮為レ弦）・羽壺一・太刀一（常刀。聊細長躰也）・刀一（大略、同二常刀一）・帯一筋（以レ緒組レ之）。彼帯、中央付二銀簡（長七寸、広三寸也）一。其中注二銘四字一也。又、銀匙一・鋸一・箸一双（動物骨也）・櫛（以レ皮造レ之。櫛袋入レ之）。具足等者、似二吾国之類一、皆、見レ形知レ名。於二四字銘一者、文士数輩、雖レ令二参候一、無二読レ之人一云々。

簡銘書様。

[illegible]

◆北条義時、死去　貞応三年（一二二四）六月十三日条（巻第二十六）

十三日。己卯。雨が降った。前奥州（北条義時）は、病気が既に末期となったため、駿河守（北条重時）を使者として、このことを若君（三寅。後の藤原頼経）のもとに申し上げた。（三寅の）お許しにより、今日、寅の刻（午前四時前後）に、出家され、巳の刻（午前十時前後）〔もしくは辰の刻（午前八時前後）の内か〕に、遂に亡くなられた〔御年は六十二歳〕。数日来、脚気を患っていた上、暑気あたりが重なったという。昨日の朝から続けて阿弥陀仏の名号を唱えられ、臨終の時までまったく弛みなかった。丹後律師（頼暁）が善知識としてこの称名をお勧め申した。（義時は）外縛印を結んで、念仏を数十反唱えた後、亡くなった。誠にこれは作法通りの往生というべきであろう。午の刻（正午前後）に、（義時の死去を知らせる）急使を京都に派遣された。また、（義時の）後家（伊賀の方）が出家した。

行勇が戒師であったという。

❖十三日。己卯。雨降る。前奥州、病痾、已に獲麟に及ぶの間、駿河守を以て使と為し、此の由を若君の御方に申さる。恩許に就き、今日、寅の剋、落餝せ令め給ひ、巳の剋〔若しくは辰の分か〕、遂に以て御卒去〔御年、六十二〕。日者、脚気の上、霍乱、計会すと云々。昨朝自り、相続けて弥陀の宝号を唱へ被れ、終焉の期に迄ぶまで、更に緩み無し。丹後律師、善知識と為て之を勧め奉る。外縛印を結び、念仏数十反の後、寂滅す。誠に是、順次の往生と謂ふ可きかと云々。午の剋、飛脚を京都に遣はさる。又、後室、落餝す。荘厳房律師行勇、戒師為りと云々。

✻北条義時が前日の辰の刻（午前八時前後）から重篤となり、貞応三年（一二二四）六月十三日の辰の刻と巳の刻の境頃（午前九時前後か）に死去した。六十二歳であった。

『鏡』は持病の脚気に暑気あたりが重なったとし、念仏数十遍の後に死去したとするが、妻の伊賀の方に毒殺されたという噂（五〇三頁参照）や、近習に殺害されたという噂（『保暦間記』）もあった。

危篤となった義時は三寅（実際には北条政子）に許可を得て出家しているが、出家して俗世の縁を切ることは主従関係の解消をも意味するため、許可が必要だったのである。許可を得ずに出家することは自由出家と呼ばれ、処罰の対象となった。

義時は六月十八日、源頼朝の法華堂の東の山の上に葬られた。

十三日。己卯。雨降。前奥州、病痾、已及二獲麟一之間、以二駿河守一為レ使、被レ申二此由於若君御方一。就二恩許一、今日、寅剋、令二落餝一給、巳剋（若辰分歟）、遂以御卒去（御年、六十二）。日者、脚気之上、霍乱、計会云々。自二昨朝一、相続被レ唱二弥陀宝号一、迄二終焉之期一、更無レ緩。丹後律師、為二善知識一奉レ勧レ之。結二外縛印一、念仏数十反之後、寂滅。誠是、可レ謂二順次往生一歟云々。午剋、被レ遣二飛脚於京都一。又、後室、落餝。荘厳房律師行勇、為二戒師一云々。

◆北条泰時、執権となる

貞応三年（一二二四）六月二十八日条　（巻第二十六）

二十八日。甲午。武州（北条泰時）が、（鎌倉に戻ってから）初めて二位殿（北条政子）のもとに参られた。（北条義時の死による）触穢を憚られることは無かったという。相州（北条時房）・武州（泰時）が、将軍家の後見役として幕府の事を執り行うよう、政子の仰せがあったという。ところが、これに先立って（政子は）、時期尚早であろうかと、前大膳大夫入道覚阿（大江広元）に相談された。覚阿は申した。「日延べして今日になったことも、なお遅延と言うべきです。世の安否に人々が疑念を持つであろう時節です。決定すべきことは、早くその措置をするべきです」。

❖廿八日。甲午。武州、始めて二位殿の御方に参らる。触穢、御憚り無しと云々。

相州・武州、軍営の御後見と為て、武家の事を執り行ふ可きの旨、彼の仰せ有りと云々。而るに之に先んじ、楚忽為るかの由、前大膳大夫入道覚阿に仰せ合はせ被る。覚阿、申して云はく、延べて今日に及ぶも、猶、遅引と謂ふ可し。世の安危、人の疑ふ可き時なり。治定す可き事は、早く其の沙汰有る可しと云々。

✲北条義時の死去を知らせる急使は六月十六日に京都に着き、承久の乱後、六波羅探題として京都に駐留していた北条泰時は十七日の丑の刻（午前二時前後）に京都を出発した。泰時は二十六日の未の刻（午後二時前後）に鎌倉につき、まず由比ヶ浜辺りに宿泊し、翌二十七日に小町大路の西北にあった邸宅に入った（『鏡』貞応三年六月二十六・二十七日条）。そして翌二十八日、伯母にあたる北条政子のもとを訪れ、叔父にあたる時房と共に将軍家の後見として幕府の政務を行うよう命じられたという。この時、泰時は四十二歳、時房は五十歳で、政子は六十八歳、大江広元は七十七歳であった。

ただし、時房は翌嘉禄元年（一二二五）六月までは京都での活動が確認でき（『明月記』嘉禄元年六月七・十四・十五日条など）、時房が連署として泰時と共に鎌倉で政務を行うのは、嘉禄元年六月以降のことである。

廿八日。甲午。武州、始被㆑参㆓二位殿御方㆒。触穢、無㆓御憚㆒云々。相州・武州、為㆓軍営御後見㆒、可㆑執㆓行武家事㆒之旨、有㆓彼仰㆒云々。而先㆑之、為㆓楚忽㆒歟之由、被㆑仰㆓合前大膳大夫入道覚阿㆒。々々（覚阿）申云、延及㆓今日㆒、猶、可㆑謂㆓遅引㆒。世之安危、人之可㆑疑時也。可㆓治定㆒事者、早可㆑有㆓其沙汰㆒云々。

◆伊賀の方ら、北条政村の執権就任を図る

貞応三年（一二二四）六月二十八日条（巻第二十六）

二十八日。甲午（きのえうま）。（中略）。前奥州禅室（ぜんしつ）（北条義時）の死去の後、世上の噂がさまざまであった。武州（北条泰時）は弟らを討ち滅ぼすために京都を出て（鎌倉へ）下向したとの、かねてからの風聞があったため、北条政村（まさむら）の身辺は物騒がしかった。伊賀光宗（みつむね）兄弟は政村の外戚（がいせき）ということで、内々、（泰時の）執権（就任）の事を憤っていた。義時の後家（伊賀の方）（藤原朝（とも）

光の娘）もまた、聟の一条実雅を（朝廷に）推薦して関東の将軍とし、子息の政村を（その）後見とし、幕府の政務を光宗兄弟に任せようと、密かに考え企てていた。（そこで）既に相談をして、同意する者たちもいた。この時、（幕府の）人々の考えは分裂していたという。泰時方の人々は、おおよそこのことを漏れ聞いて泰時に告げたが、（泰時は）「事実ではなかろう」と言って、まったく驚き騒がれなかった。その上、「主だった者以外は（泰時邸へ）参入してはならない」と制止されたため、平盛綱・尾藤景綱・関実忠・安東光成・万年右馬允・南条時員らだけが出入りし、たいそう静まり返っているという。

❖廿八日。甲午。（中略）。前奥州禅室卒去の後、世上の巷説、縦横なり。武州は弟等を討ち亡ぼさんが為、京都を出で下向せ令むるの由、兼日の風聞有るに依り、四郎政村の辺り、物忩なり。伊賀式部丞光宗兄弟、政村主の外家と謂ふを以て、内々、執権の事を憤る。奥州の後室〔伊賀守朝光の女〕、亦、聟宰相中将実雅卿を挙して関東の将軍に立て、子息政村を以て、御後見に用ひ、武家の成敗を光宗兄弟に任す可きの由、潜かに思ひ企つ。已に和談を成し、一同するの輩等有り。時に人々の志す所、相分かると云々。武州の御方の人々、粗 之を伺ひ聞き、武州に告げ申すと雖も、不実為るかの由を称し、敢へて驚き騒ぎ給はず。剰へ要人の外、参入す可からざるの旨、制止を加へ被るるの間、平三郎左衛門尉・尾藤左近将監・関左近大夫将監・安東左衛門尉・万年右馬允・南条七郎等計り、経廻し、太だ寂莫なりと云々。

○大夫将監　六位の官職である近衛府の将監に、五位の位を得た後も在職している者のこと。叙留（一四九頁参照）として名誉なこととされた。五位に叙されて将監を離任した場合は、左近大夫または右近大夫と称された。

＊北条義時の急死によって、さまざまにささやかれた臆説の中に、北条泰時（四十二歳）がその弟たちを討とうとしているというものがあり、特に泰時の異母弟である政村（二十歳）の周辺が物騒がしかったという。

義時の後妻である伊賀の方は、娘婿である一条実雅（二十六歳。一条能保の子）を将軍に、子である政村を執権にし、兄で政所執事の伊賀光宗（四十七歳）以下の兄弟らに幕府の政務を委ねようとしたという。

光宗らは政村の烏帽子親である三浦義村を味方に引き入れようとしたが、北条政子（六十八歳）が七月十七日に自ら義村邸に赴いて義村を説得し、閏七月一日には三寅（七歳。後の藤原頼経）と共に泰時邸に入って義村を召し出し、ほかの御家人らも泰時邸に召集されるに及び、情勢は光宗らに不利となった。

閏七月二十三日に実雅は鎌倉を追われて上洛した後、越前国に配流され、同二十九日には光宗が政所執事を罷免された。八月二十九日には伊賀の方が伊豆国北条に下向させられ、光宗・朝行・光重兄弟も各地に配流されることとなったが、政村が処分されることはなかった。

　廿八日。甲午。（中略）。前奥州禅室卒去之後、世上巷説、縦横也。武州者為レ討ニ亡弟等一、出ニ京都一令ニ下向一之由、依レ有ニ兼日風聞一、四郎政村之辺、物忩。伊賀式部丞光宗兄弟、以レ謂ニ政村主外家一、内々、憤ニ執権事一。奥州後室（伊賀守朝光女）、亦、挙ニ聟宰相中将実雅卿一立ニ関東将軍一、以ニ子息政村一、用ニ御後見一、可レ任ニ武家成敗於光宗兄弟一之由、潜思企。已成ニ和

談、有二一同之輩等一。于レ時人々所レ志、相分云々。武州御方人々、粗伺二聞之一、雖レ告二申武州一、称下為二不実一歟之由上、敢不二驚騒給一。剰要人之外、不レ可二参入一之旨、被レ加二制止一之間、平三郎左衛門尉・尾藤左近将監・関左近大夫将監・安東左衛門尉・万年右馬允・南条七郎等計、経廻、太寂莫云々。

◆大江広元、死去　嘉禄元年（一二二五）六月十日条（脱漏）

十日。己亥。晴れ。大江広元〔法名は覚阿〕が死去した〔年は七十八歳〕。数日来、痢病を患っていた。

❖十日。己亥。霽る。前陸奥守正四位下大江朝臣広元法師〔法名、覚阿〕、卒す〔年、七十八〕。日来、痢病を煩ふ。

✱元暦元年（一一八四）に三十七歳で公文所の別当に就任して以来、幕府を支えてきた大江広元が七十八歳で死去した。同じく京都から下向した三善康信は既に承久三年（一二二一）八月に死去しており、幕府の中枢では世代交代が進んでいった。

十日。己亥。霽。前陸奥守正四位下大江朝臣広元法師〈法名、覚阿〉、卒〈年、七十八〉。日来、煩二痢病一。

◈北条政子、死去　嘉禄元年（一二二五）七月十一日条（脱漏）

十一日。庚午。晴れ。丑の刻（午前二時前後）に、二位家（北条政子）が死去された。御年は六十九歳。この方は前大将軍（源頼朝）の後家で、二代の将軍（源頼家・実朝）の母である。前漢の呂后と同じく天下を治められた。もしくはまた、神功皇后が我が国に再生し、国の基礎を護られたものであろうか。

❖十一日。庚午。晴る。丑の刻、二位家、薨ず。御年、六十九。是、前大将軍の後室、二代の将軍の母儀なり。前漢の呂后に同じく天下を行は令め給ふ。若しくは又、神功皇后、我が国に再生し、皇基を護り給ふか。

○呂后　漢（前漢）の高祖劉邦の皇后。劉邦を補佐して漢の成立を助け、劉邦の死後は専権を振るった。

○神功皇后　仲哀天皇の皇后で応神天皇の母とされる。仲哀天皇の死後、武内宿祢の補佐を受けて自ら「三韓征伐」を行ったとされる。鎌倉時代には北条義時を武内宿祢の生まれ変わりとする言説も生まれた。

✼五月末から病気だった北条政子が六十九歳で死去した。源頼朝の妻として、頼家・実朝の母として、頼朝の死後、二十六年にわたって幕府の中心的存在であった。北条泰時は、実質的な鎌倉殿として自らを執権の座に就けた政子を失い、摂関家出身でいまだ八歳の三寅（後の藤原頼経）の下、自ら幕府を主導してゆくという課題に直面することとなった。

十一日。庚午。晴。丑刻、二位家、薨。御年、六十九。是、前大将軍後室、二代将軍母儀也。同二于前漢之呂后一令レ行二天下一給。若又、神功皇后、再二生我国一、護二皇基一給歟。

◆藤原頼経、新御所に移る

嘉禄元年（一二二五）十二月二十日条（脱漏）

二十日。丙午。快晴。今日、若君（三寅、後の藤原頼経）の御引越が行われた。申の一点（午後三時過ぎ）に、出発された（御狩衣。御騎馬）。（出発は）午の刻（正午前後）と（日程の）答申書には記されていたが、時間が過ぎてしまったのである。また、先例では引越は皆、夜に行われている。今回は武州（北条泰時）が、取り計らわれたことにより白昼であった。特にお考えになることがあったのだという。（三寅の）お出かけのあり様（は以下のとおり）。

（行列を省略）

〔三寅は〕南門から入られ、南庭の中央で（馬を）降りられた。（そして）御車寄の戸と二棟廊を経て、寝殿の階の間に入られた。泰時が御簾を持ち上げて（中に）入れ申された。安倍国道〔束帯〕が反閉を行った〔三寅が（馬を）降りられた後、庭に立ち留まられている間に参上した〕。（国道は）廊の辺りで禄〔五衣〕を賜った。周防前司〔藤原親実〕がこれを渡した。（国道は）御所に向かって一礼して退出した。（魔除けの）水と火は御所に用意された。（水と火を持つ）童女は省略された。また、黄牛を牽いた〔御牛飼は青狩衣を着て、付き添った〕。内藤盛時が（牛を牽く）役を務めた。その後、供奉人以下が庭に列座し、正月の方式のように、進物が行われた。

（進物の）役人（は以下のとおり）。

御剣　駿河守（北条重時）
御弓矢　三浦義村
御行縢・沓　大炊助（北条有時）

一の御馬　駿河次郎（三浦泰村）　同三郎（光村）
二の御馬　佐々木重綱　同泰綱
三の御馬　隠岐三郎左衛門尉（二階堂行義）　同行久
四の御馬　狩野為光　加藤光資
五の御馬　陸奥四郎（北条政村）　同五郎（実義、後の実泰）

（三寅が奥に）入られた後、人々は侍所で椀飯を行ったという。今回の御引越は、何事も略儀であった。作法は（正月の）三ヶ日の方式には及ばなかったという。

❖廿日。丙午。快霽。今日、若君御移徙の儀有り。申の一点、御出〔御狩衣。御騎馬〕。午の刻の由、勘文に載すと雖も、時刻、推移する所なり。又、先例、此の事、皆、夜の儀為り。今度、武州、計らひ申し給ふに依り白昼なり。殊に思し食す所有りと云云。御出の儀。

（行列を省略）

南門自り入御し、南庭の中央に於いて下り御ふ。御車寄の戸幷びに二棟廊を経、寝殿の階の間に入御す。武州、御簾を褰げ、入れ奉らる。陰陽権助国道朝臣〔束帯〕、反閉に候ず〔若君、下り御ふ後、庭中に立ち留まら令め給ふ間に、参向す〕。廊の辺りに於いて禄〔五御衣〕を賜る。周防前司、之を取る。御所に向かひ一拜し退出す。水火は御所に儲け被る。童女は之を略す。又、黄牛を牽く〔御牛飼は青狩衣を著、之に相副ふ〕。内藤左衛門尉盛時、之を役す。其の後、供奉人以下、庭上に列座し、元三の式の如く、進物有り。役人。

御剣	駿河守	
御調度	三浦駿河前司	
御行縢・沓	大炊助	
一の御馬	駿河次郎	同三郎
二の御馬	佐々木太郎左衛門尉	同三郎
三の御馬	隠岐三郎左衛門尉	同四郎
四の御馬	狩野藤次兵衛尉	加藤五郎兵衛尉

五の御馬　陸奥四郎　同五郎
入御の後、人々、侍所に於いて椀飯を行ふと云云。今度の御移徙の儀、事に於いて略儀為るなり。作法、三ヶ日の式に及ばずと云云。

○二棟廊　寝殿造における廊の一種。幅二間で中央に柱が並び、一方を通路、一方を部屋とした。後には、居室や行事の場としても用いられた。
○反閉　陰陽道の呪法の一種。呪文を唱えながら、特殊な足取りで地面を踏み、邪気を払った。
○黄牛　飴色の牛で、上等な牛とされた。陰陽道で大地を鎮めるとされ、移徙に際して引かれた。

✻　鎌倉殿三寅（後の藤原頼経）が、北条義時の大倉邸内にあった御所から、新たに造営された宇津宮辻子御所に住居を移した。
三寅は承久元年（一二一九）に京都から鎌倉に下向すると、義時の大倉邸の敷地内の南側部分に新造された御所に入った（四二六頁以下参照）。その後、北条政子がこの三寅の大倉御所に移住し、同居するようになる（『鏡』承久元年十二月二十四日条）。三寅の大倉御所は西側が狭く、貞応二年（一二二三）正月には「西大路」を敷地内に取り込むことが検討された（『鏡』貞応二年正月二十・二十五日条）、九月以降には御所の新造が検討されるが、義時の死去により沙汰止みとなった。その後、嘉禄元年（一二二五）十月三日、北条泰時により御所の宇津宮辻子への移転が提案され、十二月五日には上棟が、同十七・十八日には各種の祭祀が行われて、二十日に三寅が移り住んだのである。

三寅が移り住んだ宇津宮辻子御所は、北条泰時の邸宅の南に隣接する位置に造営された。政子死去後の幕政を主導することとなった泰時は、まず鎌倉殿三寅の身柄を確保することを急いだのである。

廿日。丙午。快霽。今日、有二若君御移徙之儀一。申一点、御出（御狩衣。御騎馬）。午刻由、雖レ載二勘文一、時刻、所二推移一也。又、先例、此事、皆、為二夜儀一。今度、武州、依二計申給一白昼也。殊有レ所二思食一云云。御出儀。

（行列を省略）

自二南門一入御、於二南庭中央一下御。経二御車寄戸幷二棟廊一、入二御寝殿階間一。武州、褰二御簾一、被㆑奉㆑入。陰陽権助国道朝臣〔束帯〕、候㆓反閉㆒〔若君、下御後、令㆑立㆓留庭中㆒給間、参向〕。於㆓廊辺㆒賜㆑禄〔五御衣〕。周防前司、取㆑之。向㆓御所㆒一拝退出。水火者被㆑儲㆓御所㆒。童女者略㆑之。又、牽㆓黄牛㆒〔御牛飼者著㆓青狩衣㆒、相㆓副之㆒〕。内藤左衛門尉盛時、役㆑之。其後、供奉人以下、列㆓座庭上㆒、如㆓元三式㆒、有㆓進物㆒。役人。

御剣　駿河守
御調度　三浦駿河前司
御行縢・沓　大炊助
一御馬　駿河次郎　同三郎
二御馬　佐々木太郎左衛門尉　同三郎
三御馬　隠岐三郎左衛門尉　同四郎
四御馬　狩野藤次兵衛尉　加藤五郎兵衛尉
五御馬　陸奥四郎　同五郎

入御之後、人々、於㆓侍所㆒行㆓椀飯㆒云云。今度御移徙儀、於㆑事為㆓略儀㆒也。作法、不㆑及㆓三ケ日式㆒云云。

◆藤原頼経、元服　嘉禄元年（一二二五）十二月二十九日条（脱漏）

二十九日。乙卯。晴れ。若君（三寅）〔御年は八歳〕が、元服された。申の刻（午後四時前後）に、二棟御所の南面でその儀式が行われた。後藤基綱が今日の（行事の）担当であった。（予定の）時刻に（三寅が）お出ましになった。一条教定が介添え申し上げた。武州（北条泰時）・足利義氏以下が侍の座に着かれた。次に、元服の道具類を置いた。駿河守（北条重時）が陪膳役であった。藤原親実・藤原仲能が役送であった。理髪・加冠（の役）は泰時。（三寅の元服後の）御名前〔頼経〕は俊道が選んだ。相州（北条時房）は、去る二十三日以降、病気であったため、今日は出仕されなかった。

❖廿九日。乙卯。晴る。若君〔御年、八〕、御首服。申の刻、二棟御所南面に於いて其の儀有り。後藤左衛門尉基綱、今日の奉行為り。時刻、出御す。二条侍従教定、之を扶持し奉る。武州・陸奥守義氏以下、侍の座に著かる。次いで、元服の雑具を置く。駿河守、陪膳に候ず。周防前司親実・右馬助仲能等、役送為り。理髪・加冠、武州。御名字〔頼経〕、前春宮権大進俊道朝臣、之を撰び申す。相州、去んぬる廿三日以後、病痾の間、今日、出仕し給はず。

○二棟御所　幕府御所の二棟廊を指す。
○理髪　子供の髪型を改め、成人の髪型に結うこと。

✻三寅が元服し、頼経と名のることとなった。この時、京都では三寅の父である九条道家が菅原為長に命じて師嗣・道良・道嗣という名前を候補として選ばせていた（『明月記』嘉禄元年十一月十九日条）。北条泰時ら幕府首脳としては、源頼朝と同じ「頼」の字を使用することで、頼朝以来の継続性・正統性を示そうとしたものと考えられる。頼経は十三歳となった寛喜二年（一二三〇）十二月に、源頼家の娘で二十八歳の女性（竹御所）と結婚することとなるが、これも源氏将軍家との繋がりを強化するための政策であろう。

廿九日。乙卯。晴。若君〔御年、八〕、御首服。申刻、於二棟御所南面有其儀。後藤左衛門尉基綱、為今日奉行。時刻、出御。二条侍従教定、奉扶持之。武州・陸奥守義氏以下、被著侍座。次、置元服雑具。駿河守、候陪膳。周防前司親実・右馬助仲能等、為役送。理髪・加冠、武州。御名字〔頼経〕、前春宮権大進俊道朝臣、撰申之。相州、去廿三日以後、病痾之間、今日、不出仕給。

◆藤原頼経、征夷大将軍となる

嘉禄二年（一二二六）二月十三日条（脱漏）

十三日。戊戌。佐々木信綱が京都から（鎌倉に）帰参した。正月二十七日に（藤原頼経の）将軍宣下が行われた。また（頼経は）右近衛少将に任じられ、正五位下に叙された。これは下名除目（の機会）に合わせてのことであるという。その除書などを（信綱が）持参した。

❖十三日。戊戌。佐々木四郎左衛門尉信綱、京都自り帰参す。正月廿七日、将軍宣下有り。又、右近衛少将に任じ、正五位下に叙せ令め給ふ。是、下名除目の次なりと云云。其の除書等、之を持参す。

✻藤原頼経が征夷大将軍に任じられた。幕府では前年末に頼経が元服を終えると、嘉禄二年（一二二六）正月十日、頼経の任官と征夷大将軍任命を申請する書類が作成され、翌十一日、佐々木信綱がそれをもって京都へ出発した。十日は寅の日で、奏聞の書類を作成すべきではないという意見があったが、「急事」として作成されたという。ここにも幕府における将軍の不在という状況を速やかに解消したいという北条泰時の意思が窺えよう。

　これを受けて朝廷では四位以下の除目である下名除目の際に、頼経を正五位下・右近衛権少将とし、征夷大将軍に任命した。この時、頼経は九歳である。

十三日。戊戌。佐々木四郎左衛門尉信綱、自二京都一帰参。正月廿七日、有二将軍　宣下一。又、任二右近衛少将一、令レ叙二正五位下一給。是、下名除日之次也云云。其除書等、持二参之一。

◆六波羅探題、法印尊長を召し捕る

嘉禄三年（一二二七）六月十四日条（脱漏）

十四日。辛酉。晴れ。六波羅の急使が（鎌倉に）到着して、申した。「去る七日の辰の刻（午前八時前後）に、鷹司油小路の大炊助入道の後見人である肥後房の家で、菅周則が尊長を捕らえようとしたところ、突然、自殺しようとしました。まだこと切れていなかったため、襲撃した武士二人が、尊長のために傷を蒙りました。翌八日、六波羅で尊長は死去しました」。尊長は承久三年の合戦（承久の乱）の首謀者で、数日来、肥後房の家に匿われていたのである。また、「和田朝盛は、先日、捕らえ損なっていましたが、今日、これを生け捕りにしました」という。

❖十四日。辛酉。晴る。六波羅の馳駅、下着し、申して云はく、去んぬる七日辰の刻、鷹司油小路の大炊助入道の後見肥後房の宅に於いて、菅十郎左衛門尉周則、二位法印尊長を虜にせんと欲するの処、忽ち自殺を企つ。未だ死に終はらざるの間、襲ひ到る所の勇士二人、彼の為に疵を蒙り訖んぬ。翌日八日、六波羅に於いて尊長、死去す。是、承久三年の合戦の張本、日来、肥後房の宅に隠し置く所なり。又、和田新兵衛尉朝盛法師、先日、搦め漏らすと雖も、今日、之を生け虜ると云云。

✻承久の乱の首謀者の一人で、乱後も逃亡を続けていた尊長が召し捕られた。また、同じく承久の乱で京方となった和田朝盛も召し捕られた。朝盛は和田合戦の際に討死したと考えられていた（『鏡』建暦二年五月六日条）が、承久の乱では京方として幕府と戦い、その後も京都に潜伏していた。その後、朝盛は自らの「身を扶くる計らひ」としようと、尊長の所在を北条泰時に知らせ、泰時が六波羅探題に捕縛を指示したという。追捕を受けた尊長は自殺を企てたがすぐには死なず、連行された六波羅で、「北条義時の妻が義時殺害に用いた毒で自分を殺せ」と発言し、周囲を驚かせた（『明月記』嘉禄三年六月十一日条）。北条義時の死去について、伊賀の方による毒殺という噂があったことがここから知られるのである（四八一頁参照）。

十四日。辛酉。晴。六波羅馳駅、下着、申云、去七日辰刻、於㆓鷹司油小路大炊助入道後見肥後房之宅㆒、菅十郎左衛門尉周則、欲㆑虜㆓二位法印尊長㆒之処、忽企㆓自殺㆒。未㆓死終㆒之間、所㆓襲到㆒之勇士二人、為㆑彼蒙㆑疵訖。翌日八日、於㆓六波羅㆒尊長、死去。是、承久三年合戦張本、日来、所㆑隠㆓置于肥後房宅㆒也。又、和田新兵衛尉朝盛法師、先日、雖㆓揚漏㆒、今日、生㆓虜之㆒云云。

◈興福寺と多武峯と合戦

安貞二年（一二二八）五月二十二日条（巻第二十七）

二十二日。甲午(きのえうま)。晴れ。（中略）。今日、六波羅の使者が（鎌倉に）到着して申した。「先月十七日・同二十五日の両度、興福寺の衆徒が多武峯(とうのみね)を襲撃して合戦となったため、（多武峯の）堂舎塔廟(びょう)が火災となったことについて、朝廷が宥(なだ)められましたが、（多武峯の本寺である）延暦寺が蜂起し、

（今も）なお鎮まりませんので、（対処するよう朝廷から）綸旨を六波羅に下されました」。

❖廿二日。甲午。霽る。（中略）。今日、六波羅の使者、参着し、申して云はく、去んぬる月十七日・同廿五日両度、南都の衆徒、多武峯を襲ひ合戦するの間、堂舎塔廟、火災に及ぶ事、公家、宥め被ると雖も、山門、蜂起し、猶以て静謐せざるに依り、綸旨を武家に下さると云々。

✻南都北嶺と呼ばれ、強訴で朝廷を悩ませた興福寺と延暦寺が衝突し、六波羅探題に鎮圧が命じられた。大和国の南部に所在した多武峯（現在の談山神社）は藤原氏の祖である藤原鎌足を祀っていたが、延暦寺の末寺とされており、藤原氏の氏寺で大和国を支配していた興福寺からしばしば攻撃を受けた。

この時の衝突は、多武峯の周辺で馬の餌とするための草を刈り取った興福寺配下の者が殺害されたことに端を発するという（『百練抄』安貞二年四月五日条）。四月十七日

（十八日とする史料もある）・二十五日（二十三日とする史料もある）に興福寺が多武峯に攻め寄せ、これを焼き払った。

これに対し延暦寺が憤り、五月になって興福寺別当が罷免されると、興福寺は春日社の神木動座を行うとともに閉門して抵抗した。

鎌倉には四月二十七日に第一報が、五月七日には第二報が届いていたが、五月二十二日になって、対処を命じる綸旨が下されたことが伝えられたのである。これを受けて幕府では、翌日、評定衆の一人である中条家長を京都に派遣した。この件に関する幕府の具体的な関与については、よくわからないが、事件は翌年まで続いている。

承久の乱の結果、武力を喪失した朝廷はこのような権門寺社の間での紛争に対処する手段を失っており、幕府はこうした問題に対処せざるを得なくなってゆくのである（五三二頁以下参照）。

廿二日。甲午。霽。（中略）。今日、六波羅使者、参着、申云、去月十七日・同廿五日両度、南都衆徒、襲二多武峯一合戦之間、堂舎塔廟、及二火災一事、公家、雖レ被レ宥、山門、蜂起、猶以依レ不二静謐一、被レ下二綸旨於武家一云々。

◆馬場殿で射技　寛喜元年（一二二九）六月二十七日条（巻第二十七）

二十七日。癸亥。曇り。今日、馬場殿で、小山長村・三浦泰村・同家村・宇都宮頼業・氏家公信・小笠原時長らが、流鏑馬・遠笠懸などを射た。将軍家（藤原頼経）がお出ましになり、武州（北条泰時）以下の人々が参集した。その中で、長村・三浦兄弟・時長らは、あらゆる作物を射た。長村は七違の取止、泰村は四六三の遠立、家村は八的、時長は三尺の取止などという。それぞれの優れた技量は感興を惹き起こし、それは既に夕方になるまで続いた。頼経は少し具合を悪くされたため（奥に）入られたという。

❖廿七日。癸亥。陰る。今日、馬場殿に於いて、小山五郎長村・駿河次郎泰村・同四郎家村・宇都宮四郎左衛門尉頼業・氏家太郎・小笠原六郎時長等、流鏑馬・遠笠懸等を射る。将軍家、出御有り、武州以下の人々、群参す。其の中、小山・三浦兄弟、小笠原等、作物等を射尽くす。長村、七違の取止、泰村、四六三の遠立、家村、八的、時長、三尺の取止等と云々。面々の堪能、感興を催し、緈、已に晩景に及ぶ。将軍家、聊か御心神違乱の間、入御すと云々。

✲ 幕府御所の馬場殿で御家人らがさまざまな射技を披露した。作物はさまざまな種類の的を射るものである。なお、「七違」のルビは仮に付したものである。九歳の藤原頼経はこの催しが大いに気に入ったようで、その後もしばしば御家人らに射技を披露させている（『鏡』寛喜元年九月十七日・十月二十二日条など）。この日、具合を悪くした頼経は翌々日には随分と苦しんだが、同日の午後七時過ぎ頃にはいくらか回復した。しかし、七月四日には再び具合が悪くなって顔が腫れた。これは前年十二月七日以来、断続的に起こっていたといい、七月から八月にかけて症状が続き、祈禱などが行われている。

廿七日。癸亥。陰。今日、於㆓馬場殿㆒、小山五郎長村・駿河次郎泰村・同四郎家村・宇都宮四郎左衛門尉頼業・氏家太郎・小笠原六郎時長等、射㆓流鏑馬・遠笠懸等㆒。将軍家、有㆓出御㆒、武州以下人々、群参。其中、小山・三浦兄弟、小笠原等、射二尽作物等一。長村、七違取止、泰村、四六三遠立、家村、八的、時長、三尺取止等云々。面々堪能、催二感興一緋、已及二晩景一。将軍家、聊御心神違乱之間、入御云々。

◆夏に降雪　寛喜二年（一二三〇）六月十六日条（巻第二十七）

十六日。丙子（ひのえね）。晴れ。美濃国（から）の急使が（鎌倉に）参って申した。「去る九日の辰の刻（午前八時前後）に、当国の蒔田荘（まきだのしょう）に雪が降りました」。武州（北条泰時）はたいそう畏怖（いふ）され、徳政を行われると決定があったという。美濃国と武蔵国とは、両国の間が既に十日余りの行程である。（それにもかかわらず）その日、同時にこの怪異があった。まことに驚くべき（こと）であるという。そうじて六月中は雨が頻（しきり）に降る。これは豊年のしるしであるが、涼しい気候が度を超しており、五穀はきっと実らないのではなかろうか。「風雨が時節通りでなければ、その年は飢饉（ききん）がある」という。現在、関東では政務が廃れることなく（行われており）、泰時は特に畏れ慎んで、善を顕彰し、悪を忌み嫌い、（自らの）身を忘れて世の中を救われているため、天下はもとどおりに（平穏に）なっていたところ、最近は時節が（通常と）異なり、陰陽が調和しないのは、ただごとではないであろう。特に六月に雪が降ることは、その例が少ないのではなかろうか。孝元天皇の三十九年六月に雪が降った。その後、二十六代を経て、推古天皇の御代の三十四年六月に大雪が降った。また二十六代を経て、醍醐天皇の御代の延長八年六月八日に大雪が降った。いずれも不吉であった。今、また二十六代（ただし、九条帝を（歴代に）お加えする）を経て、今月九日に雪が降った。上代でもやはり、怪しむべきこととした。ましてや末代（の現在）ではなおさら（怪しむべきこと）である。

❖十六日。丙子。晴る。美濃国の飛脚、参り申して云はく、去んぬる九日辰の剋、当国蒔田庄に、白雪降ると云々。武州、太だ怖畏せ令め給ひ、徳政を行はる可きの由、沙汰有りと云々。濃州と武州と、両国の中間、既に十余日の行程なり。彼の日、同時に此の怪異有り。尤も驚く可しと云々。凡そ六月中、雨脚頻に降る。是、豊年の瑞為りと雖も、涼気、過法、五穀、定めて登らざらんか。風雨、節ならずんば、則ち歳、飢荒有りと云々。当時、関東、政途を廃せず、武州、殊に戦々競々として、善を彰し悪を癉り、身を忘れ世を救ひ御ふの間、天下、帰往するの処、近日、時節、依違し、陰陽、同ぜざるの条、直なる事に匪ざるか。就中、当月、白雪降る事、其の例少なきか。孝元天皇三十九年六月、雪降る。其の後、二十六代を歴、推古天皇の御宇三十四年六月、大雪降る。亦、二十六代を歴、醍醐天皇の御宇延長八年六月八日、大雪降る。皆、不吉なり。今、亦、廿六代〔但し、九条帝を加へ奉る〕を経、今月九日、雪下る。上古、猶以て奇と成す。況んや末代に於いてをや。

○風雨、節ならずんば、則ち歳、飢荒有り。　『帝範』賞罰第九にある文章。

＊六月九日に美濃国で雪が降り、武蔵国でも同時刻に雪交じりの雨や雹が降った

（『鏡』寛喜二年六月十一日条）。また、鎌倉では六月九日から十日にかけて雷雨で、御所に落雷もあった。

八月八日には「甚雨大風」により作物に被害が発生し、また、冬のような気候となったという。一方、京都では十一月に三月のような気候となり、桜が咲いたり、筍（たけのこ）が生えたりしたという（『明月記』寛喜二年十一月二十一日条）。

このような天候不順により農作物が被害を受け、翌年には「寛喜の飢饉」と呼ばれる状況となる。

十六日。丙子。晴。美濃国飛脚、参申云、去九日辰剋、当国蒔田庄、白雪降云々。武州、太令二怖畏一給、可レ被レ行二徳政一之由、有二沙汰一云々。濃州与二武州一、両国中間、既十余日行程也。彼日、同時有二此怪異一。尤可レ驚云々。凡六月中、雨脚頻降。是、雖レ為二豊年之瑞一、涼気、過法、五穀、定不レ登歟。風雨、不レ節、則歳、有二飢荒一云々。当時、関東、不レ廃二政途一、武州、殊戦々競々兮、彰レ善癉レ悪、忘レ身救レ世御之間、天下、帰往之処、近日、時節、依違、陰陽、不レ同之条、匪二直也事一哉。就中、当月、白雪降事、少二其例一歟。孝元天皇三十九年六月、雪降。其後、歴二二十六代一、推古天皇御宇三十四年六月、大雪降。亦、歴二二十六代一、醍醐天皇御宇延長八年六月八日、大雪降。皆、不吉也。今、亦、経二廿六代（但、奉レ加二九条帝一）一、今月九日、雪下。上古、猶以成レ奇。況於二末代一哉。

◆寛喜の飢饉　寛喜三年（一二三一）三月十九日条（巻第二十八）

十九日。乙巳。今年は世の中が飢饉で、人々が多く餓死しようとしている。そこで武州（北条泰時）が伊豆・駿河両国に出挙米を実施し、その飢えを救うよう、蔵を持つ（富裕な）者たちに命じられた。豊前中務丞（清原実景）がこれを担当した。その奉書には（泰時が）花押を記されたという。

今年は世の中が飢饉のため、人々が餓死しているとの風聞がある。まことに気の毒なことである。この（ような）時に伊豆・駿河両国で出挙を行う（富裕な）者たちが、（出挙の）実施を始めないため、ますます（人々は生き延びる）方途を失っているという。早く利息一割の出挙を行うよう、（泰時が）命じられたところである。合わせてまた、後日、もし（返済について）抵抗（する者）があれば、報告にしたがって御対応されるとのことである。そこで以上のとおり伝える。

寛喜三年三月十九日　中務丞実景〔が奉る〕

矢田六郎兵衛尉殿

❖十九日。乙巳。今年、世上、飢饉、百姓、多く以て餓死せんと欲す。仍て武州、伊豆・駿河両国の間に出挙米を施し、其の飢ゑを救ふ可きの由、倉廩有る輩に仰せ聞かせ被る。豊前中務丞、之を奉行す。件の奉書、御判を載せ被ると云々。

今年、世間、飢饉の間、人民、餓死するの由、風聞す。尤も以て不便なり。爰に伊豆・駿河両国の出挙を入るるの輩、施しを始めざるに依り、弥計略を失ふと云々。早く把利の出挙を入る可きの由、仰せ下さるる所なり。兼ねて又、後日、若し対捍有らば、注申に随ひ御沙汰有る可きの由、候ふなり。仍て執達件の如し。

寛喜三年三月十九日　中務丞実景〔奉る〕

矢田六郎兵衛尉殿

＊寛喜二年（一二三〇）の天候不順による「寛喜の飢饉」への対応として、北条泰時が、回収不能となることを恐れて出挙を行わない伊豆・駿河両国の富裕者に、飢民救済のための出挙米の貸し付けを命じた。文書には泰時が袖判を加え、自身の命令であることを強調したという。なおこの頃の利息は五割が一般的である。この施策は泰時が両国の守護であったことによるもので、泰時は自らも米の貸し付けを行い（『鏡』寛喜四年三月九日条）、貞永元年（一二三二）秋の時点ではその総計が九千石余りに及んでいたという（『鏡』貞永元年十一月十三日条）。

幕府の飢饉対策としては、既に寛喜二年秋には泰時らが日常の食事を減らしているとの情報が京都に届いており（『明月記』寛喜二年十月十六日条）、寛喜三年正月二十九日には御家人らに贅沢の禁止が命じられている。

またこの飢饉に際しては、本来は禁止されていた人身売買が容認された。家族を売り、また自らを売って他人の下人となることが命を繋ぐ方策であり、これを禁止することが「還りて人の愁歎となる」ためであった（追加法一四二）。

十九日。乙巳。今年、世上、飢饉、百姓、多以欲二餓死一。仍武州、伊豆・駿河両国之間施二出

挙米一、可レ救二其飢一之由、被レ仰下聞有二倉廩一輩上。豊前中務丞、奉二行之一。件奉書、被レ載二御判一云々。

今年、世間、飢饉之間、人民、餓死之由、風聞。尤以不便。爰伊豆・駿河両国入二出挙一之輩、依レ不レ始レ施、弥失二計略一云々。早可レ入二把利出挙一之由、所レ被二仰下一也。兼又、後日、若有二対捍一、随二注申一可レ有二御沙汰一之由、候也。仍執達如レ件。

寛喜三年三月十九日　中務丞実景〔奉〕

矢田六郎兵衛尉殿

◆朝廷、諸国の国分寺に最勝王経の転読を命令

寛喜三年（一二三一）四月十九日条（巻第二十八）

十九日。乙亥(きのとい)。風雨や水害・干害の災難（の回避）を祈るため、諸国の国分寺で最勝王経(さいしょうおうきょう)を転読するよう、宣旨が昨夜（鎌倉に）到着した。そこで今日、民部大夫入道行然(ぎょうねん)（二階堂行盛(ゆきもり)）の担当として、政所で、幕府の分国に伝達するよう、その措置が行われた。

❖十九日。乙亥。風雨水旱の災難を祈らんが為、諸国々分寺に於いて、最勝王経を転読す可きの旨、宣旨の状、去んぬる夜、到着す。仍て今日、民部大夫入道行然の奉行と為て、政所に於いて、関東分国に施行す可きの由、其の沙汰有り。

○民部大夫入道　六位の官職である民部丞を経て五位の位を得た後、そのまま出家した者のこと。

✲飢饉の対策として朝廷では諸国の国分寺で最勝王経を転読することを命じ、関東分の国々についての宣旨が幕府に届けられた。二階堂行盛は政所執事で、五月五日にこの命令を伝達している。

朝廷では五月三日に将軍藤原頼経の父で関白の九条道家が飢饉対策のための会議を行っており（『民経記』）、十一月には四十二カ条からなる新制（人心の刷新などを目的に施政方針などを新法として示すもの）が発せられる。この朝廷の新制制定と連動する形で、幕府でも『御成敗式目』が制定されることとなる。

十九日。乙亥。為レ祈二風雨水旱災難一、於二諸国々分寺一、可レ転二読最勝王経一之旨、宣旨状、去夜、到着。仍今日、為二民部大夫入道行然奉行一、於二政所一、関東分国可二施行一之由、有二其沙汰一。

◆評定衆、連署起請文を記し、政務の公正を誓う

貞永元年（一二三二）七月十日条（巻第二十八）

十日。己丑（つちのとうし）。晴れ。政治に私心が無いことを明らかにするため、評定衆の連名の起請文（きしょうもん）を提出させられた。その人々は十一人であった。

摂津守中原師員（もろかず）　前駿河守平（三浦）義村
沙弥行西（しゃみぎょうさい）（二階堂行村）（隠岐守）　前出羽守藤原（中条）家長
加賀守（かがのかみ）三善康俊（やすとし）　沙弥行然（二階堂行盛）（民部大夫）
左衛門少尉藤原（後藤）基綱　大和守三善（矢野）倫重（ともしげ）

> 玄蕃允　同（太田）康連　　相模大掾藤原（佐藤）業時
> 沙弥浄円（斎藤長定）〔左兵衛尉〕
> 相州（北条時房）・武州（北条泰時）が理非を決断する職として、さらに署名と花押をこの起請文に加えられたという。

❖十日。己丑。霽る。政道の無私を表さんが為、評定衆連署の起請文を召さる。其の衆、十一人為り。

摂津守中原師員　　前駿河守平義村
沙弥行西〔隠岐守〕　　前出羽守藤原家長
加賀守三善康俊　　沙弥行然〔民部大夫〕
左衛門少尉藤原基綱　　大和守三善倫重
玄蕃允同康連　　相模大掾藤原業時
沙弥浄円〔左兵衛尉〕

相州・武州、理非決断の職と為て、猶、署判を此の起請に加へ令め給ふと云々。

＊公正な政治を行うため、評定衆に連名で起請文の提出が求められた。評定衆は鎌倉幕府の最高の審議・決定の場である評定を構成する人々である。評定衆は嘉禄元年（一二二五）に十一人が任命され（『関東評定衆伝』）、三寅（後の藤原頼経）の新御所への移住の翌日に、御所で評議始が行われている（『鏡』嘉禄元年十二月二十一日条）。

この時の起請文は『御成敗式目』の末尾に書写されており、十一人の評定衆の後に、執権・連署である北条泰時・北条時房が、評定衆の審議を経て最終決定をする立場として署名・花押を加えている。また訴訟の問注を行う奉行人からも同文の起請文が提出されたといい、『鏡』天福(てんぷく)二年（一二三四）七月六日条にも、奉行人に起請文を提出させた記事が見える。

北条義時・大江広元・北条政子ら幕府成立以来の主導者の死去をうけ、北条泰時らの、合議による政務運営が開始されることとなったのである。

十日。己丑。霽。為レ表二政道無私一、被レ召二評定衆連署起請文一。其衆、為二十一人一。

摂津守中原師員　　前駿河守平義村

沙弥行西〔隠岐守〕　　前出羽守藤原家長

加賀守三善康俊　沙弥行然〔民部大夫〕
左衛門少尉藤原基綱　大和守三善倫重
玄蕃允同康連　相模大掾藤原業時
沙弥浄円〔左兵衛尉〕

相州・武州、為二理非決断職一、猶、令レ加二署判於此起請一給云々。

◆和賀江島の築造　貞永元年（一二三二）七月十二日条（巻第二十八）

十二日。辛卯。晴れ。（中略）。今日、勧進聖人の往阿弥陀仏の申請により、船船の着岸の支障を無くすため、和賀江島を築くようにという。武州（北条泰時）が特にお喜びになり、協力された。人々もまた支援したという。

❖十二日。辛卯。晴る。（中略）。今日、勧進聖人往阿弥陀仏の申請に就き、舟船着岸の煩ひ無からんが為、和賀江島を築く可きの由と云々。武州、殊に御歓喜し、合力せ令め給ふ。諸人、又、助成すと云々。

✻勧進聖人（多くの人々に寄付を募り、造寺・造仏や港・橋の造営などを行う僧）の往阿弥陀仏が、由比ヶ浜の東部に島を築くことを申請し、北条泰時以下がこれに協力した。船の着岸の利便性の向上を図ったもので、往阿弥陀仏はこれ以前に筑前国の鐘御埼にも人工の島を築造して港を築いている。工事は七月十五日に開始され、八月九日に終了しており、和賀江島は現在でも干潮時にその痕跡を確認することができる。

十二日。辛卯。晴。（中略）。今日、勧進聖人往阿弥陀仏就㆓申請㆒、為㆑無㆓舟船着岸煩㆒、可㆑築㆓和賀江島㆒之由云々。武州、殊御歓喜、令㆓合力㆒給。諸人、又、助成云々。

◆『御成敗式目』の制定　貞永元年（一二三二）八月十日条（巻第二十八）

十日。戊午。晴れ。（中略）。また、武州（北条泰時）が作られていた『御成敗式目』について、その編纂を終えられた。五十カ条である。今日以後は、訴訟の是非は、固くこの法を守って判決を下されると定められたという。これは、すなわち淡海公（藤原不比等）の律令に比すべきものであろう。それは国内（全体）の規範となるものであり、これは関東の大いなる宝である。〔元正天皇の御代の養老二年に、不比等は律令を編纂されたという。〕

❖十日。戊午。霽る。（中略）。又、武州造らしめ給ふ御成敗式目、其の篇を終へ被る。五十箇条なり。今日以後、訴論の是非、固く此の法を守り、裁許せ被る可きの由、定め被ると云々。是、則ち淡海公の律令に比す可きか。彼は海内の亀鏡、是は関東の鴻宝なり〔元正天皇の御宇養老二年戊午、淡海公、律令を択ば令め給ふと云々〕。

✲北条泰時が編纂を進めていた『御成敗式目』が完成した。泰時は早く元仁元年（一二二四）には明法道（朝廷の律令以下を学ぶ学問）の資料を読むことを日課としていた（『鏡』元仁元年十二月二日条）が、貞永元年（一二三二）五月十四日から『御成敗式目』の編纂に取り掛かり、八月十日に完成したのである。『鏡』には九月十一日に『御成敗式目』が六波羅探題の北条重時に送付されたと見える。ただし、九月十一日の重時宛の泰時書状（『鎌』四三七三号）の他に八月八日付の泰時書状も存在する（『鎌』四三五七号）。後者には、日付を八月二十日とする写本もあり、かねてより作っていた式条を送るとあることからすると、六波羅への送付は八月二十日ということになろう。またこの時、重時には写しを作って守護・地頭らに周知することも命じられた。こうして『御成敗式目』は武家の基本法典として鎌倉幕府滅亡後に及ぶまで、大きな影響力を持った。

なお『鏡』には「五十箇条」とあるが実際には五十一ヵ条であり、『御成敗式目』制定の翌々年の文書（『鎌』四六〇五号）にも「関東五十一箇条御下知状」と記されていることからすると、この『鏡』の「五十」は概数ということであろう。

十日。戊午。霽。（中略）。又、武州令レ造給御成敗式目、被レ終二其篇一。五十箇条也。今日以後、訴論是非、固守二此法一、可レ被二裁許一之由、被レ定云々。是、則可レ比二淡海公律令一歟。彼者海内亀鏡、是者関東鴻宝也（元正天皇御宇養老二年戊午、淡海公、令レ択二律令一給云々）。

◆大江広元の旧蔵文書を整理

貞永元年（一二三二）十二月五日条（巻第二十八）

五日。庚辰。大江広元は生前、幕府御所の大小の事を執り行っていたため、寿永・元暦以来の京都から到来した重要な文書や（除目の）聞書、人々の申請の文書、洛中や南都北嶺以下について、幕府から処置してきたことの記録、文治以後の領家・地頭の所領支配の条々の法令、平氏との合戦の時の東国武士の勲功のあり様の一覧などの文書を、（幕府の）公務（の必要）に従って、右筆の者たちの所へ配り渡していたことにより、（文書が）あちこちに分散していた。武州（北条泰時）はこのことを聞き、清原季氏・浄円（斎藤長定）・円全らにこれを尋ね集めて目録を整備させ、左衛門大夫（長井泰秀）に送られたという。

❖五日。庚辰。故入道前大膳大夫広元朝臣、存生の時、幕府の巨細を執行するの間、寿永・元暦以来の京都自り到来する重書幷びに聞書、人々の款状、洛中及び南都北嶺以下、武家自り沙汰し来る事の記録、文治以後の領家・地頭の所務の条々の式目、平氏合戦の時の東士の勲功の次第の注文等の文書、公要に随ひ、右筆の輩の方に賦り渡すに依り、所処に散在す。武州、此の事を聞き、季氏・浄円・円全等をして、之を尋ね聚め、目録を整へ令め、左衛門大夫に送らると云々。

○左衛門大夫　六位の官職である左衛門尉を経て五位の位を得た者のこと。ここでは長井泰秀を指す。

✻政所別当として鎌倉幕府の政務に携わっていた大江広元のもとには、さまざまな文書や記録が集積されていたが、それが政務の必要から各所に分散してしまっていたため、北条泰時が集めて整理させ、広元の孫である長井泰秀に届けた。

当時、こうした文書はそれぞれの担当者の手元で保管・管理されており、問注所執事を務めた三善康信の邸宅にもそうした文書類が存在したことが確認できる（三五八六頁以下。『鏡』（承久三年正月二十五日条）。長井氏については泰秀の孫の宗秀に「長井洒掃（さいそう）文庫」と呼ばれる文庫があったことが知られている（三六〇頁参照）。『鏡』の編纂材料として、このように幕府の奉行人らの手元に集積されていた文書・記録も利用されたと考えられている。

五日。庚辰。故入道前大膳大夫広元朝臣、存生之時、執二行幕府巨細一之間、寿永・元暦以来自二京都一到来重書幷聞書、人々款状、洛中及南都北嶺以下、自二武家一沙汰来事記録、文治以後領家・地頭所務条々式目、平氏合戦之時東士勲功次第注文等文書、随二公要一、依レ賦二渡右筆輩方一、散二在所処一。武州、聞二此事一、令下季氏・浄円・円全等、尋二聚之一、整中目録上、被レ送二左衛門大夫一云々。

◆御所で和歌会　天福元年（一二三三）五月五日条（巻第二十九）

五日。己酉（つちのととり）。晴れ。（中略）。今日、端午（たんご）の節を迎え、御所で和歌会が行われた。（和歌の）題は、「菖蒲（しょうぶ）を翫（もてあそ）ぶ」「郭公（ほととぎす）を聞く」（であった）。陸奥式部大夫（北条政村）・相模三郎入道（北条資時）・源親行・後藤基綱・伊賀光宗・波多野経朝・都筑経景らが参上した。両国司（北条泰時・時房）が、披講の座に着かれた。

❖五日。己酉。晴る。（中略）。今日、端午節を迎へ、御所に於いて和歌御会有り。題、菖蒲を翫ぶ・郭公を聞く。陸奥式部大夫・相模三郎入道・源式部大夫・後藤大夫判官・伊賀式部大夫入道・波多野次郎経朝・都筑九郎経景等、参る。両国司、披講の座に候じ給ふ。

✻幕府御所で和歌会が行われた。既に源実朝が和歌に傾倒し、御家人らにも和歌を詠む者があったが、摂関家から将軍を迎えたことで、より京都の文化が浸透することとなった。この和歌会の参加者も河内本『源氏物語』で知られる源親行や伊賀光宗以外は、皆、関東出身の武士である。この年には九月十三日に北条泰時邸でも和歌会があり、四月十七日には藤原頼経夫妻が泰時邸を訪れ、連歌が行われている。

五日。己酉。晴。（中略）。今日、迎二端午節一、於二御所一有二和歌御会一。題、翫二菖蒲一・聞二郭公一。陸奥式部大夫・相模三郎入道・源式部大夫・後藤大夫判官・伊賀式部大夫入道・波多野次郎経朝・都筑九郎経景等、参。両国司、候二披講之座一給。

◆金沢実時、小侍所別当となる

天福二年（一二三四）六月三十日条（巻第二十九）

三十日。丁酉（ひのととり）。陸奥五郎（北条実泰（さねやす））が病気により、小侍所別当を辞任した。ところが「この事は重要な職務である。（実泰の）子息の実時（さねとき）は若年であるため、（実泰から）譲って任命することは難しい」と審議が行われたが、武州（北条泰時）が、「重要な職務とはいえ、若年とはいえ、（自分が）援助する」と申し請われたため、（実時にその職が）命じられたという。

❖卅日。丁酉。陸奥五郎、病痾に依り、小侍所別当を辞す。而るに此の事、重職為り。子息太郎実時、年少の間、譲補し難きの由、其の沙汰有りと雖も、武州、重役と雖も、年少と雖も、扶持を加ふ可きの由、申し請は令め給ふに依り、仰せ付け被る所なりと云々。

✻北条実泰（初名は実義）が病気のため小侍所別当を辞任し、子の実時がその地位を継承した。小侍所は侍所から分離した組織で、幕府御所の警固や行列の供奉人の選定などを担当した。

実泰は北条泰時の弟で、実時は前年末の天福元年（一二三三）十二月二十九日に元服したばかりの十一歳であったが、この元服は泰時が急遽、思い立って行ったものであった。実泰はこの時、二十七歳であるが、この人事直前の二十六日に自殺未遂を起こしたという風聞が京都に伝えられており（『明月記』天福二年七月十二日条）、実際に何らかの意味で病んでいたのであろう。

既に子の時氏・時実を失っていた泰時は、嫡孫経時を支える存在として実時に期待をかけていたようであり、実時は経時・時頼・時宗と三代の得宗（北条氏嫡流）を支えてゆくこととなる。

卅日。丁酉。陸奥五郎、依㆓病痾㆒、辞㆓小侍所別当㆒。而此事、為㆓重職㆒。子息太郎実時、年少之間、難㆓譲補㆒之由、雖㆑有㆓其沙汰㆒、武州、雖㆓重役㆒、雖㆓年少㆒、可㆑加㆓扶持㆒之由、依㆘令㆓申請㆒給㆖、所㆑被㆓仰付㆒也云々。

◆興福寺の強訴　嘉禎元年（一二三五）十二月二十九日条（巻第三十）

二十九日。丁巳。雨が降った。酉の刻（午後六時前後）に、六波羅の急使が（鎌倉に）到着して申した。「二十四日の辰の一点（午前七時過ぎ）に、興福寺の衆徒が、春日社の神木を捧げて、木津川の辺りに向かったため、在京の武士らが勅命により（神木の入洛を）防ぎ留め申し上げるため、皆、急行しました。これは、石清水八幡宮の神人と春日社の神人とが闘乱となった時、春日社の神人がたくさん負傷したため、（朝廷に）訴え申すためです。執柄家（九条道家）と藤原氏の公卿は皆、（春日社の神威を憚り）閉門しました」。すぐに武州（北条泰時）は、幕府御所に参上された。評定衆も参上し、丑の刻（午前二時前後）まで、いろいろと審議を行われた。「このことは朝廷の重大事である。（将軍の）御使者を派遣して対処する」と決定された後、（六波羅からの）急使は帰洛した。

❖廿九日。丁巳。雨降る。酉の刻、六波羅の飛脚、参着し、申して云はく、廿四日辰の一点、南都の衆徒、春日社の神木を捧げ奉り、木津河の辺りに発向するの間、在京の勇士等、勅定に依り禦ぎ留め奉らんが為、悉く以て馳せ向かふ。是、八幡神人と春日神人と闘諍の刻、当社神人、多く以て疵を被るの間、訴へ申さんが為なり。執柄家幷びに藤氏の公卿、皆以て閉門すと云々。即ち武州、御所に参り給ふ。評定衆、参進し、丑の刻に至るまで、条々の沙汰を経被る。此の事、公家の重事為り。御使を差し進らせ、沙汰有る可きの由、議定し畢るの後、飛脚、帰洛す。

✻六波羅採題からの急使が鎌倉に到着し、興福寺の衆徒らが春日社の神木を捧げて木津川辺りまで進んできたことを受け、十二月二十四日に、神木の入洛を防ぐため、勅命により在京御家人らが派遣されたことを伝えた。

これはこの年五月以来の、興福寺領大住（大隅）荘と石清水八幡宮領薪荘との争いによるもので、五月二十三日には朝廷から六波羅採題に対処が命じられたことが鎌倉に伝えられている（ただし『鏡』に院宣とあるのは宣旨の誤り）。事件の発端は両荘園の間での用水相論であったが、現地での武力衝突や、興福寺・石清水八幡宮両者による強訴へと発展し、十二月二日に興福寺側の貞弘という人物が殺害されたことにより、興福寺は石清水八幡宮別当の宗清以下の処罰を求めて強訴したのである（黒田俊雄「鎌倉時代の国家機構」〈『黒田俊雄著作集第一巻　権門体制論』法藏館、一九九四年、初出は一九六七年〉）。

五〇四頁以下でも見たように、承久の乱によって武力を失った朝廷は、こうした大寺社の間での紛争を解決する手段を失っており、幕府が対処しなくてはならなくなっていた。

幕府からは評定衆の後藤基綱が派遣され、宗清らの処罰が決定されたことから、春日神木は年が明けた二月二十一日に宇治の平等院から春日社に戻った（『鏡』嘉禎二年二月二十八日条ほか）。しかしこの処罰がなかなか実行されなかったことから、七月に興福寺は再び強訴を行うこととなる（五四〇頁以下参照）。

なお、嘉禎元年の記事は『吾妻鏡』巻第二十九と巻第三十の両方に重複しているが、ここでは巻第三十に拠（よ）った。

廿九日。丁巳。雨降。酉刻、六波羅飛脚、参着、申云、廿四日辰一点、南都衆徒、奉レ捧二春日社神木一、発二向于木津河辺一之間、在京勇士等、依二勅定一為レ奉二禦留一、悉以馳向。是、八幡神人与二春日神人一闘諍之刻、当社神人、多以被レ疵之間、為二訴申一也。執柄家并藤氏公卿、皆以閉門云々。即武州、参二御所一給。評定衆、参進、至二丑刻一、被レ経二条々沙汰一。此事、為二公家重事一。差二進御使一、可レ有二沙汰一之由、議定畢後、飛脚、帰洛。

◆藤原頼経、新御所に移る

嘉禎二年（一二三六）八月四日条（巻第三十一）

四日。戊子（つちのえね）。晴れ。風は静かだった。戌（いぬ）の刻（午後八時前後）に、将軍家

（藤原頼経）の若宮大路の新造御所への御引越が行われた。武州（北条泰時）の御邸宅から移動された〔（服装は）御束帯〕。牛車に乗られた。惟宗文元に命じて、轅の内側に入って反閉を務めさせ、新御所の南門から入られた。牛車が門内に入り、二丈（約六・六メートル）余りを経た後、（頼経は牛車を）降りられた。安芸右馬助が、御榻（を差し出す）役であった。木工権頭（藤原仲能）が（頼経に）御沓を差し上げた。藤原親実が（頼経の）衣の裾を持った。備中左近大夫（重氏）・美作前司（宇都宮時綱）が松明を持った。飛鳥井教定・一条能清が、予め階段の下に祗候した。まず黄牛を牽いた。押垂晴基（基時）・野本時秀がその役を務めた〔牛童一人が付き添った〕。次に、水火の役人が参り進んだ。水は二階堂行方、火は伊賀光重であった。次に、安倍忠尚（束帯）が反閉を行い、庭の中で呪文を唱えた。（頼経は）西廊に昇り、二棟御所の南縁を経て、寝殿〔桁行五間で四面に庇の間がある〕の南面の中の間に入られ、南に向かって（座に）着かれた。水火（の役人）が前を進み、同じ（南面の中の）間に入った。

（その後、頼経に）五菓〔栗・柿・柑子・棗〕。高坏一本に盛った。（高坏は）木で作り、鶴・松を描いた。折敷に予め置いた〕・酒坏〔片口の銚子に入れ、折敷の上に置いた。銚子は蓋をかぶせた〕を差し上げた。次に、忠尚が階隠の砌で禄〔生単重〕を賜った。藤原仲能が（禄を）渡した。次に、垸飯が行われた。相州（北条時房）・武州（北条泰時）が西侍にお出ましになった。また、（頼経が）吉書をご覧になった。泰時が吉書を持って参上された〔（吉書は）覧筥の蓋に入れた。信濃次郎左衛門尉（二階堂行泰）がこれを（頼経に）取り次いだ〕。（その）事が終って、退出した。今日の供奉人（は以下のとおり）。

（供奉人を省略）

❖四日。戊子。天晴る。風静かなり。戌の刻、将軍家、若宮大路の新造御所御移徙なり。武州の御亭自り渡御す〔御束帯〕。御乗車。前大監物文元に仰せて、轅の内に参り反閉を勤めしめ、新御所の南門自り入御す。御車、門内に入り、二丈余を経るの後、下り御ふ。安芸右馬助、御榻を役す。木工権頭、御沓を献ず。前民部権少輔親実、衣の御裾を取る。備中左近大夫・美作前司等、松明を取る。二条侍従教定・一条大夫能清等、預め階の下に候ず。先づ黄牛を牽く。押垂三郎左衛門尉晴基・野本太郎時秀等、之を役す〔牛童一人、相副ふ〕。次いで、水火の役人、参り進む。水、壱岐五郎左衛門尉行方、火、伊賀六郎左衛門尉光重等なり。次いで、陰陽助忠尚朝臣〔束帯〕、反閉に候じ、庭中に於いて呪を唱ふ。西廊に昇り、二棟御所の南縁を経、寝殿〔五間四面〕南面の中の間に入御し、南に向かひ着御す。水火、前行し、同間に入り訖んぬ。五菓〔栗・柿・柑子・棗。高月一本に盛る。木を以て之を造り、鶴・松を図す。折敷に兼ねて之を置く〕・酒坏〔片口の銚子に入れ、折敷の上に置く。銚子、蓋を覆ふ〕を供ず。次いで、忠尚、階隠の砌に於いて禄〔生単重〕を賜る。木工権頭仲能、之を取る。次いで、垸飯の儀有り。相州・武州、西侍に出で給ふ。又、吉書を覧ず。武州、之を持参し給ふ〔覧筥の蓋に納む。信濃次郎左衛門尉、之を伝ふ〕。事終はり、退出せ令む。今日の供奉人。

（供奉人を省略）

＊藤原頼経が、宇都宮辻子御所から若宮大路御所へと引っ越した。頼経は嘉禄元年（一二二五）の年末に、北条義時旧邸の郭内にあった大倉御所から北条泰時邸に隣接する宇津宮辻子御所に引っ越した（四九一頁以下参照）。それから十年が過ぎ、今度は泰時邸の郭内に新造された若宮大路御所へと引っ越すことになったのである。八歳だった頼経は、十九歳になっていた。

若宮大路御所の造営計画は、嘉禎二年（一二三六）三月十四日には確認できるが、これに先立つ二月一日には、頼経の疱瘡の病後の回復が思わしくないことが土公の祟りではないかとされており、御所移転の一因と指摘されている（松尾剛次「武家の「首都」鎌倉の成立」〈石井進編『都と鄙の中世史』吉川弘文館、一九九二年〉）。造営は四月二日に着工し、六月二十七日には立柱上棟が行われている。

これにより、幕府御所は泰時邸の南に隣接する位置から、泰時邸の郭内へと移転することとなった。また、これ以降、幕府御所の移転は行われず、若宮大路が鎌倉の中心軸として大きな役割を果たすようになってゆく。

なお、五菓には梨の記述が脱落していると考えられる。

四日。戊子。天晴。風静。戌刻、将軍家、若宮大路新造御所御移徙也。自二武州御亭一渡御〔御束帯〕。御乗車。仰二前大監物文元一、参二轅内一勤二反閉一、入三御自二新御所南門一。御車、入二門内一、経二一丈余一之後、下御。安芸右馬助、役二御榻一。木工権頭、献二御沓一。前民部権少輔親実、取二衣御裾一。備中左近大夫・美作前司等、取二松明一。一条侍従教定・一条大夫能清等、預二候階下一。先牽二黄牛一。押垂三郎左衛門尉晴基・野本太郎時秀等、役レ之〔牛童一人、相副〕。次、水火役人、参進。水、壱岐五郎左衛門尉行方、火、伊賀六郎左衛門尉光重等也。次、陰陽助忠尚朝臣〔束帯〕、候二反閉一、於二庭中一唱レ呪。昇二西廊一、経二二棟御所南縁一、入三御于寝殿〔五間四面〕南面中之間一、向レ南着御。水火、前行、入二同間一訖。供二五菓〔栗・柿・柑子・棗。盛二高月一本一。以レ木造レ之、図二鶴・松一。折敷兼置レ之〕・酒坏〔入二片口銚子一、置二折敷上一。銚子、覆レ蓋〕一。次、忠尚、於二階隠砌一賜レ禄〔生単重〕一。木工権頭仲能、取レ之。次、有二垸飯之儀一。相州・武州、出二西侍一給。又、覧二吉書一。武州、持二参之一給〔納二覧筥蓋一〕。信濃次郎左衛門尉、伝レ之〕。事終、令二退出一。今日供奉人。

〔供奉人を省略〕

◆幕府、大和国を封鎖　嘉禎二年（一二三六）十月五日条　（巻第三十一）

五日。己丑。評議を行われ、興福寺の騒動を鎮めるため、しばらく大和国に警固の人を設置し、衆徒の知行する荘園を没収し、全てに地頭を任命された。また、畿内・近国の御家人らを動員し、奈良への道路を封鎖し、人々の出入りを止めるよう、決定された。印東八郎・佐原光兼以下の特に優れて勇敢で強力な者たちを選んで派遣され、「衆徒がもしなお敵対したなら、まったく容赦してはならない。皆、討ち果たすように」という。そしてまた、「それぞれ命を捨てるつもりでいるように」と、東国の武士には直接、言い含められ、京都・畿内（の武士）については、その旨を六波羅に命じられた。また、興福寺領の所在地は全てを把握されることができなかったところ、隆円が密かにその一覧を後藤基綱に与えた。基綱が（それを）鎌倉に送付したのに基づき、地頭を新たに任命されたという。

❖五日。己丑。評議を経被れ、南都の騒動を鎮めんが為、暫く大和国に守護人を置き、衆徒知行の庄園を没収し、悉く地頭を補せ被れ畢んぬ。又、畿内・近国の御家人等を相催し、南都の道路を塞ぎ、人々の出入りを止む可きの由、議定有り。印東八郎・佐原七郎以下、殊勝の勇敢・壮力の輩を撰び遣はされ、衆徒、若し猶、敵対の儀を成さば、更に優恕の思ひ有る可からず。悉く討ち亡ぼさ令む可しと云々。且つは各、死を致さんと欲す可きの由、東士に於いては、直に仰せ含め被れ、京畿に至りては、其の趣を六波羅に仰せ被る。又、南都領の在所、悉くは知ろし食さる可からざるの処、武蔵得業隆円、密々に其の注文を佐渡守基綱に与ふ。基綱、関東に送り進らするに就き、地頭を新補せ被ると云々。

✲嘉禎二年（一二三六）二月に一旦、沈静化した興福寺の強訴であったが、朝廷が決定した石清水八幡宮関係者の処罰の実行が遅れたことから、七月に再び強訴が行われた（五三一頁以下参照）。

鎌倉からは八月二十日に再び後藤基綱が上洛し、六波羅の使者と興福寺との間で交渉が行われるが事態は解決せず、幕府は奈良への道路を封鎖し、興福寺領荘園に地頭を設置するという強硬手段に出ることとなった。

『鏡』には、この十月五日に「守護人」の設置が決定され、翌六日に「守護職」などの下文(くだしぶみ)が六波羅探題に遣わされたと記されている。しかし、ここで記されている「守護」は一国単位の守護ではなく、道路を守護(警固)し封鎖するものであり、九月末には既に設置されていたことが指摘されている(熊谷隆之「嘉禎の南都蜂起と鎌倉幕府」〈大和を歩く会編『シリーズ歩く大和I 古代中世史の探究』法藏館、二〇〇七年〉)。こうした幕府の強硬策により、十月末には興福寺は屈服に追い込まれ(『中臣祐定記』)、十一月十四日に幕府の南都封鎖・興福寺領への地頭設置は解除された。

五日。己丑。被レ経二評議一、為レ鎮二南都騒動一、暫大和国置二守護人一、没二収衆徒知行庄園一、悉被レ補二地頭一畢。又、相二催畿内・近国御家人等一、塞二南都道路一、可レ止二人々之出入一之由、有レ議定。被レ撰二遣印東八郎・佐原七郎以下、殊勝勇敢・壮力之輩一、衆徒、若猶、成二敵対之儀一者、更不レ可レ有二優恕之思一。悉可レ令二討亡一云々。且各、可レ欲レ致レ死之由、於二東士一者、直被二仰含一、至二京畿一者、被レ仰二其趣於六波羅一。又、南都領在所、悉不レ可レ被二知食一之処、武蔵得業隆円、密々与二其注文於佐渡守基綱一。基綱、就レ送二進関東一、被レ新二補地頭一云々。

◆北条時頼、元服　嘉禎三年（一二三七）四月二十二日条（巻第三十一）

二十二日。癸卯(みずのとう)。晴れ。（中略）。夜になって、左京兆（北条泰時）の孫の少年（名は戒寿(かいじゅ)。故北条時氏の二男）が、（藤原頼経の）御前で元服の儀式を行った。まず安達義景(よしかげ)・大曽祢(おおそね)長泰(ながやす)が、道具類を持参した。次に、三浦義村が理髪を行った。次に、（頼経が）加冠を行われた。次に、（泰時が頼経に）引出物を進上された。

（その引出物の）役人

御剣　北条政村
御弓矢　北条経時(つねとき)
御行騰　小山長村(ながむら)
御鎧　三浦泰村　同家村

南廷　長井泰秀

一の御馬〔黒鹿毛。鞍を置いた〕　三浦資村　同胤村

二の御馬〔瓦毛〕　北条時定　平盛時

次に、義村が（泰時から）引出物を頂いた。

御剣　後藤基綱

御馬〔栗毛糟毛。鞍を置いた〕　南条時員　同経忠

次に、将軍（頼経）から新冠〔五郎時頼と名のった〕が、引出物を頂かれた。

御剣　足利泰氏

御弓矢　名越光時

御鎧　結城朝広　同重光

御馬〔黒。鞍を置いた〕　佐々木氏信　同長綱

❖廿二日。癸卯。天晴る。（中略）。夜に入り、左京兆の孫子の小童〔字、戒寿。

故修理亮時氏の二男〕、御前に於いて元服の儀有り。先づ城太郎義景・大曽祢兵衛尉長泰等、雑具を持参す。次いで、駿河前司義村、理髪に候ず。次いで、御加冠。次いで、御引出物を進らせ被る。

役人

御剣　右馬権頭〔政村〕
御調度　北条 大夫将監〔経時〕
御行騰　小山五郎左衛門尉〔長村〕
御甲　駿河次郎〔泰村〕
　同四郎左衛門尉〔家村〕
南廷　長井左衛門大夫〔泰秀〕
一の御馬〔黒鹿毛。鞍を置く〕　駿河五郎左衛門尉〔資村〕
　同八郎〔胤村〕
二の御馬〔瓦毛〕　相模六郎〔時定〕
　平左衛門三郎〔盛時〕

次いで、駿河前司、御引出物を賜る。

御剣　後藤佐渡前司〔基綱〕

御馬〔栗毛糟毛。鞍を置く〕　南条七郎左衛門尉〔時員〕

同兵衛次郎〔経忠〕

次いで、将軍自り新冠〔五郎時頼と号す〕、御引出物を賜らる。

御剣　宮内少輔〔泰氏〕

御調度　遠江式部大夫〔光時〕

御甲　上野七郎左衛門尉〔朝広〕

同三郎〔重光〕

御馬〔黒。鞍を置く〕　近江四郎左衛門尉〔氏信〕

同左衛門太郎〔長綱〕

○左京兆　左京職の唐名。ここでは左京権大夫であった北条泰時を指す。

✻北条泰時（五十五歳）の嫡子時氏（早世）の二男の戒寿丸（十一歳）が元服し、名を時頼と改めた。泰時は藤原頼経（二十歳）を迎えるために檜皮葺の御所を新造しており、頼経はその渡御始として泰時邸を訪れたのであった。元服に際しては、三浦義村が髪を整え、頼経が自ら烏帽子をかぶせた。なお、時頼の兄である経時は天福二年（一二三四）三月五日に幕府御所で元服を行っている。後に頼経はこの時頼によって、鎌倉を追われることとなる（六〇〇頁以下参照）。

廿二日。癸卯。天晴。（中略）。入レ夜、左京兆孫子小童〔字、戒寿。故修理亮時氏二男〕、於二御前一有二元服之儀一。先城太郎義景・大曽祢兵衛尉長泰等、持二参雑具一。次、駿河前司義村、候二理髪一。次、御加冠。次、被レ進二御引出物一。

役人
御剣　右馬権頭〔政村〕
御調度　北条大夫将監〔経時〕
御行縢　小山五郎左衛門尉〔長村〕
御甲　駿河次郎〔泰村〕　同四郎左衛門尉〔家村〕
南廷　長井左衛門大夫〔泰秀〕

一御馬〔黒鹿毛。置レ鞍〕　駿河五郎左衛門尉〔資村〕　同八郎〔胤村〕
二御馬〔瓦毛〕　相模六郎〔時定〕　平左衛門三郎〔盛時〕
次、駿河前司、賜二御引出物一。
御剣　後藤佐渡前司〔基綱〕
御馬〔栗毛糟毛。置レ鞍〕　南条七郎左衛門尉〔時員〕　同兵衛次郎〔経忠〕
次、自二将軍一新冠〔号二五郎時頼一〕、被レ賜二御引出物一。
御剣　宮内少輔〔泰氏〕
御調度　遠江式部大夫〔光時〕
御甲　上野七郎左衛門尉〔朝広〕　同三郎〔重光〕
御馬〔黒。置レ鞍〕　近江四郎左衛門尉〔氏信〕　同左衛門太郎〔長綱〕

◆藤原頼経、上洛　嘉禎四年（一二三八）二月十七日条（巻第三十二）

十七日。癸巳。快晴。巳の刻（午前十時前後）に、（藤原頼経は）野路宿を出発された。まず随兵以下の供奉人が、庭から道まで二列に居並び、（頼経の）御輿を（宿所の建物に）寄せた後に騎馬した。藤原隆親以下が関寺の辺りで（行列を）見物したという。子の刻（午前零時前後）に（頼経は）入洛され、六波羅の御所〔この間、新造した〕に着かれた。

行列（は以下のとおり。）

（行列を省略）

❖十七日。癸巳。天顔快霽。巳の刻、野路宿を御出す。先づ随兵以下供奉人、庭上自り路次に至るまで、二行に座し列し、御輿を寄するの後、騎馬す。隆親卿以下、関寺の辺りに於いて見物すと云々。子の刻、御入洛、六波羅の御所〔此の間、新造す〕に着き給ふ。

行列

（行列を省略）

✻正月二十日に御所を出て、同二十八日に鎌倉を出発していた将軍藤原頼経が、京都に入り六波羅の御所に到着した。建保七年（一二一九）に二歳で鎌倉に下ってから十九年ぶりの京都ということになる。この上洛の準備は前年七月末から始められ（『鏡』嘉禎三年七月二十九日・八月七日条）、執権北条泰時・連署北条時房以下、多くの御家人が随行し、滞在期間も二月から十月と八ヵ月に及ぶ空前絶後の将軍上洛であった。

これは、承久の乱後の朝廷・幕府双方での権力の再編を踏まえ、両者の相互関係の再確認が必要となったことに対応したものと考えられ、九条道家が主導する朝廷と、道家の子である頼経を将軍として戴（いただ）く幕府との間で、様々な交渉や取り決めが行われた。

十七日。癸巳。天顔快霽。巳剋、御㆓出野路宿㆒。先随兵以下供奉人、自㆓庭上㆒至㆓路次㆒、一行座列、寄㆓御輿㆒之後、騎馬。隆親卿以下、於㆓関寺辺㆒見物云々。子剋、御入洛、着㆓于六波羅御所（此間、新造）㆒給。

行列

（行列を省略）

◆藤原頼経、参内　嘉禎四年（一二三八）二月二十三日条（巻第三十二）

二十三日。己亥。雨が降った。今日、将軍家（藤原頼経）が参内された。一条殿（九条道家）から、前駈三人を差し遣わされた。日中（正午前後）以降に、出かけられた。

行列

先ず前駈

北条政村　源兼康

足利泰氏　源盛長

大仏朝直　橘茂能（以良）

次に、（頼経の）御牛車〔（文様は）八葉〕

小河直行　小宮直家

本間信忠　平盛時

四方田資綱　若児玉小次郎
飯富長能　修理進三郎宗長
以上は直垂を着て帯剣し、御牛車の左右に祗候した。
次に、衛府十人〔それぞれ、布衣・帯剣〕
源左衛門尉　天野景氏
宇都宮頼業　河津尚景
佐原胤家　後藤基政
薬師寺朝村　三浦氏村
二階堂行綱　宇佐美祐泰
次に、殿上人
藤原親季
夜になって小除目が行われた。頼経は権中納言に就任し、右衛門督を兼ねられた。

❖廿三日。己亥。雨降る。今日、将軍家、御参内。一条殿自り、前駆三人を差し進らせ被る。日中以後、御出す。

行列

先づ前駆

右馬権頭政村　治部権大輔兼康
宮内少輔泰氏　左馬権頭盛長
備前守朝直　皇后宮権大夫茂能

次いで、御車〔八葉〕

小河三郎兵衛尉　小宮左衛門次郎直家
本間次郎左衛門尉信忠　平左衛門三郎
四方田五郎左衛門尉資綱　若児玉小次郎
飯富源内　修理進三郎宗長

以上、直垂を着し、帯剣せ令め、御車の左右に候ず。

次いで、衛府十人〔各、布衣・帯剣〕

源左衛門尉
宇都宮四郎左衛門尉頼業
肥前太郎左衛門尉胤家
薬師寺左衛門尉朝村
信濃三郎左衛門尉行綱

和泉次郎左衛門尉景氏
河津八郎左衛門尉尚景
佐渡帯刀左衛門尉基政
三浦又太郎左衛門尉氏村
宇佐美藤内左衛門尉祐泰

次いで、殿上人
左近中将親季朝臣
夜に入り、小除目を行はる。将軍家、権中納言に任じ、右衛門督を兼ね令め給ふ。

✲将軍藤原頼経が参内し、臨時の除目である小除目で、権中納言・右衛門督に任じられた。頼経はこの後、二十六日には検非違使別当に任じられ、三月七日には権大納言に昇任している。なお、この時の天皇は、九条道家の孫で頼経には甥となる八歳の四条天皇である。

廿三日。己亥。雨降。今日、将軍家、御参内。自㆓一条殿㆒、被㆑差㆓進前駈三人㆒。日中以後、御出。

行列

先前駈

右馬権頭政村　治部権大輔兼康

宮内少輔泰氏　左馬権頭盛長

備前守朝直　皇后宮権大夫茂能

次、御車〔八葉〕

小河三郎兵衛尉　小宮左衛門次郎直家

本間次郎左衛門尉信忠　平左衛門三郎

四方田五郎左衛門尉資綱　若児玉小次郎

飯富源内　修理進三郎宗長

以上、着㆓直垂㆒、令㆓帯剣㆒、候㆓御車左右㆒。

次、衛府十人〔各、布衣・帯剣〕

源左衛門尉　和泉次郎左衛門尉景氏

宇都宮四郎左衛門尉頼業　河津八郎左衛門尉尚景

肥前太郎左衛門尉胤家　佐渡帯刀左衛門尉基政
薬師寺左衛門尉朝村　三浦又太郎左衛門尉氏村
信濃三郎左衛門尉行綱　宇佐美藤内左衛門尉祐泰

次、殿上人

左近中将親季朝臣

入レ夜、被レ行二小除目一。将軍家、任二権中納言一、令レ兼二右衛門督一給。

◆藤原頼経、検非違使の庁始を行う

嘉禎四年（一二三八）二月二十九日条　（巻第三十二）

二十九日。乙巳。晴れ。大理（藤原頼経）の（検非違使庁の）庁始であった。検非違使二十六人が、皆、参上した。そのうち、五位の尉は八人という。頼経がお出ましになり、（検非違使は）それぞれ、拝謁したという。夕方になって、将軍家（藤原頼経）が参内された〔（服装は）御直衣〕。供奉人は去る二十二日と同じ。明け方になって、前右府（西園寺実氏）ならびに准后（西園寺掄子）の御邸宅に向かわれたという。

❖廿九日。乙巳。天霽る。大理の庁始なり。検非違使廿六人、皆、参る。其の中、五位の尉、八人と云々。大理、出御し、各、面拝を遂ぐと云々。晩に及び、将軍家、御参内〔御直衣〕。供奉人、去んぬる廿二日に同じ。暁更に至り、前右府并びに准后の御亭に渡御すと云々。

○大理　検非違使別当の唐名。ここでは藤原頼経を指す。

✽二月二十六日に検非違使別当に任命されていた藤原頼経がその政務開始の儀式である庁始を行った。この頃の庁始に検非違使全員が参加することは稀であったが、この時は二十六人の検非違使が全員参加したとあり、盛大なものであった。幕府の将軍が京都の治安維持にあたる検非違使別当に就任することで、朝廷を守護する幕府という関係があらためて確認されたのである。

なお、西園寺実氏・掄子は共に公経の子で、掄子は九条道家の妻で頼経の母である。

廿九日。乙巳。天霽。大理庁始也。検非違使廿六人、皆、参。其中、五位尉、八人云々。大理、出御、各、遂二面拝一云々。及レ晩、将軍家、御参内（御直衣）。供奉人、同二去廿二日一。至二暁更一、渡二御于前右府幷准后御亭一云々。

◆篝屋の設置　嘉禎四年（一二三八）六月十九日条（巻第三十二）

十九日。壬戌。洛中の警固のため、辻々に篝火を懸けるよう、定められた。そこで、その役を御家人らに賦課されたという。

❖十九日。壬戌。洛中警衛の為、辻々に於いて篝を懸く可きの由、定め被る。仍て其の役を御家人等に充て催さると云々。

✻京都の治安維持のため、道路の交点である辻々に設置された篝屋の経費を負担する篝屋役が御家人らに賦課された（篝屋の設置場所については二五二頁の地図を参照）。篝屋の設置は五月に決定され、五月二十二日には紀伊国の御家人である湯浅（ゆあさ）氏に対し、篝屋を設置して一族が輪番で宿直することが命じられており、五月二十四日には、東寺（とうじ）に対して篝屋設置のための土地の交換について伝達されている（『鎌』五二四四・五二四五号）。六月十九日に行われたのは、篝火の薪とする松の木の費用を御家人に賦課することであり、翌二十日には多賀江（たがえ）（多賀谷（たがや））兵衛尉と同二郎入道に対し、辻一カ所分の「松用途銭」十貫文を毎年納付することが命じられている（『鎌』五二五六号）。

これ以降、篝屋は幕府による京都の治安維持や支配の拠点として大きな役割を果たしてゆく。

十九日。壬戌。為二洛中警衛一、於二辻々一可レ懸レ篝之由、被レ定。仍被レ充二-催其役於御家人等一云々。

◆藤原頼経、京都を出発

嘉禎四年(一二三八)十月十三日条(巻第三十二)

十三日。甲寅。晴れ。寅の一点(午前三時過ぎ)に、将軍家(藤原頼経)が、関東への御下向に出発された。護持僧は成源、医師は丹波良基・丹波時長であった。陰陽師は安倍泰貞・安倍晴賢(であった)。また、安倍維範を召し連れられた。安倍忠尚・安倍季尚・賀茂在直らが、御身固を行った。前後の陣の供奉人・随兵らは、御入洛の時と同じ。ただし、それぞれの装いの華美であることは、以前の(入洛の時の)あり方を超えていた。大相国禅閤(西園寺公経)は四宮河原で(行列を)見物された。堀河具実は大津浦に(見物のため)牛車を止められた。その他、公卿・殿上人の牛車は数えきれなかった。総じて見物の僧俗(の人々)が人垣をなした。酉の刻(午後六時前後)に、(頼経は)小脇駅に着かれた。近江入道虚仮(佐々木信綱）が御所を建てて、（頼経を）お入れした。おもてなしの用意は比類のないものであったという。

❖十三日。甲寅。天霽る。寅の一点、将軍家、関東御下向御進発なり。御持僧岡崎僧正成源、医師良基・時長等の朝臣なり。陰陽師泰貞・晴賢等の朝臣。又、陰陽頭維範朝臣、之を召し具せ被る。忠尚・季尚・在直等の朝臣、御身固に候ず。前後の陣の供奉人・随兵等、御入洛の時に同じ。但し、各の行粧の花美、前の儀に軼ぐ。大相国禅閤、四宮河原に於いて御見物。堀河大納言〔具実卿〕、大津浦に於いて車を立て被る。其の外、卿相雲客の車、勝げて計ふ可からず。凡そ見物の緇素、面を以て牆と為す。酉の剋、小脇駅に着御す。近江入道虚仮、御所を立て、入れ奉る。御儲の結構、比類無しと云々。

✽八ヵ月にわたって在京していた藤原頼経が京都を出発し、鎌倉への下向の途についた。この日は近江国の小脇駅まで進み、同国の守護である佐々木信綱が設置した御所に入った。翌日、小脇駅を出発した頼経は順次東海道を東へと進み、十月二十九日に鎌倉の御所に到着した。

十三日。甲寅。天霽。寅一点、将軍家、関東御下向御進発也。御持僧岡崎僧正成源、医師良基・時長等朝臣也。陰陽師泰貞・晴賢等朝臣。又、陰陽頭維範朝臣、被レ召二具之一。忠尚・季尚・在直等朝臣、候二御身固一。前後陣供奉人・随兵等、同二御入洛之時一。但、各行粧花美、軼二前儀一。大相国禅閤、於二四宮河原一御見物。堀河大納言（具実卿）、於二大津浦一被レ立レ車。其外、卿相雲客車、不レ可二勝計一。凡見物緇素、以レ面為レ牆。酉剋、着二御小脇駅一。近江入道虚仮、立二御所一、奉レ入。御儲結構、無二比類一云々。

◆後鳥羽院、死去　延応元年（一二三九）三月十七日条（巻第三十三）

十七日。丁亥（ひのとい）。晴れ。六波羅の使者が（鎌倉に）参着した。去る二月二十二日に、隠岐法皇（後鳥羽院）が遠くの島で亡くなられた（御年は六十歳）。同二十五日に葬り申したという。

❖十七日。丁亥。晴る。六波羅の使者、参り著く。去んぬる二月廿二日、隠岐法皇、遠島に於いて崩御す〔御年、六十〕。同廿五日、葬り奉ると云々。

＊承久の乱の結果として隠岐島に配流されていた後鳥羽院（配流に際して出家）が死去した。十八年を隠岐で過ごし、ついに京都に戻ることはなかった。遺骨は後に京都大原の法華堂に納められた。延応元年（一二三九）五月に顕徳院と諡されたが、怨霊としての祟りが噂されたため、仁治三年（一二四二）に後鳥羽院に改められた。

十七日。丁亥。晴。六波羅使者、参著。去二月廿二日、隠岐法皇、於二遠島一崩御〔御年、六十〕。同廿五日、奉レ葬云々。

◈鎌倉中に篝屋を設置

仁治元年（一二四〇）十一月二十一日条（巻第三十三）

二十一日。庚戌。今日、鎌倉中の警固のため、辻々で篝火を焚くよう、定められた。保内の家々に割り当て、順番を決めて勤めるよう、保々の奉行人らに伝え命じられたという。

❖廿一日。庚戌。今日、鎌倉中警固の為、辻々に篝を焼く可きの由、定め被る。保内の在家等に省き充て、結番を定め、勤仕す可きの旨、保々の奉行人等に触れ仰せ被ると云々。

✻京都の治安維持のために導入されていた篝屋の制度が、鎌倉でも行われることとなった。これに先立って同年二月には、鎌倉中（三〇〇頁参照）の保を分担し、治安維持にあたるよう、保の奉行人に対して命じられている（『鏡』延応二年二月二日条）。保は京都の行政区画で、鎌倉では文暦二年（一二三五）の幕府法に既に見えている（追加法七四・七五）。鎌倉でも京都に倣った都市整備が進められていったのである。

廿一日。庚戌。今日、為㆓鎌倉中警固㆒、辻々可㆑焼㆑篝之由、被㆑定。省㆓充保内在家等㆒、定㆓結番㆒、可㆓勤仕㆒之旨、被㆑触㆓仰保々奉行人等㆒云々。

◆六浦道の開削　仁治元年（一二四〇）十一月三十日条（巻第三十三）

三十日。己未。晴れ。鎌倉と六浦津との間に、初めて道路を造られるとの決定があり、今日、縄を引き、測量して、（担当範囲を）御家人らに割り当てられた。明春三月以後に（道路を）造るよう、命じられたという。前武州（北条泰時）がその場に臨んで監督された。中野時景が（割り当ての作業を）担当した。安倍泰貞が日取りを選んだという。

❖卅日。己未。天晴る。鎌倉と六浦津との中間に、始めて道路を当て被る可きの由、議定有り、今日、縄を曳き、丈尺を打ち、御家人等に配分せ被る。明春三月以後、造る可きの由、仰せ付け被ると云々。前武州、其の所処に監臨し給ふ。中野左衛門尉時景、之を奉行す。泰貞朝臣、日次を択び申すと云々。

✲鎌倉の東、東京湾に面した武蔵国の六浦津は、現在の神奈川県横浜市金沢区に所在し、かつては大きく湾入した入り江が存在し、鎌倉の外港としての機能をもっていた。この六浦と鎌倉とを、朝比奈峠の切通しを通って結ぶ六浦道の整備が行われることとなったのである。ただし、これは大土木工事であるため年明け三月以降がよいとする陰陽道の判断により、着工は仁治二年（一二四一）四月五日となり、五月十四日には北条泰時が自ら工事に参加している。

なお、六浦道整備に先立つ仁治元年十月には鎌倉の北西へと続く山内でも道路（巨福路坂の切通し）の整備が行われており（『鏡』仁治元年十月十日・十九日条）、泰時の主導のもと、都市としての鎌倉の整備が進められている様子が窺える。

卅日。己未。天晴。鎌倉与二六浦津一之中間、始可レ被レ当二道路一之由、有二議定一、今日、曳レ縄、打二丈尺一、被レ配二分御家人等一。明春三月以後、可レ造之由、被二仰付一云々。前武州、監二臨其所一給。中野左衛門尉時景、奉二行之一。泰貞朝臣、択二申日次一云々。

◆三浦一族と小山一族と喧嘩

仁治二年（一二四一）十一月二十九日条（巻第三十四）

二十九日。壬子(みずのえね)。未の刻（午後二時前後）に、若宮大路の下下馬橋(しものげばばし)の辺りで、騒動があった。これは、三浦一族と小山の者たちと（の間）に喧嘩(けんか)があり、両方の縁者が駆けつけて群衆となったためである。前武州（北条泰時）はたいそう驚かれ、すぐに後藤基綱・平盛綱を派遣して宥(なだ)められたため、（騒動は）鎮まったという。事の起こりは、三浦泰村・光村・家村以下の兄弟親類が、下下馬橋の西側の遊女屋で、酒宴乱舞の会を行っていた。

結城朝広・小山長村・長沼時宗以下の（小山）一門は、同じく東側で、またこの遊興を行っていた。その時、結城朝村〔朝広の弟〕が、その（宴会の）座を立って、遠笠懸をするため由比浦に向かったところ、まず（遊女屋の）門前で犬を射て追い出した。その矢が誤って三浦の（宴会の）会場の簾の中に入った。朝村は雑色の男にこの矢を（返すよう）頼ませた。（ところが）家村は（その矢を会場から）出して与えることはできないと言い張った。これにより暴言になったという。その両家は親交があり、常日頃は二心はなかった。今日の争いは、魔物がその魂に入り込んだのであろうかという。

❖廿九日。壬子。未の剋、若宮大路下々馬橋の辺り、騒動す。是、三浦の一族と小山の輩と、喧嘩有り、両方の縁者、馳せ集まり群を成すの故なり。前武州、太だ驚か令め給ひ、即ち佐渡前司基綱・平左衛門尉盛綱等を遣はし、宥め令め給ふの間、静謐すと云々。事の起こり、若狭前司泰村・能登守光村・四郎式部大夫家村以下兄弟親類と為て、下々馬橋西頬の好色の家に於いて、酒宴乱舞の会有り。結城大蔵権少輔朝広・小山五郎左衛門尉長村・長沼左衛門尉時宗以下一門、同東頬に於いて、又、此の興遊を催す。時に上野十郎朝村〔朝広舎弟〕、彼の座を起ち、遠笠懸の為、由比浦に向かふの処、先づ門前に於いて犬を射追ひ出だす。其の箭、誤りて三浦の会所の簾中に入る。朝村、雑色男をして此の箭を乞は令む。家村、出だし与ふ可からざるの由、骨張す。之に依り過言に及ぶと云々。件の両家、其の好有り、日来、互ひに異心無し。今日の確執、天魔、其の性に入るかと云々。

✻鶴岡八幡宮から南へ延びる若宮大路と、鎌倉の南部を東西に通る大町大路との交点にあたる下々馬橋付近で、三浦一族と小山一族との喧嘩騒動が発生した。下々馬橋付近は後に鎌倉中（三〇〇頁参照）で特に町屋（商人や職人の店舗）の設置が許可された七カ所の内の一つである米町（穀町とも）にあたる（三九一頁地図・六三九頁以下参照）。この記事からは若宮大路を挟んで東西に遊女屋が存在していることがわかり、歓楽街としての性格もある繁華街であったと考えられる。

翌日、騒動の原因となった三浦家村と結城朝村が幕府への出仕を停止されたのをはじめ、多くの者が処罰され、三浦泰村・結城朝広・小山長村は北条泰時から訓戒を受けた。また泰時の孫の経時も、家人を三浦方に加勢として派遣したとして泰時から叱(しっ)責(せき)されている。なお、経時・家村・朝村らは十二月五日に許されている。武士たちの血縁を中心とする繋(つな)がりの強さと、喧嘩っ早い荒々しさを示すエピソードである。

廿九日。壬子。未尅、若宮大路下々馬橋辺、騒動。是、三浦一族与二小山之輩一、有二喧嘩一、両方縁者、馳集成レ群之故也。前武州、太令レ驚給、即遣二佐渡前司基綱・平左衛門尉盛綱等一、令レ宥給之間、静謐云々。事起、為二若狭前司泰村・能登守光村・四郎式部大夫家村以下兄弟親類一、於二下々馬橋西頬好色家一、有二酒宴乱舞会一。結城大蔵権少輔朝広・小山五郎左衛門尉長村・長沼左衛門尉時宗以下一門、於二同東頬一、又、催二此興遊一。于レ時上野十郎朝村〔朝広舎弟〕、起二彼座一、為二遠笠懸一、向二由比浦一之処、先於二門前一射二追出犬一。其箭、誤而入二于三浦会所簾中一。朝村、令三雑色男乞二此箭一。家村、不レ可二出与一之由、骨張。依レ之及二過言一云々。件両家、有二其好一、日来、互無二異心一。今日確執、天魔、入二其性一歟云々。

◈武蔵野の開発　仁治二年（一二四一）十二月二十四日条（巻第三十四）

二十四日。丁丑。多摩川を掘り通し、その流れを武蔵野に堰き上げて、水田を開発するようにとの事について、（命令の）伝達が既に行われた。栢間左衛門尉・多賀谷兵衛尉・恒富兵衛尉らが、（その）担当者として、今日、武蔵国に下向した。

❖廿四日。丁丑。多磨河を掘り通し、其の流れを武蔵野に堰き上げ、水田を開く可きの由の事、施行、既に訖んぬ。栢間左衛門尉・多賀谷兵衛尉・恒富兵衛尉等、奉行と為て、今日、彼の国に下向する所なり。

✲多摩川から水路を引き、堰を築いて水嵩を高くすることで武蔵野に水を引き入れ、水田を開発することが幕府によって命じられた。栢間（萱間）氏・多賀谷（多賀江）

氏は武蔵国の野与党の武士であり、恒富氏も武蔵国の武士であろう。この開発は仁治二年（一二四一）十月二十二日に決定され、開発地は将軍藤原頼経の名のもとで、御家人らに配分される予定であった。このため、十一月四日には工事開始に先立ち、頼経の方違が、十二月十一日には大土公祭が行われている。

幕府は早く文治五年（一一八九）二月三十日には安房・上総・下総での荒野の開発を地頭に命じており、正治元年（一一九九）四月二十七日には、広く東国の地頭らに荒野の開発を命じている。武蔵国での荒野の開発は建永二年（一二〇七）三月二十日にも地頭に命じられており、また、延応元年（一二三九）二月十四日には、武蔵国小机郷鳥山などの荒野での水田開発も命じられている。

幕府の主導により、関東の各地で水田開発が進められたのである。

廿四日。丁丑。掘二通多磨河一、堰二上其流於武蔵野一、可レ開二水田一之由事、施行、既訖。栢間左衛門尉・多賀谷兵衛尉・恒富兵衛尉等、為二奉行一、今日、所レ下二向彼国一也。

◆仁治三年（一二四二）の政治情勢

✻『鏡』は仁治三年（一二四二）の記事を欠いているが、この年は朝廷・幕府ともに大きな出来事があった。

まず、年明け間もない正月九日、四条天皇がわずか十二歳で死去した。四条天皇の祖父であり、将軍藤原頼経の父でもあった九条道家は、その後継者について相談するため、急使を鎌倉に派遣したが、その返事が到着するまでの十日余りの間は皇位が空白となった。このことは、皇位継承が幕府の意思に左右されるということと共に、朝廷の貴族に大きな衝撃を与えた（『後中記』同年正月九日条・『民経記』正月十一日条・『平戸記』正月十六日条）。幕府の使者となった二階堂行義・安達義景は正月十九日に入洛し、土御門院の皇子を天皇とすることを道家に伝えた。順徳院の皇子である忠成王を後継にと考えていた道家や西園寺公経は、これに難色を示したと伝えられる（『民経記』・『平戸記』正月十九日条）が、結局、翌二十日に、土御門院の既に二十三歳になっていた皇子が急遽元服し、皇位を継承した（後嵯峨天皇）。

一方、幕府では、この年の四月末より病を得ていた執権北条泰時が、病状の悪化をうけて五月九日に出家した。泰時危篤の報は十二日には京に届き、六波羅探題から九条道家・西園寺公経に伝えられた。また、十三日には六波羅探題として在京していた北条重時・時盛が鎌倉に下向した（『平戸記』『百練抄』『鎌倉年代記』など）。泰時は六月十五日に六十歳で死去し、孫で十九歳の経時がその跡を継承した。なお、連署だった北条時房は既に延応二年（一二四〇）正月二十四日に六十六歳で死去している。朝廷・幕府ともに世代交代が行われ、新たな段階に入ってゆくこととなる。

◆北条経時、訴訟制度を整備

寛元元年（一二四三）二月二十六日条（巻第三十五）

二十六日。癸酉（みずのととり）。人々の訴訟の事について、裁判の怠りを無くすため、今日、左親衛（しんえい）（北条経時）の御邸宅でその審議が行われた。一つにはその日次を指定され、一つには人員を（番に）編成された。

定める

訴訟の審理の日の番編成の事

一番〔三日　九日　十三日　十七日　二十三日〕

摂津前司（中原師員）　若狭前司（三浦泰村）
下野前司（宇都宮泰綱）　対馬前司（矢野倫重）
太田民部大夫（康連）
二番（四日　八日　十八日　二十四日　二十八日）
佐渡前司（後藤基綱）　大宰少弐（狩野為佐）
出羽前司（二階堂行義）　清左衛門尉（清原満定）
三番（六日　十四日　十九日　二十六日　二十九日）
信濃民部大夫入道（二階堂行盛）　甲斐前司（長井泰秀）
秋田城介（安達義景）　加賀民部大夫（町野康持）

右について、順序を守り、怠り無く勤めるべきことは、この通りである。

仁治四年二月　日

❖廿六日。癸酉。諸人の訴論の事、成敗の懈緩無からんが為、今日、左親衛の御亭に於いて其の沙汰有り。且つうは其の日々を点ぜ被れ、且つうは人数を結はる。

定む

訴論の沙汰の日の結番の事

一番〔三日　九日　十三日　十七日　廿三日〕

摂津前司　若狭前司　下野前司

対馬前司　太田民部大夫

二番〔四日　八日　十八日　廿四日　廿八日〕

佐渡前司　大宰少弐　出羽前司

清左衛門尉

三番〔六日　十四日　十九日　廿　六日　廿九日〕

信濃民部大夫入道　甲斐前司　秋田城介

加賀民部大夫

右、次第を守り、懈怠無く参懃せ被る可きの状、件の如し。

仁治四年二月　日

○左親衛　左近衛府の唐名。ここでは左近将監であった北条経時を指す。

✻仁治三年（一二四二）の北条泰時の死去により新たに執権となった北条経時は、翌仁治四年（寛元元年）になると訴訟制度の改革に乗り出した。

二月十五日には、訴訟の要点をまとめた書類の提出期限を定めて問注所執事町野康持に伝え、二月二十六日には訴訟の遅滞を無くすため、評定衆の一部を三組に編成し、それぞれが毎月五日ずつ決まった日に審理を行うよう定めた。

また五月十七日には以前に判決の出ている訴訟や理非の明らかな訴訟については対決（口頭弁論）を省略することを命じ（追加法二〇八）、九月二十五日には、裁許下知状（判決書）の速やかな発給を同じく康持に命じている（追加法二一三・『鏡』同日条）。なお五月二十三日条にも同様の記事があるが、これは『鏡』編纂の際に「九月二十五日」を「五月二十三日」と誤ったものであろう。

また八月二十六日には泰時の時代に判決が下った訴訟については、将軍の命令があったとしても、訴人が懸物押書（訴えが偽りであった場合は所領を没収されてもよいとする誓約書）を提出しなければ取り上げないこととし（追加法二一一・二一二・『鏡』同日条）、先に触れた九月二十五日の追加法では、評定の結果を記した評定事書を将軍のご覧に入れることを省略することとしている。

これらの改革により、訴訟手続きの迅速化が図られるとともに、将軍の訴訟への関与が大きく制限されることとなったのである。

廿六日。癸酉。諸人訴論事、為レ無二成敗懈緩一、今日、於二左親衛御亭一有二其沙汰一。且被レ点二其日々一、且被レ結二人数一。

定

訴論沙汰日結番事

一番〔三日　九日　十三日　十七日　廿三日〕

摂津前司　若狭前司　下野前司

対馬前司　太田民部大夫

二番〔四日　八日　十八日　廿四日　廿八日〕

佐渡前司　大宰少弐　出羽前司

清左衛門尉

三番〔六日　十四日　十九日　廿六日　廿九日〕

信濃民部大夫入道　甲斐前司　秋田城介

加賀民部大夫

右、守二次第一、無二懈怠一可レ被二参勤一之状、如レ件。

仁治四年二月　日

◆深沢で大仏供養　寛元元年（一二四三）六月十六日条（巻第三十五）

十六日。辛酉。未の刻（午後一時前後）に、小雨が降り、雷があった。深沢村に一棟の寺院を建立し、八丈（約二四メートル）余りの阿弥陀像を安置した。今日、供養が行われた。導師は良信。讃衆は十人。勧進聖人の浄光房が、この六年間、各地で（建立のための）寄付を募った。身分の高い者も低い者も、寄付しない者はなかった。

❖十六日。辛酉。未の刻、小雨雷電。深沢村に一宇の精舎を建立し、八丈余の阿弥陀像を安んず。今日、供養を展ぶ。導師、卿僧正良信。讃衆、十人。勧進聖

人浄光房、此の六年の間、都鄙を勧進す。尊卑、奉加せざる莫し。

＊現在の「鎌倉大仏」の前身にあたる大仏の供養が行われた。現在の「鎌倉大仏」は銅製であるが、この大仏は仁治三年（一二四二）に成立した『東関紀行』によれば木造であった。

この木造の大仏は浄光の企画により、嘉禎四年（一二三八）三月二十三日に工事が開始され、同年五月十八日には頭部が据えられた。翌、延応元年（一二三九）九月には浄光が東国に続いて、北陸・西国での勧進を申請している（『鎌』五四八四号）。その後、仁治二年（一二四一）三月二十七日に大仏殿の上棟が行われ、寛元元年（一二四三）のこの日、供養が行われたのである。

ここでいう「八丈余」は立ち上がった姿であり、実際は座像であることから、「四丈余」の高さとなる。また現在の「鎌倉大仏」の高さは一一・三九メートルである。

この後、『鏡』建長四年（一二五二）八月十七日条に、「金銅八丈釈迦如来像」の鋳造を開始したという記事がある。木造の大仏と、建長四年に鋳造が開始された大仏との関係についてはさまざまな説があるが、現在の「鎌倉大仏」は、作風などからこの時に鋳造されたものと考えられており、建長四年の記事の「釈迦如来」は誤記と考えられている。

なお、現在の「鎌倉大仏」の素材は成分分析によって中国華南（かなん）産の銅であることが知られている。『鏡』文暦（ぶんりやく）二年（一二三五）六月二十九日条には、鎌倉で銅銭を溶かして鐘を鋳造した記事があることから、「鎌倉大仏」も日宋貿易による渡来銭を原料としていた可能性も考えられる（『朝日百科　日本の国宝　別冊　国宝と歴史の旅　七　鎌倉大仏と宋風の仏像』〈朝日新聞出版、二〇〇〇年〉・塩澤寛樹『鎌倉大仏の謎』〈吉川弘文館、二〇一〇年〉）。

十六日。辛酉。未刻、小雨雷電。深沢村建㆓立一宇精舎㆒、安㆓八丈余阿弥陀像㆒。今日、展㆓供養㆒。導師、卿僧正良信。讃衆、十人。勧進聖人浄光房、此六年之間、勧㆓進都鄙㆒。尊卑、莫㆑不㆓奉加㆒。

◆藤原頼経、将軍職の譲与を決断

寛元二年（一二四四）四月二十一日条（巻第三十五）

二十一日。辛卯。晴れ。今日、将軍家（藤原頼経）の若君（六歳。御名前は頼嗣。御母は藤原親能の娘の大宮局）が、元服された。嘉禄の（頼経の元服の際の）例を用いられたため、後藤基綱が担当した。申の刻（午後四時前後）にその儀式が行われた。（中略）。

今日、少年（頼嗣）は数度、お出ましになった。その儀式はそれぞれ長い時間かかったが、決してお疲れの様子が無く、まったく成人のようであった。身分の高い者も低い者も皆、感心し申した。そもそも（頼嗣の）御任官の事は嘉禄の例に従い後日とする。また、将軍（任命の）宣旨をお受けになるという。これは天変により（頼経が将軍職の）御譲与の事を急に思い立たれた上、五月・六月の二カ月は身を慎むべき月に当たるため、今月、元服を行われたのである。（頼嗣の）御名前は事前の風聞では兼頼であった〔京都から選ばれた二、三（の案）の一つ〕。ところが今、頼経のお計らい（の名前）を採用されたのだという。（中略）。

次に、御元服の無事（の終了）の事についても、新冠（頼嗣）の御任官・叙位の事についても、京都に中し上げられると決定が行われ、御書状などが整えられた。征夷大将軍を冠者殿（頼嗣）にお譲りされるとのことという。平盛時がその急使となった。既に黄昏（午後八時前後）となっていたが、（今日が）吉日である上、お急ぎの事であるため（鎌倉を）出発した。（京都までの）行程は六日間と定められたという。


❖廿一日。辛卯。天霽る。今日、将軍家の若君〔六歳。御名字、頼嗣。御母、中納言親能卿の娘 大宮局〕、御元服なり。嘉禄の例を用ゐ被るるに依り、前佐渡守基綱、之を奉行す。申の剋、其の儀有り。（中略）。

今日、少人、数度、出御す。其の儀、各、剋を移すの処、敢へて御窮屈無く、偏に成人の如し。貴賤、皆、感嘆し奉る所なり。抑、御任官の事、嘉禄の例に任せ、後日為る可し。又、将軍宣旨を蒙ら令め給ふ可しと云々。是、天変に依り、御譲与の事、俄かに思し食し立つの上、五・六両月、御慎みに当たるの間、今月、此の儀を遂げ被るるなり。御名字、兼日の風聞、兼頼なり〔京都自り、撰び進らせ被るる両三の其の一〕。而るに今、将軍家の御計らひを用ゐ被るる所なりと云々。(中略)。次いで、御元服の無為の事と云ひ、新冠の御任官・叙位の事と云ひ、京都に申さる可きの由、議定有り、御消息等を整へ被る。征夷大将軍を冠者殿に譲り奉らるるの由と云々。平新左衛門尉盛時、其の隼脚に応ず。已に黄昏に及ぶと雖も、吉日の上、御急事為るに依り進発す。行程、六ケ日と定め被ると云々。

✲藤原頼経が将軍職の譲与を決断し、六歳の男子の元服を行った。儀式は、嘉禄元年(一二二五)十二月に行われた頼経の元服(四九八頁以下参照)の例に準拠して行われた。また、頼経は元服の翌月に正五位下・右近衛権少将・征夷大将軍となっている(五〇〇頁以下参照)。

譲与は天変を理由に頼経が急に思い立ち、また五月・六月は身を慎むべき月にあたっていたため、四月の内に将軍の交替が行われたという。

前年末の寛元元年（一二四三）十二月二十九日に「白虹、日を貫く」という天変があり、七座の泰山府君祭が行われ、寛元二年正月一日には久遠寿量院で祈禱が行われた。正月六日にもこの天変に対する祈禱が命じられ、八日・十一日・十二日と各種の祈禱が行われ、三月一日には頼経が「変異の事」により鎌倉中の諸堂を巡礼している。「白虹、日を貫く」という天変は、戦乱により君主に危険が迫る前兆と考えられていた。四月三日に頼嗣の元服が決定されていることは、二月の末から一ヵ月にわたって具合の悪かった頼嗣が三月末に回復したことによると考えられ、頼経はこの天変についてかなり気にかけていたのではないだろうか。

二十七歳の頼経から六歳の頼嗣への将軍の交替は、従来、反執権勢力の中核となった頼経に対する、執権勢力の先制攻撃と理解されてきた。しかし以上の経緯からは、この交替を、両勢力の対立の中で天変に見舞われた頼経が、将軍の地位を離れることで天変の予告する危険から身を守りつつ、前将軍であり現将軍の父という立場から権力を掌握し続けるためにとった自発的な行為であったと解釈することも可能であろう。

廿一日。辛卯。天霽。今日、将軍家若君〔六歳。御名字、頼嗣。御母、中納言親能卿娘大宮局〕、御元服也。依㆑被㆑用㆓嘉禄之例㆒、前佐渡守基綱、奉㆓行之㆒。中剋、有㆓其儀㆒。（中略）今日、少人、数度、出御。其儀、各、移㆑剋之処、敢無㆓御窮屈㆒、偏如㆓成人㆒。貴賤、皆、所㆑奉㆓感嘆㆒也。抑、御任官事、任㆓嘉禄之例㆒、可㆑為㆓後日㆒。又、可㆘令㆑蒙㆓将軍　宣旨㆒給㆖云々。是、依㆓天変㆒、御譲与事、俄思食立之上、五・六両月、当㆓御慎㆒之間、今月、被㆑遂㆓此儀㆒也。御名字、兼日風聞、兼頼也〔自㆓京都㆒、被㆓撰進㆒両三之其一〕。而今、所㆑被㆑用㆓将軍家御計㆒也云々。（中略）。

次、云㆓御元服無為事㆒、云㆓新冠御任官・叙位事㆒、可㆑被㆑申㆓京都㆒之由、有㆓議定㆒、被㆑整㆓御消息等㆒。被㆑奉㆑譲㆓征夷大将軍於冠者殿㆒之由云々。平新左衛門尉盛時、応㆓其隼脚㆒。已雖㆑及㆓黄昏㆒、吉日之上、依㆑為㆓御急事㆒進発。行程、被㆑定㆓六ケ日㆒云々。

頼嗣将軍記

◆藤原頼嗣、征夷大将軍となる

寛元二年（一二四四）五月五日条　（巻第三十六）

五日。甲辰。平盛時が京都から（鎌倉に）急ぎ下向した。先月二十九日の除書を持参したのである。新冠（藤原頼嗣）が、右近衛少将に任じられ、従五位上に叙された。また、将軍（に任命する）宣旨を与えられたという。盛時はこの（叙位・任官の）ことの御使者として先月二十二日に（鎌倉を）出発した。

❖五日。甲辰。平新左衛門尉盛時、京都自り馳せ下る。去んぬる月廿九日の除書を持参する所なり。新冠、右近衛少将に任じ、従上五位に叙す。又、将軍宣旨を蒙ら令め給ふと云々。盛時、此の事の御使と為て、去んぬる月廿二日、進発せ令め訖んぬ。

✻藤原頼経に代わって、その子の頼嗣が将軍に任じられた。『鏡』巻第三十六は頼嗣を将軍に任命する宣旨が鎌倉に到着したこの日から始まるが、巻第三十五にもこの寛元二年（一二四四）の正月から十二月の記事が収載されており、両巻で収載期間が重複している。ここでは巻第三十六に拠っている。

頼嗣は寛元二年四月二十一日に、執権の北条経時を烏帽子親として六歳で元服したが用意され、平盛時が使者として上洛の途についた。盛時の出発と、頼嗣の叙位・任官の日付は巻第三十五と巻第三十六とで一日ずれているが、叙位・任官の日付は他の史料から二十八日が正しいと考えられる。

(五八二頁以下参照)。同日夕刻には頼嗣への将軍職の譲与の承認を求める頼経の書状

五日。甲辰。平新左衛門尉盛時、自二京都一馳下。所レ持二参去月廿九日除書一也。新冠、任二右近衛少将一、叙二従上五位一。又、令レ蒙二将軍　宣旨一給云々。盛時、為二此事御使一、去月廿二日、令二進発一訖。

◆藤原頼経、出家　寛元三年（一二四五）七月五日条（巻第三十六）

五日。丁酉。晴れ。藤原頼経が久遠寿量院で（出家の）御念願を果たされた。御戒師は成厳（成源）、御剃手は帥僧正（印円）、脂燭（を持つ役）は院円である。藤原親実〔東帯〕がこの（出家の儀式の）ことを担当したという。これは、年来の御念願だった上、今年の春頃、彗星・客星の天変があり、また、御病気などが重なったため、思い立たれたという。

❖五日。丁酉。天晴る。前大納言家〔頼経〕、久遠寿量院に於いて御素懐を遂げ被る。御戒師、岡崎僧正〔成厳〕、御剃手、帥僧正、指燭、院円法印なり。讃岐守親実〔束帯〕、此の事を奉行せ令むと云々。是、年来の御素懐の上、今年春の比、彗星・客星、変異を示し、又、御悩等、重畳の間、思し食し立ち給ふと云々。

✻寛元二年（一二四四）四月に将軍の地位を子の頼嗣に譲った後も、「大殿」として鎌倉にあった藤原頼経が出家した。二十八歳であり、法名は行智と名のった（『公卿補任』）。出家は年来の望みであったうえ、春の彗星の天変や自身の病気が原因という。寛元三年は正月二十七日に客星が、三月一日に彗星が出現し、二月には頼経自身も体調を崩して医師が輪番で治療にあたることとされている。

久遠寿量院は幕府御所内にあった持仏堂で（『鏡』寛元二年六月八日条）、将軍職を頼嗣に譲った後も、頼経はしばらく幕府御所に住んでいた。頼経が御所を頼嗣に譲るのは、頼嗣の婚儀が決定した後の寛元三年五月二十六日である。

五日。丁酉。天晴。前大納言家〔頼経〕、於㆓久遠寿量院㆒被㆑遂㆓御素懐㆒。御戒師、岡崎僧正〔成厳〕、御剃手、帥僧正、指燭、院円法印也。讃岐守親実〔束帯〕、令㆑奉㆓行此事㆒云々。是、年来御素懐之上、今年春比、彗星・客星、示㆓変異㆒、又、御悩等、重畳之間、思食立給云々。

◆藤原頼嗣、北条経時の妹と結婚

寛元三年（一二四五）七月二十六日条（巻第三十六）

二十六日。戊午。晴れ。今夜、武州（北条経時）の御妹（檜皮姫という。年は十六歳）が、将軍家（藤原頼嗣）の御台所として御所に参られた。佐々木氏信・小野沢時仲・尾藤景氏・下河辺宗光らが付き従った。これは厳かで重々しいものではなかった。内々のこととしてまず（御所に）参られ、後で披露の儀式を行うという。今日は天地相去る日である。自然と先例はあるとはいえ、あまり賛成できないと非難する者たちもあったが、（その反対意見を）容れられることはできず、遂行されたという。

❖廿六日。戊午。天晴る。今夜、武州の御妹（檜皮姫公と号す。年、十六）、将軍家御台所と為て御所に参り給ふ。近江四郎左衛門尉氏信・小野沢二郎時仲・尾藤太景氏・下河辺左衛門次郎宗光等、扈従す。是、厳重の儀に非ず。密儀を以て先づ御参し、追つて露顕の儀有る可しと云々。今日、天地相去る日なり。自ら先例有りと雖も、殆甘心せざるの由、傾け申すの輩有りと雖も、御許容に能はず、之を遂げ被ると云々。

○天地相去る日　嫁娶に不適当とされた日。戊午の日もそれに含まれていた。

✲将軍藤原頼嗣が、執権北条経時の妹である檜皮姫と結婚した。檜皮姫が十六歳であったのに対し、頼嗣はまだ七歳であり、この婚儀は北条氏が将軍頼嗣の外戚となるための政略によるものと考えられる。婚儀の決定は五月二十三日に行われており、日取りについては反対意見も存在したが、披露の儀式は後に行うこととして、内々にて簡素な形で行われた。

経時は婚儀の決定から六日後の五月二十九日には「黄疸」を発し、その後も体調不良に見舞われ、九月二十七日には一時、意識不明に陥っている。自身の体調不良を自覚する中で、外戚の地位の確保を急いだものであろうか。

廿六日。戊午。天晴。今夜、武州御妹〈号二檜皮姫公一。年、十六〉、為二将軍家御台所一参二御所一給。近江四郎左衛門尉氏信・小野沢二郎時仲・尾藤太景氏・下河辺左衛門次郎宗光等、扈従。是、非二厳重之儀一。以二密儀一先御参、追可レ有二露顕儀一云々。今日、天地相去日也。自雖レ有二先例一、殆不二甘心一之由、雖レ有二傾申之輩一、不レ能二御許容一、被レ遂レ之云々。

◆北条経時、執権職を弟の時頼に譲る

寛元四年（一二四六）三月二十三日条（巻第三十七）

二十三日。壬子（みずのえね）。武州（北条経時）のもとで、秘密の御審議などが行われたという。その後、（経時は）執権（の職）を弟の北条時頼に譲られた。これは、存命の見込みが無い上、二人の息子（後の隆政（りゅうせい）・頼助（らいじょ））もまだ幼いため、将来の（得宗家（とくそう）の）没落を防ぐためで、（時頼への譲与は）上（藤原頼嗣）の御処置とするよう、本当に（経時の）お考えから出たものという。

左親衛（北条時頼）はすぐに承諾されたという。

❖廿三日。壬子。武州の御方に於いて、深秘の御沙汰等有りと云々。其の後、執権を舎弟大夫将監時頼朝臣に譲り奉らる。是、存命、其の恃み無きの上、両息、未だ幼稚の間、始終の牢籠を止めんが為、上の御計らひと為す可きの由、真実の趣、御意に出づと云々。左親衛、即ち領状を申さると云々。

○武州　武蔵国の唐名。ここでは武蔵守であった北条経時を指す。

○左親衛　左近衛府の唐名。ここでは左近将監であった北条時頼を指す。時頼はこの時、従五位上であったことから大夫将監と称された。

✲北条経時が病気のため、執権の職を弟の時頼に譲った。経時は二十三歳、時頼は二十歳であった。経時は寛元三年（一二四五）の五月以降、体調を崩すことが多くなっていたが、寛元四年三月二十一日に病状が「危急」となり、二日後のこの日、執権の職を時頼に譲ることにしたのである。この決定が行われたのが「深秘の御沙汰」と

595　北条経時、執権職を弟の時頼に譲る

記された秘密の会議であった。このような会議は後に寄合（よりあい）と呼ばれ、北条氏の家督である得宗（とくそう）と、その極めて身近な人々によって構成され、幕府の実質的な最高意思決定会議となってゆくが、この記事が寄合の史料上の初見となる。

　時頼は二十五日に大殿藤原頼経と将軍頼嗣の父子に執権就任の挨拶（あいさつ）を行い、二十六日には初めての評定を行った。一方、経時は二十七日に頼経に出家の意思を伝え、四月十九日に出家、閏（うるう）四月一日に死去した。経時の二人の男子は当時六歳と三歳であったが、後に二人とも僧侶（そうりょ）となっている。

> 廿三日。壬子。於㆓武州御方㆒、有㆓深秘御沙汰等㆒云々。其後、被㆑奉㆑譲㆓執権於舎弟大夫将監時頼朝臣㆒。是、存命、無㆓其恃㆒之上、両息、未幼稚之間、為㆑止㆓始終牢籠㆒、可㆑為㆓上御計㆒之由、真実趣、出㆓御意㆒云々。左親衛、即被㆑申㆓領状㆒云々。

◆名越光時・時幸、出家

寛元四年（一二四六）五月二十五日条（巻第三十七）

二十五日。壬午。晴れ。世間の騒動はまだ止まなかった。左親衛（北条時頼）の館では、警固が決して緩められることなく、甲冑姿の武士が四方を囲んでいた。卯の一点（午前五時すぎ）に、藤原定員が（将軍の）御使者であると言って、時頼の邸宅に参上した。しかし、邸内に入れてはならないと、諏訪盛重・尾藤景氏・平盛時らに命じられていたため、すぐに退出したという。名越光時は（将軍の）御所内に宿直していたところ、今日の明け方に、家人が参上して光時を呼び出し、少しの間と言ってすぐに（御所を）退出した。いずれも（御所に）帰参することはなく、そのまま罪に問われて出家し、その髻を時頼に献上した。これは、時頼を追討しようとのことを同意し、（その同意を）改めることはしないと、互いに連名の起請文を書いた。その首謀者は名越一族であると風聞となったため、このようになったという。弟の名越時章・時長・時兼らは、野心は無いと、以前に謝罪していたため、特別な処分はなかったという。その後、定員は罪に問われて出家した。安達義景が定員（の身柄）を預って拘束した。（定員の）子息の定範は縁座（の罪）に処されたという。午の刻（正午前後）以後に、集まっていた武士が、また旗を揚げ（出陣の構えを見せ）た。今日、名越時幸が病気により出家したという。

❖廿五日。壬午。天晴る。世上の物忩、未だ休止せず。左親衛の宿館、警固、敢へて緩まず、甲冑の軍士、四面を囲繞す。卯の一点、但馬前司定員、御使と称し、左親衛の第に参る。而るに殿中に入る可からざるの旨、諏方兵衛入道・尾藤太・平三郎左衛門尉等に下知せ令め給ふに依り、忽ち退出すと云々。越後守光時、御所中に侍宿せ令むるの処、今暁、家人、参り之を喚び出だし、白地と称し即ち退出し訖んぬ。幷びに帰参の儀無く、則ち事に坐し落餝し、其の髻を左親衛に献ず。是、左親衛を追討す可きの由、一味同心を成し、改変す可からざるの趣、相互に連署の起請文を書く。其の張本は名越の一流に在るの由、風聞の間、此の儀に及ぶ。舎弟尾張守時章・備前守時長・右近大夫将監時兼等は野心無きの旨、兼ねて以て陳謝せ令むるに依り、殊なる事無しと云々。其の後、但馬前司定員、事に坐し出家す。秋田城介義景、之を預り守護す。子息兵衛大夫定範、縁坐に処せ被ると云々。午の刻以後、群参の士、又、旗を揚ぐ。今日、遠江修理亮時幸、病に依り出家すと云々。

✿前執権北条経時が死去すると、鎌倉は不穏な状況となっていった。閏四月十八日の夜には甲冑を身に着けた武士が巷に溢れ、二十日には近隣諸国からも御家人が鎌倉に参集し、五月二十二日には安達義景の甘縄邸を中心に騒動が発生した。こうした情勢の中、五月二十四日、北条時頼は鎌倉中の辻々を固め、武士たちは、あるいは幕府御所へ、あるいは時頼邸へと集結した。故名越朝時の子息らの謀叛が発覚したと噂されたという。翌二十五日、藤原頼経の側近であった藤原定員が使者として時頼邸に派遣されたが、追い返された。名越光時は家臣の知らせにより御所を退出した後に出家し、定員も出家して安達義景に身柄を預けられた。光時の弟の時幸は病により出家したと記され、六月一日に死去しているが、京都の貴族である葉室定嗣(はむろさだつぐ)の日記『葉黄記(ようこうき)』同年六月六日条には「自害」したと記されている。

さらに六月七日には後藤基綱・狩野為佐・千葉秀胤・町野康持(まちのやすもち)が評定衆を解任され、康持は問注所執事も解任された。

この事件の背景には前将軍藤原頼経の関与があったとされ、頼経は京都へと送還されることとなる。

廿五日。壬午。天晴。世上物忩、未㆓休止㆒。左親衛宿館、警固、敢不㆑緩、甲冑軍士、囲㆓繞四面㆒。卯一点、但馬前司定員、称㆓御使㆒、参㆓左親衛第㆒。而不㆑可㆑入㆓于殿中㆒之旨、依㆘令㆑下㆓知于諏方兵衛入道・尾藤太・平三郎左衛門尉等㆒給㆖、忽退出云々。越後守光時、令㆑侍㆓宿御所中㆒之処、今暁、家人、参喚㆓出之㆒。称㆓白地㆒即退出訖。幷無㆓帰参之儀㆒、則坐㆑事落餝、献㆓其髻於左親衛㆒。是、可㆑追㆓討左親衛㆒之由、成㆓一味同心㆒、不㆑可㆓改変㆒之趣、相互書㆓連署起請文㆒。其張本者在㆓名越一流㆒之由、風聞之間、及㆓此儀㆒。舎弟尾張守時章・備前守時長・右近大夫将監時兼等者無㆓野心㆒之旨、兼以依㆑令㆓陳謝㆒、無㆓殊事㆒云々。其後、但馬前司定員、坐㆑事出家。秋田城介義景、預㆓守護之㆒。子息兵衛大夫定範、被㆑処㆓縁坐㆒云々。午刻以後、群参之士、又、揚㆑旗。今日、遠江修理亮時幸、依㆑病出家云々。

◆藤原頼経、北条時盛邸に移る

寛元四年（一二四六）六月二十七日条（巻第三十七）

二十七日。甲寅。入道大納言家（藤原頼経）が、北条時盛の佐介の邸宅に移られた。これは（頼経が）御上洛される御門出の儀式である。近習の者たちが多く供奉したという。御上洛の間の駅家でのさまざまな（用意の）ことなどが、指示されたという。

❖廿七日。甲寅。入道大納言家、入道越後守時盛の佐介の第に渡御す。是、御上洛有る可き御門出の儀なり。近習の輩、多く以て供奉すと云々。御上洛の間の駅家の御雑事等、下知を加へ被ると云々。

✲前将軍藤原頼経が上洛のための門出の儀式として、北条時盛の佐介邸に移動した。

601　藤原頼経、北条時盛邸に移る

頼経は名越光時らとともに執権北条時頼を討つことを計画したとされており（『岡屋(おかのや)関白記』寛元四年六月九日条）、京都へと送還されることとなったのである。

これに先立つ六月十日には時頼邸で寄合が開かれ、十三日には名越光時の伊豆への配流など関係者の処分が行われた。十五日には、頼経が七月十一日に鎌倉を出立し上洛する旨が京都に伝えられている（『葉黄記』）。

頼経は七月十一日に鎌倉を出立し、七月二十八日に入洛した。二歳で鎌倉に下向した頼経は二十九歳になっていた。頼経は嘉禎四年（一二三八）の上洛（五四八頁以下参照）の後、延応二年（一二四〇）・寛元二年（一二四四）にも上洛を計画していたがいずれも実現せず、不本意な形での上洛を迎えることとなってしまった。後に残る将軍頼嗣は八歳であった。

五月以来の一連の事件の余波は京都政界にもおよび、頼経の父である九条道家が失脚し、道家が務めていた関東申次には西園寺実氏が任命された。

廿七日。甲寅。入道大納言家、渡二御于入道越後守時盛佐介第一。是、可レ有二御上洛一御門出之儀也。近習之輩、多以供奉云々。御上洛之間駅家御雑事等、被レ加二下知一云々。

◆安達景盛、北条時頼邸を訪れる

宝治元年（一二四七）四月十一日条（巻第三十八）

十一日。甲午。数日来、高野入道覚地（安達景盛）が何度も左親衛（北条時頼）の御邸宅に参上していた。今日、特に長居した。（時頼からも）内々、御相談されることなどがあったという。また、子息の義景に対して、特に誡めの言葉を与え、孫の泰盛を叱責したという。これは、「三浦の一族が、現在、武家の中で（勢力が）優れており、傍若無人（のありさま）である。（このまま）次第に世が末になれば、我らの子孫はきっと匹敵することができまい。まことに思慮を廻ら（し対策を）すべきであるのに、義景も泰盛も、怠惰な性質で武力の備えをしていないのはけしからん」という。

❖十一日。甲午。日来、高野入道覚地、連々、左親衛の御第に参る。今日、殊に長居す。内々、仰せ合はせ被るる事等有りと云云。又、子息秋田城介義景に対し、殊に諷詞を加へ、孫子九郎泰盛を突鼻せ令むと云云。是、三浦の一党、当時、武門に秀で、傍若無人なり。漸く澆季に及ばば、吾等子孫、定めて対揚の儀に足らざらんか。尤も思慮を廻らす可きの処、義景と云ひ、泰盛と云ひ、緩怠の稟性、武備無きの条、奇怪と云云。

✲源実朝の死をきっかけに出家して覚地（覚智）と名のり、高野山に金剛三昧院を建立して実朝の菩提を弔っていた安達景盛が鎌倉に姿を現し、北条時頼邸をしばしば訪ねた。また、三浦氏の勢力への対応策がなっていないと、子の義景や孫の泰盛を叱責した。

三浦氏・安達氏は共に源頼朝の挙兵以来の有力な御家人で、時頼の父である時氏の母が三浦義村の娘（矢部禅尼）であったのに対し、経時・時頼兄弟の母は安達景盛の娘（松下禅尼）であった。

三浦氏は寛元四年（一二四六）の政変（五九六頁以下参照）に際して処分されることはなかったが、泰村の弟の光村は藤原頼経の側近で、頼経らによる時頼排除の計画にも関与していた（『鏡』宝治元年五月二十八日・六月八日条）。このような三浦氏と、時頼の外戚である安達氏との間には立場に相容れないところがあり、この景盛の登場により、鎌倉の空気は宝治合戦に向けて緊迫してゆくこととなる。

十一日。甲午。日来、高野入道覚地、連々、参㆓左親衛御第㆒。今日、殊長居。内々、有㆘被㆓仰合㆒事等㆖云云。又、対㆓于子息秋田城介義景㆒、殊加㆓諷詞㆒、令㆑突㆓鼻孫子九郎泰盛㆒云云。是、三浦一党、当時、秀㆓于武門㆒、傍若無人也。漸及㆓澆季㆒者、吾等子孫、定不㆑足㆓対揚之儀㆒歟。尤可㆑廻㆓思慮㆒之処、云㆓義景㆒、云㆓泰盛㆒、緩怠稟性、無㆓武備㆒之条、奇怪云云。

◈宝治合戦　一　北条時頼、三浦泰村に和平の使者を送る

宝治元年（一二四七）六月五日条（巻第三十八）

五日。丙戌。晴れ。辰の刻（午前八時前後）に、小雨が降った。今朝、鶏鳴（午前二時前後）以降、鎌倉中はいよいよ物騒がしかった。未明に、左親衛（北条時頼）は、まず万年馬入道を三浦泰村のもとに派遣し、郎従ら

の騒動を鎮めるよう命じられた。次に、平左衛門入道盛阿（平盛綱）に持たせて御書状を同人（泰村）に届けられた。これはすなわち、「世の中の物騒がしさは、あるいは天魔が人の魂に入り込んだものであろうか。上意は貴殿を誅伐なさろうとの用意ではあるまい。この上は、日頃と同様に二心はない」との趣旨である。その上、（書状に）誓約の言葉を書き加えられたという。泰村が御書状を開い（て読んでい）た時、盛阿は口頭で和平の詳細を述べた。泰村は特に喜んだ。また、（泰村は）詳しく御返事を申し上げた。盛阿が座を立った後、泰村はなお（館の）出居に居た。（泰村の）妻が自ら湯漬を泰村の前に持参して（食べるよう）勧め、安泰（を保障する時頼から）の御言葉に祝意を表した。泰村は一口（湯漬を）食べ（たが）、すぐに吐き戻したという。

❖五日。丙戌。天晴る。辰の刻、小雨灑ぐ。今暁、鶏鳴以後、鎌倉中、弥物忩なり。未明、左親衛、先づ万年馬入道を泰村の許に遣はし、郎従等の騒動を相鎮む可きの由、仰せ被る。次いで、平左衛門入道盛阿に付し、御書を同人に遣はさる。是則ち、世上の物忩、若しくは天魔の人の性に入るか。上の計らいに於いては、貴殿を誅伐せ被る可きの構へに非ざるか。此の上は、日来の如く異心有る可からざるの趣なり。剰へ御誓言を載せ加へ被ると云々。泰村、御書を披くの時、盛阿、詞を以て和平の子細を述ぶ。泰村、殊に喜悦す。亦、具に御返事を申す所なり。盛阿、座を起つの後、泰村、猶、出居に在り。妻室、自ら湯漬を其の前に持ち来り之を勧め、安堵の仰せを賀す。泰村、一口之を用ゐ、即ち反吐すと云々。

✼安達景盛の登場により次第に鎌倉の緊張が高まってゆく中で、執権北条時頼は事態の穏便な収拾に努めていたが、六月二日には軍勢によって時頼邸の守りが固められ、四日には三浦方の軍勢も集結し、鎌倉は敵味方の区別もつかないほどの軍勢であふれる状況となっていた。

時頼は三浦泰村のもとに使者を派遣して和平を申し入れ、和平の交渉は成立したかに見えたが、事態は合戦へと展開してゆく。

五日。丙戌。天晴。辰刻、小雨灑。今暁、鶏鳴以後、鎌倉中、弥物忩。未明、左親衛、先遣二万年馬入道於泰村之許一、被レ仰下可レ相二鎮郎従等騒動一之由上。次、付二平左衛門入道盛阿一、被レ遣二御書於同人一。是則、世上物忩、若天魔之入二人性一歟。於二上計一者、非下可レ被レ誅二伐貴殿一之構上歟。此上、如二日来一不レ可レ有二異心一之趣也。剰被レ載二加御誓言一云々。泰村、披二御書一之時、盛阿、以レ詞述二和平子細一。泰村、殊喜悦。亦、具所レ申二御返事一也。盛阿、起レ座之後、泰村、猶、在二出居一。妻室、自持二来湯漬於其前一勧レ之、賀二安堵之仰一。泰村、一口用レ之、即反吐云々。

◆宝治合戦　二　安達一族、出陣

宝治元年（一二四七）六月五日条（巻第三十八）

この時、高野入道覚地（安達景盛）は、（北条時頼が）御使者を（三浦泰村に）派遣されたとのことを伝え聞き、子息の義景・孫の泰盛〔それぞれ前もって甲冑を着ていた〕を呼び寄せ、言葉を尽くして訓戒した。「（時頼が）和平の御書状を若州（じゃくしゅう）（三浦泰村）に送られた上は、今後、あの一族のみが威勢を極め、ますます当家を侮る（ようになった）時（になって）、なまじ対等であるとの思いを示したならば、かえって災厄に遭うであろうことは、まったく疑いない。ただ運を天に任せて、今朝、是非とも雌雄を決すべきである。決して後日を期してはならない」。これにより泰盛・大曽祢長泰・武藤景頼・小鹿島公義以下の一味の者たちは、軍勢を率いて（安達氏の）甘縄の館を駆け出し、同門前の小路を東に進み、若宮大路の中下馬橋の北に至り、鶴岡八幡宮寺の赤橋を渡って、意図的に盛阿（平盛綱）が（泰村邸から時頼邸に）戻る前に神護寺の門の外で鬨の声を上げた。公義は、五石畳の文様の旗を掲げて、筋替橋の北の辺りに進み、鳴鏑を飛ばした。この間に、鶴岡八幡宮内に陣を構えていた武士は全て安達勢に加わった。

❖爰に高野入道覚地、御使を遣はさるるの旨を伝へ聞き、子息秋田城介義景・孫子九郎泰盛〔各、兼ねて甲冑を着す〕を招き、諷詞を尽くして云はく、和平の御書を若州に遣はさるるの上は、向後、彼の氏族、独り驕りを窮め、益当家を蔑如するの時、憖じひに対揚の所存を顕さば、還りて殃ひに逢ふ可きの条、置きて疑ひ無し。只、運を天に任せ、今朝、須らく雌雄を決すべし。曽て後日を期すること莫かれ、者り。之に依り城九郎泰盛・大曽祢左衛門尉長泰・武藤左衛門尉景頼・橘薩摩十郎公義以下、一味の族、軍士を引卒し、甘縄の館を馳せ出で、同門前の小路を東行し、若宮大路の中下馬橋の北に到り、鶴岡宮寺の赤橋を打ち渡り、相構へて盛阿帰参以前、神護寺の門外に於いて時の声を作る。公義、五石畳文の旗を差し揚げ、筋替橋の北の辺りに進み、鳴鏑を飛ばす。此の間、陣を宮中に張る所の勇士、悉く之に相加はる。

○若州　若狭国の唐名。ここでは前若狭守の三浦泰村を指す。
○五石畳　石畳は四角形を上下左右に色が互い違いになるように並べた模様。市松模様。五石畳は四角形五つによって構成される。
○鳴鏑　鏑矢。飛ぶときに鏑の穴に空気が入って音を発する。合戦の開始の合図に用いられた。

✲北条時頼と三浦泰村との間での和平の動きを知った安達景盛は、和平の使者が時頼のもとに戻る前に合戦に持ち込むことを決意した。甘縄の安達邸を出発した安達泰盛以下の軍勢は、三浦邸を目指して若宮大路を北に突き進み、小鹿島公義の放った鏑矢の音を合図に合戦が始まった。

爰高野入道覚地、伝下聞被レ遣二御使一之旨上、招二子息秋田城介義景・孫子九郎泰盛一〈各、兼着二甲冑一〉、尽二諷詞一云、被レ遣二和平御書於若州一之上者、向後、彼氏族、独窮レ驕、益蔑二如当家一之時、慭顕二対揚所存一者、還可レ逢レ殃之条、置而無レ疑。只、任二運於天一、今朝、須レ決二雌雄一。曽莫レ期二後日一者。依レ之城九郎泰盛・大曽祢左衛門尉長泰・武藤左衛門尉景頼・橘薩摩十郎公義以下、一味之族、引二率軍士一、馳二出甘縄之館一、同門前小路東行、到二若宮大路中下馬橋北一、打二渡鶴岡宮寺赤橋一、相構盛阿帰参以前、於二神護寺門外一作二時声一。公義、差二揚五石畳文之旗一、進二于筋替橋北辺一、飛二鳴鏑一。此間、所レ張二陣於宮中一之勇士、悉相二加之一。

◆宝治合戦　三　三浦一族、滅亡

宝治元年（一二四七）六月五日条（巻第三十八）

（三浦泰村の）弟の三浦光村は永福寺の惣門（そうもん）の内側におり、軍勢八十余騎が陣を構えていた。（光村は）使者を兄の泰村のもとに派遣して言った。「この寺は優れた城郭です。この一ヵ所で共に討手を待ち受けられるべきです」。泰村は答えて言った。「たとえ鉄の壁の城郭があったとしても、きっと今となっては逃れることはできまい。同じことなら故将軍（源頼朝）の御肖像の御前で最期を迎えたいと思う。早くここに来るように」。使者は互いに一、二回に及んだが、ことが差し迫っていたため、光村は寺の門を出て（頼朝の）法華堂に向かった。その途中でしばらく合戦となった。長井泰秀の家人と二階堂行義・二階堂行方らが、光村らを阻（はば）んだためである。両方の軍勢が、多く負傷したという。光村はついに法華堂にやってきた。その後、西阿（毛利季光）・泰村・三浦家村・三浦資村ならびに大河戸重澄・宇都宮時綱・春日部実景・関政泰以下は、（頼朝の）御肖像画の御前に並んで座り、あるいは昔の事を語り合い、あるいは最期の無念の思いを述べたという。西阿は専修念仏の信者である。諸仏を勧請し、阿弥陀浄土（への往生）のきっかけ（を得たこと）を喜ぶため、法事讃を行って（その功徳を）廻向した。光村が調声（の役）であったという。左親衛（北条時頼）の軍勢が寺の門に攻め入り、先を争って石段を登った。三浦方の武士らは、武芸を尽くして防戦した。大仏朝房が攻撃に大きな功績があった。朝房は、父の大仏朝直に義絶された身で、一人の従者も無く、僅かに疲馬に乗っただけであった。甲冑を着ていなかったため、すぐにも討ち取られようとしたところ、金持次郎左衛門尉〔泰村方〕に助けられ、その命を保ったという。両方の戦いはほとんど三刻（約六時間）に及んだ。敵陣（三浦方）では矢が無くなり力も尽きた。そして泰村以下、主だった者たち二百七十六人、総勢五百余人が自殺した。この中で、幕府の番帳（に記載）を許された者たちは二百六十人という。

❖舎弟能登守光村は永福寺の惣門の内に在り、従兵八十余騎、陣を張る。使者を兄泰村の許に遣はして云はく、当寺、殊勝の城郭為り。此の一所に於いて、相共に討手を待たる可しと云々。泰村、答へて云はく、縦ひ鉄壁の城郭有りと雖も、定めて今は遁るるを得ざらんか。同じくは故将軍の御影の御前に於いて終はりを取らんと欲す。早く此の処に来会す可しと云々。専使、互ひに一両度為りと雖も、縡、火急の間、光村、寺門を出で法花堂に向かふ。其の途中に於いて一時合戦す。甲斐前司泰秀の家人幷びに出羽前司行義・和泉前司行方等、之を相支ふるに依るなり。両方の従軍、多く疵を被ると云々。光村、終に件の堂に参る。然る後、西阿・泰村・家村・資村幷びに大隅前司重澄・美作前司時綱・甲斐前司実景・関左衛門尉政泰以下、絵像の御影の御前に列し候じ、或いは往事を談じ、或いは最後の述懐に及ぶと云云。西阿は専修念仏者なり。諸衆を勧請し、一仏浄土の因を欣ばんが為、法事讃を行ひ之を廻向す。光村、調声為りと云々。左親衛の軍兵、寺門に攻め入り、石橋を競ひ登る。三浦の壮士等、防ぎ戦ひ、弓・剣の芸を竭くす。武蔵々人太郎朝房、責め戦ひ、大功有り。是、父朝臣の義絶の身と為て、一有情の相従ふ無く、僅かに疲馬に駕する許りなり。甲冑を着せざるの間、輒ち討ち取らんと欲するの処、金持次郎左衛門尉〔泰村方〕に扶け被れ、其の命を全うすと云々。両方の挑み戦ふは殆三刻を経るなり。敵陣、箭、窮まり、力、尽く。而して泰村以下、宗為るの輩二百七十六人、都合五百余人、自殺せ令む。此の中、幕府の番帳を聴さるるの類、二百六十人と云々。

○調声　法会で経文などの最初の一句を唱え、調子を整えること。

○一仏浄土　ここでは阿弥陀浄土のこと。

✻安達勢の出陣によって合戦が開始されると、北条時頼は小侍所別当であった金沢実時に幕府御所の警備を命じるとともに、弟の時定を大将として出陣させた。時頼はその後、正午頃には幕府御所の藤原頼嗣のもとに参上し、合戦の指揮をとった。南風の中、三浦泰村邸の南の民家に火が放たれ、泰村らは源頼朝の法華堂へと立て籠もり、永福寺に立て籠もっていた三浦光村も泰村らに合流した。泰村・光村以下は頼朝の肖像画の前で自害し、頼朝挙兵以来の有力御家人であった三浦氏は滅亡した。泰村以下の最期の様子は法華堂の承仕（じょうじ）法師の目撃談として『鏡』六月八日条に詳しく記されている。泰村は六十四歳（あるいは四十四歳）、光村は四十三歳という。

毛利季光は時頼の妻の父であったが、自身の妻が泰村の妹であったため三浦氏に味方した。このほか、三浦氏に味方して自害した御家人は五百人に及んだ。翌日には寛元の政変の結果、評定衆を罷免されて上総国の所領に追放されていた千葉秀胤（五九九頁参照）の追討が命じられ、秀胤は七日に討たれている。

こうして北条時頼による政権運営が本格的に開始することとなったのである。

舎弟能登守光村者在二永福寺惣門内一、従兵八十余騎、張レ陣。遣二使者於兄泰村之許一云、当寺、為二殊勝城郭一。於二此一所一、相共可レ被レ待二討手一云々。泰村、答云、縦雖レ有二鉄壁城郭一、定今不レ得レ遁歟。同者於二故将軍御影御前一欲レ取レ終。早可レ来二会此処一云々。専使、互雖レ為二一両度一、緯、火急之間、光村、出二寺門一向二法花堂一。於二其途中一一時合戦。甲斐前司泰秀家人幷出羽前司行義・和泉前司行方等、依レ相二支之一也。両方従軍、多被レ疵云々。光村、終参二件堂一。然後、西阿・泰村・家村・資村幷大隅前司重澄・美作前司時綱・甲斐前司実景・関左衛門尉政泰以下、列二候于絵像御前一、或談二往事一、或及二最後述懐一云云。西阿者専修念仏者也。勧二請諸衆一、為レ欣二一仏浄土之因一、行二法事讃一廻二向之一。光村、為二調声一云々。左親衛軍兵、攻二入寺門一、競二登石橋一。三浦壮士等、防戦、竭二弓・剣之芸一。武蔵々人太郎朝房、責戦、有二大功一。是、為二父朝臣義絶身一、一有情之無二相従一、僅駕二疲馬一許也。不レ着二甲冑一之間、輒欲二討取一之処、被レ扶二于金持次郎左衛門尉〈泰村方〉一、全二其命一云々。両方挑戦者殆経二三刻一也。敵陣、箭、窮、力、尽。而泰村以下、為レ宗之輩二百七十六人、都合五百余人、令二自殺一。此中、被レ聴二幕府番帳一之類、二百六十人云々。

◆西国の名主・荘官らの京都大番役について定める

宝治二年（一二四八）正月二十五日条（巻第三十九）

二十五日。甲戌。京都大番役の事について、西国の名主・荘官らのような者たちの中で、御家人になろうとする者がある。そのような者たちが、守護に従って大番役を勤めたとしても、それぞれに（大番役の）請取状をお与えになるかどうかについて、何度も御審議が行われた。「一律（に与える）ということは、許容し難い。その人物のあり様によって取捨選択するように」と、六波羅に命じられるという。

❖廿五日。甲戌。京都大番役の事、西国の名主・庄官等の類の中、御家人に募るの者有り。然るが如きの輩、守護人に随ひ之を勤仕せ令むと雖も、各別の請取を賜ふ可きや否やの事、再往、御沙汰に及ぶ。平均に於いては之を聴され難し。其の仁體に依り、用捨有る可きの趣、六波羅に仰せ被る可しと云々。

✽京都大番役は御家人としての最も重要な勤めであり、これを勤めることが御家人としての身分を保証する意味を持った。そのため、非御家人である西国の名主や荘官らが、御家人身分の獲得を望んで守護の指揮下に京都大番役を勤めることがあった。大番役を勤めると東国御家人には六波羅探題から、西国御家人には守護から、覆勘状と呼ばれる勤務証明書が与えられたが、このような文書を西国の非御家人にも与えることの可否が検討されたのである。

幕府は本来は京都大番役の勤務から非御家人を排除する方針であったが、ここでは非御家人であっても、その人物によっては勤務証明書を与えることとされており、非御家人の御家人化の可能性が生じたこととなる。このことを御家人の範囲の「拡大」と捉(とら)えるかどうかについては議論があるが、宝治合戦による多くの御家人の滅亡や、宝治元年（一二四七）十二月二十九日に大番役の勤務期間が短縮されていることから、大番役を勤める人数の確保が課題となっていたことが背景にあったとする指摘もなされている（高橋典幸『鎌倉幕府軍制と御家人制』〈吉川弘文館、二〇〇八年〉・七海雅人『鎌倉幕府御家人制の展開』〈吉川弘文館、二〇〇一年〉・清水亮『鎌倉幕府御家人制の政治史的研究』〈校倉書房、二〇〇七年〉・勅使河原拓也「番役に見る鎌倉幕府の御家人制」〈『史林』一〇一‐六、二〇一八年〉）。

廿五日。甲戌。京都大番役事、西国名主・庄官等類之中、有㆘募㆓御家人㆒之者㆖。如㆑然之輩、随㆓守護人㆒雖㆑令㆑勤㆓仕之㆒、可㆑賜㆓各別請取㆒否事、再往、及㆓御沙汰㆒。於㆓平均㆒者難㆑被㆑聴㆑之。依㆓其仁體㆒、可㆑有㆓用捨㆒之趣、可㆑被㆑仰㆓六波羅㆒云々。

◆足利義氏と結城朝光、書札礼を争う

宝治二年（一二四八）閏十二月二十八日条（巻第三十九）

二十八日。辛未。今日、足利左馬頭入道正義（義氏）と結城上野入道日阿（朝光）とが相論している書札礼の事について、両方を宥められ、（決着を着けず）そのままにされた。この事は、先頃、（召し使っている）雑人の事について、正義から日阿に送った書状に、「結城上野入道殿、足利政所」とあった。日阿はこの書状を受け取り、返事を送るのに「足利左馬頭入道殿、御返事、結城政所」とした。僕卿禅門（義氏）はたいそうこれを憤り、事情を訴えて申した。「私は右大将家（源頼朝）の御一族です。日阿はその時に（頼朝に）仕えており、今も生きている者です。互いにまだ子孫（の代）になってもいないのに、早くも昔のことを忘れ、けしからぬ振る舞いをしています。どうして処分が行われない（でよいという）ことがあ

りましょうか」。そこでその訴状を日阿に下された際、日阿は、「書面を書き記すには及びません」と言って、一通の文書をご覧に入れた。これは、頼朝の時代に、主要な家子・侍の名を名簿に記して、（頼朝が）花押を書き載せられた御文書であった。（それによれば）正義の父である総州（足利義兼）と日阿（当時は結城七郎（といった））とが、同等の礼儀であるべきことが明白であった。右京兆（北条義時）（当時は江間小四郎（といった））が（頼朝の）家子の第一であった。相州（北条重時）はこれをご覧になり、その（文書の）原本を（重時の）文箱の中に収め、御自筆で写しを書き、日阿に与えられた。その上、同じく御自筆の書状を副えて送られた。その文言は、

右大将家の御文書の原本一通、頂いておきました。先祖の光彩（ある事績）を書き載せられていたため、家の名誉であるためです。ただし（日阿がこの文書を）御必要の時には仰ることに従います。まずは後日のために、自筆で写しを書いてお送りします、

というものであった。

日阿はかえって面目を施したという。

❖廿八日。辛未。今日、足利左馬頭入道正義と結城上野入道日阿と相論する書札礼の事、両方を宥め仰せ被れ、之を閣かる。此の事、去んぬる比、雑人の事に就き、足利自り結城に遣はす状に云はく、結城上野入道殿、足利政所と云々。日阿、此の状を得、返事を投じて云はく、足利左馬頭入道殿、御返事、結城政所と云々。僕卿禅門、甚だ之を憤り、子細を訴へ申して云はく、吾は是、右大将家の御氏族なり。日阿、彼の時に仕へ、今に現存する者なり。相互に未だ子孫に及ばず、忽ち往事を忘れ、奇怪を現す。争か誡めの沙汰無からんやと云々。仍て彼の状を日阿に下さるるの時、日阿、紙筆を費やすこと能はずと称して一通の文書を献覧す。是則ち、右大将家の御時、宗為るの家子・侍の交名を注し、御判を載せ被るるの御書なり。彼の禅門の厳閤総州と日阿〔時に結城七郎〕と、同等の礼為る可きの由、分明なり。右京兆〔時に江間小四郎〕、家子の専一為るなり。相州、之を披覧し、件の正文を箱底に召し留め、御自筆を染め案文を書き、日阿に授け被る。剰へ同じく御自筆の

消息状を副へ送らる。其の詞に云はく、

右大将家の御書の正文一通、給はり置き候ひ訖んぬ。曩祖の潤色を載せ被るるの間、家の規模為るの故なり。但し、御用の時は、宜しく命に随ふべし。且つは後日の為、自筆を以て案文を書き進らせ候ふ所なりと云々。

日阿、還りて面目を施すと云々。

○僕卿　太僕卿。馬頭の唐名。ここでは前左馬頭の足利義氏を指す。
○総州　上総国・下総国の唐名。ここでは上総介であった足利義兼を指す。
○右京兆　右京職の唐名。ここでは右京権大夫であった北条義時を指す。
○相州　相模国の唐名。ここでは相模守の北条重時を指す。

＊下野国の有力御家人である足利義氏（五十九歳）と、源頼朝の挙兵以来の御家人である下総国の結城朝光（八十一歳）が書札礼をめぐって争った。書札礼は書状を書く際の礼儀であり、相手との上下関係などにより、その書式や文言を変える必要があった。自らの署名ではなく、家政機関である政所の名義を用いるという尊大な形式の

書状を送った義氏に対し、朝光が同等の返事を送ったことを、義氏は無礼であると訴えたのである。これに対し朝光は、源頼朝の主要な家子・侍が列記され、頼朝の花押が記された文書を提出し、これによって、足利氏と結城氏とが対等であるとの判断が行われたという。

この文書そのものか、あるいはそれに類する文書に基づくと思われるのが、『鏡』治承五年（一一八一）四月七日条である。ここには、弓矢に優れ、頼朝の信頼も厚い御家人が、頼朝の寝所の警固を命じられたことが記され、その御家人の名が列記されている。その筆頭が「江間四郎」義時であり、同じく「結城七郎朝光」の名も記されている。

この文書に足利義兼は記されておらず、当時は実際にも義兼は頼朝の一族（門葉）として家子よりも高く位置づけられていた。しかし、ここで義氏が、父義兼が朝光よりも上位にあったと主張すると、朝光と同様に家子であった北条義時よりも足利義兼が上位にあったと主張することになる。義氏が引き下がらざるを得なかった理由は、ここにあると考えられる（細川重男『執権』〈講談社、二〇一九年、初出は二〇一一年〉）。

なお、朝光が提出したものと同様の文書の存在は、『鏡』建久四年（一一九三）正月一日条に、頼朝が御家人の席次について「御自筆」で定めたとあることや、同年三月二十一日条に義時・朝光らを含む二十二人が列記されていることからも窺（うかが）うことができる。

廿八日。辛未。今日、足利左馬頭入道正義与二結城上野入道日阿一相論書札礼事、被レ宥二仰両方一、被レ閣レ之。此事、去比、就二雑人事一、自二足利一遣二結城一状云、結城上野入道殿、足利政所云々。日阿、得二此状一、投二返事一云、足利左馬頭入道殿、御返事、結城政所云々。僕卿禅門、甚憤レ之、訴二申子細一云、吾是、右大将家御氏族也。日阿、仕二彼時一、于レ今現存者也。相互未レ及二子孫一、忽忘二往事一、現二奇怪一。争無二誡沙汰一哉云々。仍被レ下二彼状於日阿一之時、日阿、称レ不レ能レ費二紙筆一而献二覧一通文書一。是則、右大将家御時、注二為レ宗之家子・侍交名一、被レ載二御判一之御書也。彼禅門厳閣総州与二日阿〔于レ時結城七郎〕一、可レ為二同等礼一之由、分明也。右京兆〔于レ時江間小四郎〕、為二家子専一一也。相州、披二覧之一、召二留件正文於箱底一、染二御自筆一書二案文一、被レ授二日阿一。剰被レ副二送同御自筆消息状一。其詞云、

右大将家御書正文一通、給置候訖。被レ載二曩祖潤色一之間、為二家規模一之故也。但、御用之時者、宜レ随レ命。且為二後日一、以二自筆一所下書二進案文一候上也云々。

日阿、還施二面目一云々。

◆建長元年（一二四九）の政治情勢

✲『鏡』は建長元年（一二四九）の記事を欠いているが、この年には、京都では内裏が焼亡し、幕府がその造営に当たることとなった。また、幕府では、その重要な裁判機関となる引付が設置されている。

宝治三年（一二四九。三月に建長元年と改元）二月一日、京都では後深草天皇が住んでいた閑院内裏が焼亡した（『岡屋関白記』など）。閑院内裏は文治年間（一一八五～一一九〇）に源頼朝がその修造に関わり（『鏡』文治三年五月十三日・六月二十一日条など）、建暦年間（一二一一～一二一三）には源実朝が知行国主で、北条義時が国守であった相模国を造営料国として、大内裏の内裏（四三三頁の図を参照）と同規模で幕府によって新造された（『鏡』建保元年三月六日条など）ものであった。

改元後の建長元年三月二十三日には、姉小路室町より出火した火災が鴨川を越えて広がり、三十三間堂で知られる蓮華王院に及んだ（『岡屋関白記』など）。

幕府は四月四日、閑院造営について奏聞し（『百練抄』）、五月には閑院内裏と蓮華王院造営の用途を御家人に賦課している（『鎌』七〇七六・七〇七九号）。同時期に幕府は、西国に対し大田文（一国毎の土地台帳）の作成を命令しており（『大日本史料』第五編、建長元年六月五日条）、これは閑院内裏造営などの負担を配分する基礎資料を用意しようとしたものと考えられている。

十二月には幕府の訴訟機関として引付が設置された。引付は御家人の関係する訴訟を専門に扱い、後には、所務沙汰と呼ばれる所領・所職をめぐる訴訟を専門に扱うようになる機関である。十二月九日に北条政村・大仏朝直・北条資時の三人が一番から三番の引付頭人に、同十三日に二階堂行方以下の五人が引付衆に任じられている（『関東評定衆伝』）。

また、この間、六月には将軍藤原頼嗣が左近衛中将に、執権の北条時頼が左近衛将監から相模守に、連署の北条重時が相模守から陸奥守に任じられた（『帝王編年記』など）。

◆閑院内裏造営の担当者を朝廷に報告

建長二年（一二五〇）三月一日条　（巻第四十）

一日。丁卯(ひのとう)。閑院殿の造営の担当者の事について、京都（の朝廷）に進上してご覧に入れるため、元からの担当者も、（今回）初めて割り当てられた分も、今日、全て書きまとめられた。深沢俊平(ふかざわとしひら)・中原盛時(もりとき)が担当したという。

その目録のあり様（は以下のとおり）。

後日に、書き加えられた分

露台(ろだい)、東　備後前司(びんごぜんじ)（町野康持）

掃部寮の戸屋(へや)　綱島(つなしま)左衛門入道

閑院殿造営の雑掌(ざっしょう)

紫宸殿(ししんでん)　相模守（北条時頼）

清涼殿(せいりょうでん)　甲斐前司（長井泰秀）　駿河入道（中原季時(すえとき)）跡

仁寿殿(じじゅうでん)　修理権大夫（北条時房）跡

宜陽殿(ぎようでん)　陸奥守（北条重時）

校書殿(きょうしょでん)　筑後入道（八田知家）跡

春興殿　遠江入道（名越朝時）跡
五節所　秋田城介（安達義景）
小御所　足利左馬頭入道（義氏）
釣殿　前右馬権頭（北条政村）
（中略）
建長二年三月日

❖一日。丁卯。造閑院殿の雑掌の事、京都に進覧せ被れんが為、本役人と云ひ、始めて付け被る分と云ひ、今日、悉く之を注し綃ばる。深沢山城前司俊平・中山城前司盛時等、奉行為りと云々。
其の目録の様。
後日、注し入れ被るる分
露台、東　備後前司
掃部寮の戸屋　綱島左衛門入道

閑院殿造営の雑掌

紫宸殿　相模守
清涼殿　甲斐前司　駿河入道跡
仁寿殿　修理権大夫跡
宜陽殿　陸奥守
校書殿　筑後入道跡
春興殿　遠江入道跡
五節所　秋田城介
小御所　足利左馬頭入道
釣殿　前右馬権頭

（中略）

建長二年三月日

＊幕府によって進められていた閑院内裏造営の担当者の注文（一覧）が取りまとめ

られた。

宝治三年（一二四九。三月に建長元年と改元）二月一日に閑院内裏が火災により焼亡し、幕府によって再建が行われることになった。建長元年五月には、建物ごとの担当者の割り当てが開始されていたことが確認できる（『鎌』七〇七九号）が、その全体が取りまとめられたのである。なお、冒頭の三行は文書右側の余白に追記されたもので、本来の文書の冒頭は「閑院殿造営雑掌」からである。「跡」とあるのは既に死去した御家人であり、その子孫に一括して御家人役を割り当てる際の方式である。駿河入道は中原季時に該当し、原文には「跡」の文字が脱落していると判断して補った。長井泰秀は大江広元の孫、中原季時は広元の養父広季の孫にあたることから、両者が寄り合って担当することとなったのであろう。この注文は建治元年（一二七五）五月に作成された、京都の六条八幡宮造営の用途賦課の注文と並ぶ御家人役賦課に関する史料として知られている。

閑院内裏は建長三年（一二五一）六月に完成し、同二十七日に後深草天皇が遷幸した。この造営の賞として将軍藤原頼嗣は従三位に、執権北条時頼は正五位下に叙されている（『鏡』建長三年七月四日条）。

一日。丁卯。造閑院殿雑掌事、為レ被レ進二覧京都一、云二本役人一、云二始被レ付分一、今日、悉被レ注二綃之一。深沢山城前司俊平・中山城前司盛時等、為二奉行一云々。

其目録様。

　後日、被二注入一分

露台、東　備後前司

掃部寮戸屋　綱島左衛門入道

閑院殿造営雑掌

紫宸殿　相模守

清涼殿　甲斐前司　駿河入道跡

仁寿殿　修理権大夫跡

宜陽殿　陸奥守

校書殿　筑後入道跡

春興殿　遠江入道跡

五節所　秋田城介

小御所　足利左馬頭入道

釣殿　前右馬権頭

（中略）

建長二年三月日

◈引付のあり方について定める

建長二年（一二五〇）四月二日条（巻第四十）

二日。丁酉（ひのととり）。人々の訴訟の事について、引付で文書の理非を判断するため検討したところ、内容（の是非）が明白であれば、先例どおり（訴人・論人の）対決（口頭弁論）を行うことはできない。また、引付（の審理）の事は、巳（み）の刻（午前十時前後）以前に開始するように。頭人も奉行人も、遅刻してはならない。また、（出仕の）時刻を記した出勤記録を提出するよう、三方の引付に伝え命じられたという。秋田城介（安達義景）が担当したという。

633　引付のあり方について定める

❖二日。丁酉。諸人の訴論の事、引付に於いて、文書の理非を勘決するの間、了見を加ふるの処、旨趣、分明為らば、先規に任せ対決すること能はず。又、引付の事、巳の剋以前、之を始め行ふ可し。頭人と云ひ、奉行人と云ひ、遅参に及ぶこと莫かれ。且つは時付の着到を進覧す可きの由、三方の引付に触れ仰せ被ると云々。秋田城介、奉行為りと云々。

✲引付は御家人の関係する訴訟を専門に扱い、後には、所務沙汰と呼ばれる所領・所職をめぐる訴訟を専門に扱うようになる機関で、建長元年（一二四九）十二月に三番編成で設置された（『関東評定衆伝』）。各番には評定衆である引付頭人と、評定衆・引付衆・引付奉行人が所属し、訴訟の審理に当たった。寛元元年（一二四三）には評定衆を三番に編成して訴訟を取り扱う日が定められており（五七四頁以下参照）、引付制度はそれをさらに発展させたものと言える。

鎌倉幕府の訴訟手続きでは、訴状と陳状（訴状への陳弁書）を三度ずつ交換することによる主張の応答の後、対決という直接の口頭での応答が行われることになっていた。しかし、証拠文書などの文書審理の段階で是非が明白な場合は対決は必要ないとすることは、『御成敗式目』四十九条や寛元元年（一二四三）五月十七日の幕府法（追加法二〇八）に見えており、引付に対しても、このことが確認されたのである。引付への出仕の刻限も定められ、より円滑で速やかな訴訟の進行が図られることとなったのである。

二日。丁酉。諸人訴論事、於㆓引付㆒、勘㆓決文書理非㆒之間、加㆓了見㆒之処、旨趣、為㆓分明㆒者、任㆓先規㆒不㆑能㆓対決㆒。又、引付事、巳剋以前、可㆑始㆓行之㆒。云㆓頭人㆒、云㆓奉行人㆒、莫㆑及㆓遅参㆒。且可㆑進㆓覧時付着到㆒之由、被㆑触㆓仰三方引付㆒云々。秋田城介、為㆓奉行㆒云々。

◆北条時宗、誕生　建長三年（一二五一）五月十五日条（巻第四十一）

十五日。甲戌（きのえいぬ）。晴れ。風は静かであった。今朝、相州（北条時頼）が安東（あんどう）五郎太郎を御使者として、御書状を（鶴岡）若宮別当の隆弁（りゅうべん）に送られた。「妻の出産の事について、日頃、今日になると仰せられていましたが、今もまだその気配がありませんので、お考えについて、たいそういぶかしく思います」。（隆弁は）返事を差し上げた。「今日の酉の刻（午後六時前後）で確実です。御不審には及びません」。申の刻（午後四時前後）に次第に（出産の）御気配が現れたため、医師の丹波時長、陰陽師の安倍泰房、験者の清尊と良親が参上して祗候した。酉の刻の終わりに隆弁が参上して加わり、加持を行い申した。そのまま若君（後の北条時宗）が誕生した。奥州（北条重時）はあらかじめ座におられ、このほか、（北条氏の）御一門の老若、総じて人々の参上は数えきれない。

❖十五日。甲戌。天晴る。風静かなり。今朝、相州、安東五郎太郎を以て御使と為し、御書を若宮別当法印〔隆弁〕に送らるるに偁へらく、女房の産の事、日来、今日為る可きの由、仰せ被ると雖も、今に其の気分無きの間、御存知の旨、頗る不審と云云。返報を献じ畢んぬ。今日酉の剋、必定為る可し。御不審有る可からずと云云。申の刻に於いて、漸く御気分出現の間、医師、典薬頭時長朝臣、陰陽師、主殿助泰房、験者、清尊僧都并びに良親律師等、参候す。酉の終刻、法印〔隆弁〕、参り加はりて之を加持し奉る。則ち若君、誕生す。奥州、兼ねて座せ被れ、此の外、御一門の老若、総じて諸人の参加、勝げて計ふ可からず。

〇相州　相模国の唐名。ここでは相模守の北条時頼を指す。
〇奥州　陸奥国の唐名。ここでは陸奥守の北条重時を指す。

✲後に執権として二度のモンゴル襲来に対応することとなる北条時宗が誕生した。父である北条時頼は二十五歳。母は北条重時の長女である。産所は時頼の母で、安達景盛の娘である松下禅尼の甘縄の邸宅であった（『鏡』建長三年五月一日条）。

時頼には側室との間に一人の男子（後の北条時輔）があったが、正室である重時の娘との間にはまだ男子がなく、時頼は嫡子誕生の祈禱をかねてより隆弁に依頼していた。隆弁は建長二年（一二五〇）正月一日に鶴岡八幡宮で祈禱を開始し（『鏡』建長三年五月十五日条）、八月二十七日に懐妊が明らかとなった。これ以降、さまざまな祈禱が行われたことが『鏡』に記されている。

この男子は正寿丸と名づけられ、五月二十一日には七夜の儀式が行われ、二十七日に産所から時頼邸に移り、十月二十一日には五十日百日の儀式が行われている。

十五日。甲戌。天晴。風静也。今朝、相州、以二安東五郎太郎一為二御使一、被レ送二御書於若宮別当法印〔隆弁〕一偁、女房産之事、日来、可レ為二今日一之由、雖レ被レ仰、于レ今無二其気分一之間、御存知之旨、頗不審云云。献二返報一畢。今日酉剋、可レ為二必定一。不レ可レ有二御不審一云云。於二申刻一、漸御気分出現之間、医師、典薬頭時長朝臣、陰陽師、主殿助泰房、験者、清尊僧都幷良親律師等、参候。酉終刻、法印〔隆弁〕、参加而奉レ加二持之一。則若君、誕生。奥州、兼而被レ座、此外、御一門之老若、総而諸人参加、不レ可二勝計一。

◆足利泰氏、出家　建長三年（一二五一）十二月二日条（巻第四十一）

二日。丁巳。足利泰氏が所領の下総国埴生荘で、密かに出家された（年は三十六歳）。すなわち、年来の願いを果たしたのだという。ひたすら仏道修行の意志を抱いているという。この人は左馬頭入道正義（足利義氏）の嫡男である。

❖二日。丁巳。宮内少輔泰氏朝臣、所領下総国埴生庄に於いて、潜かに出家を遂げ被る〔年、三十六〕。即ち年来の素懐を遂ぐと云云。偏に山林斗藪の志を挟むと云云。是、左馬頭入道正義の嫡男なり。

✻足利泰氏が、その所領で密かに出家した。この出家は『鏡』には長年の望みであったと記されているが、幕府の許可を得ずに行われており、自由出家としてその所領は没収されることとなった。埴生荘は泰氏が初めて拝領した所領であったが、没収され金沢実時に与えられている（『鏡』建長三年十二月七日条）。このしばらく後に前将軍藤原頼経や千葉氏の一族が関係する謀叛事件が摘発されており（六四二頁以下参照）、泰氏の出家もこの謀叛事件と関連したものと考えられている。

二日。丁巳。宮内少輔泰氏朝臣、於㆓所領下総国埴生庄㆒、潜被㆑遂㆓出家㆒〔年、三十六〕。即遂㆓年来素懐㆒云云。偏山林斗藪之志挟焉云云。是、左馬頭入道正義嫡男也。

◆鎌倉中の町屋について定める

建長三年（一二五一）十二月三日条　（巻第四十二）

三日。戊午。鎌倉中のあちこちの小町屋および売買の施設の事について、制限を行うよう、このところ、その審議が行われていた。今日、その場所を定められ、このほかは、一切、禁止されると、厳しく伝え、命じられた。後藤基政・小野沢左近大夫入道光蓮（仲実）が、このことを担当したという。

鎌倉中の小町屋の事について、定められた場所

大町　小町　米町　亀谷の辻　和賀江

大倉の辻　気和飛坂の山上

牛を小路に繋いではならない事

小路の掃除をするべき事　建長三年十二月三日

❖三日。戊午。鎌倉中の在々処々の小町屋及び売買の設けの事、制禁を加ふ可きの由、日来、其の沙汰有り。今日、彼の所々を置かれ、此の外、一向、停止せ被る可きの旨、厳密に之を触れ、仰せ被るるの処なり。佐渡大夫判官基政・小野沢左近大夫入道光蓮等、之を奉行すと云云。

鎌倉中の小町屋の事、定め置かるる処々

大町　小町　米町　亀谷の辻　和賀江

大倉の辻　気和飛坂の山上

牛を小路に繋ぐ可からざる事

小路、掃除を致す可き事

建長三年十二月三日

641　鎌倉中の町屋について定める

✻鎌倉中（三〇〇頁参照）における商業施設のあり方や道路の管理について、法が定められた。「小町屋」は小規模な町屋と考えられ、「売買の設け」は小町屋よりも小規模で仮設的な屋台のようなものだったのであろう。幕府は、鎌倉中のあちこちに存在した、こうした小規模な商業施設を、数ヵ所の限定された範囲に集めることにしたのである（三九一頁地図を参照）。同趣旨の法は文永（ぶんえい）二年（一二六五）三月五日にも定められている。

鎌倉の都市としての発展とともに、様々な商業施設が登場し、幕府の側でも都市整備・商業統制が必要となっていたことを窺（うかが）うことができる。

三日。戊午。鎌倉中在々処々小町屋及売買設之事、可レ加二制禁一之由、日来、有二其沙汰一。今日、被レ置二彼所々一、此外、一向、可レ被二停止一之旨、厳密触レ之、被レ仰之処也。佐渡大夫判官基政・小野沢左近大夫入道光蓮等、奉二行之一云云。

　鎌倉中小町屋之事、被二定置一処々

　大町　小町　米町　亀谷辻　和賀江

　大倉辻　気和飛坂山上

　不レ可レ繋二牛於小路一事

小路、可レ致ニ掃除一事

建長三年十二月三日

◆了行法師らを謀叛により捕縛

建長三年（一二五一）十二月二十六日条（巻第四十一）

二十六日。辛巳。雹が降った。地面に三寸（約一〇センチメートル）積もった。今日、未の刻の一点（午後一時過ぎ）になって、世の中が物騒がしくなった。佐々木氏信・武藤景頼が、了行・矢作常氏〔千葉頼胤の近親〕・長久連らを生け捕った。その者たちは謀叛の企てがあったという。そこで諏訪兵衛入道（盛重）が（命令を）承って、（諏訪兵衛入道は）蓮仏の事、事情を尋問した。太田康有が（問答の）言葉を記した。反逆の心が全て明らかになったという。その後、鎌倉中はますます騒動となり、人々が先を争って集まったという。

❖廿六日。辛巳。雹降る。地に積もるの事、三寸。今日、未の剋の一点に及びて、世上、物忩なり。近江大夫判官氏信・武藤左衛門尉景頼、了行法師・矢作左衛門尉〔千葉介の近親〕・長次郎左衛門尉久連等を生け虜る。件の輩、謀叛の企て有りと云云。仍て諏方兵衛入道、承り、蓮仏の義、子細を推問す。大田七郎康有、而して詞を記す。逆心、悉く顕露すと云云。其の後、鎌倉中、弥騒動し、諸人、競ひ集まると云云。

✻謀叛の企てにより了行・矢作常氏・長久連らが捕縛された。了行・常氏は千葉氏の庶流で、千葉氏は一族の秀胤が寛元の政変で失脚した上、宝治合戦の際に追討されており、了行は前将軍藤原頼経・現将軍頼嗣父子の実家である九条家と密接な関係があった（野口実「東国出身僧の在京活動と入宋・渡元」〈『鎌倉遺文研究』二五号、二〇一〇年〉）。久連は、鎌倉時代の後半に名前に「連」の字を用いる長一族が足利氏の被官として見える（『鎌』二八〇二九号）ことから、足利氏の被官であった可能性が指摘されている（森幸夫『北条重時』吉川弘文館、二〇〇九年）。謀叛人たちは、翌二十七日にあるいは処刑され、あるいは配流された。

この謀叛事件は京都に送還された前将軍藤原頼経とその周辺勢力によるものとされ、この事件をきっかけに将軍藤原頼嗣も京都へ送還されることとなる。

なお、文中の「蓮仏の義」はもともとは「諏方兵衛入道」の説明として割注または傍書であったものと判断した。

廿六日。辛巳。雹降。於レ地積之事、三寸。今日、未剋之及二一点一而、世上、物忩也。近江大夫判官氏信・武藤左衛門尉景頼、生二虜了行法師・矢作左衛門尉（千葉介近親）・長次郎左衛門尉久連等一。件之輩、有二謀叛之企一云云。仍諏方兵衛入道、承、蓮仏之義、推二問子細一。大田七郎康有、而記レ詞。逆心、悉顕露云云。其後、鎌倉中、弥騒動、諸人、競集云云。

宗尊将軍記

◆幕府、宗尊親王の下向を請う

建長四年（一二五二）三月五日条（巻第四十二）

五日。己丑。辰の刻（午前八時前後）に、京都からの急使が、鎌倉に到着した。これは、先日上洛した使節の二階堂行方・武藤景頼の奏聞により、皇子の御下向の事について、去る一日から院御所で何度もその審議が行われた。殿下（近衛兼経）は、毎度、参上された。ただし、三歳の皇子（後の亀山天皇）〔准后（西園寺姞子）の所生〕・十三歳の皇子（宗尊）〔大納言二品（平棟子）の所生〕の二人の内、どちらの方が下向されるべきか、お尋ねがあったため、（南北の）両六波羅が、急いで申して来たのである。奥州（北条重時）・相州（北条時頼）が会合し、評議を行われ、宗尊が下向されるよう、申された。よって同日の申の刻（午後四時前後）になって、急使は京都へ戻った。

❖五日。己丑。辰の刻、京都の飛脚、関東に参着す。是、先日上洛の使節和泉前司行方・武藤左衛門尉景頼の奏聞に就き、宮の御下向の事、去んぬる一日自り仙洞に於いて、連々、其の沙汰有り。殿下、毎度、参り給ふ。但し、三歳の宮〔准后腹〕・十三歳の宮〔大納言二品腹〕の両所の間、何れの御方、御下向有る可きやの事、之を尋ね仰せ下さるるに依り、両六波羅、馳せ申す所なり。奥州・相州等、会合し、群議を経被れ、十三歳の宮、御下向有る可きの旨、之を申さる。仍て同日申の刻に及び、飛脚、帰洛す。

✻了行法師らの謀叛事件から約二ヵ月が過ぎた建長四年（一二五二）二月二十日、後嵯峨院の第一皇子または第三皇子を将軍として鎌倉に下向させることを要請する北条時頼・重時の連署の書状を携えて、二階堂行方・武藤景頼の二人が鎌倉を出発した。この申請を受けて朝廷では三月一日から何度も審議が行われたが、結局、幕府の意向を確認することとなり、幕府は第一皇子の宗尊の下向を申請した。なお、『鏡』には宗尊が十三歳、第三皇子が三歳とあるが、実際には十一歳と四歳である。また、「両六波羅」と記されているが、この時期の六波羅探題は北方の北条長時（ながとき）のみである。同十三日には、宗尊が十九日に出発する予定であることが鎌倉に伝えられ、十六日には道中の安全を祈る祈禱（きとう）が幕府から命じられている。

宗尊は後嵯峨院と平棟子との間に生まれた第一皇子であるが、後嵯峨院と西園寺姞子との間に第二皇子として生まれた後深草天皇が既に皇位に就いていた。またこの時、鎌倉に下向しなかった第三皇子は後に亀山天皇となる。

幕府は天皇の兄弟を将軍として迎えることとなったのである。

五日。己丑。辰刻、京都飛脚、参二着于関東一。是、先日上洛使節和泉前司行方・武藤左衛門尉景頼就二奏聞一、宮御下向事、自二去一日一於二仙洞一、連々、有二其沙汰一。殿下、毎度、参給。但、三歳宮〔准后腹〕・十三歳宮〔大納言二品腹〕両所之間、何御方、可レ有二御下向一哉事、依レ被レ尋二仰下之一、両六波羅、所二馳申一也。奥州・相州等、会合、被レ経二群議一、十三歳宮、可レ有二御下向一之旨、被レ申レ之。仍及二同日申刻一、飛脚、帰洛。

◆宗尊親王、鎌倉に到着

建長四年（一二五二）四月一日条（巻第四十二）

一日。甲寅（きのえとら）。晴れ。風は静かだった。寅（とら）の一点（午前三時過ぎ）に、親王（宗尊）は関本宿（せきもとのしゅく）を出発された。未（ひつじ）の一剋（午後一時過ぎ）に、固瀬宿（かたせのしゅく）に到着された。お迎えの人々はこの場所に参会した。しばらくして、行列を組んだ。（行列を省略）

経路は、稲村崎（いなむらがさき）から由比ヶ浜の鳥居の西を経て、下下馬橋に至って、しばらく御輿（みこし）を止めた。（輿の）前後の供奉人は、それぞれ下馬した。中下馬橋を東に行き、小町口（こまちぐち）を経て、相州（北条時頼）の御邸宅に入られた（時刻は申（さる）の一点（午後三時過ぎ）であった）。奥州（北条重時）・相州（時頼）・北条政村・長井泰秀・二階堂行義・宇都宮泰綱・安達義景らが、予め庭に祗候した。御輿は（時頼邸の）南門を入って、寝殿に寄せられた。土御門顕方が祗候された。

❖一日。甲寅。天晴る。風静かなり。寅の一点、親王、関本宿自り御出す。未の一剋、固瀬宿に着御す。御迎への人々、此の所に参会す。小時にして、行列を立つ。（行列を省略）路次、稲村崎自り、由比浜の鳥居の西を経、下々馬橋に到り、暫く御輿を扣ふ。前後の供奉人、各、下馬す。中下馬橋を東行し、小町口を経、相州の御亭に入御す〔時に申の一点なり〕。奥州・相州・前右馬権頭〔政村〕・甲斐前司泰秀・出羽前司行義・下野前司泰綱・秋田城介義景等、予め庭上に候ず。御輿、南門を入り、寝殿に寄す。土御門宰相中将、之に候ぜ被る。

✱予定通り三月十九日に京都を出発した宗尊は四月一日に鎌倉に下向し、北条時頼邸に入った。ここでは省略しているが、宗尊を迎えた時頼邸では、この日、引き続き埦飯（おうばん）の儀式が行われ、さまざまな進物が献上されている。埦飯は二日・三日にも行われ、また、二日には宗尊の無事の到着を朝廷に報告するため、安達頼景（よりかげ）が鎌倉を出発している。

一日。甲寅。天晴。風静。寅一点、親王、自関本宿御出。未一剋、着御固瀬宿。御迎人々、参会此所。小時、立行列。（行列を省略）

路次、自稲村崎、経由比浜鳥居西、到下々馬橋、暫扣御輿。前後供奉人、各、下馬。中下馬橋東行、経小町口、入御相州御亭〔于時申一点也〕。奥州・相州・前右馬権頭〔政村〕・甲斐前司泰秀・出羽前司行義・下野前司泰綱・秋田城介義景等、予候庭上。御輿、入南門、寄寝殿。土御門宰相中将、被候之。

◆藤原頼嗣、鎌倉を出発

建長四年（一二五二）四月三日条（巻第四十二）

三日。丙辰。晴れ。（中略）。今日、前将軍（藤原頼嗣）と（弟の）若君御前・（頼嗣の）母の二位殿（藤原親能の娘）らが上洛された。ところが、先月二十二日（御所を出られた）といい、今日といい、重服（の日）であった。まことに（出発は）憚るべきであろうと陰陽道（の者たち）が申したが、聞き入れられることはできず、ついに出発されたという。

❖三日。丙辰。天晴る。（中略）。今日、前将軍幷びに若君御前・御母儀二位殿等、御上洛。而るに去んぬる月廿二日〔御所を御出す〕と云ひ、今日と云ひ、重服為り。尤も憚り有る可きかの由、陰陽道、之を申すと雖も、御許容に能はず、遂に以て御進発と云云。

✻将軍の座を追われることとなった藤原頼嗣は、三月二十一日（『鏡』四月三日条では二十二日とされている）に御所を出て、父藤原頼経の時と同様に北条時盛の佐介の邸宅に入っていたが、この日、鎌倉を出発した。十四歳であった。ともに上洛した若君御前は頼嗣の異母弟で、仁治三年（一二四二）七月四日に藤原頼経と持明院家行（初名、家能）の娘との間に生まれ（『鎌倉年代記』裏書同日条）、この時、十一歳である。

三日。丙辰。天晴。（中略）。今日、前将軍并若君御前・御母儀二位殿等、御上洛。而云二去月廿二日（御二出御所一）、云二今日一、為二重服一。尤可レ有レ憚歟之由、陰陽道、雖レ申レ之、不レ能二御許容一、遂以御進発云云。

◈宗尊親王、征夷大将軍となる

建長四年（一二五二）四月五日条（巻第四十二）

五日。戊午。晴れ。北風が激しかった。（中略）。夜になって、六波羅（留守（役の者））の急使（小林兵衛尉）が（鎌倉に）到着した。これは（宗尊の）将軍（任命の）宣旨の写しを持参したのである。「（宣旨の）原本は来る十一日に受け取られることになっています。官使の権少允は既に（京都を）出発しているでしょう」という。奥州（北条重時）・相州（北条時頼）が参会され、これをご覧になった。ところが、その官使の下向（の際）の饗応や禄物の事について、先例を調べてその処置をするよう、評議が行われたところ、建久の（源頼朝の時の）記録は明確ではないと、二階堂行義・太田康連が申したという。宣旨の文書に言うには、（以下のとおり。）

三品宗尊親王

右、左大臣（鷹司兼平）の宣を承ったところ、その親王を征夷大将軍とする（という）。

建長四年四月一日　大外記中原朝臣師兼〔が奉る〕

❖五日。戊午。天晴る。北風烈し。（中略）。晩に及び、六波羅〔留守〕の飛脚〔小林兵衛尉〕、到着す。是、将軍宣旨の案文を持参する所なり。正文、来る十一日、請け取らる可し。官使権少允、已に進発せる可しと云云。奥州・相州、参会せ被れ、之を披見せ令め給ふ。而るに彼の官使下向の饗禄の事、先例を尋ね其の沙汰有る可きの由、評議を経被るるの処、建久の記、分明ならざるの由、出羽前司行義・民部大夫康連等、之を申すと云云。宣旨の状に云はく、

三品宗尊親王

右、左大臣の宣を被るに偁へらく、件の親王、宜しく征夷大将軍為るべし。

建長四年四月一日　大外記中原朝臣師兼〔奉る〕

＊宗尊が鎌倉に到着した日、京都の朝廷では宗尊を征夷大将軍に任命し、その宣旨の正文（原本）に先立って、案文（写し）が六波羅の使者により鎌倉に届けられた。六波羅探題の北条長時は宗尊の鎌倉下向に供奉しており、案文は留守居役が受け取った。

この宣旨は外記が奉じた外記方宣旨である。

征夷大将軍任命の文書が朝廷の使者によって直接、鎌倉にもたらされるのは、源頼朝の就任以来のことであった。『鏡』建久三年（一一九二）七月二十六〜二十九日条にかけて、勅使への饗応や禄に関する記述は存在しており、何らかの記録は存在していたと考えられるが、より詳細な先例を確認したかったのであろうか。一方、宣旨の原本が到着する予定だった四月十一日の記事は『鏡』には存在せず、この時について

も、どのような対応がなされたのかを知ることはできない。

その後、四月十四日には、宗尊が初めて鶴岡八幡宮に参詣し、政所始・弓始・垸飯・評定始など、征夷大将軍就任にともなう儀式が行われ、同日夜には宗尊が初めて武家の服装である直垂（ひたたれ）を着て馬に乗る儀式も行われた。

こうして親王将軍を戴く（いただく）幕府が始動することとなったのである。

五日。戊午。天晴。北風烈。（中略）。及レ晩、六波羅〔留守〕飛脚〔小林兵衛尉〕、到着。是、所レ持ニ参将軍　宣旨案文一也。正文、来十一日、可レ被ニ請取一。官使権少允、已可ニ進発一云云。奥州・相州、被ニ参会一、令レ披ニ見之一給。而彼官使下向饗禄事、尋ニ先例一可レ有ニ其沙汰一之由、被レ経ニ評議一之処、建久記、不ニ分明一之由、出羽前司行義・民部大夫康連等、申レ之云云。宣旨状云、

　三品宗尊親王

右、被ニ左大臣　宣一偁、件親王、宜レ為ニ征夷大将軍一。

建長四年四月一日　　大外記中原朝臣師兼〔奉〕

◆鎌倉中での酒の販売を禁止

建長四年（一二五二）九月三十日条（巻第四十二）

三十日。辛亥。晴れ。鎌倉中の各所での酒の販売を禁止するよう、保々の奉行人らに命じた。そこで鎌倉中の各所の民家で（調べて）記した酒壺は三万七千二百七十四口という。また、諸国の市での酒（の販売）も全て禁止するようにという。

❖卅日。辛亥。天晴る。鎌倉中の所々、沽酒を禁制す可きの由、保々の奉行人等に仰す。仍て鎌倉中の所々の民家に於いて註する所の酒壺、三万七千二百七十四口と云云。又、諸国の市の酒、全分、停止す可きの由と云云。

✻鎌倉中（三〇〇頁参照）での酒の販売が禁止され、諸国の市での酒の販売も禁止された。鎌倉中では民家の酒壺の実態調査が行われ、三万七二七四口の存在が確認されたという。十月十六日にはこの調査に基づき、酒壺の破壊が行われ、酒造以外の用途に用いることを条件に一家に一壺のみを置くことが許されている。

一方、十一月四日には新造の政所で三献の儀式が行われ、十二月二十七日には北条重時が将軍に盃酒を献上しており、飲酒が禁止されたわけではないようである。先に鎌倉中の「在々処々」の商業施設が禁止されて特定地域に集められたこと（六三九頁以下参照）を踏まえるならば、これも「所々」に散在していた酒造・販売業者を特定の業者または地域に限定しようとする商業統制策と評価するべきであろう。

卅日。辛亥。天晴。鎌倉中所々、可レ禁二制沽酒一之由、仰二保々奉行人等一。仍於二鎌倉中所々民家一所レ註之酒壺、三万七千二百七十四口云云。又、諸国市酒、全分、可二停止一之由云云。

◆関東新制　建長五年（一二五三）九月十六日条（巻第四十三）

十六日。辛卯。晴れ。午の刻（正午前後）に、地震があった。夜になって、小雨が降った。今日、新制の事について定められた。延応の法のほかに、十三カ条を加えられた。関東の御家人と鎌倉に居住する人々について、贅沢を禁止するという条々である。これは、去る七月十二日に宣下されたものである。平時継が（宣下を）担当した。これによって、「宣下の内容を守り、実施するように。また十月一日から、これを禁止する。もしなおこれに従わなければ、一方では法の通りに糺断し、一方では処罰を行われる」と命じられたという。

❖十六日。辛卯。晴る。午の剋、地震。夜に入り、小雨灑ぐ。今日、新制の事を定め被る。延応の法の外、十三ヶ条を加へ被る。関東の御家人幷びに鎌倉に居住の人々、過差を停止す可きの条々なり。是、去んぬる七月十二日、宣下せ被るる所なり。蔵人頭宮内卿平時継朝臣、奉行為り。之に依り、宣下の状を守り、遵行せ令む可し。且つは十月一日自り之を停止せ令む可し。若し猶、之を叙用せずんば、且つは法に任せて糺断を加へ、且つうは罪科に行はる可きの旨、仰せ出ださると云々(うんぬん)。

✻新制とは天変などをきっかけとして、社会の不安・混乱を鎮め、秩序を維持するために制定される新たな法のことである。朝廷では宣旨によって定められたが、鎌倉幕府でも発布されるようになり、朝廷の公家(くげ)新制に対して、武家新制・関東新制などと呼ばれている（佐々木文昭「「関東新制」小考」〈『中世公武新制の研究』吉川弘文館、二〇〇八年、初出は二〇〇六年〉）。

建長五年（一二五三）には、まず朝廷で七月十二日に十八ヵ条からなる新制が発布され（『百練抄』同日条）、その内の五ヵ条の条文が知られている（『鎌』七五九〇号）。これに先立つ六月四日に「天変御祈(てんぺんのおいのり)」として奉幣使(ほうへいし)が派遣されている（『百練抄』同日条）ことから、この新制は天変に対応したものと考えられる。

これを受けて幕府では、「延応の法」すなわち延応二年（一二四〇）三月十八日に発せられ、四月一日から施行された関東新制（十三ヵ条が知られている）に十三ヵ条を加えた新制を発布した。延応の関東新制は過差(かさ)（贅沢）の禁止を主眼としたもので、建長の新制も同様の内容であったと考えられる。建長の新制は十月一日から施行することとされ、同日には新制の施行とともに、「奴婢(ぬひ)・雑人の事」についても法が定められ、また治安維持に関する法（追加法二八二～二九四）も定められている。

十六日。辛卯。晴。午尅、地震。入レ夜、小雨灑。今日、被レ定二新制事一。延応法之外、被レ加二十三ヶ条一。関東御家人幷鎌倉居住人々、可レ停二止過差一条々也。是、去七月十二日、所レ被二宣下一也。蔵人頭宮内卿平時継朝臣、為二奉行一。依レ之、守二 宣下之状一、可レ令二遵行一。且自二十月一日一可レ令レ停二止之一。若猶、不レ叙二用之一者、且任レ法加二糺断一、且可レ被レ行二罪科一之旨、被二仰出一云々。

◈建長寺の供養　建長五年（一二五三）十一月二十五日条（巻第四十三）

二十五日。庚子(かのえね)。霰(あられ)が降った。辰の刻（午前八時前後）以後に、小雨が降った。建長寺(けんちょうじ)の供養が行われた。丈六(じょうろく)の地蔵菩薩(じぞうぼさつ)を中尊(ちゅうそん)とした。また、同じく地蔵菩薩の像千体を安置した。相州（北条時頼）が特に真心を尽くされた。去る建長三年十一月八日に事始が行われた。既に造り終わったので、今日、法会が行われた。願文の草案は藤原茂範、清書は時頼。導師は宋の僧である（蘭渓）道隆。また、一日の内に五部大乗経を書写し供養された。この作善の趣旨は、上は天皇（後深草）の万歳・将軍家（宗尊）及び（朝廷の）重臣の千秋・天下の太平を祈り、下は三代の上将（源頼朝・頼家・実朝）・二位家（北条政子）と（北条氏）御一門の過去の多くの人々の没後を弔われたのだという。

❖廿五日。庚子。霰降る。辰の剋以後、小雨灑ぐ。建長寺供養なり。丈六の地蔵菩薩を以て中尊と為す。又、同じき像千躰を安置す。相州、殊に精誠を凝らさ令め給ふ。去んぬる建長三年十一月八日、事始有り。已に造り畢るの間、今日、梵席を展ぶ。願文の草、前大内記茂範朝臣、清書、相州。導師、宋朝の僧道隆禅師。又、一日の内、五部大乗経を写し供養せ被る。此の作善の旨趣、上は皇帝の万歳・将軍家及び重臣の千秋・天下の太平を祈り、下は三代の上将・二位家幷びに御一門の過去の数輩の没後を訪ひ御ふと云々。

✻現在も日本を代表する禅宗寺院の一つである建長寺の供養が行われた。北条時頼が建長寺の建立に着手したのは建長元年（一二四九）で、京都の東福寺の円爾弁円の弟子が鎌倉に派遣されて儀式を行った（『聖一国師年譜』）。造営が本格的に行われるのは二年後の建長三年で十一月八日に事始の儀式が行われ、さらに二年後の建長五年十一月二十五日に供養が行われたのである。建長寺の整備はこれ以降も続いており、建長七年二月二十一日には、現在も建長寺に存在し、国宝に指定されている鐘が鋳造されている。

開山となった蘭渓道隆は寛元四年（一二四六）に宋から日本に渡来した禅僧で、宝治二年（一二四八）には鎌倉の寿福寺にいたことが確認できる。蘭渓道隆以下、初期の建長寺の住持はほとんどが渡来僧で、伽藍配置・建築様式・生活習慣も中国風で、言葉も中国語が飛び交う国際空間であった。

建長寺の建立は、それまでの禅宗が従来の顕密仏教との兼修であったのに対し、純粋な宋朝禅の一大拠点の成立を意味するものであった。

廿五日。庚子。霰降。辰剋以後、小雨灑。建長寺供養也。以二丈六地蔵菩薩一為二中尊一。又、安二置同像千躰一。相州、殊令レ凝二精誠一給。去建長三年十一月八日、有二事始一。已造畢之間、今日、展二梵席一。願文草、前大内記茂範朝臣、清書、相州。導師、宋朝僧道隆禅師。又、一日内、被レ写二供一養五部大乗経一。此作善旨趣、上祈二皇帝万歳・将軍家及重臣千秋・天下太平一、下訪二三代上将・二位家幷御一門過去数輩没後一御云々。

◆聖福寺鎮守神殿の上棟

建長六年（一二五四）四月十八日条（巻第四十四）

十八日。庚申。聖福寺の鎮守の諸神の神殿の上棟が行われた。すなわち、神験宮（新熊野社カ）・武内社・平野社・稲荷社・住吉社・鹿島社・諏訪社・伊豆山権現・箱根権現・三島社・富士山権現・夷社という。これは、総じては関東の長久のため、別しては相州（北条時頼）の二人の御子息（後の時宗・宗政）の息災延命のためである。そこでその兄弟二人の名前を、寺の名前に引き移されたという。去る十二日に事始が行われたという。相模国大庭御厨の中にその土地を選定された。若宮別当僧正（隆弁）が大勧進となったという。

❖十八日。庚申。聖福寺の鎮守諸神の神殿、上棟す。所謂、神験・武内・平野・稲荷・住吉・鹿島・諏方・伊豆・箱根・三島・富士・夷社等と云々。是、惣じては関東の長久、別しては相州の両賢息の息災延命の為なり。仍て彼の兄弟両人の名字を以て、寺号に摸せ被ると云々。去んぬる十二日、事始有りと云々。相模国大庭御厨の内に其の地を卜せ被るる所なり。若宮別当僧正、大勧進と云々。

＊北条時頼が関東の平安と二人の子息の無病息災を祈って聖福寺を建立し、その鎮守社の上棟が行われた。二人の子息は正寿丸（後の時宗）と福寿丸（後の宗政）で、「聖」は「正」＝「ショウ」の音通であろう。二人とも時頼と正室である北条重時の娘との間に生まれた男子で、正寿丸は四歳、福寿丸は二歳、時頼は二十八歳であった。

十八日。庚申。聖福寺鎮守諸神々殿、上棟。所謂、神験　武内　平野　稲荷　住吉　鹿島　諏方　伊豆　箱根　三島　富士　夷社等云々。是、惣関東長久、別為㆓相州両賢息々災延命㆒也。仍以㆓彼兄弟両人之名字㆒、被㆑摸㆓寺号㆒云々。去十二日、有㆓事始㆒云々。相模国大庭御厨之内所㆑被㆑ト㆓其地㆒也。若宮別当僧正、大勧進云々。

◆御所で源氏物語の講義

建長六年（一二五四）十二月十八日条（巻第四十四）

十八日。丙戌。幕府御所で『源氏物語』の御談義が行われた。源親行が祗候した。

❖十八日。丙戌。御所に於いて、光源氏の物語の事、御談議有り。河内守親行、之に候ず。

＊御所で源親行による『源氏物語』の談義（講義）が行われた。源親行は父である光行とともに『源氏物語』の本文校訂に努め、建長七年（一二五五）に完成したそれは、河内本『源氏物語』として知られている。光行・親行は早くから鎌倉幕府に仕えており、親行は多くの和歌会に出席していることが『鏡』に記されている。

十八日。丙戌。於二御所一、光源氏物語事、有二御談議一。河内守親行、候レ之。

◆建長七年（一二五五）の政治情勢

＊『鏡』には建長七年（一二五五）の記事（北条本・島津本では巻第四十五とするが欠巻）が欠けている。

この年には、二月二十一日に建長寺の鐘が鋳造されている。建長寺に現存し、国宝に指定されている鐘である。北条時頼が勧進して資金を募り、鋳物師の物部重光（もののべのしげみつ）が鋳造した。銘文を記したのは蘭渓道隆である。

三月二十九日には訴訟による幕府からの召喚に応じない者への対応として、出頭の期限が定められた（追加法三〇三）。

八月九日には、これ以前に鎌倉人仏に寄進されることとされていた人身売買の没収銭を、地頭の責任で鎌倉に送付することが命じられている（追加法三〇四）。建長年間（一二四九～一二五六）には、鎌倉中は保の奉行人に、諸国の市場では守護や地頭に、人身売買の取り締まりが命じられていることが確認でき（追加法三九三）、こうした取り締まりによって没収された銭が鎌倉大仏に寄進されたのであろう。なお、鎌倉大仏については建長四年（一二五二）八月十七日条に鋳造開始の記事が見える（五七九頁以下参照）。

八月十二日には、鎌倉中の貸金業者の質物における盗品対策の法が定められた（追加法三〇五）。同年には、出挙銭（すいこせん）の利息を元本と同額までに制限する法も発令されている（追加法三〇六）。この規定は朝廷の宣旨や幕府の関東御教書（みぎょうしょ）でも以前から定められていたが（追加法一八〇）、改めて発令されたものである。

年末の十二月十三日には、評定衆・小侍所別当であった金沢実時（三十二歳）が、従五位下に叙され、越後守に任じられた（『関東評定衆伝』）。金沢実時は北条泰時の弟実泰の子で、金沢文庫を創設した好学の武士として知られている。実時は翌年四月二十九日には三番引付の頭人となっている。

◆奥大道の警固を命令　建長八年（一二五六）六月二日条（巻第四十六）

二日。辛酉。奥大道で夜討・強盗が多発し、往来する旅人の煩いとなっている。そこでこの間、度々、それについての審議が行われ、警備を行うよう、今日、その沿道の地頭らに命じられた。すなわち、

小山出羽前司（長村）　宇都宮下野前司（泰綱）

阿波前司（薬師寺朝村）　周防五郎兵衛尉（塩谷親時）

（中略）

以上の二十四人である。

御教書に言うには（以下の通り。）

奥大道の夜討・強盗の事について、近年、多発しているとの風聞がある。これは、ひとえに地頭・沙汰人らが対処していないためである。早く所領内の宿々に、担当の者を置いて警備を行うように。また「そ

のような（夜討・強盗の）者たちがいたら、自領・他領を問わず、見て見ぬふりをしない」との、住人らの起請文をお取りになって、その処置をなさるように。もしなお、御命令の旨に背き、（処置を）怠ったならば、特に御処分を行われるとのことを、（将軍の）仰せにより、このとおり伝える。

建長八年六月二日

某殿

❖二日。辛酉。奥大道、夜討・強盗、蜂起し、往反の旅人の煩ひを成す。仍て此の間、度々、其の沙汰有り、警固を致す可きの旨、今日、彼の路次の地頭等に仰せ付け被る。所謂、

小山出羽前司　宇都宮下野前司

阿波前司　周防五郎兵衛尉

（中略）

已上 廿四人。

御教書に云はく、

奥大道の夜討・強盗の事、近年、蜂起を為すの由、其の聞こえ有り。是、偏に地頭・沙汰人等の無沙汰の致す所なり。早く所領内の宿々に直人を居ゑ置き、警固す可し。且つは然るが如きの輩 有らば、自他領を嫌はず、見隠す可からざるの由、住人等の起請文を召され、其の沙汰を致さる可し。若し尚、御下知の旨に背き、緩怠せ令めば、殊に御沙汰有る可きの状、仰せに依り執達件の如し。

建長八年六月二日

某殿

＊鎌倉から武蔵国・下野国を経て陸奥国に至る幹線道路である奥大道で夜討・強盗が頻発しているとして、沿道に所領をもつ地頭に警備が命じられた。この措置は二年後の正嘉二年（一二五八）八月二十日にも再び命じられている（『鏡』同日条・追加法三一九）。これらの史料によると、地頭らは、所領内の宿場に警備のための建物を設

け、担当者を指定して輪番で警備を行わせることを命じられている。「直人」の「直」は日直・宿直の直と同じく担当者というほどの意味で、国衙（こくが）の役職にも直人や庁直が見られる。また、領内の住人や沙汰人から、夜討・強盗について情報を隠さないとの起請文（誓約書）を徴収するよう命じられている。

建長年間（一二四九～一二五六）以降、幕府はこうした治安維持に関する政策に積極的に取り組むようになってゆく。

二日。辛酉。奥大道、夜討・強盗、蜂起、成二往反旅人之煩一。仍此間、度々、有二其沙汰一、可レ致二警固一之旨、今日、被レ仰二付于彼路次地頭等一。所謂、

小山出羽前司　宇都宮下野前司

阿波前司　周防五郎兵衛尉

（中略）

已上廿四人。

御教書云、

奥大道夜討・強盗事、近年、為二蜂起一之由、有二其聞一。是、偏地頭・沙汰人等無沙汰之所レ致也。早所領内宿々居二置直人一、可二警固一。且有二如レ然之輩一者、不レ嫌二自他領一、不レ可二

見隠レ之由、被レ召ニ住人等起請文一、可レ被レ致ニ其沙汰一。若尚、背ニ御下知之旨一、令ニ緩怠一者、殊可レ有ニ御沙汰一之状、依レ仰執達如レ件。

建長八年六月二日

某殿

◆北条時頼、執権職を北条長時に譲る

康元元年(一二五六)十一月二十二日条(巻第四十六)

二十二日。己酉(つちのととり)。相州(北条時頼)の赤痢の病気が軽くなったという。今日、(時頼が)執権(の職)を北条長時に譲られた。また、武蔵国の国務・侍所別当と鎌倉の邸宅を、同じく(長時に)預けられた。ただし、家督(となる時宗)が幼い間の代官であるという。

❖廿二日(にじゅうににち)。己酉(つちのととり)。相州(そうしゅう)の赤痢(せきり)の病(やまい)の事(こと)、減気(げんき)と云々(うんぬん)。今日(きょう)、執権(しっけん)を武州(ぶしゅう)〔長時(ながとき)〕

に譲らる。又、武蔵の国務・侍別当并びに鎌倉の第、同じく之を預け申さる。但し、家督幼稚の程の眼代なりと云々。

✻北条時頼が病気のため執権の地位を北条長時に譲った。これにともない関東知行国である武蔵国の国務、侍所の別当職、鎌倉の小町にあった邸宅（現在の宝戒寺一帯）も長時に預けられた。長時は、連署として時頼を支え、この年の三月に辞任・出家した重時の子である。時頼は三十歳、長時は二十七歳であった。

時頼は九月十五日に、当時流行していた赤斑瘡（はしか）にかかり、二十五日には回復したものの、十一月三日以降には赤痢にかかっていた。

この時頼から長時への執権以下の譲与は、時頼の嫡子で、六歳だった正寿丸（後の時宗）が成長するまでの代官としての一時的なものとされ、ここに執権の地位と北条氏一族の家督の地位とが分離することとなった。

廿二日。己酉。相州赤痢病事、減気云々。今日、被レ譲二執権於武州〔長時〕一。又、武蔵国務・侍別当幷鎌倉第、同被レ預二申之一。但、家督幼稚之程眼代也云々。

◆北条時頼、出家

康元元年（一二五六）十一月二十三日条（巻第四十六）

二十三日。庚戌。晴れ。寅の刻（午前四時前後）に、最明寺で相州（北条時頼）が出家された（年は三十歳）。日頃からの願いによるものである。御法名は覚了房道崇という。御戒師は宋（の出身）の蘭渓道隆である。この（時頼の出家の）ことにより、名家の兄弟が三家で、既に沙弥となった。希代の珍事である。すなわち、結城朝広（法名は信仏）・時光（法名）・朝村（法名は蓮忍。以上は結城家で、それぞれは兄弟）、三浦光盛（法名）・盛時（法名）・時連（法名は観蓮。以上は三浦家で、それぞれは兄弟）、二階堂行泰（法名は行善）・行綱（法名は行願）・行忠（法名は行一。以上は信濃（守流の二階堂）家で、それぞれは兄弟）。その面々は（時頼を）慕っており、長年、二心が無かった。この（時頼の出家の）時に、名残を惜しむあまりに、突然にこの（出家の）意志を示したという。ただし皆、自由（出家）の処罰を行われ、出仕を停止されるという。

❖廿三日。庚戌。天晴る。寅の剋、最明寺に於いて、相州、落餝せ令め給ふ〔年、卅〕。日来の素懐に依るなり。御法名、覚了房道崇と云々。御戒師、宋朝の道隆禅師なり。此の事に依り、名家の兄弟三流、既に沙弥と為る。希代の珍事なり。所謂、前大蔵権少輔朝広〔法名、信仏〕・上野四郎左衛門尉時光〔法名〕・同十郎朝村〔法名、蓮忍。以上、結城。各、兄弟〕、遠江守光盛〔法名〕・三浦介盛時〔法名〕・大夫判官時連〔法名、観蓮。以上、三浦。各、兄弟〕、前筑前守行泰〔法名、行善〕・前伊勢守行綱〔法名、行願〕・信濃判官行忠〔法名、行一。以上、信濃。各、兄弟〕。彼の面々、慕ふ所有り、年来、弐無し。斯の時、名残を思ふの余り、忽ち此の志を顕すと云々。但し、皆、自由の過に行はれ、出仕を止む可きの由と云々。

✲執権の地位を北条長時に譲った北条時頼は、その翌日、最明寺で出家した。戒師は、時頼が建立した建長寺の開山となった、禅僧の蘭渓道隆であった。出家は以前からの願いで、最明寺はこの年の七月以前には造営が開始されており、同十七日には初めての本尊拝礼として将軍宗尊親王が訪れている。

時頼の出家をうけて、三家で三兄弟が出家した。結城朝光・三浦（佐原）盛連（もりつら）・二階堂行盛の子である。一部の人物については法名が記されていないが、三浦盛時の法名は浄蓮（じょうれん）である。結城氏は小山氏の一族、佐原氏は三浦氏の庶流で宝治合戦後に三浦本家を継承した一族、二階堂氏は京都から下った藤原行政に始まる一族で、この頃には行政の子で信濃守になった行光の子孫である信濃守流と、同じく隠岐守となった行村の子孫である隠岐守流とがあった。

なお、時頼はこれ以降も政治の実権は掌握し続けている。

廿三日。庚戌。天晴。寅剋、於二最明寺一、相州、令二落餝一給〔年、卅〕。依二日来素懐一也。御法名、覚了房道崇云々。御戒師、宋朝道隆禅師也。依二此事一、名家兄弟三流、既為二沙弥一。希代珍事也。所謂、前大蔵権少輔朝広〔法名、信仏〕・上野四郎左衛門尉時光〔法名〕・同十郎朝村〔法名、蓮忍。以上、結城。各、兄弟〕、遠江守光盛〔法名〕・三浦介盛時〔法名〕・大夫判官時連〔法名、観蓮。以上、三浦。各、兄弟〕、前筑前守行泰〔法名、行善〕・前伊勢守行綱〔法名、行願〕・信濃判官行忠〔法名、行一。以上、信濃。各、兄弟〕。彼面々、有レ所レ慕、年来、無レ弐。斯時、思ニ名残一之余、忽顕ニ此志一云々。但、皆、被レ行ニ自由之過一、可レ止ニ出仕一之由云々。

◆北条時宗、元服　康元二年（一二五七）二月二十六日条（巻第四十七）

二十六日。壬午。晴れ。風は静かだった。今日の午の二点（正午前）に、相州禅室（北条時頼）の若君〔御名前は正寿丸。七歳〕が、御所で元服された。奥州（北条政村）と御家人〔それぞれ布衣で下括〕は西の侍所に着座した。二棟御所で元服が行われた。東の障子に沿って御座〔大文の高麗縁（の畳）〕を設けた。正寿丸は童装束〔狩衣。袴（生地は）繍〕を着て、武州（北条長時）の座の下座に着座された。（元服の）時刻に、将軍家（宗尊）がお出ましになった。土御門顕方〔直衣〕が、二棟御所の南面の妻戸を出て、廊根と妻戸の間に蹲踞して、正寿丸に向かって（宗尊が）お召しであると告げた。正寿丸は（宗尊の）御前に参られた。長時がこれを介添え申された。次に、（正寿丸は）御装束・御烏帽子を（宗尊から）賜り、退いた。中御所の西対の渡廊に屏風を立て、（その中で正寿丸は宗尊から）賜った御衣裳〔浮線綾の御狩衣。紫の浮織物の御奴袴。蘇芳の二袙。紅の単衣〕を着られ、すぐにまた、（宗尊のいる）簾中に参られた。長時の介添えは、先ほどのとおり。その後、（元服の）道具を置いた。まず安達泰盛が、烏帽子〔柳筥に置いた〕を持参し、御前の簀子に進んで、御簾を持ち上げて（御簾の中に）入れた。次に、佐々木泰綱が打乱の筥を運び、武藤景頼が泔坏〔柳筥に置いた〕を運んだ。以上の作法は先ほど（の泰盛の作法）のとおり。次に、政村が侍の座を立ち、廊の西の縁を経て、切妻戸の庇（の間）に祗候された。長時は理髪役として簾中に祗候された。そのほかの人々は、廊の西と南に居並んだ〔北を上座とした。（列は）東の砌まで折れて続いた〕。次に、長時が参り進んで（正寿丸の）髪を整えた。次に、新冠（時宗）が（宗尊の）御座の前に祇候された。（宗尊による）御加冠が行われた。次に、時宗が（宗尊を）三拝した。次に、もとの担当の者らが、参り進んで道具を撤収した。長時は簾中を出て、庭（に居並んだ御家人ら）に加わった。次に、黄門〔土御門顕方〕が二棟御所の南面から出て、その西面の御簾を〔柱間〕三間分上げた。次に、（宗尊への）進物（が行われた）。御剣は大仏朝直、御弓矢は名越時章、御鎧は名越教時・名越公時、御野矢は宇都宮泰綱、御行騰は二階堂行方（が運んだ）。

一の御馬〔鞍を置いた。（鞍は）銀造〕　北条義政　原田宗経

二の御馬〔白伏輪の鞍〕　北条時村　工藤高光

三の御馬〔同〕　北条時利　南条頼員

次に、時宗が（宗尊から）御剣を賜り〔自らこれを受け取られた〕、（簾中から）退出した。長時が再び御所に上がり介添えし、その機会に侍の座に着座された。次に、（ほかの）人々が戻って同じ（侍の）座に着座し、三献の儀式が行われた。次に、時宗の（宗尊の）御前での杓が行われた〔その

（時の）座席は長時以下、最初の（元服の際の）とおり〕。次に、あらかじめ書き下された御名前〔時宗〕を、顕方が（宗尊から）これを賜り、長時に授けられた。

❖廿六日。壬午。天晴る。風静かなり。今日午の二点、相州禅室の若公〔御名、正寿。七歳〕、御所に於いて首服を加へ被る。奥州幷びに御家人〔各、布衣、下括〕、西の侍に着す。二棟御所に於いて其の儀有り。東の障子に副ひ御座〔大文の高麗縁〕を設く。若公、童装束〔狩衣。袴。繍〕を着し、武州の座の下に着せ被る。時剋、将軍家、出御す。土御門中納言〔顕方卿。直衣〕、二棟の南面の妻戸を出で、廊根と妻戸の間に蹲踞し、若公に向かひ召すの由を告ぐ。若公、御前に参る。武州、之を扶持し奉らる。次いで、御装束・御烏帽子を賜り、退下す。中御所の西対の渡廊に於いて屏風を立て、賜る所の御衣〔浮線綾の狩の御衣。紫の浮織物の御奴袴。蘇芳の二衵。紅の単衣〕を着せ被れ、則ち又、簾中に参らる。武州の扶持、先の如し。其の後、雑具を置く。先づ秋田城介泰盛、烏帽子〔柳筥に置く〕を持参し、御前の簀子に進み、御簾を擡げ之を進らせ入る。次いで、壱岐前司泰綱、打乱の筥を取り、大宰権少弐景頼、泔坏〔柳筥に置く〕を役す。已上の作法、先の如し。次いで、奥州、侍の座を起ち、廊の西の縁を経、切妻戸の庇に候ぜ被る。武州は理髪役と為て簾中に候ぜ被る。其の外の人々、廊の西・南に座し列す〔北を上とす。東の砌に折れ来る〕。次いで、武州、参り進み理髪す。次いで、新冠、御座の前に候じ給ふ。御加冠。次いで、新冠、三拝す。次いで、本役人等、参り進み雑具を撤す。武州、簾中を出で、庭上に加はる。次いで、黄門、二棟の南面自り出で、同西面の御簾三ケ間を上ぐ。次いで、進物。御剣、武蔵前司朝直。御調度、尾張前司時章。御鎧、刑部少輔教時・左近大夫将監公時。御野矢、下野前司泰綱。御行縢、和泉前司行方。

一の御馬〔鞍を置く。銀〕　陸奥六郎義政　原田藤内左衛門尉宗経
二の御馬〔白伏輪の鞍〕　陸奥三郎時村　工藤左衛門尉高光
三の御馬〔同〕　相模三郎時利　南条新左衛門尉頼員

次いで、新冠、御剣を給はり〔自ら之を取り給ふ〕、退出す。武州、更に堂上し之

を扶持し、便に侍の座に着せ被る。次いで、人々、帰りて同じき座に着し、三献の儀有り。次いで、新冠の御前杓〔其の座、武州已下、初めの如し〕。次いで、預め書き下す御名字〔時宗〕、黄門、之を給はり、武州に授け被る。

○下括　袴の裾を足首で括ること。膝下で括ることは上括という。
○高麗縁　畳の縁の一種。白地または襷に花文の綾で、花文の大きさにより大文・小文があった。
○浮線綾　模様を浮織にした綾。
○浮織物　模様を浮織にした織物。
○奴袴　指貫のこと。
○蘇芳の二袙　紅のやや紫がかった色（蘇芳）の袙（衵）を、表着と単との間に重ねて着ること。
○打乱の筥　広蓋のような箱で、切った髪を入れるために用いた。
○理髪　子供の髪型を改め、成人の髪型に結うこと。
○黄門　中納言の唐名。ここでは権中納言の土御門顕方を指す。
○白伏輪　縁飾りの覆輪に銀または銀色の金属を用いたもの。

✱北条時頼の出家から三ヵ月ほどが過ぎたこの日、時頼の嫡子である正寿丸が七歳で元服し、時宗と名のることとなった。元服の儀式は幕府御所で行われ、理髪役は執権北条長時、加冠役は将軍宗尊が自ら行うという盛大なものであった。

なお、この日、進物の馬を引いている時利（後の時輔）は、時頼の側室である讃岐局(さぬきのつぼね)を母とし、時宗より三歳年上の十歳であった。時利は時宗元服の前年の建長八年（一二五六）八月十一日に足利利氏(としうじ)（後の頼氏(よりうじ)）を加冠役として元服しているが、通称は時宗が太郎とされるのに対し三郎とされており、時頼の子息の中では三男として位置づけられたこととなる（七〇〇頁以下参照）。

廿六日。壬午。天晴。風静。今日午二点、相州禅室若公〔御名、正寿。七歳〕、於二御所一被レ加二首服一。奥州并御家人〔各、布衣、下括〕、着二西侍一。於二二棟御所一有二其儀一。副二東障子一設二御座〔大文高麗縁〕一。若公、着二童装束〔狩衣。袴。繍〕一、被レ着二武州座下一。時剋、将軍家、出御。土御門中納言〔顕方卿。直衣〕、出二二棟南面妻戸一、蹲二居廊根妻戸間一、向二若公一告二召之由一。若公、被レ参二御前一。武州、被レ奉レ扶二持之一。次、賜二御装束・御烏帽子一、退下。於二中御所西対渡廊一立二屏風一、被レ着二所レ賜之御衣〔浮線綾狩御衣。紫浮織物御奴袴。蘇芳二衵。紅単衣〕一、則又、被レ参二簾中一。武州扶持、如レ先。其後、置二雑具一。先秋田城介泰盛、持二参烏帽子〔置二柳筥一〕一、進二御前簀子一、擡二御簾一進二入之一。次、壱岐前司泰綱、取二打乱筥一、大宰権少弐景頼、役二泔坏〔置二柳筥一〕一。已上作法、如レ先。次、奥州、起二侍座一、経二廊西縁一、被レ候二切妻戸庇一。武州者為二理髪役一被レ候二簾中一。其外人々、廊西・南座列〔北上。東砌折来〕。次、武州、参進理髪。次、新冠、候二御座前一給。御加冠。次、新冠、三拝。次、本役人等、参進撤二雑具一。武州、出二於簾中一、加二于庭上一。次、黄門、出レ自二二棟南面一、上二同西面御簾三ヶ間一。次、進物。御剣、武蔵前司朝直。御調度、尾張前司時章。御鎧、刑部少輔教時・左近大夫将監公時。御野矢、下野前司泰綱。御行騰、和泉前司行方。

一御馬〔置レ鞍。銀〕　陸奥六郎義政　原田藤内左衛門尉宗経

二御馬〔白伏輪鞍〕　陸奥三郎時村　工藤左衛門尉高光

三御馬〔同〕　相模三郎時利　南条新左衛門尉頼員

次、新冠、給二御剣一〔自取レ之給〕、退出。武州、更堂上扶二持之一、便被レ着二侍座一。次、人々、帰着二同座一、有二三献儀一。次、新冠御前杓〔其座、武州已下、如レ初〕。次、預書下御名字〔時宗〕、黄門、給レ之、被レ授二武州一。

◆鎌倉で大地震　正嘉元年（一二五七）八月二十三日条（巻第四十七）

二十三日。乙巳。晴れ。戌の刻（午後八時前後）に、大地震があった。音が鳴った。神社仏閣は、一棟も完全なものは無かった。山は崩れ、家屋は倒れた。築地は全て破損した。あちこちで地面が裂け、水が湧き出した。中下馬橋の辺りの地面が裂け、その中から炎が燃え出た。（炎の）色は青かったという。

❖廿三日。乙巳。晴る。戌の剋、大地震。音有り。神社仏閣、一宇として全き無し。山岳、頽崩し、人屋、顛倒す。築地、皆悉く破損す。所々、地、裂け、水、涌き出づ。中下馬橋の辺りの地、裂け破れ、其の中自り火炎、燃え出づ。色、青と云々。

✻大地震が発生し、鎌倉でも多くの被害が発生した。八月二十五日条にも余震の記事があり、九月四日条にも余震の継続が記されている。山崩れや建物の倒壊、地割れや液状化現象も発生し、九月二十四日条からは幕府御所の南と東の築地が基礎から崩れたことが知られる。

当時、鎌倉で活動していた日蓮(にちれん)も、この地震に遭遇している。この地震は日蓮にとっても大きな衝撃であり、これ以降の飢饉(ききん)や疫病の発生も相まって、文応(ぶんおう)元年(一二六〇)に『立正安国論(りっしょうあんこくろん)』が著されることとなる(『鎌』九九一一号)。

廿三日。乙巳。晴。戌剋、大地震。有レ音。神社仏閣、一宇而無レ全。山岳、頽崩、人屋、顚倒。築地、皆悉破損。所々、地、裂、水、涌出。中下馬橋辺地、裂破、自二其中一火炎、燃出。色、青云々。

◆宗尊親王の上洛について命令

正嘉二年(一二五八)三月二十日条(巻第四十八)

二十日。庚午(かのえうま)。終日、大雨。評定が行われた。将軍家(宗尊)が来年、上洛されるため、供奉人以下の事について審議が行われ、一つには準備を行い、一つには事情を御家人らに伝えさせるため、御教書を諸国の守護に下された。その書様（は以下のとおり）。

来年の正月、（宗尊が）上洛される。そのことを承知し、その国の御家人らにお伝えください。また住民はこの（上洛にともなう）負担によって逃散してはならない。もしその（逃散の）企てがあったならば、速やかに調べて（もとの住所に）帰らせるよう、（将軍の）仰せによりこのとおり伝える。

正嘉二年三月二十八日　武蔵守（北条長時）

相模守（北条政村）

某殿

❖廿日。庚午。終日、甚雨。評定有り。将軍家、明年、御上洛有る可きに依り、供奉人以下の事、群儀を経被れ、且つうは用意を致し、且つうは子細を御家人等に相触れ令めんが為、御教書を諸国の守護人に下さるる所なり。其の書様。

明年正月、御上洛有る可し。其の旨を存じ、其の国の御家人等に相触れ被る可し。且つは土民、此の役に依り逃散す可からず。若し其の企て有らば、早く糺し返さ令む可きの状、仰せに依り執達件の如し。

正嘉二年三月廿八日　武蔵守

相模守

某殿

＊将軍宗尊が翌年正月に上洛することが決定され、その準備が諸国の御家人に命じられた。建長四年（一二五二）に十一歳で鎌倉に下った宗尊は十七歳となっており、上洛して父である後嵯峨院らと対面することは、朝廷と幕府との協調を示すものとして計画されたものと考えられている。五月九日には先例に従って六波羅に御所を新造することが命じられており、八月五日には六波羅御所の移徙（引っ越し）の儀式の日程が協議されていることから、この頃には御所が完成したものと考えられる。

なお、この三月二十日条で引用されている幕府からの命令は三月二十八日付となっている。また二月二十八日条にも将軍の上洛決定とその準備命令の記事が見え、

『鏡』の記事には編纂の際の錯誤が含まれるようである。

廿日。庚午。終日、甚雨。有二評定一。将軍家、明年、依レ可レ有二御上洛一、供奉人以下事、被レ経二群儀一、且致二用意一、且為レ令レ相二触子細於御家人等一、所レ被レ下二御教書於諸国守護人一也。其書様。

明年正月、可レ有二御上洛一。存二其旨一、可レ被レ相二触其国御家人等一。且土民、依二此役一不レ可二逃散一。若有二其企一者、早可レ令二糺返一状、依レ仰執達如レ件。

正嘉二年三月廿八日　武蔵守

相模守

某殿

◈暴風により諸国に被害

正嘉二年（一二五八）八月一日条（巻第四十八）

一日。丁丑。暴風が激しく吹き、大雨は注ぐようであった。夜に快晴となった。諸国の田園は全て（作物が）損害を蒙ったという。

❖一日。丁丑。暴風烈しく吹き、甚雨沃るが如し。昏黒、天顔快晴。諸国の田園、悉く以て損亡すと云々。

✼暴風雨により諸国の農作物に被害が発生した。この被害による民衆の困窮から、翌年正月に予定されていた宗尊の上洛は延期が決定された（『鏡』正嘉二年八月二十八日条）。

この年は六月末に寒気が冬のようであったといい（『鏡』正嘉二年六月二十四日条）、天候不順であったと考えられ、この暴風雨とあいまって正嘉の飢饉と呼ばれる飢饉が発生することとなる。

一日。丁丑。暴風烈吹、甚雨如沃。昏黒、天顔快晴。諸国田園、悉以損亡云々。

◆諸国の悪党への対処を命令

正嘉二年（一二五八）九月二十一日条（巻第四十八）

二十一日。丁卯（ひのとう）。諸国の悪党が頻発しているとの風聞があるため、特に熱心に警備を行うよう、このところ審議が行われていた。今日、御教書を諸国の守護に下された。その文言に言うには、（以下のとおり。）

国々の悪党の警備の事

右、国々の悪党が頻発し、夜討・強盗・山賊・海賊を企てていると、その風聞がある。狼藉（ろうぜき）の甚だしいものであり、処罰しないわけにはゆかない。見て見ぬふりをし、聞いて聞かぬふりをしてはならないと、度々、命じられている。早く警備を行うように。実際に罪を犯した者たちは、その身柄を捕らえて（鎌倉に）さし出すように。また権門勢家（けんもんせいか）の所領であっても、守護の命令に背き、悪党を（引き渡さず）抱え置く場合は（鎌倉に）報告するように。その処罰を行う。この旨をその国中に伝え、対処するよう、（将軍の）仰せによりこのとおり伝える。

正嘉二年九月二十一日　武蔵守（北条長時）

相模守（北条政村）

某殿

❖廿一日。丁卯。諸国の悪党、蜂起の聞こえ有るに依り、殊に警巡の誠を竭くさる可きの趣、日来、群議を経被れ畢んぬ。今日、御教書を諸国の守護人に下さる。

其の詞に云はく、

国々の悪党の警固の事

右、国々の悪党、蜂起せ令め、夜討・強盗・山賊・海賊を企つるの由、其の聞こえ有り。狼唳の甚だしき、誡めざる可からず。早く警固を加ふ可きなり。見隠し聞き隠す可からざるの由、度々、仰せ下され畢んぬ。実犯の族に於いては、其の身を召し進らせ令む可し。且つは権門勢家の領為りと雖も、守護人の下知に背き、悪党を拘惜するに於いては、注申す可し。其の科に行はる可きなり。此の旨を以て其の国中に触れ廻らし、沙汰を致さ令む可きの状、仰せに依り執達件の如し。

正嘉二年九月廿一日　　武蔵守

相模守

某殿

✻建長年間（一二四九〜一二五六）以降、幕府は治安維持に関する政策に積極的に取り組むようになっていたが、正嘉二年（一二五八）八月一日の暴風雨による飢饉の発生もあって、治安対策はより強化されていった。同年八月二十日には、建長八年（一二五六）の法（六六八頁以下参照）を踏まえ、あらためて陸奥・出羽両国での治安維持が命じられた。

また、九月二十一日には従来は幕府の管轄外であった権門勢家の所領であっても、守護からの要請により悪党が引き渡されない場合には処罰を行う方針が示された。実際には処罰の実現は難しかったようであるが、この法を根拠に本所領の荘官を処罰し

ようとする動きも確認でき（『鎌』九三〇五号）、この法は幕府の治安維持政策におい
て画期となるものであった。

廿一日。丁卯。諸国悪党、依㆑有㆓蜂起之聞㆒、殊可㆑被㆑竭㆓警巡誡㆒之趣、日来、被㆑経㆓群議㆒畢。
今日、被㆑下㆓御教書於諸国守護人㆒。其詞云、

国々悪党警固事

右、国々悪党、令㆓蜂起㆒、企㆓夜討・強盗・山賊・海賊㆒之由、有㆓其聞㆒。狼唳之甚、不㆑可㆑不㆑誡。不㆑可㆓見隠聞隠㆒之由、度々、被㆓仰下㆒畢。早可㆑加㆓警固㆒也。於㆓実犯之族㆒者、可㆑令㆑召㆓進其身㆒。且雖㆑為㆓権門勢家之領㆒、背㆓守護人下知㆒、於㆑拘㆓惜悪党㆒者、可㆓注申㆒。可㆑被㆑行㆓其科㆒也。以㆓此旨㆒触㆓廻其国中㆒、可㆑令㆑致㆓沙汰㆒之状、依㆑仰執達如㆑件。

正嘉二年九月廿一日　武蔵守
相模守

某殿

◆北条泰時の判決を不易化

正嘉二年（一二五八）十月十二日条（巻第四十八）

十二日。丁亥。晴れ。今日、評議が行われた。仰せ出されたことには、嘉禄元年から仁治三年に至る間の（訴訟の）御裁決は、三代の将軍（源頼朝・頼家・実朝）と二位家（北条政子）の御裁決に準じ、変更しないという。

❖十二日。丁亥。晴る。今日、評議。仰せ出ださるるに曰く、嘉禄元年自り仁治三年に至る御成敗の事、三代の将軍并びに二位家の御成敗に準じ、改め沙汰に及ぶ可からずと云々。

✲嘉禄元年（一二二五）から仁治三年（一二四二）の間に行われた幕府の判決は、源頼朝・頼家・実朝および北条政子の判決と同様に再審・変更を行わないことが決定された。嘉禄元年は政子が死去した年、仁治三年は北条泰時が死去した年である。政子以前の判決の扱いについては『御成敗式目』七条において定められているが、ここに、政子以降の判決が将軍の治世ではなく執権泰時の治世の判決として確定されることとなった。これ以降、幕府の判決の確定（不易化）は執権、さらには得宗の治世を基準とするようになり、幕府における時間区分の基準が権力の所在と連動していることが指摘されている。

なお、この泰時の判決の不易化は『鏡』では十月十二日とされているが、実際には十二月十日であり（追加法三二一・三二二）、『鏡』編纂時の錯誤と考えられる。

十二日。丁亥。晴。今日、評議。被二仰出一曰、自二嘉禄元年一至二仁治三年一御成敗事、准二三代将軍幷二位家御成敗一、不レ可レ及二改沙汰一云々。

◆正元元年（一二五九）の政治情勢

✲正元元年（一二五九。三月に正嘉三年から改元）は『鏡』の記事が欠けている。

正嘉二年（一二五八）に発生した天候不順と暴風雨により飢饉が発生し、幕府は正嘉三年二月九日に、「浪人の身命を助」けるため、庶民が山で山芋を採取したり、海・川で魚や海藻を採取したりすることを妨げないよう、諸国の地頭に命じている（追加法三二三）。

また十二月には治安対策として、諸国の守護に対し、悪党の禁圧と、地頭から悪党を隠匿しない旨の起請文を集めることも指示された。これを受けて守護は地頭に対し、地頭代・住人百姓らからも起請文を集めるよう指示し、実際に起請文の作成が行われている（『鎌』八四八六・二三二五六号）。これにより、幕府―守護―地頭―地頭領住人という、幕府の検断機構が一応の完成に至ることとなった。

一方、朝廷では十一月に後深草天皇が譲位し、十二月に亀山天皇が即位した。後深草は十七歳、亀山は十一歳で、政治の実権は両者の父である後嵯峨院が掌握していたが、後嵯峨の死後、皇統は後深草の子孫の持明院統と、亀山の子孫の大覚寺統に分裂し、後に南北朝の内乱を招くこととなる。

◆幕府、諸国に疫病退治の祈禱を命令

文応元年（一二六〇）六月十二日条（巻第四十九）

十二日。戊申。人々の疫病を退治するため、祈禱を行うよう、今日、諸国

の守護に命じられたという。その御教書に言うには、(以下のとおり。)

諸国の寺社での大般若経の転読の事

国土安穏・疫病退治のため、諸国の寺社で、大般若経・最勝王経・仁王経などを転読されるべきである。速やかにその国の寺社の住僧に命じて、誠心誠意、転読するよう、地頭らに伝えるように。また(守護自身の)知行している所について、同じく命令するよう、(将軍の)仰せによりこのとおり伝える。

文応元年六月十二日　武蔵守(北条長時)

相模守(北条政村)

某殿

❖十二日。戊申。人庶の疾疫対治の為、祈禱を致す可きの由、今日、諸国の守護人に仰せ被ると云々。其の御教書に云はく、

諸国の寺社の大般若経転読の事

国土安穏・疾疫対治の為、諸国の寺社に於いて、大般若・最勝・仁王経等を転読せ被る可きなり。早く其の国の寺社の住僧に仰せて、精誠を致し転読す可きの由、地頭等に相触れ令む可きなり。且つは知行の所に於いては、同じく下知せ令む可きの状、仰せに依り執達件の如し。

文応元年六月十二日　　武蔵守

相模守

某殿

✽国土安穏・疫病退治のため、管国内の地頭にその所領内の寺社に祈禱を命じることと、自身の所領内の寺社に祈禱を命じることが、諸国の守護に指示された。疫病は正嘉の飢饉が続いていた正元元年（一二五九、正嘉三年を改元）の冬から流行し始め、正元二年（四月十三日に文応と改元）四月六日には諸寺に祈禱が命じられている。六月四日には飢饉・疫病対策として六波羅に対して恩赦が命じられており、祈禱も四月段階では鎌倉近辺の諸寺に命じられたものが、六月になって全国に拡大されたのであろう。

日蓮は正元元年を「大疫病」、同二年を「四季に亘り大疫已まず」と記しており(『鎌』九九一二号)、飢饉の影響もあって疫病の流行は長引いたようである。

十二日。戊申。為二人庶疾疫対治一、可レ致二祈禱一之由、今日、被レ仰二諸国守護人一云々。其御教書云、

諸国寺社大般若経転読事

為二国土安穏・疾疫対治一、於二諸国寺社一、可レ被レ転二読大般若・最勝・仁王経等一也。早仰二其国寺社之住僧一、致二精誠一可二転読一之由、可レ令レ相二触地頭等一也。且於二知行所一者、同可レ令二下知一之状、依レ仰執達如レ件。

文応元年六月十二日　武蔵守

相模守

某殿

◆北条時頼、子息らの序列について指示

文応二年（一二六一）正月四日条（巻第五十）

四日。丙寅。七日の（宗尊の鶴岡八幡宮参詣の）供奉の事について、（宗尊の）御点の（付けられた）人員に奉を提出させた。ところが最明寺殿（北条時頼）の御子息たちの事については、散状などに記載されるべき順序があった。すなわち、相模太郎（北条時宗）、同四郎（北条宗政）、同三郎（北条時輔）、同七郎（北条宗頼）と、このとおりである。これは禅室（時頼）が内々、お考えになっていたものである。現在の書き方は、たいそうお考えと異なっているという。工藤光泰がその旨を承って、事の次第を越州（金沢実時）に告げたという。実時は答えた。「今回の散状は、人々が既に奉を提出しています。この上は今更、書き改めることはできないでしょう。直接（時頼の考えを）承った後、今後のあり方を改めます」。この事は、今日に限ったことではない。去年、安東光成が告げた内容もこのとおりであったという。（現在の書き方は）まず実時の考えではないのではなかろうか。武藤景頼は（実時と）同様（の対応）であったため、去年の冬の頃、時頼の御前で少しばかり（御所奉行の）辞意を示したため、譴責されたという。総じて時宗が兄（である時輔）の上座に着座されるべきであると、（時頼が）仰せられた。

❖四日。丙寅。七日の供奉の事、御点の人数を以て奉を召し進らす。而るに最明寺殿の公達の御事、散状の如きに載せ被る可きの次第有り。所謂、相模太郎、同四郎、同三郎、同七郎、此くの如し。是、禅室、内々、思し食す所なり。当時の書様、頗る御意に違ふと云々。工藤三郎右衛門尉光泰、其の趣を得、事の由を越州に告ぐと云々。越州、報へて云はく、今度の散状に於いては、人々、既に奉を進らせ訖んぬ。此の上は今更、書き改むること能はざるか。直に承り存ずるの後、向後の躰を改む可きの由と云々。此の事、今日に限らず。去んぬる年、則ち安東左衛門尉光成 告げ申す旨、此くの如しと云々。太だ越州の所存に非ざるか。武藤少卿、一同の間、去んぬる年冬の比、禅室の御前に於いて、聊か暇を申すに依り、突鼻すと云々。凡そ太郎殿、兄の上に着せ被る可きの由、之を仰せ被る。

○御点　ここでは宗尊が供奉すべき人名に付した印のこと。
○奉　動員や賦課などの命令に応じる旨の回答。
○散状　諸役を務めるべき人名を記した名簿。なお、上位者からの命令などへの回答の文書も散状と呼ばれた。
○越州　越後国の唐名。ここでは越後守の金沢実時を指す。
○少卿　大宰少弐の唐名。ここでは大宰権少弐の武藤景頼を指す。

＊北条時頼がその子息の序列について、時宗・宗政・時輔（初名は時利）・宗頼とするよう指示した。時輔は時宗・宗政よりも年長であるが側室の子であり、正室の子である時宗・宗政の下位に位置づけられたのである。なお、五郎は宗時（むねとき）、六郎は政頼（まさより）で、次郎は早世したのか活動が確認されていない。

将軍の外出などの際の供奉人は小侍所（こさむらいどころ）によって候補者の交名（きょうみょう）（名簿）が作成され、将軍が人名の右肩に印（しるし）（合点（がってん））を加えることで確定された。小侍所の別当は長らく金沢実時が務めており、正元二年（一二六〇）二月には時宗も別当に加えられていた。今回の供奉人の選定は、前日の正月三日に、宗尊から御所奉行の二階堂行方を通じて小侍所に命じられていた。武藤景頼も行方と同様の活動をしており、前年の十二月二十九日には正月一日の宗尊の御行始(おなりはじめ)の供奉人の選定に関与していることから、時頼から譴責されたのはこの時のことかと考えられる。

四日。丙寅。七日供奉事、以二御点人数一召‐進奉一。而最明寺殿公達御事、有下可レ被レ載二于如二散状一之次第上。所謂、相模太郎、同四郎、同三郎、同七郎、如レ此。是、禅室、内々、所二思食一也。当時書様、頗違二御意一云々。工藤三郎右衛門尉光泰、得二其趣一、告二事由於越州一云々。越州、報云、於二今度散状一者、人々、既進レ奉訖。此上今更、不レ能二書改一歟。直承存之後、可レ改二向後躰一之由云々。此事、不レ限二今日一。去年、則安東左衛門尉光成告申旨、如レ此云々。太非二越州所存一歟。武藤少卿、一同之間、去年冬之比、於二禅室御前一、聊依二暇申一、突鼻云々。凡太郎殿、可レ被レ着二兄之上一由、被レ仰レ之。

◆弘長新制　弘長元年（一二六一）三月二十日条（巻第五十）

二十日。壬午(みずのえうま)。雨が降った。今日、評定衆の連署の起請文を提出させられた。常陸介入道行日（二階堂行久）は、（起請文に）花押を加えなかったため、評定衆を離任する。次に、引付衆が、（評定衆とは）別紙の起請文を提出した。また、新制を今日（から）、施行し始めた。引付衆の結番（の編成）を改められた。

❖廿日。壬午。雨降る。今日、評定衆、連署の起請を召す。常陸介入道行日、加判せざるに依り、其の衆を離る可し。次いで、引付衆等、別紙の起請を進らす。亦、新制の事、今日、始めて之を施行す。引付の結番、之を改め被る。

✻新制が施行されるとともに、評定衆・引付衆からの起請文の徴収、引付の再編成が行われた。

弘長新制と呼ばれるこの新制は全六十一カ条からなり、かつて制定された個別の法や、二月二十日から二十九日にかけて順次、制定・伝達された法も含めて、二月三十日に公布され、三月二十日から施行された（追加法三三七～三九七）。弘長元年（一二六一）は天命が革(あらた)まるとされる辛酉(しんゆう)の年にあたることから、政治の刷新が図られ、新制が定められたものと考えられている。

この新制の中では北条泰時の先例に倣(なら)って評定衆・引付衆・奉行人から公正に政務にあたる旨の起請文を徴収することも定められており（追加法三五〇）、この日、起請文の作成が行われたのである。なお、二階堂行久はこの時、五十七歳でこれ以降はほとんど活動が見られず、五年後の文永三年（一二六六）に死去している。

また引付の番編成が改められ、ここでは省略したが、それぞれの番の構成員と引付開催の式日を記した番文(ばんぶん)も掲載されている。

幕府はこれを踏まえて朝廷にも徳政の実施を要請し、弘長三年（一二六三）には朝廷からも新制が発せられている。

> 廿日。壬午。雨降。今日、評定衆、召㆓連署起請㆒。常陸介入道行日、依㆑不㆓加判㆒、可㆑離㆓其衆㆒。次、引付衆等、進㆓別紙起請㆒。亦、新制事、今日、始施㆓行之㆒。引付結番、被㆑改㆑之。

◆弘長二年（一二六二）の政治情勢

＊『鏡』には弘長二年（一二六二）の記事は欠けている。

弘長二年五月、幕府は西国の治安維持に関する十ヵ条の法を定め、六波羅に伝達した（追加法四〇七～四一六）。これは弘長新制における悪党取り締まり条項（追加法三六八）を踏まえたもので、六波羅が管轄する西国を念頭に、悪党取り締まりに関わる具体的な細則を定めている。ここでは、本来は幕府の管轄ではない案件であっても、狼藉（ろうぜき）に関して朝廷から命じられたものについては、場合によっては対処すると記されており、治安維持における幕府の役割の拡大が窺（うかが）える。実際、この年の閏（うるう）七月には、醍醐寺（だいごじ）の内部対立による相論が、この法を根拠に幕府に持ち込まれている（『鎌』八八四七号）。

また六月には引付が、それまでの五番から三番に編成替えが行われている（『関東評定衆伝』）。建長元年（一二四九）に三番制で設置された引付は、同三年六月に六番に再編されるが間もなく三番に戻された後、同四年四月に五番編成となっていた（『鏡』建長三年六月五日条に「五方引付」とあるのは「三方引付」の誤記であろう）。この三番制は文永三年（一二六六）に引付が停止される（七二八頁以下参照）まで継続する。

なお、この年の二月から閏七月にかけて、鎌倉には奈良・西大寺（さいだいじ）の叡尊（えいぞん）が滞在していた（『関東往還記』など）。弘長元年十二月・弘長二年正月と、金沢実時の使者が西大寺を訪れて叡尊の鎌倉下向を要請し、叡尊は二月二十七日に鎌倉に入った。叡尊は北条時頼・金沢実時を始めとする北条氏一族や多くの御家人と交流し、多くの女性を含むさまざまな人々に戒を授け、またさまざまな慈善救済事業を行った。

◆宗尊親王の上洛について命令

弘長三年（一二六三）六月二十三日（巻第五十一）

二十三日。辛未（かのとひつじ）。将軍家（宗尊）の御上洛の事について、その審議が行われ、課役を諸国に賦課された。御教書の文章は全て同じである。西国の事については、六波羅に命じられたという。御教書に言うには、（以下のとおり。）

御上洛のための百姓らの負担の事。（田の面積）一段につき銭百文、五町につき荷運びの馬一疋（ぴき）・人夫二人を賦課するように〔畠については二町を田一町に准じる〕。このほかに、民衆に負担を懸けてはならない。ただし、（この負担に抵抗して）逃散する者たちがあれば、その在所に伝えて、その役を務めさせるよう、（将軍の）仰せによりこのとおり伝える。

弘長三年六月二十三日

武蔵守（北条長時）

相模守（北条政村）

陸奥左近大夫将監（北条時茂）殿

❖廿三日。辛未。将軍家御上洛の事、其の沙汰有り、課役を諸国に充て被る。御教書の文章、一同なり。西海の事は、六波羅に仰せ遣はさると云云。御教書に云はく、

御上洛の間、百姓等の所役の事。段別百文、五町別官駄一疋・夫二人、之を充て行ふ可し〔畠に至りては、二町を以て田一町に准ず可し〕。此の外、民の煩ひを成す可からず。但し、逃散の輩有らば、在所に相触れ、其の役を勤め令

む可き の状、仰せに依り執達件の如し。

弘長三年六月廿三日　　武蔵守

相模守

陸奥左近大夫将監殿

＊正嘉二年（一二五八）に企画されながら、暴風雨の被害により延期された宗尊の上洛（六八六頁以下・六八九頁以下参照）が再度企画され、そのための経費などの負担が諸国に命じられた。

八月九日には宗尊の鎌倉出発は十月三日とされ、供奉人や道中のさまざまな役目の担当者が決定された。翌十日には、上洛に関する経費を十月までに京都に進上するよう、畿内・西国の御家人に命じられている。

この年の八月十三日には弘長元年（一二六一）の幕府の新制（七〇四頁以下参照）に引き続き、朝廷からも新制が発せられており、宗尊の上洛には、朝廷・幕府が協調して世の中を治めてゆく姿勢を示す意義が込められていたのである。

廿三日。辛未。将軍家御上洛事、有二其沙汰一、被レ充二課役於諸国一。御教書文章、一同也。西海事者、被レ仰二遣六波羅一云云。御教書云、

御上洛間、百姓等所役事。段別百文、五町別官駄一疋・夫二人、可レ充二行之一（至レ畠者、以二二町一可レ准二田一町一）。此外、不レ可レ成二民之煩一。但、有二逃散之輩一者、相二触在所一、可レ令レ勤二其役一之状、依レ仰執達如レ件。

弘長三年六月廿三日　武蔵守

相模守

陸奥左近大夫将監殿

◆宗尊親王の上洛を延期

弘長三年（一二六三）八月二十五日条（巻第五十一）

二十五日。壬申（みずのえさる）。晴れ。（宗尊の）御上洛の事は、大風により諸国の稲が被害にあったため、困窮した人民の煩いを軽減するため、延期された。そこで今日、その旨を六波羅に伝えられた。御教書二通を遣わされた。一通

は京都・畿内の御家人に伝えるべき事、（もう）一通は左親衛（北条時茂）の（守護としての）分国の者たちが承知しておくべき事である。その文書に言うには、（以下のとおり。）

御上洛の事は、大風により延引されると、（宗尊が）仰せ下された。そのため、（追って正式の）御使者を派遣されるが、まずはその旨を御家人らにお伝えください。（将軍の）仰せによりこのとおり伝える。

弘長三年八月二十五日　武蔵守（北条長時）

相模守（北条政村）

陸奥左近大夫将監（北条時茂）殿

来る十月の御上洛は延期された。まずは御京上役（ごきょうじょうやく）を納付した所々については、（納付された京上役を）百姓に返還するように。速やかにこの旨を摂津・若狭の国中に命じられるよう、（将軍の）仰せによりこのとおり伝える。

弘長三年八月二十五日　武蔵守（北条長時）

相模守（北条政村）
陸奥左近大夫将監（北条時茂）殿

❖廿五日。壬申。天晴る。御上洛の事、大風に依り諸国の稼穀、損亡の間、弊民の煩ひを休めんが為、延引せ被るる所なり。仍て今日、其の旨を以て六波羅に仰せ遣はさる。御教書二通、之を遣はさる。一通は京畿の御家人に相触る可き事、一通は左親衛の分国の輩、存知す可き事なり。其の状に云はく、

御上洛の事、大風に依り御延引の由、仰せ下さるる所なり。其の間、御使を進らせ被る可しと雖も、且つがつ其の旨、御家人等に相触れ被る可きなり。仰せに依り執達件の如し。

弘長三年八月廿五日　武蔵守
相模守

陸奥左近大夫将監殿

来る十月の御上洛、御延引有る所なり。且つがつ御京上役弁済の所々に於いて

は、百姓(ひゃくしょう)に糺(ただ)し返(かえ)さ令(し)む可(べ)きなり。早(はや)く此(こ)の趣(おもむき)を以(もっ)て摂津(せっつ)・若狭(わかさ)の国中(くにじゅう)に下知(げち)せ被(ら)る可(べ)きの状(じょう)、仰(おお)せに依(よ)り執達件(しったつくだん)の如(ごと)し。

弘長三年八月廿五日(こうちょうさんねんはちがつにじゅうごにち)　武蔵守(むさしのかみ)

相模守(さがみのかみ)

陸奥左近大夫将監殿(むつさこんのたいふのしょうげんどの)

＊再度企画され、準備が進められていた宗尊の上洛であったが、八月十四日に暴風雨が発生し、またしても延期されることとなった。

この暴風雨では、幕府御所の西の侍廊(さむらいろう)のほか多くの民家が倒壊し、由比ヶ浜では数十艘(そう)の船が沈没した。また諸国の農作物も被害を受けた。

八月二十六日には後嵯峨院に上洛の延期を伝える正式の使者が派遣されたが、その翌日には再び暴風雨となり、由比ヶ浜や伊豆国で船が沈没している。

結局、延期された宗尊の上洛が実現することはなかった。

廿五日。壬申。天晴。御上洛事、依二大風一諸国稼穀、損亡之間、為レ休二弊民煩一、所レ被二延引一也。仍今日、以㆓其旨㆒被㆑仰㆓遣六波羅㆒。御教書二通、被㆑遣㆑之。一通者可㆑相㆓触京畿御家人㆒事、一通左親衛分国輩、可㆓存知㆒事也。其状云、

御上洛事、依㆓大風㆒御延引之由、所㆑被㆓仰下㆒也。其間、雖㆑可㆑被㆑進㆓御使㆒、且其旨、可㆑被㆑相㆓触御家人等㆒也。依㆑仰執達如㆑件。

弘長三年八月廿五日　武蔵守

相模守

陸奥左近大夫将監殿

来十月御上洛、所㆑有㆓御延引㆒也。且於㆓御京上役弁済所々㆒者、可㆑令㆑糺㆓返于百姓㆒也。早以㆓此趣㆒可㆑被㆑下㆓知摂津・若狭国中㆒之状、依㆑仰執達如㆑件。

弘長三年八月廿五日　武蔵守

相模守

陸奥左近大夫将監殿

◆六波羅探題の検断について審議

弘長三年（一二六三）十月十日条（巻第五十一）

十日。丁巳。評定を行われた。六波羅の検断などの事について、その審議が行われた。六波羅の祇候人である佐治重家（（六波羅からの）使者として（鎌倉に）参向していた）を（評定の）その座に召し出し、仰せ合わせられたという。強盗の事について、地頭の設置されていない権門領以下の所々については、「守護所からの伝達に従い、（その身柄を）引き渡されるように。そうでなければ、その所領を追放されるように。それが行われないならば、地頭を設置する」と、あらかじめ（六波羅から）本所に伝えられるように。次に、地頭が任命されている所々から強盗が引き渡されなければ、その土地の地頭職を解任されると伝えた後、（鎌倉に）報告されるようにという。

❖十日。丁巳。評定を行はる。六波羅の検断等の事、其の沙汰有り。彼の祗候人佐治入道〔使節と為て参向す〕を当座に召し出だし、仰せ合はせ被ると云々。強盗人の事、地頭無き権門領以下の所々、守護所自り相触るるに随ひ、之を召し出ださる可し。然らずんば、彼の所を追放せ被る可し。其の儀無くんば、地頭を補す可きの由、兼ねて本所に申さる可し。次いで、地頭補任の所々自り強盗人を召し出だされずんば、彼の地頭職を改易せ被る可きの旨、相触るるの後、之を注申せ被る可しと云云。

✲六波羅探題による検断（治安維持活動）について評定が行われ、強盗について、本所一円地において、守護への引き渡し、あるいは領内からの追放が行われなかった場合は、その所領に地頭を設置する方針が示された。本所一円地は地頭が設置されておらず、荘園領主の一元的・排他的な支配が行われていた所領で、本来は幕府の関与できない空間であった。

この方針決定は、正嘉二年（一二五八）の幕府法（六九一頁以下参照）や弘長新制（七〇四頁以下参照）・弘長二年（一二六二）の幕府法（七〇六頁以下参照）と一連の政策であり、幕府の治安維持政策の強化を示すものである。

この方針を決定した評定には六波羅探題から使者として鎌倉に来ていた佐治重家も参加していた。重家は六波羅探題を務めた北条重時・長時父子に仕えて在京し、この時は長時の弟で六波羅探題であった時茂に仕えていた。また弘長二年の幕府法の決定の際にも鎌倉で関与していたことが知られている。『鏡』は鎌倉での出来事を中心に記されているため、重家は『鏡』にはこの一ヵ所にしか登場しないが、京都の六波羅探題の活動を支えた重要人物であった。

十日。丁巳。被ㇾ行二評定一。六波羅検断等事、有二其沙汰一。召二出彼祗候人佐治入道（為二使節一参向）於当座一、被二仰合一云々。強盗人事、無二地頭一権門領以下所々、自二守護所一随二相触一、可ㇾ被ㇾ召二出之一。不ㇾ然者、可ㇾ被ㇾ追二放彼所一。無二其儀一者、可ㇾ補二地頭一之由、兼可ㇾ被ㇾ申二本所一。次、自二地頭補任所々一不ㇾ被ㇾ召二出強盗人一者、可ㇾ被ㇾ改二易彼地頭職一之旨、相触之後、可ㇾ被ㇾ注二申之一云云。

◆北条時頼、死去

弘長三年（一二六三）十一月二十二日条（巻第五十一）

二十二日。己亥。晴れ。（中略）。戌の刻（午後八時前後）に、北条時頼〔御法名は道崇。御年は三十七歳〕が、最明寺の北邸で死去した。御臨終の様子は、衣袈裟を着て、縄床に上がって座禅され、少しも動じる様子がなかった。偈頌に言うには、

業鏡高く懸ぐ　三十七年　一槌に打砕して　大道坦然たり

弘長三年十一月二十二日　道崇珍重という。

常には武略によって主君を補佐し、仁義を施して人民を慈しんだ。そのため、天意に通じ、人望に適った。臨終の際には、手を組んで印を結び、口に偈頌を唱えて即身成仏の瑞相を示した。もともと権化の再来である。誰がこの事に異を唱えることができようか。あらゆる人々が群れを成してこ

れを拝み申した。名越時章・安達頼景・武藤景頼・二階堂行氏・安達時盛は悲しみを抑え難く、それぞれ髪を剃っ（て出家し）た。そのほか、御家人らの出家は数えきれない。全員（自由出家の罪で）出仕を停止された。また、大仏朝直は出家しようとしたところ、武州（北条長時）が弾正少弼（北条業時）を介して、頻に禁止されたため、（出家の）意思を遂げられなかったという。

❖廿二日。己亥。霽る。（中略）。戌の剋、入道正五位下行相模守平朝臣時頼〔御法名、道崇。御年、三十七〕、最明寺北亭に於いて卒去す。御臨終の儀、衣袈裟を着し、縄床に上り座禅せ令め給ひ、聊かも動揺の気無し。頌に云はく、

業鏡高く懸ぐ　三十七年　一槌に打砕して　大道坦然たり

弘長三年十一月廿二日　道崇珍重と云云。

平生の間、武略を以て君を輔け、仁義を施して民を撫す。然る間、天意に達し、人望に協ふ。終焉の剋、叉手して印を結び、口に頌を唱へて即身成仏の瑞相を現す。

本自り権化の再来なり。誰か之を論ぜんや。道俗貴賤、群を成し之を拝し奉る。尾張前司時章・丹後守頼景・大宰権少弐景頼・隠岐守行氏・城四郎左衛門尉時盛等、哀傷休み難きに依り、各、鬢髪を除く。其の外、御家人等の出家、甄録に遑あらず。皆以て出仕を止め被る。亦、武蔵前司朝直朝臣、落餝せんと欲するの処、武州、弾正少弼を以て、頻に禁遏を加へ被るるの間、素意を空しうすと云云。

○行　官位相当において、位階が官職よりも高いことを示す。逆に位階が官職よりも低い場合は守と記す。
○縄床　木の枠に縄を張った腰掛。禅宗で用いられた。
○業鏡　地獄の閻魔王庁にあるとされる、死者の生前の行いを映し出す鏡。
○坦然　広々としていること。
○権化　仏菩薩が人の姿となってこの世に現れたもの。なお、鎌倉末期には北条時頼を地蔵菩薩の化身とする言説があった（『鎌』二三三六三号）。

✲兄北条経時の早世により執権となり、執権を退き出家した後も政治の実権を掌握し続けた北条時頼が死去した。三十七歳であった。

時頼がいつから体調を崩していたのかは不明であるが、この年の八月二十五日には時頼の病気のため、時頼邸で大般若経の読経が行われ、十一月八日以降、さまざまに祈禱（きとう）などが行われている。同月十三日には病気が重篤となり、十九日には死を覚悟して最明寺の北邸に入り、二十二日に死去した。静かな、作法通りの死去であったという。遺偈（ゆいげ）は宋の禅僧である笑翁妙湛（しょうおうみょうたん）の遺偈を踏まえ、妙湛の七十二年を自身の三十七年に改めたものである。

時頼の死を悼み、多くの御家人が出家したが、皆、自由出家（四八一頁参照）として出仕を停止された。しかし、その後も出家者が相次いだようで、十二月十日には御家人らに出家の禁止を伝達するよう、諸国の守護に命じられている。

大仏朝直も出家を望んだが、執権の北条長時が弟の業時を派遣して思いとどまらせた。朝直は評定衆の筆頭として一番引付頭人でもあり、五十八歳であった。三十四歳の長時としては朝直の出家・引退は避けたかったのであろう。ただし、朝直は翌文永元年（一二六四）五月に長時に先立って死去し、同年八月には長時も死去することとなる。

廿二日。己亥。霽。（中略）。戌剋、入道正五位下行相模守平朝臣時頼〈御法名、道崇。御年、三十七〉、於二最明寺北亭一卒去。御臨終之儀、着二衣袈裟一、上二縄床一令二座禅一給、聊無二動揺之気一。頌云、

業鏡高懸　三十七年　一槌打砕　大道坦然

弘長三年十一月廿二日　　道崇珍重云云。

平生之間、以二武略一而輔レ君、施二仁義一而撫レ民。然間、達二天意一、協二人望一。終焉之剋、叉手結レ印、口唱レ頌而現二即身成仏瑞相一。本自権化再来也。誰論レ之哉。道俗貴賤、成レ群奉レ拝レ之。尾張前司時章・丹後守頼景・大宰権少弐景頼・隠岐守行氏・城四郎左衛門尉時盛等、依二哀傷難一レ休、各、除二鬢髪一。其外、御家人等出家、不レ遑二甄録一。皆以被レ止二出仕一。亦、武蔵前司朝直朝臣、欲二落餝一之処、武州、以二弾正少弼一、頻被レ加二禁遏一之間、空二素意一云云。

◆文永元年（一二六四）の政治情勢

✻『鏡』には文永元年（一二六四）の記事が欠けているが、この年は、北条時頼の「眼代（がんだい）」（代官）として執権の座にあった北条長時が死去し、時頼の子である時宗が連署となった年である。

この年の四月にはいくつかの幕府法が発せられている（追加法四二〇～四二七）が、この中に、「諸国の百姓」が稲を刈り取った後の田に蒔いた麦への課税を禁止する法（追加法四二〇）がある。この法は備前国・備後国のほか、肥前国にも伝達されており（『鎌』九〇八一号）、「諸国」の文言からも、この頃には全国で二毛作が行われていたと考えられる。また農繁期である夏の三ヵ月間は定まった先例以外に領主が百姓を私的に使役することを禁止する法（追加法四二四）や、百姓への臨時の賦課を禁止する法（追加法四二五）など、時頼政権期以来の撫民政策が継続していることが窺える。

七月三日には執権の北条長時が出家した。八月五日には連署の北条政村が執権に、八月十日には北条時宗が連署になり、幕府は新しい体制となる。政村は六十歳、時宗は十四歳であった。なお、長時は八月二十一日に死去しており、出家は病気によるものと考えられる。長時は三十五歳であった。

◈延暦寺と園城寺との騒動について審議

文永二年（一二六五）正月六日条（巻第五十二）

六日。丙子。晴れ、曇り。延暦寺と園城寺との騒動の事について、昨夜、六波羅の使者が（鎌倉に）持参した、中御門経任の奉書と注進状、（幕府からの）御使者の伊勢入道行願（二階堂行綱）（使者として去年から在京していた）の書状などを、（評定の場に）披露しなければならない。ところが今年は評定始を行う前であったが、急事であったため、日次（の吉凶）の判断には及ばず、今日の評定が行われた。ただし、人々は布衣を着なかった。また盃酌も行われなかった。これは評定始の作法とは言えないであろう。近年、このような例は無いという。相州（北条政村）が出仕された。尾張入道見西（名越時章）・金沢実時・出羽入道道空（二階堂行義）・安達泰盛・中原師連・大宰権少弐入道心蓮（武藤景頼）・伊賀入道道円（小田時家）・矢野倫長・太田康有がその（評定の）座に祗候した。佐藤業連が評定事書などを執筆した。審議が終わり、泰盛・心蓮が評定事書を（宗尊のもとに）持参し、（宗尊の）上覧の後、（六波羅からの）使者を評定の座に召し寄せ、御返事を下された。すぐに使者は帰洛した。

❖六日。丙子。天晴れ陰る。山門・園城寺の騒動の事に依り、去んぬる夜、六波羅の使者持参する経任朝臣の奉書幷びに注進状、御使伊勢入道行願〔使節に依り去んぬる年自り在京す〕の書状等、披露有る可し。而るに今年、評定始以前と雖も、急事為るの間、日次の沙汰に及ばず、今日の評定有り。但し、人々、布衣を着せず。又、盃酌無し。是、評定始の礼に非ざるか。近年、此くの如きの例無しと云々。相州、出仕せ令め給ふ。尾張入道見西・越後守実時・出羽入道々空・秋田城介泰盛・縫殿頭師連・大宰権少弐入道心蓮・伊賀入道々円・対馬前司倫長・勘解由判官康有等、其の座に候ず。佐藤民部次郎業連、事書等を執筆す。議、畢り、泰盛・心蓮、之を持参し、上覧の後、使者を評議の座に召し、御返事を下さる。即時、使、帰洛せ令め畢んぬ。

✻延暦寺と園城寺との間での騒動について、前日に鎌倉に到着した六波羅探題からの急使がもたらした書状などへの対応が行われた。

天台宗を開いた最澄の弟子で延暦寺の三世座主である円仁に始まる山門派と、五世座主である円珍に始まり園城寺を拠点とした寺門派は、同じ天台宗でありながらさまざまな点で対立していた。

この時は、延暦寺の戒壇が内部抗争にともなって焼失したことを機に、文永元年（一二六四）三月、園城寺が独自の戒壇を設置し、五月に延暦寺が園城寺を焼き払うという騒動が発生していた。この騒動の首謀者を処罰するため、十二月十四日に二階堂行綱と長井時秀が上洛しており、中御門経任が奉じた後嵯峨院の院宣や行綱の書状などが、年明けの正月五日に鎌倉にもたらされたのである（『外記日記』『天台座主記』など）。

幕府では評定始以前ではあったが、急遽、評定が行われ、使者はすぐに上洛した。この後、三月には延暦寺側の首謀者の召し捕りを命じた衾宣旨（『鎌』九二二五号）が朝廷から発給されている。

六日。丙子。天晴陰。依二山門・園城寺騒動事一、去夜、六波羅使者持参経任朝臣奉書并注進状、御使伊勢入道行願〔依二使節一自二去年一在京〕書状等、可レ有二披露一。而今年、雖二評定始以前一、為二急事一之間、不レ及二日次沙汰一、有二今日評定一。但、人々、不レ着二布衣一。又、無二盃酌一。是、非㆓評定始之礼㆒歟。近年、無㆑如㆓此例㆒云々。相州、令㆓出仕㆒給。尾張入道見西・越後守実時・出羽入道々空・秋田城介泰盛・縫殿頭師連・大宰権少弐入道心蓮・伊賀入道々円・対馬前司倫長・勘解由判官康有等、候㆓其座㆒。佐藤民部次郎業連、執㆓筆事書等㆒。議、畢、泰盛・心蓮、持㆓参之㆒、上覧之後、召㆓使者於評議座㆒、被㆑下㆓御返事㆒。即時、使、令㆓帰洛㆒畢。

◆引付を停止　文永三年（一二六六）三月六日条（巻第五十二）

六日。己亥(つちのとい)。晴れ。（中略）。また、人々の訴訟の事について、引付での審理を止められた。問注所で訴陳状を整理し、（訴訟の）是非を調べることとする。以前に申詞(もうしことば)を（引付衆が）記していたため、（引付衆）九人を割り振られるため、評定衆を結番された。

御評定の日々の奏事の結番〔順不同〕

一番〔三日　十三日　二十三日〕

尾張入道見西（名越時章）　越前前司（北条）時広(ときひろ)

宮内権大輔（長井）時秀　伊賀入道道円（小田時家）
和泉入道行空（二階堂行方）
二番〔六日　十六日　二十六日〕
越後守（金沢）実時　中務権大輔（名越）教時
出羽入道道空（二階堂行義）　信濃判官入道行一（二階堂行忠）
三番〔十日　二十日　晦日〕
対馬前司（矢野）倫長
秋田城介（安達）泰盛　縫殿頭（中原）師連
少卿入道心蓮（武藤景頼）　伊勢入道行願（二階堂行綱）
日参の日々
一番衆〔一日　十五日〕　二番衆〔五日　二十一日〕
三番衆〔十一日　二十五日〕
政所と問注所の執事は毎日、参上するように。また問注所から毎日、文士二人を出仕させるように。

❖六日。己亥。天晴る。(中略)。又、諸人の訴論の事、引付の沙汰を止め被る。問注所、訴陳状を召し整へ、是非を勘申す可きなり。前々、申詞を記さるるの間、九人を賦られんが為、評定衆、結番せ被るる所なり。

御評定の日々の奏事の結番〔次第不同〕

一番〔三日　十三日　廿三日〕

尾張入道見西　越前々司時広

宮内権大輔時秀　伊賀入道々円

和泉入道行空

二番〔六日　十六日　廿六日〕

越後守実時　中務権大輔教時

出羽入道々空　信濃判官入道行一

対馬前司倫長

三番〔十日　廿日　晦日〕

秋田城介泰盛　縫殿頭師連
少卿入道心蓮　伊勢入道行願

日参の日々

一番衆〔一日　十五日〕　二番衆〔五日　廿一日〕
三番衆〔十一日　廿五日〕

政所及び問注所執事、毎日、参ら令む可きなり。且つは問注所自り、毎日、文士二人を差し進らす可きなり。

○申詞　ここでは訴人・論人の対決（口頭弁論）の際の発言を記録した文書。
○文士　文書の作成などにあたる文筆官僚。武士に対する言葉。

✽幕府の重要な訴訟機関であった引付が廃止され、引付が行ってきた訴状・陳状の審理や、対決（口頭弁論）の記録、引付勘録（判決原案）の作成などは問注所が行うこととなった。また同月十三日には、奏事を行う案件をあらかじめ問注所執事の太田康有に伝えることや、評定の結果を記した草案の事書は速やかに矢野倫長に渡すことる。

が定められている。この引付の廃止は『関東評定衆伝』などでは、引付を廃止し、「重事」は「直に聴断」し、「細事」は問注所に処理させることとなったと記されている。

引付は文永六年（一二六九）に再設置されるが、『関東評定衆伝』などでは、「問注所の沙汰」を止めて引付を再開したと記されている。

引付が廃止されていた間の訴訟制度のあり方については、史料の解釈に難しいところがあり、見解が分かれているが、村井章介氏の説（『北条時宗と蒙古襲来』日本放送出版協会、二〇〇一年、五八頁以下）を参照すると以下のように考えられる。

訴訟の審理実務は問注所で行われ、問注所で作成された判決原案は、三番に編成された評定衆、その下に配置された旧引付衆と政所・問注所の執事、問注所の文士二人により審議される。各番の審議は月に五日行われ、その内の三日には、評定として各番の評定衆による執権北条政村・連署北条時宗への奏事（報告）が行われ、両者による聴断（裁決）が行われる。

なお、この問題をめぐる諸説については尹漢湧「引付制から見た北条時宗政権の権力構造」（東京大学日本史学研究室紀要別冊『中世政治社会論叢』二〇一三年）に詳細に整理されている。

六日。己亥。天晴。(中略)。又、諸人訴論事、被レ止二引付沙汰一。問注所、召二整訴陳状一、可レ勘二中是非一也。前々、被レ記二申詞一之間、為レ被レ賦二九人一、評定衆、所レ被二結番一也。

御評定日々奏事結番〔次第不同〕

一番〔三日　十三日　廿三日〕

尾張入道見西　越前々司時広

宮内権大輔時秀　伊賀入道々円

和泉入道行空

二番〔六日　十六日　廿六日〕

越後守実時　中務権大輔教時

出羽入道々空　信濃判官入道行一

対馬前司倫長

三番〔十日　廿日　晦日〕

秋田城介泰盛　縫殿頭師連

少卿入道心蓮　伊勢入道行願

日参日々

一番衆（一日　十五日）　二番衆（五日　廿一日）
三番衆（十一日　廿五日）
政所及問注所執事、毎日、可レ令レ参也。且自二問注所一、毎日、可レ差二進文士二人一也。

◆北条時宗邸で寄合　文永三年（一二六六）六月二十日条（巻第五十二）

二十日。辛巳。晴れ。相州（北条時宗）の御邸宅で、秘密の御審議が行われた。時宗・左京兆（北条政村）・金沢実時・安達泰盛が参会した。このほかの人々は参加しなかったという。今日、良基が幕府御所を退出して、逐電した。事情があっての事という。

❖廿日。辛巳。天晴る。相州の御亭に於いて、深秘の御沙汰有り。相州・左京兆・越後守実時・秋田城介泰盛、会合す。此の外の人々、参加に及ばずと云々。今日、松殿僧正良基、御所中を退出し、逐電す。子細有りと云々。

＊北条時宗邸で寄合が行われた。参加したのは時宗と極めて近い関係にある三人のみであった。またこの日、宗尊の護持僧であった良基が幕府御所を出て行方を晦ました。前日の十九日には得宗被官の諏訪盛経が急使として上洛しており、鎌倉の政情はにわかにあわただしくなってゆく。『外記日記』同年七月八日条によれば、宗尊の正室である宰子（近衛兼経の娘）と良基との密通が発覚したのだという。二十三日には宰子と娘（後の掄子）は時宗の山内邸に、男子（後の惟康）は鎌倉の時宗邸に入り、鎌倉中は騒然となった。二十四日には良基と共に宗尊の祈禱にあたることも多かった厳恵が行方を晦ましている。

この事件をきっかけに、事態は宗尊の京都送還へと進んでゆくこととなる。

廿日。辛巳。天晴。於二相州御亭一、有二深秘御沙汰一。相州・左京兆・越後守実時・秋田城介泰盛、会合。此外人々、不レ及二参加一云々。今日、松殿僧正良基、退二出御所中一、逐電。有二子細一云々。

◆宗尊親王、北条時盛邸に移る

文永三年（一二六六）七月四日条（巻第五十二）

四日。甲午。晴れ。申の刻（午後四時前後）に、雨が降った。今日の午の刻（正午前後）に、騒動があった。名越教時が、甲冑の武士数十騎を召し連れて、薬師堂谷の邸宅から、塔辻の宿所に来た。これにより、その近隣はますます騒動となった。相州（北条時宗）が東郷八郎入道を介して、中書（教時）の装いを止められた。（教時は十分な）陳謝をすることはできなかったという。戌の刻（午後八時前後）に、将軍家（宗尊）が越後入道勝円（北条時盛）の佐介の邸宅に入られた。女房輿を用いられた。御帰洛のための出門であるという。

❖四日。甲午。天晴る。申の剋、雨降る。今日午の剋、騒動す。中務権大輔教時朝臣、甲冑の軍兵数十騎を召し具し、薬師堂谷の亭自り、塔辻の宿所に至る。之に依り、其の近隣、弥以て群動す。相州、東郷八郎入道を以て、中書の行粧を制せ令め給ふ。陳謝に所無しと云々。戌の刻、将軍家、越後入道勝円の佐介の亭に入御す。女房輿を用ゐ被る。御帰洛有る可きの御出門と云々。

○中書　中務省の唐名。ここでは中務権大輔の名越教時を指す。

○出門　旅立ちなどに際し、まず仮に家を出ること。

✲鎌倉での騒動により、六月二十六日には近国の御家人が鎌倉に集まり、七月一日には武装した御家人による騒動も発生した。同三日には北条時宗（十六歳）と宗尊との間を使者が往復しているが、四日になって宗尊は京都への出立のため、御所を出ることとなった。名越教時（三十二歳）が軍勢を率いて抗議の姿勢を示したが、合戦などには至らなかった。教時は後に文永九年（一二七二）の二月騒動で殺害される。『外記日記』によれば、七月九日に鎌倉から糟屋三郎・合田入道が急使として上洛し、宗尊の「御謀反」と上洛のことを伝えている。

建長四年（一二五二）に十一歳で鎌倉に下向した宗尊は、二十五歳になっていた。あとに残された宗尊の男子（後の惟康）は文永元年（一二六四）生まれの三歳（満年齢では二歳）で、宗尊上洛後の七月二十四日に従四位下に叙され、征夷大将軍に任命される。

四日。甲午。天晴。申剋、雨降。今日午剋、騒動。中務権大輔教時朝臣、召㆓具甲冑軍兵数十騎㆒、自㆓薬師堂谷亭㆒、至㆓塔辻宿所㆒。依㆑之、其近隣、弥以群動。相州、以㆓東郷八郎入道㆒、令㆑制㆓中書之行粧㆒給。無㆑所㆓于陳謝㆒云々。戌刻、将軍家、入㆓御越後入道勝円佐介亭㆒。被㆑用㆓女房輿㆒。可㆑有㆓御帰洛㆒之御出門云々。

◆宗尊親王、入洛　文永三年（一二六六）七月二十日条（巻第五十二）

二十日。庚戌（かのえいぬ）。晴れ。戌の刻（午後八時前後）に、前将軍家（宗尊）が入洛された。北条時茂の六波羅の邸宅に着かれた。

❖廿日。庚戌。天晴る。戌の刻、前将軍家、御入洛。左近大夫将監時茂朝臣の六波羅の亭に着御す。

✻当時の六波羅探題は、従来からの北方探題の北条時茂に、文永元年（一二六四）に南方探題として北条時輔（北条時宗の庶兄）が加わった二人体制となっていたが、宗尊は主席である執権探題であった時茂の邸宅に入った。『鏡』はこの宗尊の入洛の記事をもって閉じられている。

　宗尊は建長四年（一二五二）に鎌倉に下向する際にも、北方探題であった北条長時（時茂の兄）の邸宅に入っており（『帝王編年記』建長四年三月二十日条）、北方探題邸には将軍のための檜皮葺の御所が存在したことが知られている（高橋慎一朗「「武家地」六波羅の成立」〈『中世の都市と武士』吉川弘文館、一九九六年、初出は一九九一年〉）。

　宗尊入洛の翌二十一日には二階堂行忠・安達時盛が入洛し、二十二日に宗尊の男子（惟康と名付けられた）の将軍就任を要請した。惟康は二十四日に従四位下に叙され、征夷大将軍に任命された（『外記日記』など）。

　その後、宗尊は上洛から八年後の文永十一年（一二七四）八月に死去する。

廿日。庚戌。天晴。戌刻、前将軍家、御入洛。着[ニ]御左近大夫将監時茂朝臣六波羅亭[一]。

解説――『吾妻鏡』の成立・受容・諸本

『吾妻鏡（あずまかがみ）』は鎌倉（かまくら）時代の後期に、鎌倉幕府の中枢部にいた人々によって編纂（へんさん）された、鎌倉幕府の歴史をまとめた書物であり、鎌倉幕府について考える際のもっとも基礎的な史料となっている。一方、鎌倉幕府によって編纂された『吾妻鏡』の原本そのものは失われており、私たちが読むことができる『吾妻鏡』は、いくつかの系統に分類される写本として現在に伝えられたものである。

『吾妻鏡』はさまざまな素材を編纂して作られた書物であり、年次や日付、編纂材料となった史料の解釈や要約といった点で、編纂作業の際の誤りがあることが知られている。また素材となった史料自体にもさまざまな質のものがあり、その中には偽文書が含まれることも知られている。また各種の写本の間で、多くの文字の異同が存在している。

『吾妻鏡』を読む際には、その素材となった史料そのものの誤り、編纂の過程での誤り、書写されてゆく過程での誤りという、三つのレベルでの誤りが存在する可能性を意識しておかなくてはならない。

ここでは、まず、『吾妻鏡』がどのように成立したのか、またどのように受容され、伝えられてきたのかを確認し、その上で現在の私たちが読むことができる『吾妻鏡』がどのようなものなのかを確認することとしたい。

◆『吾妻鏡』の成立

『吾妻鏡』の成立については一九一三年（大正二年）の八代国治『吾妻鏡の研究』（一九七六年に藝林舎より復刻）を基礎的研究として研究が蓄積されてきた。現在での包括的な到達点としては二〇〇〇年（平成十二年）の五味文彦氏の「『吾妻鏡』の筆法」（『増補　吾妻鏡の方法〈新装版〉』吉川弘文館、二〇一八年、初版は一九九〇年）を挙げることができ、これを前提としてさらに検討を進めたものに、同「『吾妻鏡』の成立と編纂」（鎌倉遺文研究会編『鎌倉期社会と史料論』東京堂出版、二〇〇二年）・「関東の記録と物語『吾妻鏡』の形成」（『書物の中世史』みすず書房、二〇〇三年）および井上聡氏の「『吾妻鏡』の成立とその構成および伝来をめぐって」（『悠久』一五〇号、二〇一七年）が存在する。

また高橋秀樹氏は「吾妻鏡原史料論序説」（佐藤和彦編『中世の内乱と社会』東京堂出版、二〇〇七年）・『島津家本吾妻鏡の基礎的研究』（研究代表、東京大学史料編纂所研究成果報告書二〇一七―一、二〇一八年）・「『吾妻鏡』の文書利用について―頼経将軍記を中心に―」（『國學院雜誌』一二〇―一二、二〇一九年）などにより、原史料論・諸本研究を精力的に進めている。

以下では、これらの研究に導かれながら、『吾妻鏡』の成立のあり方を概観したい。

○編纂の時期

まず、『吾妻鏡』はいつごろ編纂されたのであろうか。

『吾妻鏡』はそれぞれの将軍ごとの将軍記としての体裁を基本とするが、その冒頭部分に、当該将軍の時代の天皇や摂政（せっしょう）・関白（かんぱく）の略歴を袖書（そでがき）として掲載している。この内の宗尊将軍記の袖書に後深草上皇を「院」とのみ記し、正応三年（一二九〇）二月に出家したことを記していることから、『吾妻鏡』の編纂は後深草が出家した同年二月以降、没する嘉元二年（一三〇四）七月以前の成立となることが従来から指摘されてきた。

また笠松宏至氏は、『吾妻鏡』には永仁の徳政令（一二九七）に対応して幕府に提出されたと考えられる文書が多く含まれ、それらの文書の作成時期を考えると、『吾妻鏡』の編纂時期は永仁七年（一二九九）以降となると指摘している（「徳政・偽文書・吾妻鏡」〈『中世人との対話』東京大学出版会、一九九七年、初出は一九六三年〉）。

こうした指摘を踏まえ、五味氏はさらに二階堂行光・行盛・行忠に関する記述から、その子孫で正応三年（一二九〇）に政所執事を辞任した行貞が執事に復帰する正安四年（一三〇二・乾元元年）以降が『吾妻鏡』の編纂時期として相応しいとした。これによれば、『吾妻鏡』の編纂時期は正安四年（一三〇二・乾元元年）十一月から嘉元二年（一三〇四）七月までの間となる。

これに対し井上氏は、従来から『吾妻鏡』編纂への関与を想定されてきた太田時連（問注所執事）や金沢顕時（金沢文庫を所有）が、弘安八年（一二八五）十一月の霜月騒動（北条時宗没後の政治を主導した安達泰盛が内管領平頼綱によって滅ぼされる）にともなう失脚から復権する、正応六年（一二九三）四月の平禅門の乱（内管領平頼綱が得宗北条貞時に討たれる）以降の時期とした。また、宗尊将軍記の袖書の内容は編纂開始時点でのもので、嘉元二年（一三〇四）以降も編纂は継続された可能性を指摘した上で、いずれにしても、嘉元三年（一三〇五）四月の嘉元の乱（内管領・侍所所司の北条宗方が連署北条時村を殺害し、五月に宗方も討たれる）を機に貞時が政務への意欲を失うことと連動して編纂も停止されたとした。これによれば、『吾妻鏡』の編纂時期は正応六年（一二九三）四月から嘉元三年（一三〇五）四月以降間もなくまでの間となる。

『吾妻鏡』の記事の内容を中心に分析して編纂時期を絞り込んだ五味氏に対し、同時期の政治状況から分析したのが井上氏ということになるが、『吾妻鏡』の分量についても考えるならば、五味氏の提示する期間はやはり短いようにも思われる。また永仁の徳政令を踏まえた文書についても、編纂の途中で入手したものと考えれば、編纂開始時期を限定する要素とする必要はない。

『吾妻鏡』の編纂時期としては、正応六年（一二九三）四月以降、嘉元二・三年（一三〇四・一三〇五）までの間とするのが適当であるように思われる。

○編纂の主体

では、『吾妻鏡』はどのような人々によって編纂されたのであろうか。これについても、鎌倉幕府の得宗家の周辺ということで、先行研究により何人かの人々の関与が想定されている。以下、順に見てゆこう。

太田時連

初代問注所執事となった三善康信（みよしのやすのぶ）の曽孫（そうそん）である。父の康有（やすあり）は問注所執事・評定（ひょうじょう）衆（しゅう）となり、寄合にも参加しており、日記に『建治三年記』がある。時連は弘安六年（一二八三）に問注所執事となり、同八年に執事を辞任するが、これは霜月騒動に連動したものと考えられている。ただし、同九年には引付衆（ひきつけしゅう）に任じられている。正応六年（一二九三）四月の平禅門の乱の後、問注所執事に再任され、評定衆ともなり、永仁四年（一二九六）には寺社奉行、正安元年（一二九九）には京下執筆（きょうくだりしゅひつ）、同二年には五番引付頭人となっている。延慶二年（一三〇九）には寄合にも参加しており、日記に『永仁三年記』がある。こうした活動履歴と、『吾妻鏡』に『明月記』の記事を利用して三善康信の発言を構成し、顕彰している記事があることから、『吾妻鏡』の編纂に関与したことが想定されている。

金沢顕時

父の実時以来、学問や書籍の収集に努め、多くの書籍とともに『吾妻鏡』も所蔵していたと考えられる金沢文庫を有する金沢北条氏の当主である。弘安元年（一二七八）に評定衆、同四年に四番引付頭人となるが、安達泰盛の娘婿であったため同八年の霜月騒動に連座し、下総国埴生荘に蟄居・出家することとなった。正応六年（一二九三）四月の平禅門の乱の後に復権し、引付の廃止にともなって得宗北条貞時に訴訟を取り次ぐ執奏となり、永仁二年（一二九四）には執奏廃止・引付復活にともない四番引付頭人となった。正安三年（一三〇一）に死去した。

長井宗秀

初代政所別当となった大江広元の玄孫である。祖父の泰秀は広元の所蔵文書を継承している（『吾妻鏡』貞永元年十二月五日条）。弘安五年（一二八二）に引付衆となるが、母が安達泰盛の姉妹であったため同八年の霜月騒動に連座する。正応六年（一二九三）四月の平禅門の乱の後、復権し、越訴頭人・執奏となり、永仁三年（一二九五）に寄合衆・評定衆、同六年に五番引付頭人となっている。後には「御内宿老」と呼ばれた（北条貞時十三回忌供養記・円覚寺文書）。妻は金沢顕時の異母姉妹で、「長井洒掃文庫」とよばれる文庫をもっていた。

二階堂行貞

政所令・別当となった藤原行政の子の行光に始まる信濃守流二階堂氏の一族である。正応三年（一二九〇）に政所執事となるが、同六年四月の平禅門の乱の後、執事を辞任し、行光の弟に始まる隠岐守流二階堂氏の行藤が執事に任じられた。一方、永仁三年（一二九五）には引付衆に在任しており、信濃守にも任じられ、同六年にはさらに山城守に任じられている。正安四年（一三〇二）八月に行藤が死去すると、十一月に執事に復帰した。『吾妻鏡』における二階堂行光・行盛・行忠に関する記述から、その子孫である行貞が『吾妻鏡』編纂に関与したことが想定されている。

『吾妻鏡』が編纂されたと考えられている時期の鎌倉幕府中枢部・得宗家周辺にはほかに以下のような人々がいた。

まず将軍は久明親王でその在職期間は正応二年（一二八九）から徳治三年（一三〇八・延慶元年）である。

得宗は北条貞時で、貞時は正安三年（一三〇一）に執権を北条師時と交替している。師時の父は貞時の父である時宗の弟の宗政、母は北条政村の娘である。師時は時宗の猶子とされ、平禅門の乱の後には執奏に任じられた。

連署は執権の交替と同じく正安三年（一三〇一）に大仏宣時から北条時村に交替している。時村は北条時宗とともに執権・連署を務めた北条政村の子で、寄合にも参加し、執奏ともなった。

平禅門の乱の後に政所執事に任じられた二階堂行藤は隠岐守流二階堂氏としては初めての政所執事就任であり、永仁三年（一二九五）には評定衆在任と寄合への参加が確認でき、同六年に越訴頭人、同七年に五番引付頭人となっている。「二階堂出羽入道行藤書庫」と呼ばれる文庫の存在も知られている。

これまでに述べた北条時村・北条師時・金沢顕時・長井宗秀のほかに執奏に任じられたのは名越公時・大仏宗宣・宇都宮景綱である。公時は執奏設置直前の二番引付頭人、宗宣は貞時の連署だった宣時の子である。景綱は文永十年（一二七三）に評定衆となり、妻が安達泰盛の姉妹であったことから霜月騒動に連座したが、正応三年（一二九〇）には幕府の使節として上洛している。平禅門の乱の後に執奏となり、永仁二年（一二九四）には五番引付頭人となった。同六年に死去した。

○編纂の背景

『吾妻鏡』は上述のとおり、正応六年（一二九三）四月以降、嘉元二・三年（一三〇四・一三〇五）までの間の時期に、太田時連・金沢顕時・長井宗秀・二階堂行貞を中心とする人々によって編纂されたと考えられる。では、なぜ、彼らはその時期に『吾妻鏡』を編纂することになったのか。

五味文彦氏は、『吾妻鏡』が編纂された時期は、永仁の徳政令（永仁五年・一二九七）に見られるように所領問題を中心に御家人の家に動揺が発生しており、幕府を構成する個々の家、特に、その中枢にあった北条氏、なかでも得宗家、またそれを補佐する評定衆や寄合衆の家の成立を明らかにし、その正統性を主張することが『吾妻鏡』編纂の目的であったとしている。

この点と、同時期の政治状況に注目した井上聡氏の指摘を踏まえるならば、やはり平禅門の乱による内管領平頼綱の滅亡は重要であろう。北条時宗の死後、「弘安徳政」を主導した安達泰盛を、平頼綱が霜月騒動で滅ぼした弘安八年（一二八五）には、時宗の子の貞時は十五歳であった。その後、頼綱は「一向執政（いっこうしっせい）」「諸人恐懼（しょじんきょうく）」（『実躬（さねみ）卿記』正応六年四月二十六日条）と評される専制的な政治を行った。この頼綱が、二十三歳になった貞時に滅ぼされたのが正応六年（一二九三）四月の平禅門の乱であり、霜月騒動で失脚していた太田時連・金沢顕時・長井宗秀・宇都宮景綱らが復権することとなった。一方、問注所執事を太田時連と交替することとなった摂津（せっつ）親致（ちかむね）は評定衆にはとどまっており、政所執事を二階堂行藤と交替することとなった二階堂行貞も引付衆や、幕府から朝廷への使者として活動しており、国司への任官も果たしている。細川重男氏によれば、平禅門の乱後の貞時の「第一の政治方針は時宗時代の政治体制の復興、時宗政権への回帰であったと考えられる」という（「嘉元の乱と北条貞時政権」『鎌倉政権得宗専制論』吉川弘文館、二〇〇〇年、初出は一九九一年）。

五味氏の指摘する、幕府中枢部を構成する家の正統性を示すという課題は、霜月騒動での失脚から復権した太田時連・金沢顕時・長井宗秀にとっても、それまで世襲してきた政所執事の職を庶流の行藤と交替することとなった二階堂行貞にとっても重要であったと考えられる。

幕府の成立から時宗政権の成立までを叙述する『吾妻鏡』の編纂は、政治の実権を掌握した得宗貞時の下で、あるべき幕府の姿を取り戻そうとする、こうした政治情勢と密接に関連するものであったと考えるべきであろう。

○編纂の素材

『吾妻鏡』はさまざまな素材を元に編纂されているが、その多くは幕府の奉行人の作成した日記や記録であり、朝廷からの文書や訴訟などに関連して提出された文書などの幕府が受け取った文書、幕府が発給した文書の草案や控えなどの文書・記録もその案件を担当した奉行人の家に伝えられ、編纂の素材となった。また、御家人らの家に伝えられた文書や伝承も素材となっていると考えられ、藤原定家の『明月記』のような京都の貴族の日記や、『天台座主記』のような寺社で作成された記録も用いられている。なお、訴訟などで幕府に提出され、『吾妻鏡』に用いられた文書の中には偽文書も含まれている。

このような編纂の素材については、源頼朝の時代は文書が多く、源頼家から藤原頼嗣の時代は文書が少なく、奉行人の日記が用いられ、宗尊親王の時代は文書・記録の両者が利用されるという傾向があることが指摘されている。

また、奉行人の日記・記録についても、源頼朝の時代は藤原邦通・藤原俊兼・藤原行政らの、源頼家・実朝の時代は二階堂行光・行村らの、藤原頼経の時代は藤原定員・中原師員・後藤基綱・平盛綱らの、藤原頼嗣の時代は中原師員・後藤基綱・平盛綱らの、宗尊親王の時代は二階堂行方・中原師連・矢野倫長らのものが利用されたと想定されている。

○編纂の方法

『吾妻鏡』は将軍毎に担当者を決めて編纂されたと考えられているが、五味文彦氏や三好俊文氏（「『吾妻鏡』・『鎌倉年代記』裏書と原「吾妻鏡」」『六軒丁中世史研究』一〇号、二〇〇四年）は『吾妻鏡』編纂の前提となる書物の存在の可能性を指摘している。また井上聡氏は、各将軍記の袖書における摂政・関白に関する記載のあり方を踏まえ、宗尊将軍記の袖書の鷹司兼平に関する記載や、『吾妻鏡』の編纂が行われたと想定されるのが、久明親王が将軍の時期であることから、久明の前の将軍で宗尊の子である惟康の将軍記まで編纂が予定されていた可能性を指摘している。

現在、一般に用いられている国史大系本（後述）『吾妻鏡』は五二巻と脱漏巻で構成されているが、これは、北条本（紅葉山文庫旧蔵本、後述）の巻編成に、同本に含まれず吉川本・島津本に存在する嘉禄元年～嘉禄三年（安貞元年）の脱漏部分を加えたものである。また巻四十五は欠巻で、本文が現存していない。これは北条本（紅葉山文庫旧蔵本）の巻編成が、応永十一年（一四〇四）の奥書をもつ目録に準拠していることによるものと考えられるが、巻二十六と巻二十七との間に相当する脱漏部分に巻数が割り振られていないことからもわかるとおり、編纂当初の巻編成とは異なるものである。

また、上記の応永の目録では文治元年（一一八五）は巻四・五、文治二年は巻六に相当し、計三巻となっているが、吉川本は右田弘詮の入手時点では各年が上下二冊の計四冊だったと考えられる。『吾妻鏡』の本来の巻編成や、現在の『吾妻鏡』に欠けている年次があることが、編纂の未完了によるものなのか、編纂完了後に失われてしまったのかについては、不明としか言えないのが現状である。

◆『吾妻鏡』の受容

鎌倉末期に編纂された『吾妻鏡』が、徳川家康の命令によって慶長十年（一六〇五）に刊行されるまでの間、どのような形で存在し、受容されてきたのかについては、必ずしも史料に恵まれておらず、十分に明らかにすることは難しい。以下、前川祐一郎氏の「室町時代における『吾妻鏡』」（『明月記研究』五号、二〇〇〇年）などの成果を中心にまとめておこう。

『吾妻鏡』の受容に関する最も古い史料は、管見の限り、後述する清元定による写本の本奥書である。そこには「于時延文三年〈戊戌〉十一月十八日、以御所御本所（ママ）書写之畢。」とあり、元定が書写の際に親本とした『吾妻鏡』は、延文三年（一三五八）に「御所御本」を書写したものであった。この「御所御本」がどのようなものであったかは不明であるが、京都の将軍御所（足利尊氏はこの年の四月に死去）か、鎌倉の鎌倉公方足利基氏の御所に『吾妻鏡』が存在していたことが考えられる。

『吾妻鏡』の読者として史料から最初に確認できるのは禅僧の義堂周信で、応安七年（一三七四）に『吾妻鏡』を読んでいることが、その日記『空華日用工夫略集』同年十月二十四日条・十一月一日条・十一月三日条からわかる。また、周信は永和元年（一三七五）七月十三日に『吾妻鏡』建暦三年（一二一三）二月二日条を踏まえたと考えられる発言を行っている。周信は『吾妻鏡』を「拝借」したと記しており、文脈からすると鎌倉公方足利氏満から「拝借」したようである。鎌倉公方の手元、あるいは管理下、すなわち鎌倉かその周辺に『吾妻鏡』が存在していたことが確認できる。先に触れた「御所御本」がこれに当たる可能性も考えられる。

東国については、応永十一年（一四〇四）に「金沢文庫御本」から書写された『吾妻鏡』の目録の存在が知られている。少なくともこの時点で、金沢文庫に『吾妻鏡』の目録が存在したのであり、その目録のもととなった『吾妻鏡』五二巻も金沢文庫に存在した時期があったと考えられている。また、天文二年（一五三三）・同三年には鶴岡八幡宮の快元が『吾妻鏡』を踏まえた発言や勧進文の作成を行っており（『鶴岡平氏綱再興記（快元僧都記）』天文二年五月一日条・天文三年六月十六日条）、永禄四年（一五六一）には箱根山金剛王院の融山僧正が『吾妻鏡』に触れた発言を行っている（小笠原長和「北条氏康と相州箱根権現別当融山僧正」『古文書研究』五号、一九七一年）。東国では、金沢文庫・鶴岡八幡宮・箱根権現などに『吾妻鏡』が存在していたことが推測される。

一方、『吾妻鏡』は京都にも存在していた。永和四年（一三七八）九月には、足利義満の右近衛大将任官に関する先例調査の際に「東鏡」が参照されている（『後愚昧記』附帯文書「永和四年大将拝賀文書」。髙橋典幸「将軍の任右大将と『吾妻鏡』」『年報三田中世史研究』一二号、二〇〇五年）。また僧の永祐が貞治三年（一三六四）から康暦二年（一三八〇）に編纂したとされている歴史書の『帝王編年記』には『吾妻鏡』の建保元年（一二一三）から承久元年（一二一九）にかけての記事が引用されている。

京都では室町幕府の奉行人が『吾妻鏡』を所持していたことが知られている。文明十四年（一四八二）・明応五年（一四九六）に『吾妻鏡』の一部を書写した清元定は自身の著作『延徳二年将軍宣下記』『御元服聞書』に『吾妻鏡』を引用しており、二階堂政行は延徳三年（一四九一）に「吾妻鏡以下旧記」からの島津氏関係記事の抜書を島津忠廉に贈っている。また、公家で『御成敗式目』の注釈を行った清原宣賢は『清原業忠貞永式目聞書』（実際は業忠ではなく宣賢の作。業忠は宣賢の養父の父）や天文三年（一五三四）成立の『清原宣賢式目抄』において『御成敗式目』制定に関する『吾妻鏡』の記事に言及している。このほか、文禄五年（一五九六）には大徳寺の宝叔宗珍が『吾妻鏡』の第一巻を書写している。

『帝王編年記』への『吾妻鏡』の引用が一部の年代に限られていることからもわかるように、室町時代には、『吾妻鏡』はその一部の巻や抄出本の形態で存在することが多く、その全体がまとまった形で存在することは稀であったようである。応永十三年（一四〇六）以前には書写されていた、現存する最古の『吾妻鏡』の写本である前田本『東鑑抄』、宝徳二年（一四五〇）の仮名暦の紙背に書写された伏見宮本、大永五年（一五二五）の奥書をもつ谷森本、三条西公条（一四八七～一五六三）の書写とされる三条西本などは全て抄出本である。

　概して室町時代における『吾妻鏡』への注目・関心は大きくなかったようである。それが大きくなるのは、応仁・文明の乱後の十六世紀初頭以降であり、武家政治のあるべき姿が模索される中で、『吾妻鏡』への関心も大きくなり、右田弘詮による『吾妻鏡』収集や、島津本の成立、小田原北条氏や徳川家康の所持、さらに家康による活字版の刊行へとつながっていったものと考えられる。

◆『吾妻鏡』の諸本

　現在、最も一般的に利用されている『吾妻鏡』は一九三二年（昭和七）に新訂増補国史大系シリーズの一書目として吉川弘文館から刊行された『吾妻鏡』（以下、国史大系本）である。『吾妻鏡』の全体を訓読した新人物往来社の『全譯吾妻鏡』や、全体を現代語訳した吉川弘文館の『現代語訳吾妻鏡』も国史大系本を底本としており、本書でも国史大系本を底本としている（なお、それぞれ独自に国史大系本の文字の適否を検討しており、異同が存在する）。

この国史大系本『吾妻鏡』は、北条本『吾妻鏡』を底本とし、吉川本・島津本・伏見宮本・前田本などで校訂を行ったもので、『吾妻鏡』全体の最も信頼のおける刊本として、広く利用されている。以下、高橋秀樹代表『島津家本吾妻鏡の基礎的研究』（東京大学史料編纂所研究成果報告書二〇一七―一、二〇一八年）に収録された諸論文の成果を中心に、北条本をはじめとする主要な写本について紹介してゆく。

○北条本

北条本は上記のとおり、国史大系本の底本であり、現在は国立公文書館に所蔵されており、全五一冊からなる。それ以前は徳川将軍家の紅葉山文庫の所蔵で、徳川家康の命令により慶長十年（一六〇五）三月に刊行された慶長古活字本『吾妻鏡』

の底本となったものである。

従来、小田原北条氏から黒田家（孝高・長政）を経て徳川秀忠に献上されたものと考えられてきたため北条本と呼ばれてきたが、近年の研究で、この北条本は小田原北条氏の『吾妻鏡』とは別物であることが指摘されている。

そこで、以下では、現存の国立公文書館所蔵本を北条本（紅葉山文庫旧蔵本）、小田原北条氏から黒田家を経て徳川家に献上されたものを北条本（黒田家献上本）と表記する。

まず、北条本（黒田家献上本）は天正十八年（一五九〇）の小田原開城に際し、小田原北条氏から黒田孝高（如水）に送られ、慶長九年（一六〇四）三月に黒田長政から徳川秀忠に献上されたものである。後に詳しく述べるが、巻三十八・四十一・四十五の三冊は欠本であったと推定される。なお、北条氏政は永禄三年（一五六〇）に金沢文庫本『文選』を足利学校に寄進しており、北条本（黒田家献上本）と金沢文庫の関係も気になるところである。

一方、北条本（紅葉山文庫旧蔵本）五一冊は、その料紙から以下のように四つのグループに分類される。すなわち、本来のかたちと考えられるオリジナル本三二冊、オリジナル本に修禅寺紙と呼ばれる中世後期の紙に筆写した本文を補入した補入本一〇冊（巻二十一・二十二・二十三・三十一・三十二・三十四・三十五・三十六・三十七・四十）、全体が補入本の補入紙と同じ修禅寺紙からなる補写本一冊（巻三十三）、オリジナル本の料紙とも補入紙とも異なる新しい時代の料紙からなる新写本八冊（巻七・二十四・二十五・三十八・三十九・四十一・四十二・五十二）である。

また、冒頭に収録されている天皇家・将軍家などの系図の記載内容から、オリジナル本の成立は文亀年間（一五〇一〜一五〇四）から天文十五年（一五四六）前後の間と推定されており、補入本の補入部分および補写本の本文には吉川本・島津本系統の写本に基づく部分が含まれていることが指摘されている。

これらのことから、北条本（紅葉山文庫旧蔵本）五一冊は、十六世紀前半に成立していたオリジナル本四二冊に、吉川本・島津本系統に基づきオリジナル本の内一〇冊に補入と補写本一冊の追加が行われ、さらに新写本八冊が追加されて成立したものと考えられている。

一方、北条本（紅葉山文庫旧蔵本）を底本とする慶長古活字本の刊行の経緯は以下のとおりである。

まず、確認しておかなくてはならないことは、徳川家康は黒田家が徳川秀忠に『吾妻鏡』を献上する以前から『吾妻鏡』を所持しており、その刊行準備を行っていたことである。すなわち家康は、慶長元年（一五九六）には『吾妻鏡』を所持しており（『言経卿記』同年七月二十九日条、ほかに慶長八年二月二日条・三月十一日条なども参照）、慶長八年（一六〇三）には刊行準備にとりかかっていた（「老医五十川了庵春意碑銘」『鵞峰林学士文集』六七）。黒田長政が父孝高（如水）の形見として、小田原北条氏由来の『吾妻鏡』を徳川秀忠に献上したのは、慶長九年（一六〇四）三月である。なお、この時、家康には長船長光の刀と木丸の茶入が献上された（『寛政重修諸家譜』巻四二五）。

一方、同年六月二十二日の徳川家康の相国寺西笑承兌宛の書状（相国寺文書）から、家康は『吾妻鏡』の巻三十八・四十一・四十五の三冊を所持していないことが知られており、この三冊は黒田家から献上された『吾妻鏡』にも含まれていなか

った と考えられ、北条本（黒田家献上本）が巻三十八・四十一を含む北条本（紅葉山文庫旧蔵本）とは別物であることが確認できる。また慶長古活字本の刊行は慶長十年（一六〇五）三月であり、時間的にも北条本（黒田家献上本）を慶長古活字本の底本とすることは困難であることが指摘されている。

以上から、北条本（紅葉山文庫旧蔵本）・北条本（黒田家献上本）・慶長古活字本の相互関係は以下のように考えられている。

家康は慶長八年以前には『吾妻鏡』四三冊（オリジナル本・補入本・補写本）を所持しており、その刊行を計画していたが、北条本（黒田家献上本）を入手した後の慶長九年六月段階でも巻三十八・四十一・四十五は未入手であった。その後、巻三十八・四十一を入手し、別に入手していた巻七・二十四・二十五・三十九・四十二・五十二とともに新写本を作成することで北条本（紅葉山文庫旧蔵本）が成立した。また、慶長八年には刊行準備が行われていた家康所持の『吾妻鏡』四三冊部分に、新写本部分が加えられ、北条本（紅葉山文庫旧蔵本）を底本とする慶長古活字本が慶長十年三月に刊行された。

こうして徳川将軍家による、いわば公認の『吾妻鏡』が成立し、近世以降、現在にまで至る『吾妻鏡』受容の基礎が成立したのである。

○吉川本

周防・長門両国を中心に栄えた戦国大名大内氏の重臣である陶氏の一族である右田弘詮が収集・書写し、後に毛利家の一族である吉川家に伝来した。江戸時代にはその存在が知られておらず、近代になって見いだされた。現在は吉川史料館の所蔵で、全四八冊（年譜一冊・本文四七冊）からなる。

北条本（紅葉山文庫旧蔵本）に存在する寛元四年（一二四六）・建長三年（一二五一）・弘長元年（一二六一）の三年分を欠く一方、北条本（紅葉山文庫旧蔵本）には欠けている嘉禄元年（一二二五）・同二年・同三年（安貞元年）の記事をはじめ、他本には無い多くの記事を含んでおり、独自の系統の写本と考えられている。『吾妻鏡』の最善本とする評価もある。

右田弘詮は文亀年間（一五〇一～一五〇四）の初め頃、四二帖（五十六年分）を書写したが、「三十余年」分の不足があることを把握し、その後、約二十年をかけて、残りの内の十七年分を入手し、四八帖（内一帖は年譜）を「一筆」で書写し、大永二年（一五二二）九月五日にそれらの経緯を含む識語を執筆している。

○島津本

薩摩藩島津家に伝来し、現在は東京大学史料編纂所の所蔵で、全五二冊（目録一冊・本文五一冊）からなる。従来、慶安三年（一六五〇）に江戸幕府に献上された『吾妻鏡』の副本と考えられてきたが、近年の研究で、そうではないことが明らかになった。

現存する島津本は、元禄九年（一六九六）四月の鹿児島大火により焼失した島津家の「御文庫」の「書本東鑑一部」＝「御家ニ相伝候正本」を、焼け残り部分とそれ以前に作成された写本とから復元したものと考えられる。

冒頭に収録された天皇家系図では後奈良天皇（在位一五二六～一五五七）を「当今」としており、十六世紀前半の成立であったと考えられる。

北条本（紅葉山文庫旧蔵本）に欠けている嘉禄元年・同二年・同三年（安貞元年）の記事を含む。

○毛利本

萩藩毛利家に伝来し、現在は明治大学中央図書館の所蔵で、全五二冊（目録一冊・本文五一冊）からなる。同じく毛利家に伝来した、元和六年（一六二〇）成立の大江広元（毛利家の祖）関係記事の抜書とは文章が異なることから、元和六年以降に毛利家に入ったものと考えられる。

構成や内容から島津本と近い系統の写本と考えられる。

巻一の末尾に文禄五年（一五九六）三月十一日の大徳寺の宝叔宗珍の奥書（本奥書）がある。

以上が現在に伝わる『吾妻鏡』の内、大部でまとまった『吾妻鏡』の主要な写本であるが、ほかに、小規模、あるいは抄出の『吾妻鏡』の写本も存在する。以下、主要なものを紹介する。

○前田本

加賀藩前田家に伝来し、現在は前田育徳会尊経閣文庫の所蔵。『東鑑抄』と『文治以来記録』の二書。『東鑑抄』は寿永三年（一一八四・元暦元年）の記事の抄出本で、応永十三年（一四〇六）の奥書をもつ『山密往来』の紙背文書であり、『吾妻鏡』の最古の写本である。「仁和寺心蓮院」の印があり、前田家に入る以前には仁和寺心蓮院に所蔵されていたことがわかる。『文治以来記録』は文治三年（一一八七）から嘉禄二年（一二二六）の記事の抄出本で室町時代初期の写本と考えられている。

○伏見宮本

伏見宮家に伝来し、現在は宮内庁書陵部の所蔵。宝徳二年（一四五〇）の仮名暦の紙背に書写された抄出本である。

○清元定本

神道家の吉田家に伝来し、現在は東京大学史料編纂所に四冊、天理大学図書館に一冊が所蔵されている。室町幕府の奉行人であった清元定が書写したもので、文明十四年（一四八二）・明応五年（一四九六）の奥書をもつものを含む。抄出本と寛喜三年（一二三一）・暦仁二年（一二三九）・建長六年（一二五四）の完本からなる。

○三条西本

三条西家に伝来し、現在は宮内庁書陵部の所蔵。室町後期の公家三条西公条（きんえだ）（文明十九年〈一四八七〉～永禄六年〈一五六三〉）の書写とされる抄出本である。

○谷森本（宮内庁書陵部所蔵）

幕末から明治期にかけての国学者である谷森善臣（たにもりよしおみ）の旧蔵書で、現在は宮内庁書陵部の所蔵。大永五年（一五二五）二月六日の土井式部少輔盛実（どいしきぶのしょうもりざね）の奥書をもつ抄出本。文書を引用した記事を抄出している。

以上、『吾妻鏡』成立の経緯や背景、その受容・伝来と諸本について概観してきた。『吾妻鏡』をめぐっては、さまざまな「謎」があるのであるが、まずはその内容や文章を楽しんで欲しい。

図版一覧

289 **将軍家政所下文**　個人蔵、図録『こもんじょざんまい』より転載
299 **工藤氏・伊東氏略系図**
391 **中世の鎌倉**　五味文彦ほか編『現代語訳 吾妻鏡 別巻 鎌倉時代を探る』（吉川弘文館）を参照し作図
433 **内裏**　角川書店編『ビギナーズ・クラシックス 日本の古典 源氏物語』（角川ソフィア文庫）より
434 **平安京大内裏**　佐藤信編『古代史講義【宮都編】』（ちくま新書）を参照し作図
456 **鎌倉方の進路**　坂井孝一『承久の乱』（中公新書）を参照し作図
459 **鎌倉方の進路**　坂井孝一『承久の乱』（中公新書）を参照し作図
468 **鎌倉方の進路**　坂井孝一『承久の乱』（中公新書）を参照し作図
469 **天皇家略系図**
478 **右／吉川本パイザ**　吉川本『吾妻鏡』、吉川史料館所蔵
478 **中／島津本パイザ**　島津本『吾妻鏡』、東京大学史料編纂所所蔵
478 **左／シャイギン遺跡出土のパイザ**　A・Л・イブリエフ「日本の文献史料から見たシャイギンのパイザ」（『古代学研究』175号）を参照し作図

※作図／小林美和子、早川圭子（247布衣）、オゾングラフィックス（433内裏）

ビギナーズ・クラシックス 日本の古典

吾妻鏡

西田友広＝編

令和３年 11月25日　初版発行
令和６年 10月30日　11版発行

発行者●山下直久

発行●株式会社KADOKAWA
〒102-8177　東京都千代田区富士見2-13-3
電話　0570-002-301（ナビダイヤル）

角川文庫 22843

印刷所●株式会社KADOKAWA
製本所●株式会社KADOKAWA

表紙画●和田三造

●お問い合わせ
https://www.kadokawa.co.jp/（「お問い合わせ」へお進みください）
※内容によっては、お答えできない場合があります。
※サポートは日本国内のみとさせていただきます。
※Japanese text only

ISBN 978-4-04-400407-1　C0195

◆◇◇

角川文庫発刊に際して

角川源義

第二次世界大戦の敗北は、軍事力の敗北であった以上に、私たちの若い文化力の敗退であった。私たちの文化が戦争に対して如何に無力であり、単なるあだ花に過ぎなかったかを、私たちは身を以て体験し痛感した。西洋近代文化の摂取にとって、明治以後八十年の歳月は決して短かすぎたとは言えない。にもかかわらず、近代文化の伝統を確立し、自由な批判と柔軟な良識に富む文化層として自らを形成することに私たちは失敗して来た。そしてこれは、各層への文化の普及滲透を任務とする出版人の責任でもあった。

一九四五年以来、私たちは再び振出しに戻り、第一歩から踏み出すことを余儀なくされた。これは大きな不幸ではあるが、反面、これまでの混沌・未熟・歪曲の中にあった我が国の文化に秩序と確たる基礎を齎らすためには絶好の機会でもある。角川書店は、このような祖国の文化的危機にあたり、微力をも顧みず再建の礎石たるべき抱負と決意とをもって出発したが、ここに創立以来の念願を果すべく角川文庫を発刊する。これまで刊行されたあらゆる全集叢書文庫類の長所と短所とを検討し、古今東西の不朽の典籍を、良心的編集のもとに、廉価に、そして書架にふさわしい美本として、多くのひとびとに提供しようとする。しかし私たちは徒らに百科全書的な知識のジレッタントを作ることを目的とせず、あくまで祖国の文化に秩序と再建への道を示し、この文庫を角川書店の栄ある事業として、今後永久に継続発展せしめ、学芸と教養との殿堂として大成せんことを期したい。多くの読書子の愛情ある忠言と支持とによって、この希望と抱負とを完遂せしめられんことを願う。

一九四九年五月三日

角川ソフィア文庫ベストセラー

角川ソフィア文庫ベストセラー

ビギナーズ・クラシックス 日本の古典
古今和歌集
編／中島輝賢

春夏秋冬や恋など、自然や人事を詠んだ歌を中心に編まれた、第一番目の勅撰和歌集。総歌数約一一〇〇首から七〇首を厳選。春といえば桜といった、日本的美意識に多大な影響を与えた平安時代の名歌集を味わう。

ビギナーズ・クラシックス 日本の古典
伊勢物語
編／坂口由美子

雅な和歌とともに語られる「昔男」（在原業平）の一代記。垣間見から始まった初恋、天皇の女御となる女性との恋、白髪の老女との契り――。全一二五段から代表的な短編を選び、注釈やコラムも楽しめる。

ビギナーズ・クラシックス 日本の古典
土佐日記（全）
紀　貫之
編／西山秀人

平安時代の大歌人紀貫之が、任国土佐から京へと戻る旅を、侍女になりすまし仮名文字で綴った紀行文学の名作。天候不順や海賊、亡くした娘への想いなどが、船旅の一行の姿とともに生き生きとよみがえる！

ビギナーズ・クラシックス 日本の古典
うつほ物語
編／室城秀之

異国の不思議な体験や琴の伝授にかかわる奇瑞などの浪漫的要素と、源氏・藤原氏両家の皇位継承をめぐる対立を絡めながら語られる。スケールが大きく全体像が見えにくかった物語を、初めてわかりやすく説く。

ビギナーズ・クラシックス 日本の古典
和泉式部日記
和泉式部
編／川村裕子

為尊親王の死後、弟の敦道親王から和泉式部へ手紙が届き、新たな恋が始まった。恋多き女、和泉式部が秀逸な歌とともに綴った王朝女流日記の傑作。平安時代の愛の苦悩を通して古典を楽しむ恰好の入門書。

角川ソフィア文庫ベストセラー

ビギナーズ・クラシックス日本の古典
更級日記
菅原孝標女
編／川村裕子

平安時代の女性の日記。東国育ちの作者が京へ上り憧れの物語を読みふけった少女時代。結婚、夫との死別、その後の寂しい生活。ついに思いこがれた生活を手にすることのなかった一生をダイジェストで読む。

ビギナーズ・クラシックス 日本の古典
大鏡
編／武田友宏

老爺二人が若侍相手に語る、道長の栄華に至るまでの藤原氏一七六年間の歴史物語。華やかな王朝の裏の権力闘争の実態や、都人たちの興味津津の話題が満載。『枕草子』『源氏物語』への理解も深まる最適な入門書。

ビギナーズ・クラシックス 日本の古典
新古今和歌集
編／小林大輔

伝統的な歌の詞を用いて、『万葉集』『古今集』とは異なった新しい内容を表現することを目指した、画期的な第八番目の勅撰和歌集。歌人たちにより緻密に構成された約二〇〇〇首の全歌から、名歌八〇首を厳選。

ビギナーズ・クラシックス 日本の古典
方丈記（全）
鴨　長明
編／武田友宏

平安末期、大火・飢饉・大地震、源平争乱や一族の権力争いを体験した鴨長明が、この世の無常と身の処し方を綴る。人生を前向きに生きるヒントがつまった名随筆を、コラムや図版とともに全文掲載。

ビギナーズ・クラシックス 日本の古典
南総里見八犬伝
曲亭馬琴
編／石川　博

不思議な玉と痣を持って生まれた八人の男たちは、やがて同じ境遇の義兄弟の存在を知る。完結までに二八年、九八巻一〇六冊の大長編伝奇小説を、二九のクライマックスとあらすじで再現した『八犬伝』入門。

角川ソフィア文庫ベストセラー

角川ソフィア文庫ベストセラー

堤中納言物語
ビギナーズ・クラシックス 日本の古典
編／坂口由美子

気味の悪い虫を好む姫君を描く「虫めづる姫君」をはじめ、今ではほとんど残っていない平安末期から鎌倉時代の一〇編を収録した短編集。滑稽な話やしみじみした話を織り交ぜながら人生の一こまを鮮やかに描く。

太平記
ビギナーズ・クラシックス 日本の古典
編／武田友宏

後醍醐天皇即位から室町幕府細川頼之管領就任まで、史上かつてない約五〇年の抗争を描く軍記物語。強烈な個性の新田・足利・楠木らの壮絶な人間ドラマが錯綜する南北朝の歴史をダイジェストでイッキ読み！

謡曲・狂言
ビギナーズ・クラシックス 日本の古典
編／網本尚子

変化に富む面白い代表作「高砂」「隅田川」「井筒」「敦盛」「鵺」「末広かり」「千切木」「蟹山伏」を取り上げ、現代語訳で紹介。中世が生んだ伝統芸能を文学として味わい、演劇としての特徴をわかりやすく解説。

近松門左衛門 『曾根崎心中』『けいせい反魂香』『国性爺合戦』ほか
ビギナーズ・クラシックス 日本の古典
編／井上勝志

近松が生涯に残した浄瑠璃・歌舞伎約一五〇作から、「出世景清」「曾根崎心中」「国性爺合戦」など五本の名場面を掲載。芝居としての成功を目指し、演じることを前提に作られた傑作をあらすじ付きで味わう！

良寛 旅と人生
ビギナーズ・クラシックス 日本の古典
編／松本市壽

江戸時代末期、貧しくとも心豊かに生きたユニークな禅僧良寛。越後の出雲崎での出生から、島崎にて七四歳で病没するまでの生涯をたどり、残された和歌、漢詩、俳句、書から特に親しまれてきた作品を掲載。

角川ソフィア文庫ベストセラー

ビギナーズ・クラシックス 日本の古典
百人一首(全)
編/谷 知子

天智天皇、紫式部、西行、藤原定家――。日本文化のスターたちが繰り広げる名歌の競演がスラスラわかる! 歌の技法や文化などのコラムも充実。旧仮名が読めなくても、声に出して朗読できる決定版入門。

ビギナーズ・クラシックス 日本の古典
宇治拾遺物語
編/伊東玉美

「こぶとりじいさん」や「鼻の長い僧の話」など、ユーモラスで、不思議で、面白い鎌倉時代の説話(短編物語)集。総ルビの原文と現代語訳、わかりやすい解説とともに、やさしく楽しめる決定的入門書!

ビギナーズ・クラシックス 日本の古典
小林一茶
編/大谷弘至

身近なことを俳句に詠み、人生のつらさや切なさを作品へと昇華させていった一茶。古びることのない俳句の数々を、一茶の人生に沿ってたどりながら、やさしい解説とともにその新しい姿を浮き彫りにする。

ビギナーズ・クラシックス 日本の古典
雨月物語
上田秋成
編/佐藤至子

幽霊、人外の者、そして別の者になってしまった人間が織りなす、身の毛もよだつ怪異小説。現代の文章にはない独特の流麗さをもつ筆致で描かれた珠玉の9篇を、易しい訳と丁寧な解説とともに抜粋して読む。

保元物語
現代語訳付き
訳注/日下 力

鳥羽法皇の崩御をきっかけに起こった崇徳院と後白河天皇との皇位継承争い、藤原忠通・頼長の摂関家の対立、源氏・平家の権力争いを描く。原典本文、現代語訳、脚注、校訂注を収載した保元物語の決定版!

角川ソフィア文庫ベストセラー

角川ソフィア文庫ベストセラー

陶淵明
ビギナーズ・クラシックス 中国の古典
釜谷武志

自然と酒を愛し、日常生活の喜びや苦しみをこまやかに描く一方、「死」に対して揺れ動く自分の心を詠んだ田園詩人。「帰去来辞」や「桃花源記」ほかひとつ一つの詩を丁寧に味わい、詩人の心にふれる。

李白
ビギナーズ・クラシックス 中国の古典
筧久美子

大酒を飲みながら月を愛で、鳥と遊び、自由きままに旅を続けた李白。あけっぴろげで痛快な詩は、音読すれば耳にも心地よく、多くの民衆に愛されてきた。豪快奔放に生きた詩仙・李白の、浪漫の世界に遊ぶ。

杜甫
ビギナーズ・クラシックス 中国の古典
黒川洋一

若くから各地を放浪し、現実社会を見つめ続けた杜甫。日本人に愛され、文学にも大きな影響を与え続けた「詩聖」の詩から、「兵庫行」「石壕吏」などの長編を主にたどり、情熱と繊細さに溢れた真の魅力に迫る。

孫子・三十六計
ビギナーズ・クラシックス 中国の古典
湯浅邦弘

中国最高の兵法書『孫子』と、その要点となる三六通りの戦術をまとめた『三十六計』。語り継がれてきた名言は、ビジネスや対人関係の手引として、実際の社会や人生に役立つこと必至。古典の英知を知る書。

易経
ビギナーズ・クラシックス 中国の古典
三浦國雄

陽と陰の二つの記号で六四通りの配列を作る易は、「主体的に読み解き未来を予測する思索的な道具」として活用されてきた。中国三〇〇〇年の知恵『易経』をコンパクトにまとめ、訳と語釈、占例をつけた決定版。